Landschaftsführer in der Reihe DuMont Dokumente

Zur schnellen Orientierung – die interessantesten Orte und Landschaften auf einen Blick:

(Auszug aus dem ausführlichen Ortsregister S. 333 ff.)

In der vorderen Klappe: Übersichtskarte Norwegen (Südteil)

In der hinteren Klappe: Übersichtskarte Norwegen (Nordteil)

Ewald Gläßer

Norwegen

Natur- und Kulturlandschaften vom Skagerrak bis nach Finnmark

DuMont Buchverlag Köln

Umschlagvorderseite: Der Lustrafjord, ein Seitenarm des Sognefjords
Umschlaginnenklappe: Portal der Hylestad-Kirche/Setesdal, heute im Historischen Museum in Oslo.
Szene aus der Sigurd-Saga: Sigurd tötet Regin (um 1200)
Umschlagrückseite: Reine auf den Lofoten
Frontispiz S. 2: Flößen auf der Glomma bei Sarpsborg

Gläßer, Ewald:
Norwegen: Natur- und Kulturlandschaften vom Skagerrak bis
nach Finnmark / Ewald Gläßer. – Köln: DuMont, 1991
   (DuMont-Dokumente: DuMont-Kunstreiseführer: DuMont-Landschaftsführer)
   ISBN 3-7701-2469-3

© 1991 DuMont Buchverlag, Köln
Alle Rechte vorbehalten
Satz, Druck und buchbinderische Verarbeitung: Boss-Druck, Kleve

Printed in Germany   ISBN 3-7701-2469-3

Inhalt

Verzeichnis allgemeiner geographischer und geologischer Fachbegriffe

Verzeichnis allgemeiner Karten im Text:

Administrative Gliederung Norwegens 11 – Städtegründungen in Norwegen 17 – Bevölkerungsverteilung Norwegens 22 – Norwegische Erdölwirtschaft 24 – Stabkirchen in Norwegen 95 –
Wikingerfunde in Rogaland 132 – Die Waldverteilung in Norwegen 176 – Fanggebiete der
norwegischen Küstenfischerei 203 – Landwirtschafts- und Waldareal in Nord-Norwegen 222 –
Wanderwege samischer Rentierhalter 231

Vorwort

Norwegen ist nicht nur ein Land der Fjorde, der Mitternachtssonne oder der Stabkirchen, um hier einige Klischeevorstellungen mancher Reiseprospekte zu nennen. Wenn vielen Touristen – und es reisen derzeit alljährlich rund 400 000 Deutsche vorwiegend in den Sommermonaten nach Norwegen – auch derartige Klischees vermittelt werden, so ist das nur eine Seite dieses nordeuropäischen Landes. Natürlich ist es eine Zielsetzung auch des vorliegenden Bandes, die einzigartigen Naturlandschaften und kulturhistorischen Besonderheiten Norwegens darzustellen. Aber darüber hinaus sollen die zahlreichen aktuellen Probleme, wie sie heute viele Gebiete des ländlichen und städtischen Raumes prägen, zur Geltung kommen. Denn vor einer Reise in dieses schöne, wenn auch leider für Mitteleuropäer nicht gerade preisgünstige Urlaubsland sollte man versuchen, Norwegen zu sehen, wie es ist, und nicht, wie man es sich erträumt. Damit können im Vorfeld und im Lande selbst manche Un- und Mißverständnisse ausgeräumt werden.

Tatsächlich ist Norwegen in vieler Hinsicht ein faszinierendes Land. Nicht nur das oft grandiose Naturlandschaftsbild ist es, was den aufmerksamen Reisenden tief beeindrucken kann, sondern auch die Bewältigung der vielerorts widrigen naturräumlichen Voraussetzungen durch den wirtschaftenden Menschen in Vergangenheit und Gegenwart. Das betrifft die gesamte Zeitspanne von den Landerschließungsprozessen in vor- und frühgeschichtlicher Zeit bis zu den modernen Explorationsaktivitäten zur Öl- und Gasgewinnung in den Offshore-Gebieten von der südlichen Nordsee bis zur Eismeerküste.

Der vorliegende Band ist nicht als eine breit angelegte Länderkunde konzipiert, sondern als ein Landschaftsführer, der die unterschiedlichen Landesteile in ihrer Individualität zum Gegenstand hat. Daß dabei für den Reisenden naturräumlich wie kulturlandschaftlich interessante Gegebenheiten vor Ort im Vordergrund stehen, versteht sich beinahe von selbst. Um den Umfang nicht zu sprengen, ist auf eine Behandlung entfernt liegender Inselbesitzungen Norwegens verzichtet worden. Das betrifft sowohl Spitzbergen (Svalbard) und einige kleinere Inseln in der Arktis wie norwegische Besitzungen in der Antarktis. Somit wird im folgenden nur auf das sogenannte Festland-Norwegen eingegangen.

Die Einleitung, die einen allgemeinen Überblick über Landesnatur und Geschichte Norwegens gibt, wurde bewußt knapp gehalten, denn viele Aspekte, etwa die der historischen Entwicklung, des geographisch-geologischen Aufbaus, des modernen Wirtschaftslebens, der Urbanisierung und Landflucht, der Wandlungsprozesse im Agrar- oder Fischereiwesen, werden in den jeweiligen Hauptkapiteln zum Tragen kommen. Letztere richten sich nach den fünf Landesteilen Norwegens, d. h. dem Sörland, Östland, Vestland, Tröndelag und Nordnorwegen. Jedem Landesteil-Kapitel ist ein allgemeiner Überblick vorangestellt, worauf dann einzelne Distrikte nach ihren dominanten und individuellen Eigenschaften – mehr oder minder auf Fahrtrouten ausgerichtet – behandelt werden.

Norwegen im Überblick

Landesnatur

Abgesehen von Spitzbergen (Svalbard) und einigen anderen Besitzungen in der Arktis und Antarktis nimmt das Königreich Norwegen eine Landfläche von 324 000 km² ein. Damit ist es wenigstens flächenmäßig das fünftgrößte Land Europas, obwohl es nur 4,2 Mio. Einwohner zählt. Mit einer Ausdehnung über 14 Breitengrade, von Kap Lindesnes im Süden bei 57° bis zum Nordkap bei rund 71°, ist Norwegen das Land Europas mit der größten Längserstreckung. Das Staatsgebiet mit seinen fünf großen Landesteilen (Sörland, Östland, Vestland, Tröndelag und Nordnorwegen) hat eine außerordentlich lange Küstenlinie, die von ungezählten Buchten, Halbinseln und Fjordmündungen gegliedert wird. Man schätzt die ungefähre Länge der festländischen Uferlinie auf 20 000 km, von denen etwa ein Drittel nördlich des Polarkreises liegt.

Trotz der hohen Breitenlage des Landes unterscheiden sich seine Klimaverhältnisse aufgrund der ›Warmwasserheizung‹ der Nordatlantikdrift bzw. des Golfstroms grundsätzlich von denen anderer Räume auf gleicher Breitenlage. Diese Klimagunst (z. B. eisfreie Häfen bis zur Varanger-Halbinsel) war wohl die wichtigste Voraussetzung für die Besiedlung der Küstensäume von Nordland, Troms und Finnmark. Auch der Name »Norwegen« als der »Weg nach Norden« (d. h. der günstige Seeweg entlang der Küste von der südlichen Nordsee bis zum Eismeer) hat ursächlich etwas mit jenem Klimaphänomen zu tun. Überhaupt gibt es in kaum einem anderen Land so ausgeprägte west-östliche und nord-südliche Klimagegensätze, was sich in den Einstrahlungsverhältnissen (z. B. Mitternachtssonne etwa ab dem Polarkreis mit einer Dauer am Nordkap von rund 80 Tagen), den Temperaturabläufen, den Niederschlagsmengen oder in der Länge der Schneebedeckung zeigt.

Norwegen präsentiert sich in weit überwiegendem Maße als ein Gebirgsland, in dem mehr als die Hälfte des Gebietes über 500 m und etwa ein Viertel höher als 1000 m NN liegen. Die höchsten Gipfel des Landes und damit ganz Nordeuropas konzentrieren sich auf das mittlere Vestland im sogenannten alpinen **Fjell** bei knapp 2500 m. Hier haben sich auch die größten Gletscher des festländischen Europa bilden können. Mit Ausnahme der westnorwegischen Küstenplattform *(Strandflate)* und Teilen der Finnmarksvidda sind die wenigen Flachlandregionen im südlichen Norwegen konzentriert, und zwar vor allem beiderseits des Oslofjords bis zum Mjösasee und entlang des inneren Trondheimsfjords. Das weithin bestimmende ungünstige Naturraumpotential ist auch dafür verantwortlich, daß nur etwa 3% der Landesfläche als kultiviertes Agrarareal ausgewiesen werden.

Die administrative Gliederung Norwegens nach Landesteilen und Provinzen ▷

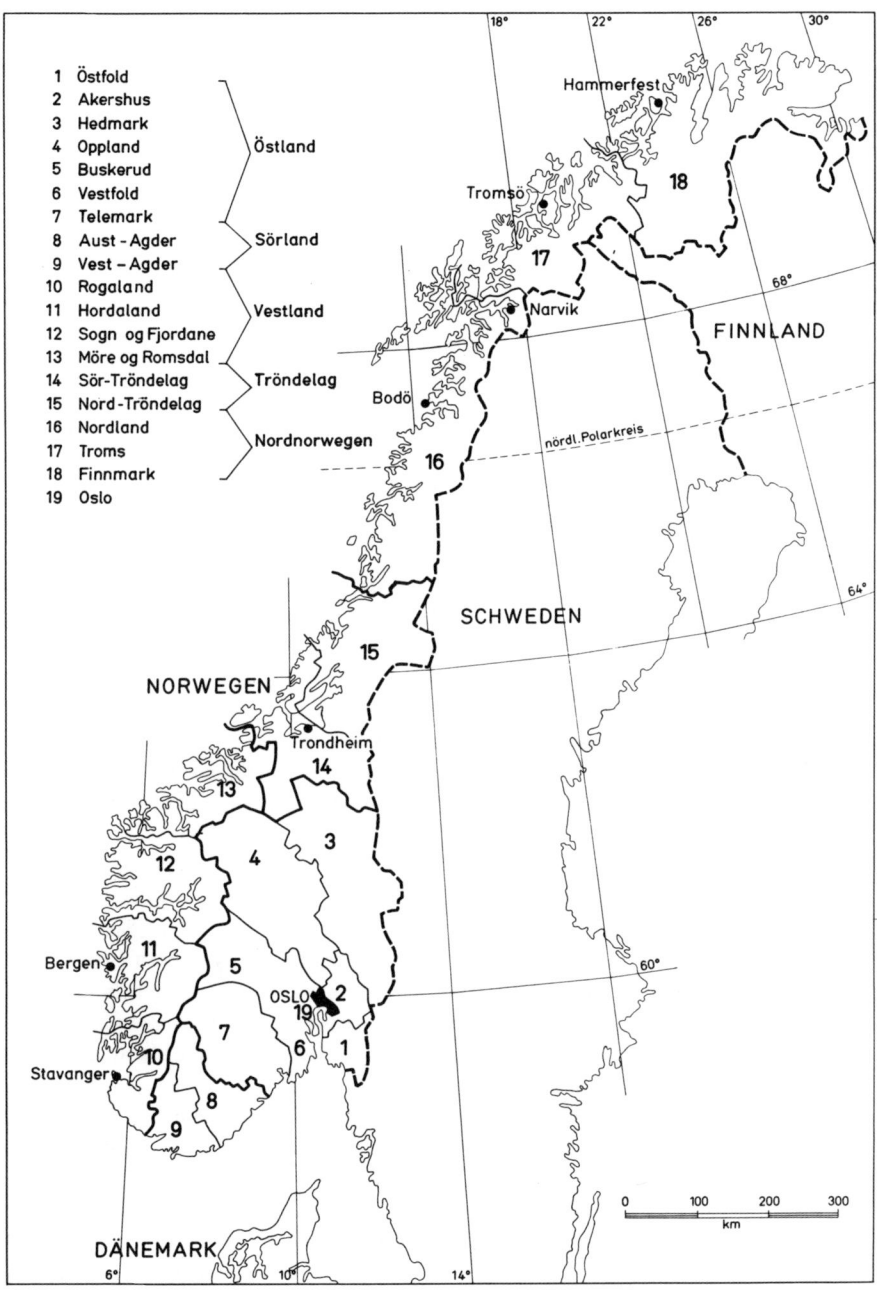

1 Östfold
2 Akershus
3 Hedmark
4 Oppland   Östland
5 Buskerud
6 Vestfold
7 Telemark
8 Aust - Agder   Sörland
9 Vest - Agder
10 Rogaland
11 Hordaland   Vestland
12 Sogn og Fjordane
13 Möre og Romsdal
14 Sör-Tröndelag   Tröndelag
15 Nord-Tröndelag
16 Nordland   Nordnorwegen
17 Troms
18 Finnmark
19 Oslo

Hammerfest

Tromsö

18

17

Narvik

FINNLAND

68°

Bodö

Tröndelag

nördl. Polarkreis

16

SCHWEDEN

64°

15

NORWEGEN

Trondheim

14

13

3

12   4

11

Bergen

5

60°

OSLO   2
19

7   6   1

Stavanger

10

8

9

0   100   200   300
km

DÄNEMARK

Der größte Teil der Gebirgs- bzw. Fjellflächen ist infolge der glazialen Erosion durch unmittelbar anstehendes Grundgebirge (Skanden im Westen und Baltischer Schild im Osten) gekennzeichnet und wird mehrheitlich von schütteren Fjellbirkengehölzen und Fjellheiden sowie von zahllosen Seen und Mooren eingenommen. Als eigentliche Kulturlandschaftsinseln in jenen Binnenräumen sind die inneren Fjordenden West- und Nordnorwegens sowie die südnorwegischen Talzüge mit ihrer agrarbäuerlichen Tradition herauszustellen. Namen wie Setesdal, Hallingdal oder Gudbrandsdal und Österdal sind in den letzten Jahrzehnten auch dem mitteleuropäischen Touristen immer geläufiger geworden.

Geschichte

Vorgeschichte (vor 800 v. Chr.)

Mit dem Abschmelzen der Eismassen der letzten Kaltzeit (Ende auf der Skandinavischen Halbinsel vor ca. 12 000 Jahren) wurde die Ansiedlung von Menschen in Norwegen wieder ermöglicht. Die ältesten Siedlungsspuren (vor allem Werkzeuge altsteinzeitlicher Jäger- und Fischergruppen) hat man zuerst am Komsafjell bei Alta in Finnmark und bei Fosna in Möre entdeckt. Ähnliche Funde aus der Altsteinzeit wurden im Laufe der letzten Jahrzehnte an verschiedenen Stellen der Finnmarkküste gemacht. Heute kennt man über 70 Wohnplätze jener altsteinzeitlichen Kultur, der der Bootsbau offensichtlich schon eine vertraute Technik war.

Um 7000 v. Chr., als entlang der Kattegat-Küste erstmals nach der letzten Kaltzeit eine eisfreie Landverbindung zwischen Mitteleuropa und Norwegen entstand, tritt im Oslofjordgebiet mit der Nöstvet-Epoche (genannt nach dem Ort Nöstvet in der heutigen Provinz Akershus) eine neue Steinzeitkultur auf. Die Hauptphase dieser Kultur, die unter anderem schon die Töpferei beherrschte, lag im 5. Jahrtausend. Seinerzeit muß bereits ein lebhafter Handel mit Steinwerkstoffen (Grünstein) und fertigen Steinwerkzeugen entlang der norwegischen Westküste bestanden haben. Aus diesen Handelsaktivitäten resultierte dann auch die erste Besiedlung der Fjordränder im Vestland.

In der Jüngeren Steinzeit (Neolithikum, etwa 3000–1500 v. Chr.) werden mit zunehmender Klimagunst der Ackerbau und die Viehhaltung in Norwegen Einzug gehalten haben. Nun wurden auch die breiten Taltröge und Teile der anschließenden Fjellhochflächen landwirtschaftlich erschlossen. Funde bezeugen den Anbau von Gerste sowie die Haltung von Rindern, Schweinen und Schafen.

Das Siedlungs- und Agrarwesen hat in der nachfolgenden Bronzezeit (ca. 1500–300 v. Chr.) eine deutlich faßbare Weiterentwicklung erfahren. Fundstücke aus Bronze sind in Norwegen allerdings weit spärlicher als im benachbarten Dänemark und Schweden, was wohl darauf zurückzuführen ist, daß der metallische Rohstoff Zinn in Norwegen kaum vorhanden ist. Andererseits belegen die Felszeichnungen der Bronzezeitbauern in Norwegen, daß sie das Rad, den Wagen und den Pflug kannten. In der Bronzezeit ging man zudem zu andersartigen Fels-

Bronzezeitlicher Grabhügel am »Oldtidsveien« bei Borge in Östfold

zeichnungen über, nämlich zu symbolischen oder halbnaturalistischen Figuren wie Schiffen (mit hohen Steven an Bug und Heck), Rädern, Sonnenscheiben und ähnliches mehr.

Mit dem Beginn der ersten Epoche der Eisenzeit (ca. 500 bis um Christi Geburt) erlernten die Bewohner des Landes die Verhüttung von Eisenerz, das sie in Form von oberflächennahen Sumpferzen vielerorts gewinnen konnten. Allerdings trat in dieser Epoche eine drastische Klimaverschlechterung ein, die zur Aufgabe bzw. zum Wüstfallen zahlreicher Siedlungen führte. Auch die große germanische Völkerwanderung, die das Geschehen in ganz Europa in den folgenden Jahrhunderten maßgeblich bestimmen sollte, wird durch jene Klimaverschlechterung ursächlich mitbedingt sein.

Gegen Ende der Völkerwanderungszeit tritt Norwegen in das hellere Licht der Geschichte. Die kühnen Wikingerexpansionen mit ihren Höhepunkten zwischen 800 und 1000 n. Chr. führten auch zur Besiedlung Islands, der Südwestküste Grönlands sowie der Ostküste Neufundlands. Als eine der Ursachen jener Expeditionen nimmt man die Überbevölkerung in vielen Teilen Nordeuropas, besonders Westnorwegens, an. Vor allem der Mangel an kultivierbarem Land, aber auch die ständigen Feindseligkeiten der norwegischen Kleinkönige untereinander werden Anstöße zu jenen Unternehmungen gegeben haben. Aus den schriftlichen Überlieferungen und vielen archäologischen Befunden weiß man seit langem, daß die Wikinger nicht nur als plündernde Horden die europäischen Küsten heimgesucht haben, sondern im Laufe der Zeit zunehmend in Form organisierter Expeditionen zu Eroberungen und zur Besiedlung fremder Länder aufbrachen.

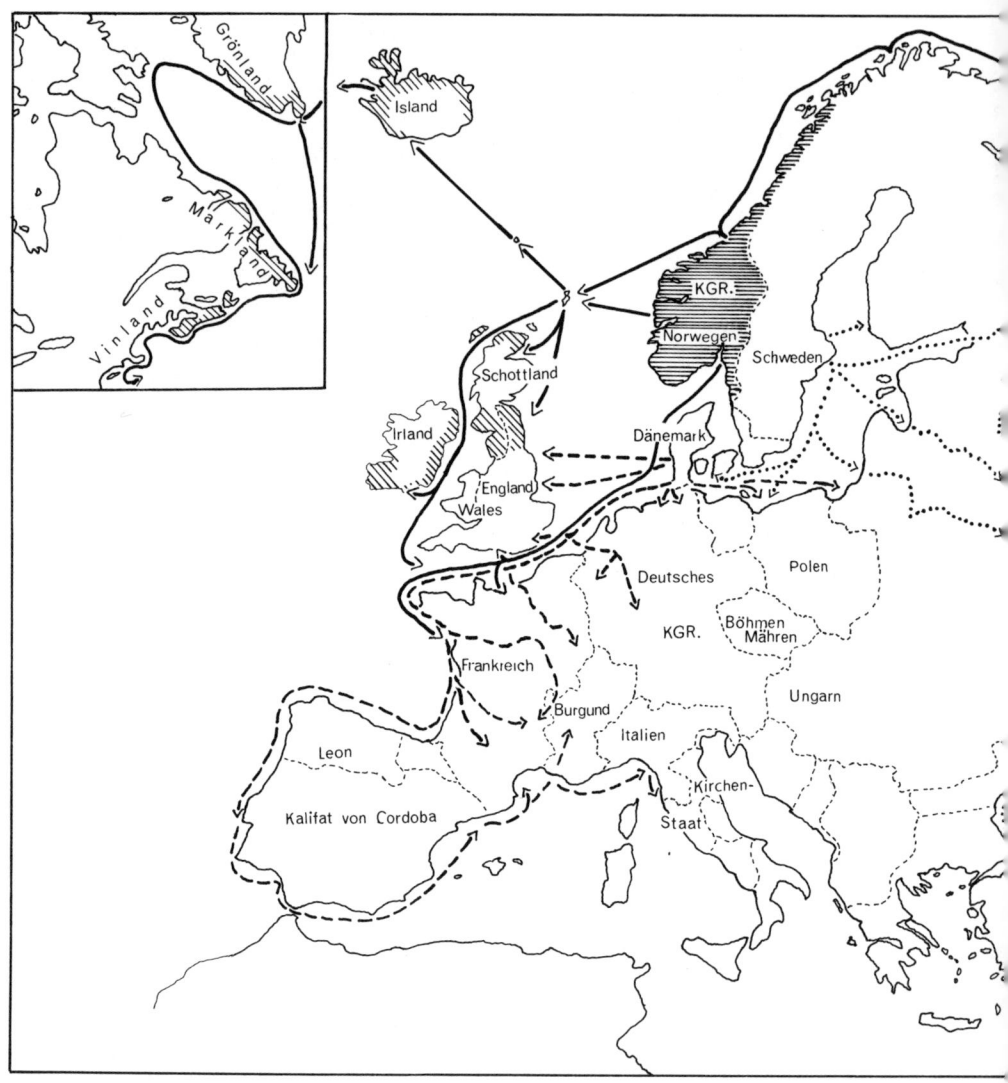

Die Fahrten der Wikinger

Frühgeschichte (ca. 800–1000 n. Chr.)

Nach der Schlacht am Hafrsfjord (bei der heutigen Stadt Stavanger) im Jahre 872 n. Chr. vermochte Harald Schönhaar zum ersten Male ein vereinigtes norwegisches Reich zu bilden, das

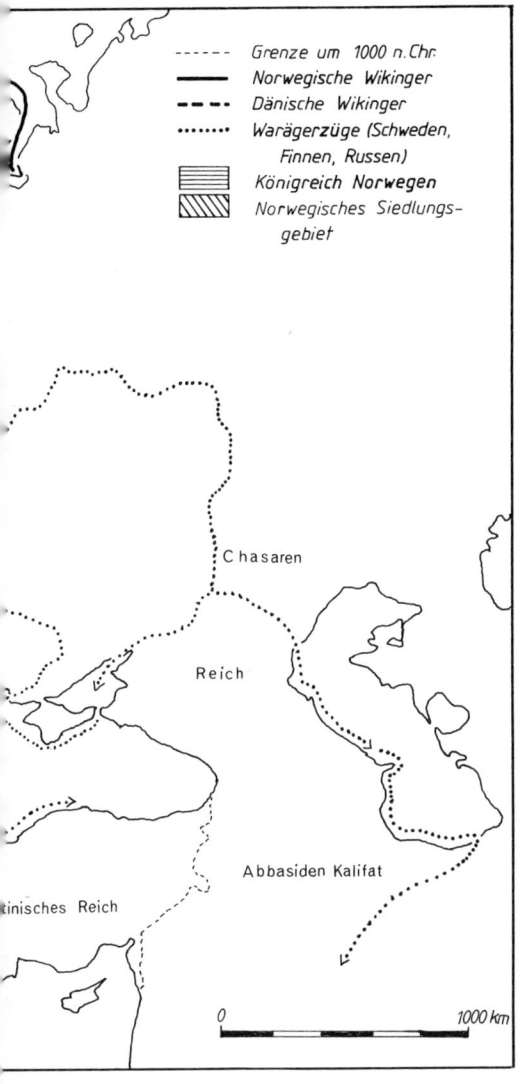

nach seinem Tod allerdings wieder zerfiel. Viele seiner Gegner (Kleinkönige bzw. Wikingerhäuptlinge) mußten das Land verlassen, was zunächst von westnorwegischer Seite aus zur festen Besiedlung Islands (ab 874 n. Chr.) führte. Im Jahre 930 errichteten die eingewanderten Norweger auf Island ein eigenes Staatswesen, indem sie das *Allting* gründeten, eine Institution mit gesetzgebender und richterlicher Gewalt.

Um 985 n. Chr. entdeckte eine Auswanderergruppe unter der Leitung des aus Südwestnorwegen stammenden Erich des Roten die Küsten Grönlands und errichtete im Raum der heutigen Orte Julianhåb und Godhåb an der südwestlichen Fjordküste Siedlungen. Leiv Erikson, Sohn Erich des Roten, entdeckte den Sagas zufolge im Jahre 1002 das sogenannte *Vinland* an der nordamerikanischen Küste zwischen Labrador und Neufundland. Teile jener nordischen Siedlungen, die allem Anschein nach bis ins 14. Jahrhundert bestanden haben, wurden in den letzten Jahrzehnten ausgegraben.

Das norwegische Königtum im Mittelalter

Unter Olav II. – in der Geschichte auch als Olav der Heilige bekannt – konnte in den Jahren nach 1000 die Reichseinigung wiederhergestellt und die Christianisierung vollendet werden. Am 29. Juli 1030 fiel Olav der Heilige in der Schlacht von Stiklestad (Tröndelag) gegen aufständische Bauern. Schon kurz nach seinem Tode wurde er als Heiliger und Vorkämpfer der nationalen Freiheit gegen den ständig wachsenden dänischen Einfluß verehrt. Trondheim (Nidaros) wurde das geistliche Zentrum des Landes. Mit der Errichtung der christlichen Institutionen im 11. und 12. Jahrhundert ist auch der Bau der berühmten norwegischen Stabkirchen (norw. *stavkirker*) verbunden, von denen heute leider

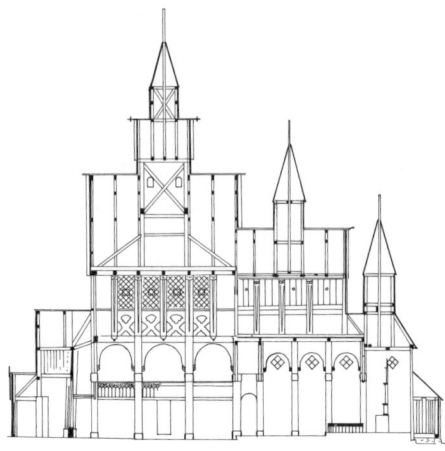

Heddal-Stabkirche in Telemark

nur noch 30 von einst mehreren hundert existieren, und auch diese zum großen Teil nicht mehr in ihrem ursprünglichen Zustand.

Mit Oslo, Bergen und Stavanger entwickelten sich neue Zentren, wobei Bergen für einige Zeit zum wichtigsten Handelsplatz und zur größten Stadt des Landes wurde. Schon gegen Ende des 11. Jahrhunderts waren die Bistümer Trondheim (Nidaros), Bergen und Oslo entstanden, zu denen später Stavanger in Rogaland und Hamar im Östland kamen. Ab Mitte des 12. Jahrhunderts wurden zahlreiche Klöster der Benediktiner, Zisterzienser und Augustiner vor allem im westlichen Norwegen gegründet, die auch einen großen Einfluß auf die agrarwirtschaftliche Entwicklung der Landesteile nahmen, indem sie z. B. bis dahin unbekannte Pflanzen einführten.

Bedeutende norwegische Könige im hohen Mittelalter waren Håkon IV. (1217–63), der die Verwaltung des Landes durchorganisierte, sowie Magnus Lagaboetir (»Gesetzesverbesserer«, 1263–80), der neben anderem die Einführung eines detaillierten bürgerlichen Gesetzbuches für das ganze Land durchsetzte.

Das Zeitalter der Unionen

Bis etwa 1300 lag der Schwerpunkt des politischen, wirtschaftlichen und geistigen Lebens im westlichen Norwegen mit den Zentren Trondheim, Bergen und Stavanger. Im 14. Jahrhundert wurde dann das Östland, d. h. der Raum um den Oslofjord mit dem Zentrum Oslo, zum wichtigsten Landesteil. Håkon V. machte Oslo zum Sitz seiner Zentralverwaltung. In jenen Jahren des beginnenden 14. Jahrhunderts entstand auch die Oslo beschützende und beherrschende Festung Akershus. Für den politischen und wirtschaftlichen Niedergang Norwegens in der Folgezeit waren unter anderem die 1319 beginnende Union zunächst mit Schweden, dann ab 1380 mit Dänemark verantwortlich. Weitere Gründe liegen in der Übernahme des norwegischen Handels durch die Hansekaufleute sowie in der verheerenden Pest um die Mitte des 14. Jahrhunderts. Der »Schwarze Tod« soll in dieser Zeit fast die Hälfte der damals rund 350 000 Norweger dahingerafft haben.

In Bergen erfolgte in den ersten Jahrzehnten des 14. Jahrhunderts die Gründung des Hanseatischen Kontors (»Deutsche Brücke«, »Tyskebryggen«); hier konzentrierte sich der gesamte Handel West- und Nordnorwegens. Die Macht und das Handelsmonopol der Hanse im spätmittelalterlichen Norwegen sind teilweise darauf zurückzuführen, daß der norwegische Adel

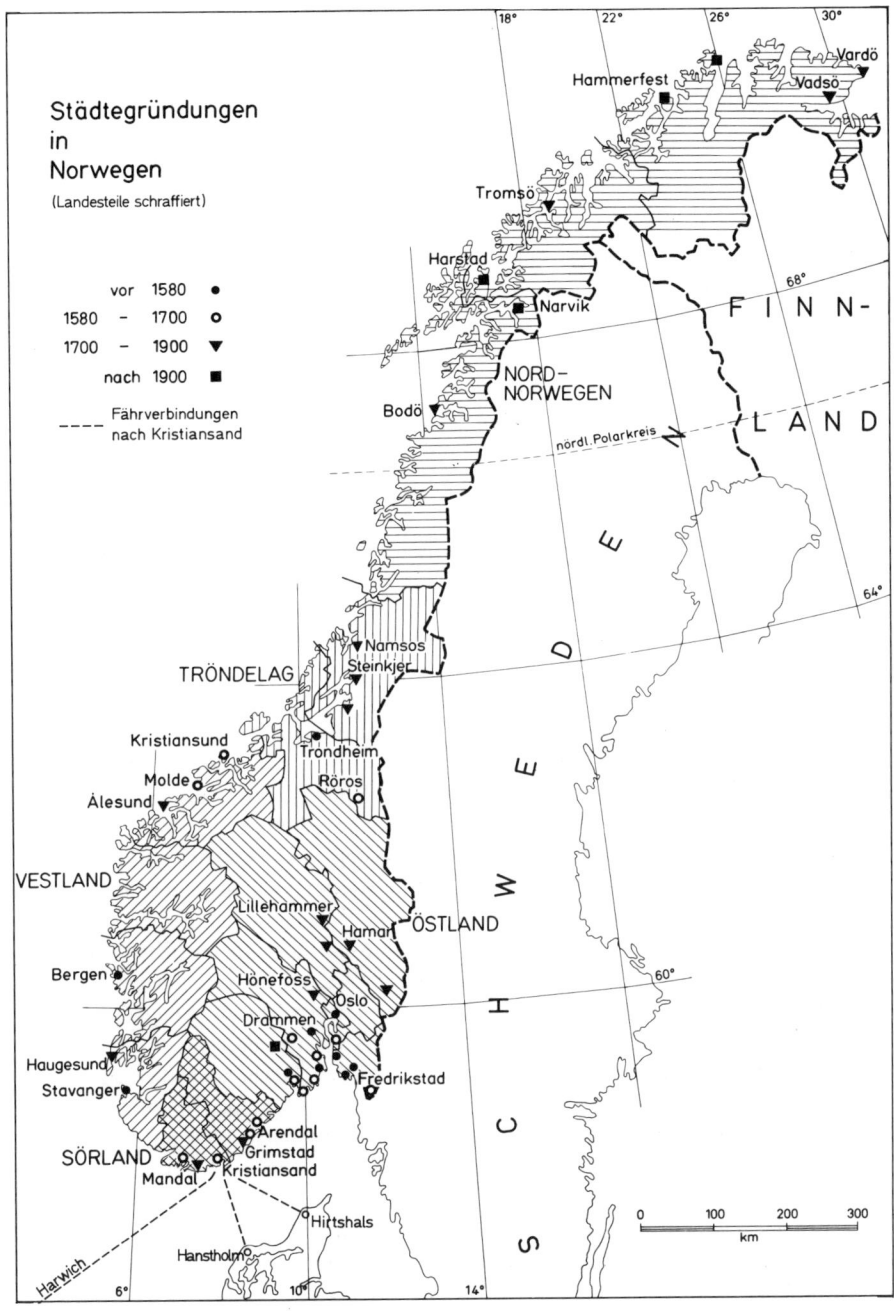

Städtegründungen
in
Norwegen

(Landesteile schraffiert)

	vor	1580	●
1580	–	1700	○
1700	–	1900	▼
	nach	1900	■

- - - - - Fährverbindungen
         nach Kristiansand

18° 22° 26° 30°

Vardö

Hammerfest   Vadsö

Tromsö

Harstad

Narvik   F I N N -

68°

NORD-
NORWEGEN

Bodö   L A N D

nördl. Polarkreis   64°

Namsos
Steinkjer

TRÖNDELAG

Kristiansund
                    Trondheim
Molde   Röros
Ålesund

VESTLAND

                    Lillehammer
                    Hamar   ÖSTLAND

Bergen
            Hönefoss
            Oslo
            Drammen

Haugesund   60°
Stavanger   Fredrikstad

            Arendal
SÖRLAND   Grimstad
    Mandal Kristiansand

                    Hirtshals

Harwich   Hanstholm

6°   10°   14°

0   100   200   300
                km

nur eine sehr geringe Rolle spielte und daß keine Bürgerklasse wie in anderen europäischen Staaten existierte. Seit 1550 gingen dann die Macht und das Handelsmonopol der Hanse in Norwegen ständig zurück.

Im Laufe des 16. und 17. Jahrhunderts vollzog sich allmählich wieder ein Aufstieg der norwegischen Wirtschaft. An der Südküste entstanden z.B. mehrere neue Hafenorte, von denen aus sich ein reger Fisch- und Holzhandel vor allem mit den Niederlanden entwickelte. Ein anderer bedeutender Faktor wurde der Bergbau, an dem insbesondere die dänischen Könige großes Interesse zeigten. Die Silbergruben in Kongsberg und die Kupferminen im weit abgelegenen Röros sind dafür markante Beispiele.

Nach dem Ende der Kalmarer Union im Jahre 1523, als Schweden unter Gustav Wasa die Union der drei skandinavischen Länder zerbrach, verblieb Norwegen in Personalunion mit Dänemark und damit ein Bestandteil der dänischen Krone bis 1814. Unter dem Einfluß Dänemarks wurde in Norwegen auch die Reformation durchgeführt.

In drei Kriegen um die Mitte des 17. Jahrhunderts eroberte Schweden die norwegischen Provinzen Båhuslen, Jemtland und Herjedalen sowie größere Teile des dänischen Territoriums. Die Versuche, jene einst norwegischen und dänischen Provinzen zurückzuerobern (Großer Nordischer Krieg von 1700–1720), blieben erfolglos.

Nach den Napoleonischen Kriegen mußte Dänemark im Kieler Vertrag von 1814 Norwegen an Schweden abtreten. Das Vertragswerk wurde aber von der norwegischen Bevölkerung nicht anerkannt. Vielmehr gab eine Nationalversammlung in Eidsvoll (nördlich Oslo) dem Land am 17.5.1814 eine neue Verfassung, mit der Norwegen wieder ein freies und unabhängiges Königreich wurde, eine konstitutionelle, erbliche Monarchie. Aus diesem Grunde ist der 17. Mai heute der Nationalfeiertag des Landes. Die endgültige Lösung der Union mit Schweden erfolgte 1905 nach einer Volksabstimmung in Norwegen und nach dem Vertrag von Karlstad. Die Jahre um die Mitte des 19. Jahrhunderts markieren einen Wendepunkt auch in der norwegischen Wirtschafts- und Sozialgeschichte. Mit den grundlegenden Wandlungen im ländlich-agraren Sektor und den Folgen der industriellen Entwicklung, mit den wachsenden Kontakten zu anderen Staaten und der verkehrsmäßigen Erschließung des eigenen Landes beginnt ein Umwandlungsprozeß im sozialen und wirtschaftlichen Leben. Neben der Schaffung zahlreicher neuer, küstennaher Industrien entwickelte sich z. B. die bis dahin fast ausschließlich betriebene Küstenfischerei zur eigentlichen Hochseefischerei sowie zum Walfang im nördlichen Eismeer und im südpolaren Raum. Damit verbunden war ein enormes Anwachsen der Handelsflotte.

Da die wirtschaftliche Expansion jedoch nicht Schritt halten konnte mit der raschen Bevölkerungszunahme, wurde das Land in der zweiten Hälfte des 19. Jahrhunderts bis zu Anfang dieses Jahrhunderts von großen Auswanderungswellen erfaßt. Das »Amerikafieber« breitete sich vom westlichen Norwegen praktisch auf alle Landesteile aus. Zwischen 1866 und 1915 emigrierten etwa 750 000 Norweger nach Nordamerika. Waren es in den ersten Jahrzehnten hauptsächlich Familienauswanderungen, so folgten nach der Jahrhundertwende mehr junge, unverheiratete Menschen, die dann oft nach Jahren oder Jahrzehnten in ihre Heimatorte zurückkehrten.

Seit Mitte des 19. Jahrhunderts erlebte Norwegen auch auf kulturell-geistigem Gebiet eine neue Blütezeit. In der Literatur wurden die Namen der Dramatiker Henrik Ibsen und

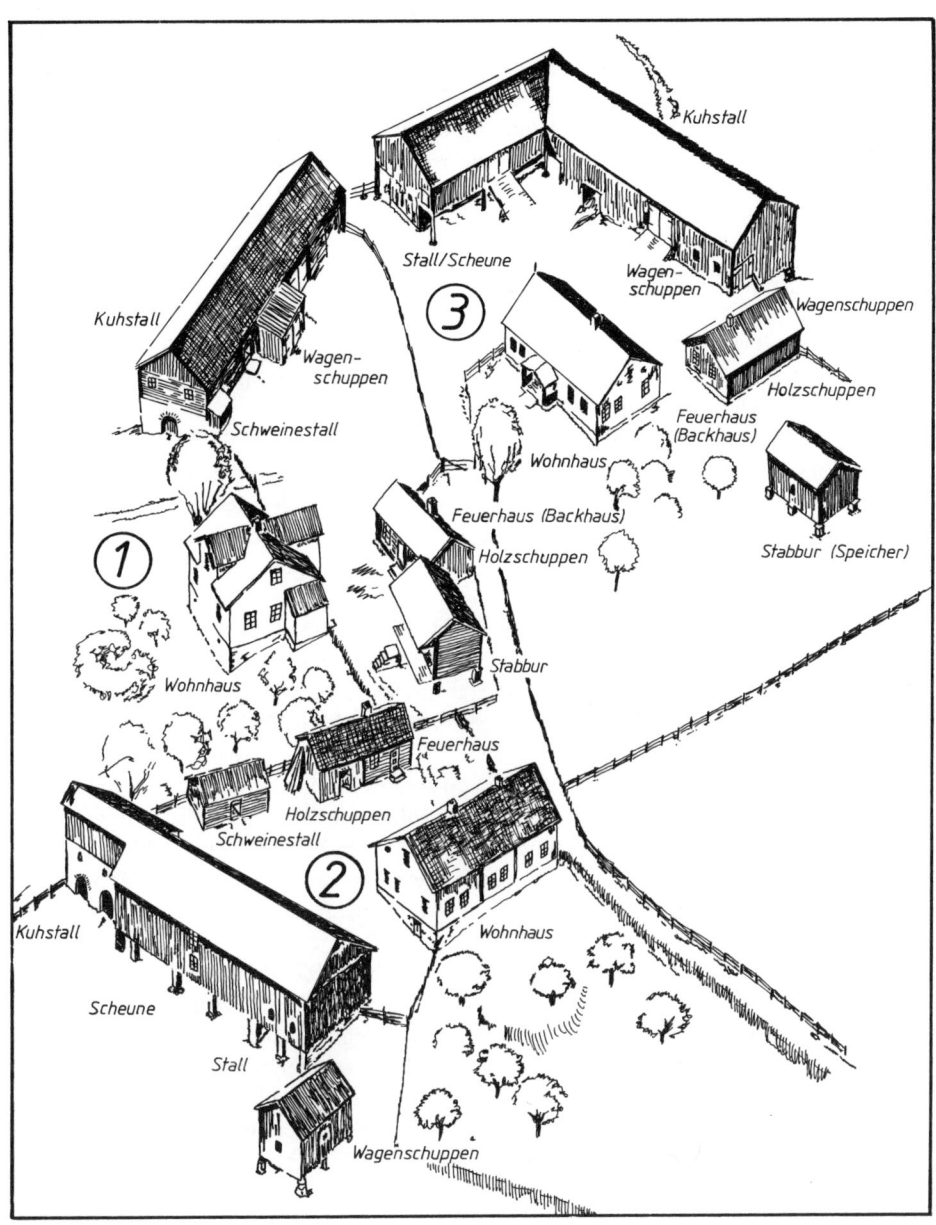

Kuhstall

Stall/Scheune

Wagen-
schuppen

Wagenschuppen

Kuhstall

Wagen-
schuppen

Holzschuppen

Schweinestall

Feuerhaus
(Backhaus)

③

Wohnhaus

Stabbur (Speicher)

Feuerhaus (Backhaus)

①

Holzschuppen

Wohnhaus

Stabbur

Feuerhaus

Holzschuppen

Schweinestall

②

Kuhstall

Wohnhaus

Scheune

Stall

Wagenschuppen

Skollerud in Bærum (Akershus) um 1895 mit drei Hofstellen

19

Björnstjerne Björnson weltweit bekannt. Wie Björnson erhielten in einer etwas späteren Epoche auch Sigrid Undset und Knut Hamsun den Nobelpreis für Literatur. Auf dem Gebiet der Malerei gilt Edvard Munch als einer der bedeutendsten Künstler der expressionistischen Schule. Edvard Grieg ist wohl der bekannteste Komponist seines Landes. Seine Werke sind inspiriert von norwegischen Volksliedern und Melodien, die über Jahrhunderte hindurch bewahrt worden waren.

Norwegen als selbständiges Königreich

Prinz Karl von Dänemark, 1905 zum König von Norwegen gewählt, nahm den Namen Håkon VII. an. Damit wurde Norwegen wieder ein freies und unabhängiges Königreich mit einer konstitutionellen, erblichen Monarchie.

Zu Beginn des Ersten Weltkriegs erklärte Norwegen zusammen mit den Nachbarstaaten Schweden und Dänemark seine Neutralität. Trotzdem wurde das Land durch die britische Blockade und den deutschen U-Boot-Krieg hart getroffen. Nach dem Krieg erhielt Norwegen die Oberhoheit über das arktische Spitzbergen (Svalbard) und die Bäreninsel (Björnøya). Einige Jahre später wurden auch Gebiete im Südpolarraum der norwegischen Oberhoheit unterstellt, was zum einen mit den Walfangaktivitäten des Landes und zum andern mit den Antarktis-expeditionen (besonders durch Roald Amundsen 1911) in Verbindung zu bringen ist.

Auch beim Ausbruch des Zweiten Weltkriegs erklärte sich Norwegen neutral. Diese Neutralität war jedoch von Anfang an aufgrund der strategischen Lage und der Ausfuhr norwegischer Eisenerze über den eisfreien Hafen Narvik gefährdet. Im April 1940 wurde Norwegen von deutschen Truppen besetzt. Die Königsfamilie und die Regierung flohen nach London ins Exil. Dem deutschen Verwaltungsrat und der einheimischen Quisling-Partei gelang es aber nicht, eine größere Unterstützung in der norwegischen Bevölkerung zu erlangen. Vielmehr wurde die norwegische Widerstandsbewegung immer stärker. Mit dem Rückzug der deutschen Truppen gegen Ende des Krieges ist besonders Nordnorwegen und speziell Finnmark hart getroffen worden. Die deutsche Kapitulation im Mai 1945 brachte dann auch die Befreiung Norwegens mit sich.

Die Nachkriegspolitik führte das nordische Land nicht zuletzt infolge des von der Sowjetunion ausgeübten Drucks in die NATO. 1960 trat Norwegen der EFTA bei. In jüngster Zeit stand und steht wiederum der EG-Beitritt zur Debatte. Nach dem ablehnenden Volksentscheid 1972 wird diese Frage weiterhin in allen Parteien und Bevölkerungsgruppen diskutiert. Bei dem damaligen EG-Referendum sprachen sich 53,5% der Wähler (besonders die in Nordnorwegen und an der Westküste) gegen und 46,5% für ein Beitrittsgesuch aus. Für die heimische Industrie und damit auch für die norwegische Exportwirtschaft wäre schon damals ein Beitritt von Vorteil gewesen.

Heute ist die Annäherung an die EG zu einem der wichtigsten Themen in der norwegischen Innen- und Außenpolitik geworden. Mehrere Regierungen sind in den letzten Jahren gerade an dieser Frage gescheitert. Im Herbst 1990 wurde die Minderheitsregierung unter dem konser-vativen Politiker Syse wiederum von den Sozialdemokraten unter Führung von Frau Brundt-land abgelöst (ebenfalls eine Minderheitsregierung).

Als größte Partei des Landes verfolgt die Norwegische Arbeiterpartei eine sozialdemokra-tische Richtung des skandinavischen Modells, dessen Kennzeichen ein hoher öffentlicher Ver-brauch und eine hohe Besteuerung sind. Zwischen Arbeiterpartei und der großen konser-vativen Partei, der *Höyre,* sind die sogenannten mittleren Parteien (Liberale Partei, Christliche Volkspartei und Zentrumspartei) angesiedelt.

Bevölkerung

Mit 4,2 Mio. Einwohnern und einer Bevölkerungsdichte von 13 Einwohnern pro km² ist Norwegen dünner besiedelt als seine Nachbarstaaten Dänemark, Schweden und Finnland. Derzeit wohnen mehr als 80% aller Norweger in einem Abstand von weniger als 15 km zur Küste, vor allem in den urbanisierten Gebieten am Oslofjord, entlang der Süd- und Südwest-küste sowie beiderseits des inneren Trondheimsfjords. Norwegen ist also gekennzeichnet durch gravierende demographische Disparitäten, d. h. durch große Gegensätze zwischen städtisch-zentralen Kernen und siedlungsarmen, peripheren Landesteilen. Allein im Großraum Oslo leben heute ca. 20% der norwegischen Bevölkerung. Und die Urbanisierung ist unverändert stark. Das bringt für die Landes- und Raumplanung große Probleme mit sich, vor allem wenn es darum geht, wenigstens bestimmte Teile der Peripherie in Zukunft wirtschaftlich und sozial am Leben zu erhalten. Bereits Mitte der 1980er Jahre wohnten über 70% der Bevölkerung in sogenannten »Dichtorten« (norw. *tettsteder*) mit mehr als 200 Einwohnern.

Neben der Bevölkerungskonzentration auf wenige urbanisierte Gebiete gibt es aber auch umgekehrte innerstaatliche Wanderungsprozesse. Gemeint ist damit vor allem die saisonale Rückwanderung zu den begehrten Zweitwohnsitzen abseits der Stadtregionen, beispielsweise in den Tal- und Fjellgebieten oder auf den zahllosen, der Küste vorgelagerten Schäreninseln. Von den heute schätzungsweise 400 000 Freizeithäusern konzentrieren sich allein um die 50 000 rund um den Oslofjord. Es ist davon auszugehen, daß sich die Zahl der Freizeithäuser und -hütten in Zukunft noch bedeutend erhöhen wird, was wiederum Probleme vor allem des Landschaftsschutzes und der Raumplanung mit sich bringt.

Nordnorwegen, speziell die Provinz Finnmark, nimmt in demographischer und ethnischer Sicht eine Sonderstellung ein. Hier hat sich mit der samischen (lappischen) Volksgruppe die wichtigste Bevölkerungsminorität Nordeuropas erhalten. Wegen des unterschiedlich starken Assimilierungsgrades ist für die samische Minorität eine genaue Zahl nicht anzugeben. In Nord-norwegen mit seinen Provinzen Nordland, Troms und Finnmark gab es wenigstens 1970 knapp 17 000 Menschen, die Samisch als ihre erste Sprache angaben, davon allein 13 000 in Finnmark. Heute schätzt man die Gesamtzahl der samischen Volksgruppe in Norwegen auf rund 20 000 Menschen (in Nordschweden und Nordfinnland sollen es jeweils 10 000 sein), von denen aber

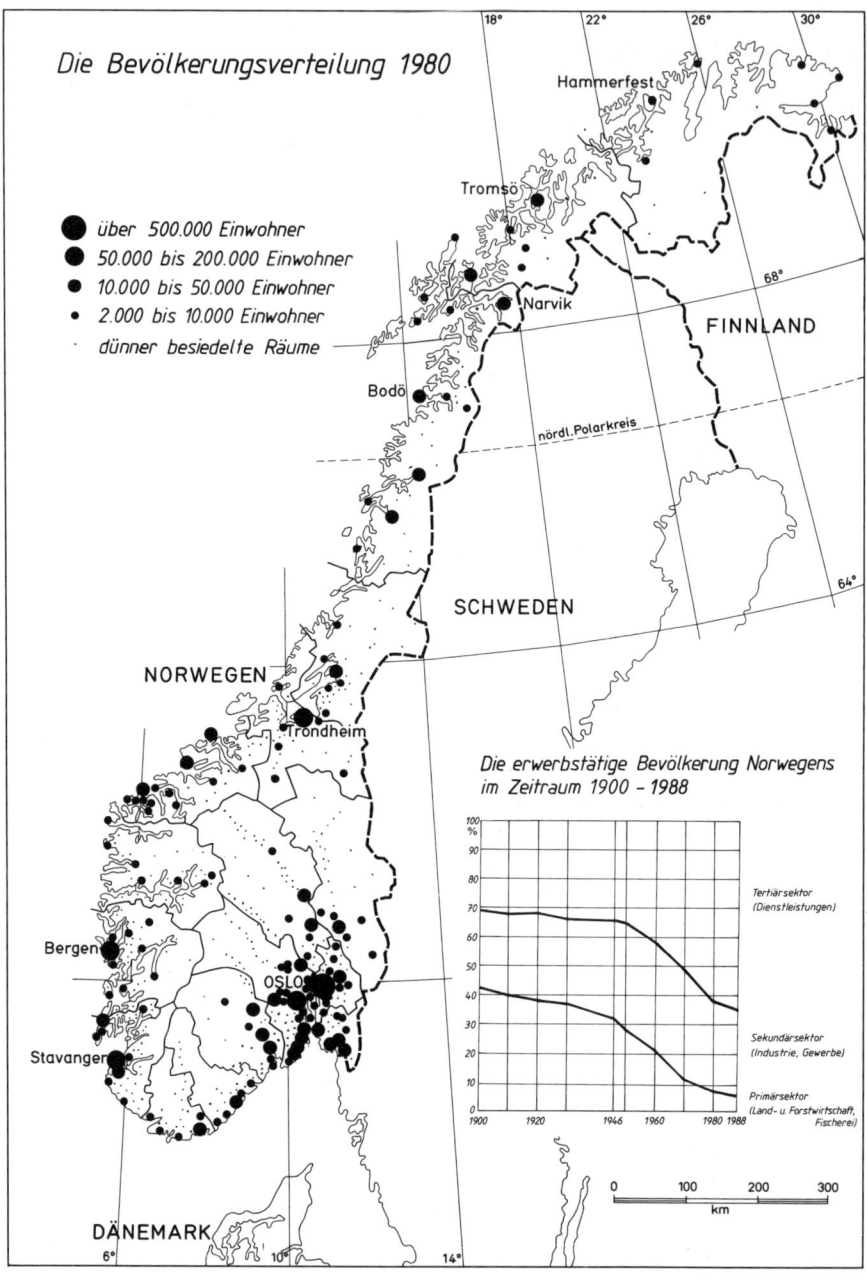

Die Bevölkerungsverteilung 1980

über 500.000 Einwohner
50.000 bis 200.000 Einwohner
10.000 bis 50.000 Einwohner
2.000 bis 10.000 Einwohner
dünner besiedelte Räume

Hammerfest
Tromsö
Narvik
FINNLAND
68°
Bodö
nördl. Polarkreis
64°
SCHWEDEN
NORWEGEN
Trondheim

Die erwerbstätige Bevölkerung Norwegens
im Zeitraum 1900 - 1988

Bergen
OSLO
Stavanger

Tertiärsektor
(Dienstleistungen)

Sekundärsektor
(Industrie, Gewerbe)

Primärsektor
(Land- u. Forstwirtschaft,
Fischerei)

1900   1920   1946   1960   1980 1988

0   100   200   300
km

DÄNEMARK
6°   10°   14°

nur noch maximal 10% von einer höchstens halbnomadischen Rentierwirtschaft leben. Im Innern Finnmarks sind noch Siedlungen – so vor allem Kautokeino und Karasjok – mit absolut dominierendem samischem Bevölkerungsanteil anzutreffen. In mehreren Organisationen versuchen heute die Samen Norwegens, Schwedens und Finnlands, ihre traditionellen Wirtschafts- und Kulturformen zu pflegen und auszubauen.

Wirtschaft

Norwegen ist heute ein hochentwickelter Industriestaat, auch wenn diese Tatsache dem durch weiträumige Naturlandschaften reisenden Besucher nicht so vorkommen mag. Ende der 80er Jahre waren nur noch 6,5% der erwerbstätigen Bevölkerung im sogenannten primären Sektor tätig, d. h. 5,3% in der Landwirtschaft, 0,3% in der Forstwirtschaft und 0,9% im Fischereiwesen. Nahezu 27% der Erwerbstätigen entfielen auf den industriellen Bereich und rund 66,5% auf die Dienstleistungssektoren. Der bedeutendste Reichtum der modernen norwegischen Wirtschaft ist – wenn man von dem derzeitigen Öl- und Gasboom im Offshore-Bereich absieht – die Hydroelektrizität. Mit einem Anteil von nur 0,8% an der europäischen Bevölkerung besitzt das Land rund 23% des Wasserkraftpotentials des Kontinents. Mittlerweile sind gut 60% dieses Potentials ausgebaut und ein weiterer Wasserkraftausbau ist unter landschafts-ökologischen Gesichtspunkten äußerst umstritten. Formen und Standorte der traditionellen, stromintensiven Festlandindustrien basieren auch heute noch im wesentlichen auf der Hydroelektrizität. So ist beispielsweise Norwegen nach der Bundesrepublik Deutschland mit mehr als 20% Anteil der zweitgrößte Primäraluminiumhersteller Westeuropas und der zweitgrößte Magnesiumproduzent der Welt.

Seit den spektakulären Funden im Ekofisk-Feld (etwa 300 km südwestlich von Stavanger) und dem Förderbeginn 1971 ist Norwegen ein Erdöl- und Erdgasland, was die Wirtschafts- und Sozialstruktur des Landes weitgehend verändert hat. Denn jene untermeerischen Ressourcen haben zu einer Entwicklung geführt, deren Tragweite in etwa mit der Industrialisierung des Landes gegen Ende des 19. Jahrhunderts zu vergleichen ist.

Im Jahre 1975 erzielte Norwegen erstmals einen Exportüberschuß an Öl und Gas, der danach rasch anstieg. Das Land exportiert heute also den größten Teil seiner Öl- und nahezu die gesamte Gasproduktion. In den neun norwegischen Feldern südlich 62° n. Br. wurden 1987 über 50 Mio. t Öl und nahezu 30 Mrd. m³ Gas gefördert. Gleichzeitig erwirtschaftete Festland-Norwegen ein Defizit von 80 Mrd. Kronen (20 000 Kronen bzw. etwa 5400,– DM pro Einwohner), das nur durch den Überschuß in den Offshore-Aktivitäten ausgeglichen werden konnte. Eine zunehmende Abhängigkeit vom Öl- und Gasexport ist volkswirtschaftlich natürlich eine nicht ungefährliche Sache, zumal die Vorräte wenigstens im globalen Maßstab relativ bescheiden sind. So wurden im Jahre 1986 die im norwegischen Sektor bis 62° n. Br. liegenden Weltölreserven mit 1,4% und die Weltgasreserven mit 2,5% angegeben.

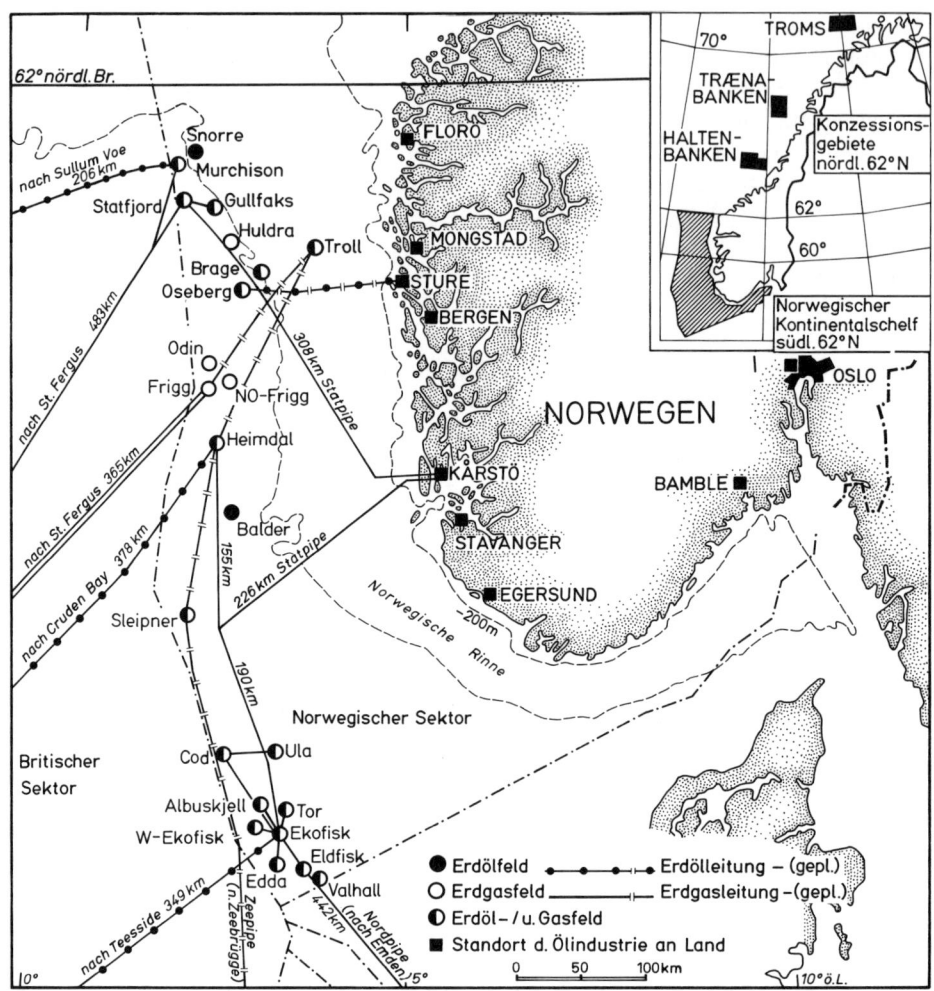

Die norwegische Erdölwirtschaft

Andererseits hofft man, auch nördlich des 62. Breitengrades große Öl- und Gasreserven erschließen zu können. Vor der Tröndelagküste im mittleren Norwegen sowie vor Tromsö ist man schon vor mehreren Jahren fündig geworden. Harstad am Rande der Lofoten könnte einmal für Nordnorwegen eine Position einnehmen, die etwa der von Stavanger im südlichen Landesteil vergleichbar wäre. Allerdings herrschen in Nordnorwegen viel schwierigere Produktionsbedingungen, die demzufolge auch größere ökologische Gefahren implizieren. Erinnert sei in diesem Zusammenhang nur an den »Bravo-Blowout« 1977 im Ekofisk-Komplex, bei dem nahezu 32 000t Öl ins Meer flossen, wodurch u. a. wichtige Fischlaichgründe beeinträchtigt wurden.

Der norwegische Staat versucht mit gezielten Maßnahmen, die mit der Offshore-Wirtschaft verbundenen ökonomischen und ökologischen Gefahrenquellen zu minimieren. Entsprechende Zielsetzungen sind vor allem folgende: a) Die Entwicklung der Ölwirtschaft soll sich langsam vollziehen (»Go-slow-Politik«); b) der Ölsektor soll soweit wie möglich nationalisiert werden, um den Einfluß des Staates und der einheimischen Wirtschaft gegenüber den internationalen Konzernen bewahren zu können; c) die Ölwirtschaft soll weiter in die nördlichen Landesteile ziehen, um die dortigen Abseitsräume zu stärken; d) die eigene Festlandindustrie soll mit Hilfe der Ölwirtschaft ausgebaut werden.

Das Sörland

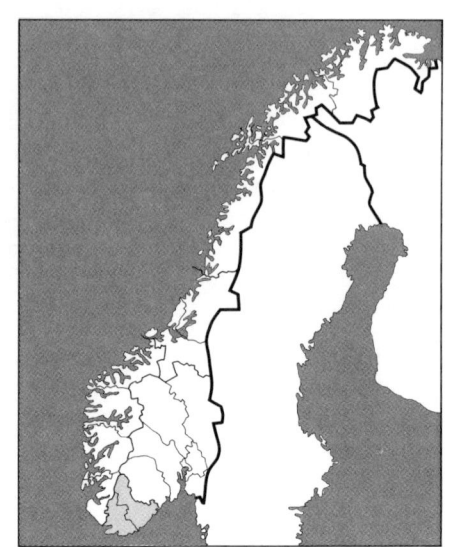

Mit einer Gesamtgröße von knapp 16 500 km²
umfaßt das Sörland mit den beiden Provinzen
Vest-Agder und Aust-Agder 5% der Staatsfläche
(ohne die Inseln Spitzbergen und Jan Mayen)
und ist damit der kleinste der fünf norwegischen Landesteile. Etwa 40% der Sörlandfläche liegen unter 300 m NN, und nur in den
inneren Bereichen zwischen Setes-, Kvines- und
Sirdal sind größere Hochfjell-Landschaften ausgeprägt. Überhaupt ist das Sörland von sehr
unterschiedlichen Landschaftstypen geprägt. Sie
reichen von der stark zerlappten Schärenküste
im Süden über ein waldreiches und von Klüften
durchsetztes Hügelland in der Mitte bis zu weiten Hochfjellheiden im Norden.

Das Sörland im Überblick

Geologisch setzen sich die beiden Agder-Provinzen zum weitaus größten Teil aus den nährstoff-
armen Gneisen und Graniten des Grundgebirges bzw. des Baltischen Schildes zusammen, die
einer intensiveren landwirtschaftlichen Betätigung seit jeher enge Grenzen setzen. Auch die
für Norwegen so bedeutsame obere marine Grenze, bis zu der in der Nacheiszeit fruchtbare
Meeressedimente abgelagert wurden, ist an der Sörlandküste mit durchschnittlich 30 m NN nur
gering ausgeprägt; ganz im Gegensatz etwa zum Östland oder zu Tröndelag, wo die obere
Grenze der marinen Transgressionen bis ca. 200 m über dem heutigen Meeresspiegel liegt. In
den inneren Talzügen, vor allem im Setesdal, finden sich jedoch in mehreren kleinen Talausweitungen eiszeitliche Terrassenbildungen, deren Böden dann zu Standorten einer frühen
Besiedlung wurden. Auch heute werden weniger als 3% der Sörlandfläche als kultiviertes Landwirtschaftsareal ausgewiesen, während der produktive Wald (in der Hauptsache Fichte und
Kiefer) rund 10% ausmacht. Dabei nimmt, wenn man von den modernen Aufforstungen
absieht, die Produktivität des Waldes von Osten nach Westen hin ab. Überhaupt war die Wald-
bzw. Holzwirtschaft eine tragende Säule für die siedlungs- und wirtschaftsgeographische Entwicklung von Sörland, besonders nachdem mit der Nutzung der Wasserkraft in Sägewerken ab

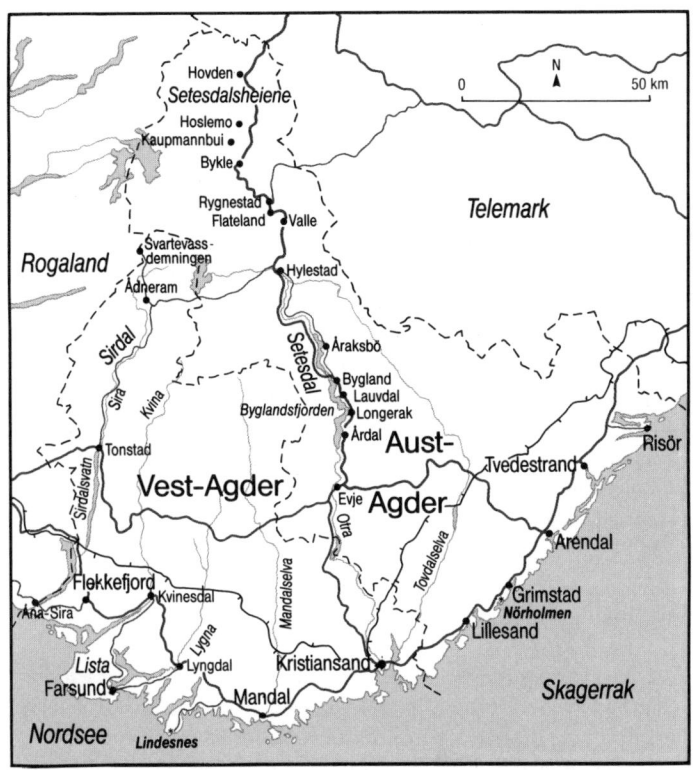

Hovden •
Setesdalsheiene
Hoslemo •
Kaupmannbui •
Bykle •
Rygnestad
Flateland • • Valle
Telemark
Svartevass-
demningen
Rogaland
Ådneram •
• Hylestad
Sirdal
Sira
Kvina
Setesdal
• Åraksbø
• Bygland
Lauvdal
Byglandsfjorden • Longerak
• Årdal
Aust-
Tonstad •
• Tvedestrand
Risör
Vest-Agder
Evje • *Agder*
Otra
Arendal
Sirdalsvath
Mandalselva
Tovdalselva
Flekkefjord •
• Kvinesdal
Grimstad
Nörholmen
Åna-Sira •
Lygna
Lillesand
Lista
• Lyngdal
Kristiansand •
Farsund •
Mandal
Skagerrak
Nordsee Lindesnes

0   50 km
N ▲

Sörland

dem 16. Jahrhundert der norwegische Holzexport, vor allem in die Niederlande, einen starken
Aufschwung erfuhr. Damit etablierte sich zugleich entlang der Küste, und hier besonders an den
Flußmündungen, eine Reihe kleinerer Siedlungen und Handelsplätze.

Vor der Industrialisierung spielte aber auch schon die Fischwirtschaft entlang der Sörland-
küsten eine erhebliche Rolle, wie überhaupt Fischfang und -verarbeitung die norwegischen
Küsten in entscheidendem Maße geprägt haben und zum Teil noch prägen. Die Verbindung von
Landwirtschaft und Fischerei, eine der ältesten und traditionsreichsten Erwerbskombinationen
des Landes, gehört allerdings weitestgehend der Vergangenheit an. Die heutige Fischwirtschaft
an der Sörlandküste ist in besonderem Maße auf den Fang und die Verarbeitung von Makrelen
ausgerichtet, an bestimmten Orten auch auf Hummer, Krabben und Garnelen (norw. *reker*).
Der jüngste und boomartige Trend in der Fischwirtschaft, nämlich die Spezialisierung auf Fisch-
farmen bzw. Aquakulturen, ist an der Sörlandküste im Vergleich zu West- und Nordnorwegen
noch relativ gering ausgeprägt.

Ursprünglich war der Name »Sörland« nur dem Küstenstreifen von etwa Tvedestrand im
Osten bis Åna-Sira im Westen vorbehalten. Hier lebten entlang der wichtigen See- und Land-

wege auch die meisten Bewohner dieses Landesteiles. Die inneren Tal- und Fjellgebiete dagegen waren bis zu den Verkehrs- und Industrieausbauten seit der zweiten Hälfte des 19. Jahrhunderts nahezu abgeschlossen, was sich noch heute in bestimmten Kulturlandschaftsmerkmalen oder auch speziellen Dialekten widerspiegelt. Neben den Verkehrstrassen sorgten dann unter anderem der Wasserkraftausbau und der Tourismus in diesem Jahrhundert für den Anschluß der lange Zeit völlig abseitigen Binnenräume an die Küstenregionen. Demzufolge verstehen sich heute die an sich so unterschiedlich strukturierten Landschaften des Sörlandes doch als eine geographische und wirtschaftsräumliche Einheit.

Der landschaftliche Gegensatz zwischen Küste und Binnenraum zeigt sich auch in den Witterungs- und Klimaverhältnissen. Während in den Küstenstrichen Vest-Agders, besonders in dem agrarwirtschaftlichen Gunstraum Lista, die Durchschnittstemperaturen im Januar und Februar knapp über 0 °C liegen, können in den inneren Tal- und Fjellgebieten Kältewellen von weit unter minus 20 °C auftreten. Für die Küstensäume östlich Mandal werden für den Monat Juli Mitteltemperaturen von 16 bis 17 °C angegeben. Hier finden wir entlang der *solkysten* (»Sonnenküste«) die höchsten Temperaturen ganz Norwegens, was sich natürlich auf den Sommertourismus oder beispielsweise auf den Anbau von Sonderkulturen vor allem bei Grimstad auswirkt.

Geschichte

Auf der Halbinsel Lista, wegen ihrer naturräumlichen Verwandtschaft mit der Jæren-Landschaft südlich Stavanger auch als »Klein-Jæren« bezeichnet, läßt sich eine relativ dichte Besiedlung bis in die Jungsteinzeit (3500 bis 4000 vor heute) zurückverfolgen. Zahlreiche Grabhügel und andere Bodendenkmäler geben davon Kenntnis. Zeugen dieser frühen Besiedlung fand man aber auch z. B. auf der kleinen Insel Tromlingen bei Arendal. Seinerzeit wurden auf den für Ackerbau geeigneten Standorten entlang der Nordsee- und Skagerrakküsten bereits Gerste, Rübenarten und Flachs angebaut.

In historischer Zeit, speziell seit der frühen Neuzeit, vollzog sich dann gerade im Sörland schon aufgrund des Bevölkerungsdruckes eine immer stärkere Aufteilung der Hofstellen, obgleich die landwirtschaftlichen Möglichkeiten gerade in diesem Teil Norwegens sehr begrenzt waren. So versuchten zunächst viele Sörlandbewohner, ihren Lebensunterhalt als saisonale Wanderarbeiter z. B. in den mit der Handelsschiffahrt wachsenden Hafenplätzen an der Küste zu verdienen. Daß auch Kinder ab neun Jahren jedes Frühjahr in großen Gruppen über die Fjellhochflächen in Richtung Östland zogen, um dort während der Sommermonate auf den größeren Höfen ihr Essen als Hütejungen oder -mädchen zu erarbeiten, war absolut keine Seltenheit. Später erschien als nahezu einzige Überlebenschance nur noch die Auswanderung, und zwar zunächst in die Niederlande und nach England, dann aber in großem Ausmaß nach Nordamerika. Bei den nahezu 750000 Norwegern, die zwischen 1866 und 1915 nach Nordamerika auswanderten (s. S. 18), lag der Anteil der Bewohner von Vest-Agder dreimal höher als der Landesdurchschnitt. In den Jahren von 1890 bis 1930 waren es ca. 30000 Menschen aus Vest-Agder, die ihr Glück in der Neuen Welt suchten. Viele der emigrierten Arbeiter kehrten jedoch nach einer Reihe von Jahren in ihre Heimat zurück. Noch heute hat das Sörland aufgrund seiner Auswanderungsgeschichte stärkere familiäre Bindungen nach Nordamerika als irgendein anderer norwegischer Landesteil.

Nach dem Zweiten Weltkrieg richtete sich dann die Abwanderung aus den Tal- und Fjell-gebieten primär auf die Küstenstädte des Sörlandes, aber auch des Vest- und Östlandes mit deren Angeboten an gewerblich-industriellen Arbeitsplätzen. Gleichzeitig liefen viele Gemeinden in den Binnen- und Abseitsräumen Gefahr, zu regelrechten ›Altersheimen‹ zu werden, da eben der überwiegende Teil der jugendlichen Arbeitskräfte zu den aufstrebenden Küstenorten zog. Durch zahlreiche wirtschafts- und sozialpolitische Maßnahmen versucht der norwegische Staat, jenen Stagnations- und Regressionstendenzen vieler innerer Tal- und Fjellgebiete entgegenzu-treten. Der aufmerksame Tourist, der heute auch einmal abseits des landschaftlich so reizvollen und gut erschlossenen Setesdal reist, z. B. durch das Kvinesdal oder das Sirdal, sollte sich dessen bewußt sein, daß die Geschichte dieser Kulturlandschaften mit vielen Entbehrungen und Opfern verbunden ist.

Kristiansand und sein Umland

Im südnorwegischen Kristiansand, welches der bau- und prunkfreudige Dänenkönig Christian IV. im Jahre 1641 mathematisch exakt in Form einer Quadratur gründen ließ, mani-festiert sich nahezu lupenrein das absolutistisch-merkantilistische Stadtbauideal des 17. und 18. Jahrhunderts. Als heute größte Stadtgemeinde des Sörlandes mit gut 64 000 Einwohnern (1989) ist Kristiansand zwar längst über seine alten Stadtgrenzen entlang der buchten- und schärenreichen Südküste hinausgewachsen; in seinem alten Stadtkern spiegelt sich aber der einstige streng schematische Schachbrettgrundriß fast unverändert wider. Nur der Marktplatz inmitten der Quadratur existiert heute nicht mehr in seiner ursprünglichen Größe.

Der von dem Dänen Hans Jakobssön Schört nach mitteleuropäischen Vorbildern entworfene Stadtplan zeigt eine etwa 1 km² große Anlage, bei der sich um einen quadratischen Zentralplatz langrechteckige Quartiere gruppieren. Als Standort wurde eine unmittelbar westlich der Otra-Mündung gelegene und dem Meer an zwei Seiten zugewandte Sandebene (daher der ursprüng-liche Name »Christians Sand«) gewählt. Vor der Gründung der neuen Stadt hatte es schon einige kleine Hafenplätze in diesem Bereich der Sörlandküste gegeben, etwa Grovika an der Mündung des Tovdalselva oder Kuhholmen und Sanden auf Odderöya. Eine größere städtische Siedlung mit entsprechenden Privilegien existierte jedoch vor 1641 im gesamten Küstenbereich zwischen dem südnorwegischen Stavanger und Skien am Rande des Oslofjordes nicht. Schörts Stadt-planung ist nur noch in Kartenskizzen (Universitätsbibliothek Oslo und Reichsarchiv) aus den 1660er Jahren überliefert. Danach besteht die Quadratur aus sieben parallel zum Flußlauf der

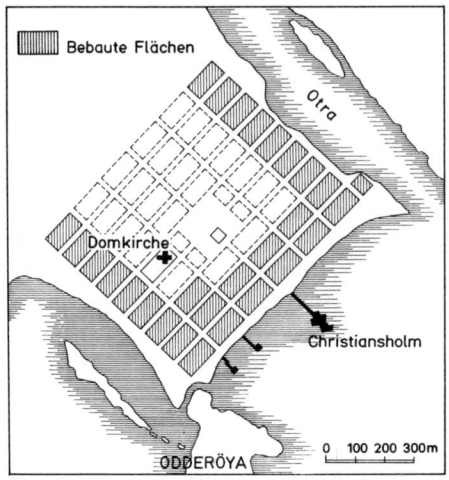

Kristiansand in der zweiten Hälfte des 17. Jahrhunderts

Otra aufgereihten Längsachsen und zehn Querachsen, wobei alle Straßen die beachtliche Breite von 15 m (genau wie in Christiania bzw. Oslo) aufweisen, um so der Brandgefahr vorzubeugen. Tangiert wird dieses schematische Straßennetz von 54 rechtwinkligen und jeweils gleichartigen Haus- und Wohnquartieren, deren größter Teil über Jahrzehnte hindurch jedoch unbebaut blieb. Allem Anschein nach war die ursprüngliche Stadtplanung von einer Gesamteinwohnerschaft von 15 000 bis 20 000 Menschen ausgegangen. Jedoch soll die Stadt 25 Jahre nach ihrer Gründung erst 230 Wohnhäuser mit ca. 1550 Bewohnern gezählt haben. Sehr bemerkenswert für die ersten Jahrzehnte der jungen Stadt ist auch die Tatsache, daß die Quartiere von der Peripherie her bebaut wurden und nicht etwa von dem zentralen großen Marktplatz aus. Da sich das neue Stadtgebilde an drei Seiten dem Wasser zuwandte, waren seine Baumeister allem Anschein nach bestrebt, zuerst die regelmäßige Stadtkontur hervorzuheben, während das Innere aufgrund der mangelnden Ansiedlungsbereitschaft zunächst leer blieb. Die Gründungsbestimmungen sahen u. a. vor, daß die dem Wasser zugewandten Flächen, also die Areale außerhalb der Vestre Strandgate (heutiger Vestre havn sowie Terrain der Sörlandbahn), der Östre Strandgate (heutige Östre havn) und der Elvegaten (entlang der Otra-Mündung), für alle Zeit Gemeinschaftsbesitz bzw. Allmende bleiben sollten. Nach und nach gingen diese Flächen jedoch größtenteils in Privatbesitz über.

Mit dem Gründungsakt von 1641 erhielt Kristiansand von der dänischen Krone zugleich das Handelsmonopol für ein weites Hinterland, das sich ungefähr mit dem heutigen Sörland deckt. Um das Wachstum der neuen Stadt zu beschleunigen, wurde den Bürgern anderer Orte an der Sörlandküste, von Risör über Arendal, Mandal bis Flekkefjord, befohlen, nach Kristiansand umzusiedeln. Diese Maßnahme hatte zunächst allerdings wenig Erfolg, auch wenn auf königlichen Befehl hin zahlreiche Häuser jener Umzusiedelnden niedergerissen wurden. Im Jahre 1666 erhielt Kristiansand den Status einer Garnisonstadt; es entstanden die mit mächtigen

Mauerwerken versehene Befestigung auf **Christiansholm** (am heutigen Osthafen/Östre havn) sowie kleinere Fortifikationen auf Langmannsholmen und Odderöya. Nach den Festungen Akershus (Christiania bzw. Oslo) und Bergenhus (Bergen) entwickelte sich Christiansholm zur drittgrößten Fortifikation des Landes. Schließlich wurde Kristiansand 1682 Bischofssitz, nachdem dieser von dem historischen Zentrum Rogalands, nämlich Stavanger, hierher verlegt worden war. Ein weiterer Schritt, Siedler nach Kristiansand zu locken und damit dessen Wirtschaftskraft zu stärken, erfolgte kurz darauf im Jahre 1686, als der jungen Stadt erneut Sonderrechte zugesprochen wurden. Danach sollten alle ständig in Kristiansand wohnenden Bürger in den ersten 20 Jahren nach ihrem Zuzug höchstens die Hälfte der Steuern zahlen, während die außerhalb, in anderen Handelsplätzen der Sörlandküste Wohnenden nach Ablauf einer Jahresfrist den doppelten Steuersatz zu entrichten hatten.

Aber alle diese Maßnahmen zur Stärkung Kristiansands hatten zunächst wenig Erfolg, und die Stadt wuchs weiterhin nur sehr langsam. In den Jahren 1666 und 1700 soll die Einwohnerzahl ca. 1550 bzw. 2260 betragen haben. Nur ein Teil der Quadratur war bebaut. Es wird überliefert, daß Reste des ursprünglichen Waldes auf der Sandebene (Kiefern, deren Symbol auch im heutigen Stadtwappen Kristiansands) noch in den 1680er Jahren in der Stadtmitte gestanden haben. Obwohl damals etwa 10% der Bevölkerung Kristiansands zur Beamtenschaft der dänischen Krone zählten, war das Wirtschaftsleben der Stadt von Anfang an auf den Handel, und zwar vornehmlich auf die Handelsschiffahrt und die damit verbundenen Handwerkszweige, konzentriert. Die Ressourcen des wald- und erzreichen Hinterlandes boten hierfür natürlich eine gute Voraussetzung. Da jene Handelsaktivitäten besonders auf Mittel- und Westeuropa ausgerichtet wurden, waren die Entwicklungstendenzen der Hafenstadt eng mit dem geopolitischen und ökonomischen Geschehen in Europa insgesamt verflochten. So spiegeln sich z. B. die Wirren des Nordischen Krieges (1700–1721) wie auch der Napoleonischen Kriege zu Beginn des 19. Jahrhunderts im Wirtschaftsbild Kristiansands deutlich wider. Besonders letztere mit den Kriegsjahren 1807–1814 und der Kontinentalsperre gegen England bedeuteten für Kristiansand eine Zeit der wirtschaftlichen Hochkonjunktur (Aufblühen der Schiffahrt und des Schiffbaus), was sich jedoch nach 1814 wieder ins Gegenteil umkehrte. Beispielsweise zählte Kristiansand 1813 etwa 9000 Einwohner, während es 1825 nur mehr knapp 7500 waren. Andererseits sind neben den weltpolitischen Ereignissen aber auch lokale Geschehen, so

Christian IV.

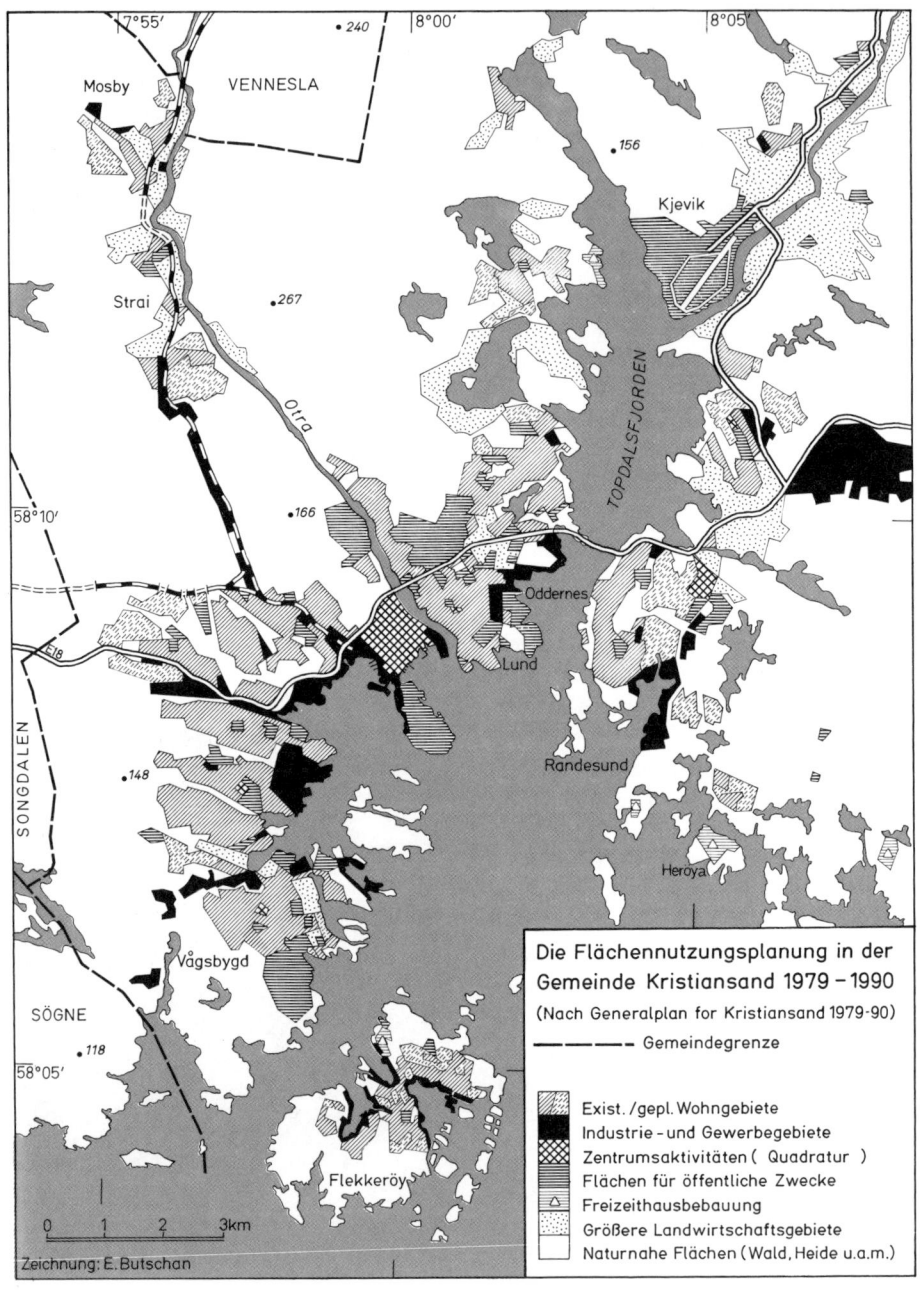

Die Flächennutzungsplanung in der
Gemeinde Kristiansand 1979 – 1990

(Nach Generalplan for Kristiansand 1979-90)

–––––––– Gemeindegrenze

Exist. /gepl. Wohngebiete
Industrie - und Gewerbegebiete
Zentrumsaktivitäten (Quadratur)
Flächen für öffentliche Zwecke
Freizeithausbebauung
Größere Landwirtschaftsgebiete
Naturnahe Flächen (Wald, Heide u.a.m.)

Zeichnung: E. Butschan

der große Stadtbrand von 1734, bei dem mehr als die Hälfte der Gebäude einschließlich Domkirche, Rathaus und Schule den Flammen zum Opfer fielen, für den recht diskontinuierlichen Entwicklungsprozeß Kristiansands verantwortlich.

Die zunehmende Bedeutung der Handelsschiffahrt und die Industrialisierung im 19. Jahrhundert markierten zugleich einen Wendepunkt in der Entwicklung der Stadt. Denn nun begann eine entscheidende Wachstumsphase und damit die Entwicklung zu jener überregionalen Zentralität in diesem Jahrhundert, die ihr Gründer Christian IV. der Stadt schon 300 Jahre vorher zugedacht hatte. Wachstumsimpulse gaben die Dampfschiffahrt (1839 Anbindung Christiansands an die Route London–Petersburg, dem heutigen Leningrad) und die Niederlassung verschiedener Industriezweige um 1850 (Spinnerei, Seifen- und Tabakfabriken u. ä. m.). Neben den bisher bevorzugten Handelsaktivitäten mit dem benachbarten Ausland richtete sich das wirtschaftliche Interesse der Stadt jetzt auch auf sein weites Hinterland. Damit erfolgte eine engere Verknüpfung nicht nur mit anderen Handels- und Fischereiplätzen an der Sörlandküste, sondern auch mit den Wald- und Landwirtschaftsregionen der Talzüge im inneren Agder, insbesondere dem Setesdal. Allerdings wurde dieser Aufstieg Kristiansands zum bedeutendsten Ort von Sörland wiederum mehrfach unterbrochen.

Der seit der Jahrhundertwende zu verzeichnende rapide Aufschwung, der nur eine kurzfristige Unterbrechung während des Ersten Weltkrieges erfuhr, ist zu einem großen Teil auf den Einsatz der Hydroelektrizität zurückzuführen. Damit war eine entscheidende Voraussetzung für die Ansiedlung moderner Industriezweige im Raum Kristiansand gegeben. Wachstumsimpulse brachten darüber hinaus die Fertigstellung der Setesdalbahn 1895 (seit 1962 stillgelegt, heute teilweise während des Sommers als Touristenattraktion wieder in Betrieb), eine beträchtliche Erweiterung der Hafenanlagen sowie die erste feste Fährverbindung nach Dänemark. Nun hielt die Großindustrie mit ihren stromintensiven Zweigen Einzug. Diesbezüglich ist zuerst das »Kristiansand Nickelwerk« zu nennen, das 1910 gegründet wurde, und zwar auf der Basis des hohen Wasserkraftpotentials im Hinterland und der Nickelerzgruben bei Evje im unteren Setesdal. Das Werk selbst firmiert seit 1929 unter dem Namen *Falconbridge Nickelwerk,* wobei es sich um eine Tochtergesellschaft des kanadischen Konzerns *Falconbridge Nickel Mines Limited* handelt. Noch heute spielt dieser Industriebetrieb eine große Rolle im Wirtschaftsleben Kristiansands, wenn auch die Nickelgruben bei Evje längst aufgegeben sind. Die benötigten Nickelerze werden nunmehr gänzlich eingeführt, und auch die Produkte werden nahezu vollständig exportiert. Weitere großindustrielle Unternehmen folgten dieser Niederlassung. Genannt sei vor allem das 1918 gegründete und gleichfalls auf Hydroelektrizität basierende *Elkem A/S Fiskå Verk* mit seiner Ausrichtung speziell auf die Ferrosilizium-Produktion.

Neben dem industriellen Wachstum traten nun auch die Verkehrs- und Dienstleistungsfunktionen mehr und mehr in den Vordergrund. Das entscheidende historische Faktum dafür, daß Kristiansand zum bedeutendsten sörländischen Verkehrsknotenpunkt wurde, war neben den Hafenanlagen mit deren Fähr- und Handelsfunktionen die Eröffnung der Sörlandbahn zwischen Oslo und Kristiansand im Jahre 1938. Die Weiterführung dieser für das südliche Norwegen äußerst wichtigen Eisenbahnlinie nach Stavanger konnte 1944 abgeschlossen werden. Ein Jahr nach der Eröffnung der Sörlandbahn wurde der Flughafen Kjevik im Nordosten der

heutigen Stadtgemeinde Kristiansand in Betrieb genommen. Inzwischen hatte auch das Straßennetz eine dem Autoverkehr entsprechende Verbesserung und Ausweitung erfahren; nicht nur
die alte Ost-West-Tangente, die heutige E 18 zwischen Oslo–Kristiansand–Stavanger wurde
ausgebaut, sondern auch eine bessere Anbindung des weiten Hinterlandes durchgeführt. So ist
hier besonders die Trasse durch das von Süden her lange Zeit schwer zugängliche Setesdal zu
nennen, der jetzige Riksvei 12, welcher im Norden auf den alten Haukeliweg stößt und somit
auch für den Raum Kristiansand eine bessere Verknüpfung mit Hardanger und Telemark zur
Folge hatte.

Das moderne Siedlungsbild Kristiansands läßt sich wie folgt charakterisieren: Die Quadratur,
d. h. ihr Grundriß und Straßenverlauf, ist im großen und ganzen noch die gleiche wie in den
Gründungsjahren um die Mitte des 17. Jahrhunderts. In einigen Vierteln bzw. Quartieren findet
man noch ältere, wenn auch restaurierte Holzhäuser, die heute unter Denkmalschutz stehen.
Andere Viertel sind durch Geschäfts- und Bürohäuser oder Hotelbauten im Neoklassizismus
oder im nachkriegszeitlichen Betonbaustil gekennzeichnet. Einige dieser Bauten, etwa das
Handelens hus, das **Tinghus** oder das **Caledonien-Hotel** im Hochhausstil, haben dem Stadtzentrum wenigstens teilweise ein neues Profil gegeben. In der Stadtmitte stehen die **Domkirche**
(nach den Stadtbränden im neugotischen Stil um 1885 wiedererrichtet) und das **Rathaus,** die

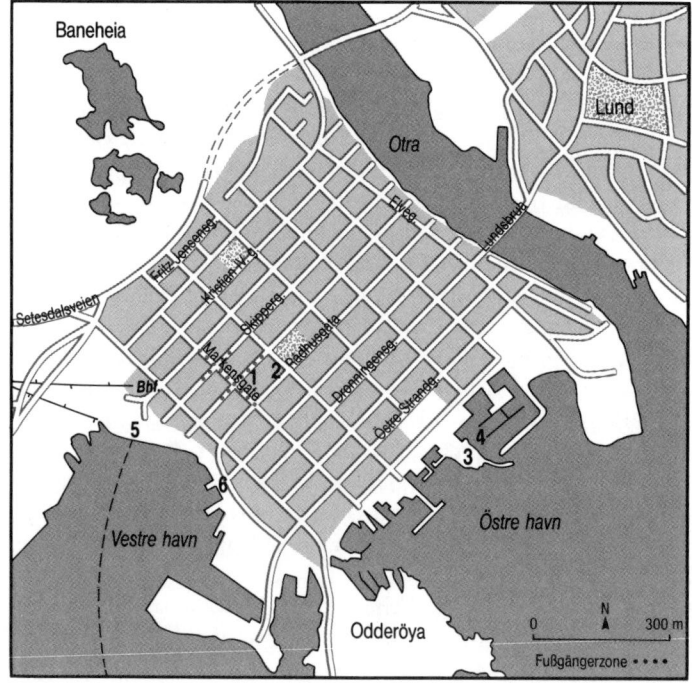

Kristiansand:
1 Domkirche
2 Rathaus
3 Festung
  Christiansholm
4 Yachthafen
5 Dänemarkfähren
6 Europakai

von einem kleinen Park umgeben sind. Einige der benachbarten Straßen in der Quadratur sind mittlerweile Fußgängerzonen mit spezialisierten Einkaufs-, Handels- und anderen Dienstleistungsbranchen. Somit präsentiert sich Kristiansand heute als das wichtigste Einkaufs- bzw. Dienstleistungszentrum im Sörland und, nach norwegischen Verhältnissen, als Großstadt. Immerhin wohnen ca. 130 000 Menschen weniger als eine Autostunde vom Stadtzentrum entfernt.

Etwa zwei Drittel der erwerbstätigen Bevölkerung Kristiansands arbeiten im tertiären Sektor. Die herausragenden verkehrsgeographischen Funktionen mögen folgende Zahlenangaben verdeutlichen: Bis zu siebenmal täglich verkehren Fährschiffe (Fred. Olsen Lines) mit Passagieren, PKW, Lastwagen und Eisenbahnwaggons zwischen Kristiansand und Nordjütland. Die Überfahrt dauert nur 4 bis 4½ Stunden. Weiterhin wird in den Sommermonaten eine direkte Fährverbindung zu dem englischen Hafen Harwich betrieben (Überfahrtzeit ca. 22 Stunden). Die modernen Häfen Kristiansands (u. a. mit drei Roll-on-roll-off-Anlagen) verzeichnen ca. 5000 Schiffsanläufe pro Jahr; die Passagierzahlen sollen nahezu 600 000 jährlich betragen. Vom Flughafen Kjevik gibt es mehrere Verbindungen pro Tag nach Oslo und Stavanger sowie nach Kopenhagen und Ålborg. Im Landverkehr spielen die bereits genannte Sörlandbahn (Reisezeit nach Oslo 5, nach Stavanger 3½ Stunden), die Europastraße 18 und die Reichsstraße bzw. der Riksvei 12 (durch das Setesdal über eine ganzjährig befahrbare Trasse des Haukelifjells in Richtung Bergen) eine tragende Rolle.

Der enorme Anstieg im Dienstleistungssektor ist in erster Linie auf das Anwachsen der staatlichen, provinziellen und kommunalen Verwaltungseinrichtungen, aber auch auf den Ausbau des Schul- und Gesundheitswesens zurückzuführen. Immerhin verfügt Kristiansand u. a. über eine Pädagogische Hochschule, mehrere Fachschulen sowie die *Agder Distrikthögskole* (ADH; in etwa unserer Fachhochschule vergleichbar) mit heute rund 1100 Studenten und einem Studienangebot auf Hochschulniveau, besonders in EDV, Mathematik, Physik und mehreren Fremdsprachen. In Kristiansand ist man darum bemüht, daß der ADH in Zukunft der Universitätsstatus verliehen wird, womit die »Sörlandhauptstadt« nach Oslo, Bergen, Trondheim und Tromsö Norwegens fünfte Universitätsstadt würde.

Es versteht sich beinahe von selbst, daß mit dem Zentralitätszuwachs auch eine bedeutende bauliche Entwicklung besonders in den eingemeindeten Stadtteilen verbunden war und ist. So galt Kristiansand in den 1950er und 1960er Jahren als die am schnellsten wachsende größere Stadt *(tettsted)* in Norwegen. Allerdings hat sich dieser Prozeß seit Mitte der 1970er Jahre deutlich abgeschwächt. Erwähnenswert ist in diesem Zusammenhang zudem die Tatsache, daß die Bauwirtschaft im Raum Kristiansand wie in vielen anderen norwegischen Landesteilen infolge der naturräumlichen Voraussetzungen mit beträchtlichen Schwierigkeiten zu kämpfen hat, denn meist muß man die Fundamente in den unmittelbar anstehenden Grundgebirgskörper setzen.

Schließlich ist die große Bedeutung Kristiansands für den in- und ausländischen Tourismus hervorzuheben. Die reizvolle Küste mit ihren Buchten, Halbinseln und vorgelagerten Schärengruppen sowie die für norwegische Verhältnisse günstigen klimatischen Gegebenheiten (Kristiansand gilt als die norwegische Stadt mit den meisten Sonnentagen im Sommerhalbjahr) geben diesbezüglich besondere Impulse. Hinzu kommen sowohl das wald- und seenreiche Hinterland wie die leicht erreichbaren Tal- und Fjell-Landschaften vor allem des Setesdal. Kristiansand nennt sich stolz »Norwegens Ferienstadt Nr. 1« und verfügt mittlerweile über mehr als 1600 Betten in Hotels der ersten Klasse sowie zahlreiche andere Übernachtungsmöglichkeiten in Pensionen u. ä. m.

Eine der besonderen Sehenswürdigkeiten Kristiansands ist das **Vest-Agder Provinzmuseum** *(Vest-Agder Fylkesmuseum)* am Nordostrand des Stadtzentrums nahe der E 18. Das Freilichtmuseum mit seinen 29 Gebäudekomplexen vermittelt einen guten Einblick in die einstigen bäuerlichen und städtischen Lebens- und Wirtschaftsweisen Agders. Genannt seien nur der große Setesdalshof *(Setesdalstunet)* mit zehn Gebäuden aus der Zeit ab 1650 oder der Eikenhof *(Eikentunet)* mit fünf Gebäuden aus dem 19. Jahrhundert. Weiter entlang der E 18 in Richtung Arendal liegen in einer schönen Wald-Seen-Landschaft der Kristiansander **Tierpark** *(dyrepark)* und ein seit 1983 angeschlossener **Freizeitpark** *(fritidspark).* Der Tierpark gilt in seiner Art als einzigartig für Norwegen. Schließlich sei noch auf den **Naturpark Ravnesdalen** am nördlichen Stadtrand westlich der Otra verwiesen, der bereits in der zweiten Hälfte des 19. Jahrhunderts angelegt wurde und über eine artenreiche Vegetation verfügt. Zusammen mit dem südlich anschließenden Natur- und Freizeitpark **Baneheia** bildet dieser Raum eine Art ›Grüne Lunge‹ für die Innenstadtbevölkerung Kristiansands.

Die Sörlandküste zwischen Risör und Flekkefjord

In der engeren und weiteren Nachbarschaft Kristiansands liegen entlang der buchten- und schärenreichen Küste mehrere städtische und stadtähnliche Siedlungen, die wirtschaftsgeschichtlich gesehen zwar manches mit Kristiansand gemein haben, aber nicht jene zentrale Bedeutung wie die heutige Sörlandhauptstadt zu erreichen vermochten. Die bedeutendsten dieser Siedlungen sind in Aust-Agder die sogenannten »fünf weißen Städte der Skagerrakküste«, nämlich Arendal, Lillesand, Grimstad, Tvedestrand und Risör. Für Vest-Agder sind vor allem Mandal, Farsund und Flekkefjord hervorzuheben.

Arendal mit gut 12 000 Einwohnern (1989) ist das Verwaltungs- und zugleich wichtigste Handelszentrum von Aust-Agder. Bereits im Jahre 1723 erhielt die lange Zeit vorher existierende, besonders auf Schiffahrt und Holzhandel ausgerichtete Siedlung Stadtrechte, so daß Arendal als eine der ältesten Städte von Sörland anzusehen ist. Ursprünglich lag Arendal auf sieben kleinen Inseln, die durch Brücken miteinander verbunden waren, was zu dem – vielleicht etwas übertriebenen – Beinamen »Venedig des Nordens« führte. Nach mehreren großen Stadtbränden im 19. Jahrhundert wurden die Kanäle und Brücken beseitigt. Auch hier sind wie in anderen norwegischen Städten die Brandkatastrophen dafür verantwortlich, daß nur noch wenig von der alten Bausubstanz erhalten ist. Außerdem bekam auch Arendal im Zuge der Wiederaufbaumaßnahmen einen geregelten bzw. planmäßigen Grundriß, der in der heutigen Innenstadt noch durchaus zum Ausdruck kommt. Ältere Holzhäuser aus dem 18. Jahrhundert sind unter anderem noch im Stadtteil *Tyholmen* erhalten und restauriert. Besondere Erwähnung finden sollte auch das *Rathaus*, das 1813 im Empirestil zunächst als Privathaus errichtet wurde und nach dem Stiftsgården in Trondheim als das größte Holzgebäude in Norwegen gilt. Was die heutige zentralörtliche Stellung Arendals betrifft, so sei neben den Verwaltungsaufgaben besonders die Hafenfunktion herausgestellt. Denn die Hafenanlagen, die durch die vorgelagerten Inseln *Hisöy* und *Tromöy* (vor allem letztere spielt heute eine beachtliche Rolle für den Fremdenverkehr) hervorragend geschützt sind, verkörpern immer noch die Wirtschaftskraft der Stadt. In diesem Zusammenhang sei nur die Bedeutung Arendals als Fährhafen nach Dänemark (Hirtshals) hervorgehoben.

Etwa die gleiche Entwicklungsgeschichte wie Arendal hat auch das etwas weiter nordöstlich liegende **Risör** mit heute ca. 3500 Einwohnern (in der Stadtgemeinde insgesamt gut 7000 Bewohner), das ebenfalls 1723 Stadtrechte erhielt.

Grimstad, mit Stadtrechten seit 1816, gilt als ein besonders traditionsreicher Ort an der Skagerrakküste, der noch eine Reihe von typischen Häusern aus der Segelschiffahrtzeit aufzuweisen hat. Denn auch Grimstad war bereits im 16. Jahrhundert ein bedeutender Hafenplatz für den Holzexport. Heute prägen neben dem sommerlichen Fremdenverkehr zahlreiche andere Erwerbszweige das wirtschaftliche Geschehen des Städtchens, so unter anderem die Konservenindustrie, die sich auf der Grundlage der im Raum Grimstad konzentrierten Sonderkulturen (Freilandgemüse und z. T. Obstanbau) entwickeln konnte.

Etwa 8 km südwestlich Grimstad in Richtung Lillesand liegt der einstige, bereits im 16. Jahrhundert erwähnte Herrenhof und dänische Adelssitz *Nörholmen,* der weit über Norwegen hinaus bekannt geworden ist. Als nahezu verfallene Anlage kam er 1918 in den Besitz des Schriftstellers und Nobelpreisträgers Knut Hamsun, der ihn wieder instand setzte und bis zu seinem Tode im Jahre 1952 bewohnte. Hamsun schrieb hier nicht nur einen großen Teil seiner weltweit bekannten Romane, sondern er bewirtschaftete den Hof zusammen mit seiner Familie auch als Landwirt. Heute dient ein Teil der Anlage als Hamsun-Museum, das unter anderem sein in 30 Sprachen übersetztes Lebenswerk beherbergt.

Ältere Holzbausubstanz ist besonders in **Lillesand** und **Tvedestrand** anzutreffen. Die einst so bedeutenden Handelsverbindungen mit West- und Mitteleuropa spiegeln sich z. B. in den Häusern Lillesands wider, die von englischer und schottischer sowie französischer Architektur beeinflußt sind. Genannt seien hier nur das ehemalige Kaufmannshaus *Karl Knudsen Gaarden,* das 1827 im Empirestil errichtet wurde und heute das Stadt- und Seefahrtsmuseum beherbergt; weiterhin das aus der ersten Hälfte des 18. Jahrhunderts stammende *Rathaus,* das 1984 nach einer sehr gelungenen Restaurierung mit dem »Europa Nostra Preis« ausgezeichnet wurde.

Mandal an der Vest-Agder-Küste ist die südlichste Stadtgemeinde Norwegens mit heute rund 12 000 Einwohnern. Der alte Handelsplatz an der Mündung des Mandalselva in den Mannfjord wurde in seiner wirtschaftlichen Entwicklung lange Zeit von dem benachbarten Konkurrenten Kristiansand gehemmt. Beispielsweise erhielt der schon frühzeitig bedeutende Fisch- und Holzhandelsplatz erst 1921 Stadtrechte. Mandal repräsentiert sicherlich eine der typischsten und besterhaltenen »Holzhaus-Städte« Südnorwegens. Prachtvolle Holzhäuser aus dem 18. und

Mandal

19. Jahrhundert sind vornehmlich im Ortszentrum um den Marktplatz sowie entlang der Store Elvegate in unmittelbarer Nachbarschaft der *Mandal-Kirche* (diese gilt als Norwegens größte Holzkirche mit 1800 Sitzplätzen) erhalten. Eine besondere Rolle im Fremdenverkehr Mandals spielen zweifellos die dem Stadtzentrum vorgelagerten Sand- bzw. Badestrände *(Sjösanden)* mit einer Länge von über 2 km.

Südwestlich des Schärenhofes vor Mandal liegt Norwegens südlichster Festlandspunkt, nämlich **Kap Lindesnes** bei exakt 57°58'43'' n. Br. Von hier bis zum Nordkap sind es immerhin über 2500 km. Damit ist Norwegens Südspitze vom Nordkap genauso weit entfernt wie von Rom oder Moskau.

Die westlichste aller Sörlandstädte ist **Flekkefjord** nahe der Provinzgrenze zwischen Vest-Agder und Rogaland. Als gut geschützter Hafen- und Handelsplatz zwischen mehreren kleinen Fjordarmen wird der Ort bereits in spätmittelalterlicher Zeit als *Flikka* beurkundet. Der Stadtteil *Hollenderbyen* am Grisefjord mit alten Holzhäusern und Bootsschuppen verweist noch heute auf den einst so bedeutenden Holzhandel mit den Niederlanden. Einen zusätzlichen Wachstumsimpuls erfuhr der Ort, der 1842 Stadtrechte erhielt, in den ersten Jahrzehnten des 19. Jahrhunderts durch die Fischwirtschaft, speziell den Heringsfang. Nach dem Niedergang dieses Erwerbszweiges entwickelte sich dann das Städtchen (die Stadtgemeinde insgesamt zählte 1989 knapp 9000 Einwohner) zu Norwegens größtem Gerbereizentrum. Die ursprünglich größeren Eichenwaldbestände an der klimatisch begünstigten Südwestküste und die damit gegebene Möglichkeit der Gewinnung von Gerberlohe aus Eichenrinde werden diesbezüglich fördernd gewirkt haben. Heute prägen neben den Verwaltungs- und Dienstleistungsaufgaben für ein weites Umland zahlreiche kleinere Verarbeitungsbranchen das Wirtschaftsleben der Stadt.

Setesdal und Sirdal

Die beiden Talzüge Setesdal und Sirdal gehören zu dem System der südnorwegischen Bauerntäler, wie sie von Osten nach Westen das Österdal, Gudbrandsdal, Hallingdal, Numedal sowie im Sörland das Setesdal und das Sirdal verkörpern. Schon in ihrer Naturraumausstattung heben sich die sörländischen Talzüge jedoch stark von denen des Östlands ab, indem letztere durchweg breitere und damit für die Landnutzung sowie Verkehrserschließung günstigere Voraussetzungen mit sich bringen. Kennzeichnend für die meist tief eingeschnittenen Talzüge des Sörlands, d. h. das Sirdal im Westen und das Setesdal im Osten sowie die zwischen ihnen, ebenfalls in Nord-Süd-Richtung verlaufenden kleineren Talungen Kvinesdal, Lyngdal, Audnedal und Mandal ist der vielfache Wechsel zwischen engen, steilwandigen Einschnitten und breiteren Ausweitungen, wie er dem Besucher gerade im Setesdal eindrucksvoll entgegentritt. Breite Taltröge und klammartige Schluchten, besonders zwischen Valle und Bykle, wechseln hier einander ab. Der mancherorts trogförmige Charakter sowie häufiger anzutreffende Eisstausee-Terrassen und Moränenreste weisen auf die glazialen Überformungen der Gneis- und Granitgesteine hin. Gerade die eiszeitlichen Lockermaterialablagerungen in den Talausweitungen sind seit langem Standorte agrar-bäuerlicher Siedlungen. Die ältesten Hofplätze konzentrieren sich dabei auf die sonnenexponierten Talhangmitten, weil eben hier die besten klimatischen und bodenkundlichen Voraussetzungen zu finden sind (s. a. Abb. S. 83). Entlang der Talhangmitten verliefen in der vorindustriellen Zeit auch die meisten alten Verkehrswege. Insgesamt gesehen waren die Bewohner der sörländischen Bauerntäler von jeher weit weniger wohlhabend als ihre Landsleute in den östlichen Talzügen, wo wenigstens in den unteren und mittleren Abschnitten relativ gute Kornanbauvoraussetzungen gegeben waren sowie weite und produktive Wälder stockten.

Das Setesdal

Heute umfaßt die Bezeichnung »Setesdal« den gesamten Talzug der Otra von den nördlichen Fjellhochflächen (Setesdalheiene) um den Wintersportort Hovden bis nahezu Kristiansand im Süden, d. h. eine Gesamtlänge von rund 230 km. In kulturhistorischer Sicht bezieht sich der Begriff »Setesdal« jedoch nur auf den Abschnitt vom Südende des ca. 35 km langgestreckten Byglandssees (wegen seiner formalen Ähnlichkeit mit den marinen Fjorden auch Byglandsfjord genannt) bis zu den Hochfjellweiten nördlich Bykle im Grenzbereich zu Telemark. Wegen seiner Naturschönheiten, seiner zahlreichen Zeugen einer alten Bauernkultur und seiner lebendig gehaltenen Traditionen zählt das Setesdal zweifellos zu den anziehendsten Tallandschaften Südnorwegens. Diese Tatsache schlägt sich gerade in den letzten 20 Jahren in einer vielseitigen und zum Teil in großem Maßstab durchgeführten Erschließung durch den in- und ausländischen Fremdenverkehr nieder, die mancherorts – so z. B. im Raum Hovden – an ihre ökologischen Grenzen zu stoßen scheint.

Die Otra selbst, früher auch *Otterå* (»Otterfluß«) genannt und durch ihren Fischreichtum bekannt, hat bzw. hatte bis vor wenigen Jahren durch ihre zahlreichen Stromschnellen und kleineren Wasserfälle den Charakter eines Wildwassers. Leider ist jedoch ein Teil der Urwüchsigkeit dieses Flußsystems durch den Wasserkraftausbau und die damit verbundenen Regulierungen verlorengegangen. Ein weiteres Wasserkraftprojekt, nämlich die Aufstauung der Talausweitung von Bykle im oberen Setesdal bis zu einer Höhe von etwa 700 m NN, konnte wenigstens vorerst verhindert werden. Im Sinne des Landschaftsschutzes ist ein Nein der Genehmigungsbehörden sehr zu begrüßen, denn durch die geplante Ausbaumaßnahme wäre der größte Teil einer traditionsreichen Setesdalsiedlung und zugleich eine der schönsten Landschaftspartien im südlichen Norwegen für immer zerstört worden (s. Abb. 25).

Wie schon angedeutet, waren die inneren Talzüge des Sörlandes – und besonders das Setesdal – vor der Fertigstellung der Hauptverkehrswege nach Süden und Norden nahezu abgeschlossene und daher isolierte Kulturlandschaftsinseln, wenn man von einigen älteren, über die Fjellhöhen hinwegreichenden Handels- und Viehtriftwegen absieht. Jene Wege querten in ihrer west-östlichen Richtung das Setesdal besonders in der Talausweitung von Valle mit dem gleichnamigen alten Kirchort. Der Transport über die alten Talwege bzw. -pfade war sehr gefahrvoll, und manche Tragödien sind damit verbunden. Genannt sei nur der einst so berüchtigte *Byklestigen*, ein an steilen Felswänden vorbeiführender Fjellweg, der bis Ende der 1870er Jahre, d. h. bis zur Fertigstellung der heutigen Straße entlang der Otra, die einzige Verbindung zwischen Valle und Bykle war. Der wohl bekannteste Fjellweg im Setesdalbereich war der sogenannte *skinnvei* (»Fellweg«), über den früher die Setesdal- und Sirdalbauern ihre abgabepflichtigen Waren, meist Tierhäute und -felle, zum Bischofsstuhl in Stavanger brachten. Auch nach der Verlegung des Bischofssitzes von Stavanger nach Kristiansand im Jahre 1682 blieb die Bedeutung des *skinnvei* als Handelsweg zur Westküste bis ins 19. Jahrhundert erhalten.

Nordwestlich Bykle, am Rand der Fjellhochfläche, liegt der einstige Marktplatz *Kaupmannbui* oder *Kaupmannsbu*, über den es in einem Bericht aus den Jahren um 1700 heißt, daß hier die Leute aus dem Vestland und die Setesdalbauern einmal im Jahr zum Verkauf bzw. Tausch ihrer Waren zusammenkämen; die Vestlandleute mit Salz, Pfeffer, Kleidung, Leinen, Fisch u.a.m., die Setesdalbauern mit Vieh, Häuten und Fellen. Überhaupt verdankt eine Reihe von Siedlungen in den südnorwegischen Tal- und Fjellgebieten ihre Existenz in erster Linie jenen alten Verkehrswegen und Handelsplätzen. Das gilt z.B. auch für die Siedlung Hoslemo nördlich Bykle im oberen Setesdal, die noch Anfang dieses Jahrhunderts ein fester Rast- und Übernachtungsplatz für Viehhändler (norw. *driftekarer*) mit ihren Herden auf dem Wege vom Vest- ins Östland war.

Die heute bedeutendsten und kulturhistorisch wohl auch interessantesten Siedlungsbereiche im Setesdal konzentrieren sich auf die Räume um Bygland, Valle und Bykle. Der Name des Ortes **Bygland** läßt sich von norwegisch *bygg* (»Gerste«) ableiten, was die Tatsache unterstreichen soll, daß hier und auch weiter talaufwärts lange Zeit durchaus Brotgetreide angebaut wurde. An dem klimatisch begünstigten Byglandsfjord waren es besonders die am Ostufer liegenden und sonnenexponierten Talhänge mit den alten Siedlungsstandorten Årdal, Longerak, Lauvdal und Bygland, die dafür in Frage kamen. Unter anderem zeigt das *Bygland Freilicht-*

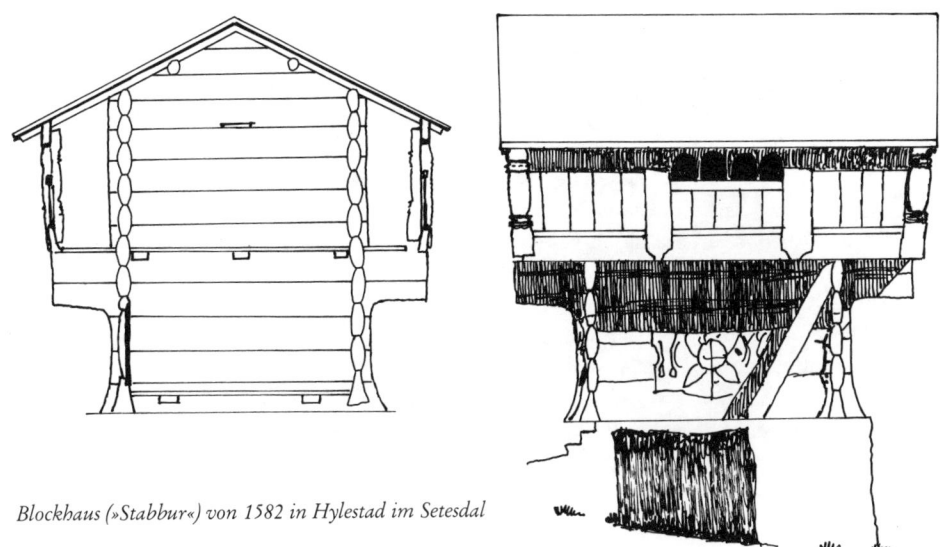

Blockhaus (»Stabbur«) von 1582 in Hylestad im Setesdal

museum (bygdetun) eine Reihe alter Haus- und Hofgebäude, die die traditionsreichen Züge dieses Bauerntales anschaulich vor Augen führen. Zahlreiche andere Baudenkmäler in der einst prägenden Blockbauweise könnten in diesem Zusammenhang genannt werden, so z. B. der aus dem Jahre 1350 stammende, für das Setesdal typische *Stabbur* (eine Art Vorratshaus) in dem Kirchort Åraksbö nördlich Bygland.

Das alte und heutige Zentrum des Setesdal ist der Kirchort **Valle** mit mehreren altbäuerlichen Siedlungskernen. Gräberfunde, so besonders in Flateland nördlich des Ortszentrums, lassen darauf schließen, daß die von steilen Gneiswänden flankierte Talausweitung Valle ein nicht unbedeutender Handelsplatz schon zur Wikingerzeit war. Heute ist der Raum Valle unter anderem der Mittelpunkt des traditionsreichen Kunstgewerbes im Setesdal, was sich in einer Reihe von Werkstätten der Silberschmiede, Holzschnitzer, Rosenmaler und Textilgestalter niederschlägt. Vor allem das Silberschmiedehandwerk war und ist sicher eine der größten Sehenswürdigkeiten im Setesdal. Es ist mit seiner Spezialisierung auf Schmuckstücke wie Filigranbroschen oder Anstecknadeln ortsspezifisch gerade für diesen Talzug und kann auf eine lange Tradition zurückschauen.

In der Siedlung **Flateland** nördlich des Kirchzentrums Valle liegt der heute als Setesdalmuseum dienende Hof *Rygnestad* mit den typischen Bauten im Blockbaustil. Seine ältesten Teile stammen aus spätmittelalterlicher Zeit. Der aus dem 16. Jahrhundert datierende *Stabbur* am Hofeingang ist ein auf mächtigen Rundhölzern ruhendes, massives Bauwerk, das in verschiedenen Variationen in Süd- und Mittelnorwegen noch häufiger anzutreffen ist. Seine Türen und Türumrahmungen sind mit einer eigenartigen und für die einzelnen Landschaften typischen Ornamentik verziert. Die oft in Erd- und Obergeschoß gegliederten und von einem offenen

41

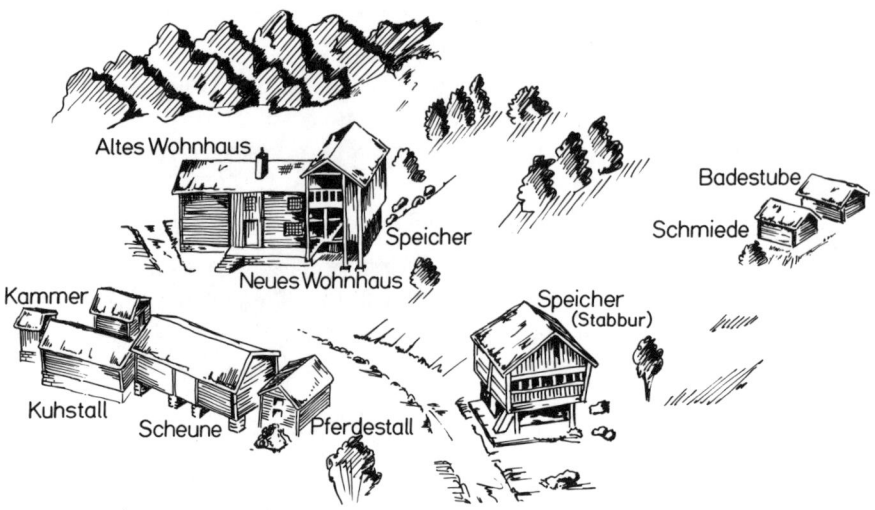

Der Hof Nordigard bei Rygnestad im Setesdal um 1900

Gang im Obergeschoß umgebenen Stabburbauten dienten hauptsächlich der Aufbewahrung von Lebensmitteln, Textilien etc. Ihre Dächer wie auch die anderer Blockbauten bestehen in der Regel aus einer Birkenrindenschicht (norw. *never*), auf die Erde gebracht und anschließend Grassoden gelegt wurden. Derartige Dachbedeckungen sollten nicht als primitiv angesehen werden; sie gelten in jenen niederschlags- bzw. schneereichen Gebieten als sehr dauerhaft.

Auch im nördlich anschließenden **Bykle** mit seinen gut 700 Einwohnern auf einer über 1500 km² betragenden Gemeindefläche ist eine Reihe älterer Hofanlagen im Blockbaustil erhalten. Erwähnt sei hier nur das Freilichtmuseum *Huldreheimen* nördlich der Kirche mit seinen verschiedenen Wohn- und Wirtschaftsgebäuden aus mittelalterlicher und neuerer Zeit.

Nördlich Bykle geht das ansonsten tief eingeschnittene Otratal in die Fjellhochflächen der **Setesdalheiene** über, die durchschnittlich zwischen 1200 und 1400 m Höhenlage einnehmen. Noch vor gut 20 Jahren wurden hier während der Sommermonate von der bäuerlichen Bevölkerung des oberen Setesdalen zahlreiche Almen bzw. Seter bewirtschaftet; heute sind sie bis auf wenige Reste verschwunden. Dafür hat der moderne in- und ausländische Tourismus diesen Raum grundlegend verändert. So ist besonders **Hovden** in einer Höhenlage von 830 m NN zu einem der bekanntesten Wintersportorte in Südnorwegen herangewachsen, der in seinen Angeboten und Ausmaßen in manchem an bekannte Stätten in den Alpenländern erinnert. Auf den Raum Hovden konzentrieren sich aber auch einige industrielle Aktivitäten, nämlich die *Staudammanlagen* von **Vatnedal.** Von der Berdalsbrücke (Berdalsbru) südlich Hovden kann man diese Anlagen erreichen, deren höchster Damm mit 125 m Höhe zu den größten seiner Art in Norwegen zählt. Der Wasserkraftausbau der oberen Otra soll heute den täglichen Strombedarf von 300 000 Menschen decken. Lange Zeit vor diesen Energieausbaumaßnahmen müssen hier im oberen Setesdal aber auch schon andere nicht-landwirtschaftliche Erwerbsformen praktiziert worden sein. So entdeckte man im Jahre 1980 am Rande des Hartevatnet bei Hovden die Reste von rund 300 Holzkohlemeilern sowie 12 Hausgrundrisse, die bezeugen, daß Hovden im Zeitraum von etwa 850 bis ca. 1350, d. h. bis zu den großen Pestepidemien des späten Mittelalters, ein Zentrum für die Eisenerzgewinnung und -verhüttung war. Das Erz selbst wurde aus den dortigen weiten Moorflächen gefördert.

Das Sirdal

Im Vergleich zum Setesdal ist das westlich benachbarte Sirdal bedeutend kleinräumiger ausgeprägt und in der Regel auch dem ausländischen Touristen weit weniger bekannt. Es erstreckt sich vom Südende des Sirdalssees *(Sirdalsvatn)* bis zum Quellgebiet der Sira bei Ådneram in den nördlichen Fjellhochflächen Vest-Agders. Die Ufer des rund 27 km langen Sirdalsvatn sind infolge der steil einfallenden Talwände nahezu siedlungsleer. Nur am Nordende des Sees boten eiszeitliche Terrassenbildungen relativ günstige Siedlungs- und Wirtschaftsmöglichkeiten. Hier entwickelte sich der Kirchort **Tonstad** zur einzigen größeren Siedlung im Sirdal. Die den größten Teil des Sirdal einnehmende Gemeinde gleichen Namens zählte 1989 nur 1700 Menschen. Allerdings halten sich saisonal bedeutend mehr Menschen dort auf, und zwar vornehmlich im Oberen Sirdal (Övre Sirdal). Auf gutem Wintersportgelände sind dort in den letzten Jahrzehnten Tausende von Freizeithäusern *(hytter)* entstanden, die sich zumeist im Besitz städtischer Bevölkerungsschichten aus dem Raum Stavanger – Sandnes befinden. Diese Entwicklung hat auch im Oberen Sirdal zu landschaftsökologischen Problemen bzw. zu Umweltbelastungen geführt, die man durch raumplanerische und andere gesetzgeberische Maßnahmen in den Griff zu bekommen versucht. Andererseits hat der zunehmende Fremdenverkehr auch positive Folgen für die ländlich-agraren Siedlungen in jenen Problemräumen, denn die meist im Nebenerwerb bewirtschafteten Hofstellen können eine Einkommensverbesserung etwa durch das Verpachten von Hüttenarealen, die Vergabe von Jagd- und Fischereirechten, den Verkauf von Agrarprodukten etc. erzielen sowie an einer Infrastrukturverbesserung (Wegebau, Telefonanschlüsse u. a. m.) teilhaben (s. Abb. 1).

Seit den 1960er Jahren ist auch der obere Sirdalbereich vom Wasserkraftausbau erfaßt worden. Das spektakuläre Sira-Kvina-Projekt bestand in der Überführung der oberen Kvina in die Sira, weiterhin in der Regulierung bzw. Aufstauung einer Reihe großer Seen (Dammhöhe am Svartevatn bis zu 129 m) und in der Anlage mehrerer, meist unterirdischer Kraftwerke. Heute umfaßt das Projekt sieben Kraftwerke, von denen fünf in der Gemeinde Sirdal liegen. Die Tonstad-Anlage gilt mittlerweile als das zweitgrößte Wasserkraftwerk Norwegens.

Das Östland

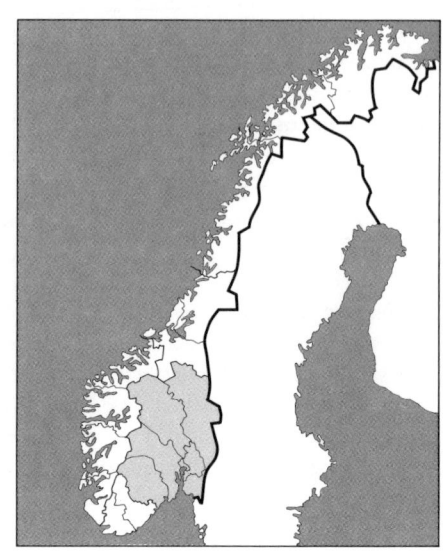

Nach Nordnorwegen ist das Östland Norwegens größter Landesteil; zu ihm zählen im administrativen Sinne die acht Provinzen *(fylker)* Öst- und Vestfold, Akershus und Oslo, Hedmark, Oppland, Buskerud und Telemark. Mit nahezu 95 000 km² umfaßt das Östland somit gut 29% der norwegischen Staatsfläche, wobei die Provinzgrößen gewaltig differieren, von Oslo und dem benachbarten Vestfold mit Arealgrößen von nur rund 450 bzw. 2200 km² bis zu den Flächenprovinzen Hedmark und Oppland mit über 27000 bzw. 25000 km² Ausdehnung. Wichtiger als diese Zahlen erscheinen einige andere, hier nur schlagwortartig genannte Fakten, die die besondere Stellung des Östlands verdeutlichen sollen. Nach den statistischen Angaben des Jahres 1989 hatten von den gut 4,2 Mio. Norwegern immerhin 48,8% ihren Wohnsitz im Östland, natürlich schwerpunktmäßig im Großraum Oslo. Noch vor etwa 25 Jahren entfielen auf das Östland 59% des Bruttoproduktionswertes der norwegischen Industrie, ein Anteil, der sich in jüngerer Zeit besonders infolge der Öl- und Gaswirtschaft im norwegischen Nordseesektor unter anderem zugunsten des Vestlands verschoben hat. Im Jahre 1987 lag jener Wert für das Östland aber immerhin noch bei 36%. Der ostnorwegische Landesteil verfügt weiterhin über gute agrarwirtschaftliche Voraussetzungen, und zwar vornehmlich in den Flachlandgebieten entlang des Oslofjords und des Mjösasees. So kann das Östland 47% des kultivierten Agrarlandes und 55% der produktiven Waldflächen Norwegens auf sich vereinigen.

Das Östland im Überblick

Natürlich wird ein so großer Raum wie das Östland von einer Reihe sehr unterschiedlicher Landschaftstypen geprägt. Ganz grob verallgemeinert kann man eine räumliche Gliederung vornehmen, die von den wirtschaftlichen Gunsträumen und somit auch relativ dicht besiedelten Gebieten des Südens (Oslofjord-Mjösasee-Zone) über die breiten Taltröge mit ihren umgebenden Waldflächen bis zu den Fjellweiten des Nordens reicht. Jene Fjellhochflächen mit oft plateauförmigem Charakter, vor allem die Hardangervidda, das Dovrefjell und die Röros-vidda, werden voneinander getrennt durch tief eingeschnittene Talzüge, die sich heute mit den Hauptverkehrsadern decken. Das sogenannte Langfjell im Raum Jotunheimen mit den süd-westlich und nordöstlich anschließenden Hochfjellrücken ist der alte Grenzbereich zwischen Ost- und Vestland und bildet zugleich die Hauptwasserscheide zwischen beiden Landesteilen. Der Name »Langfjell« soll die extrem periphere Lage dieses Gebirgssystems, d. h. die weite, »lange« Entfernung zu den Siedlungsräumen (im Gegensatz zum sogenannten *heimefjell*), aus-drücken.

Die östländischen Flachlandgebiete konzentrieren sich im wesentlichen auf die Randbereiche des Oslofjordes bzw. -grabens und auf die Uferlandschaften des Mjösasees *(Mjösen)*, hier vor allem auf die altbesiedelten Räume Hedemarken und Toten. Geologisch gesehen bilden der über 100 km lange Oslofjord sowie der ungefähr gleich langgestreckte und bis zu 15 km breite Mjösasee das Nordende jener gewaltigen Grabenbruchzone, die einen großen Teil der Nord-halbkugel durchzieht und zu der unter anderem auch der Rhône-, Oberrhein- und Leinegraben zählen. An der westlichen Seite des Oslo-Mjösagrabens, und zwar vom Langesundfjord bei Porsgrunn und Skien über den Tyrifjord bei Hönefoss bis zum nördlichen Mjösasee, wird der alte Grundgebirgskörper überlagert von jüngeren, d. h. kambrosilurischen Gesteinen aus Kalk-, Schiefer- und Sandsteinsedimenten. Diese relativ leicht verwitternden Gesteine boten in jenen Flachlandschaften schon in vorgeschichtlicher Zeit gute landwirtschaftliche Voraussetzungen. Vor allem aber wird die Bodengunst in diesem Raum durch die bereits an früherer Stelle hervor-gehobenen marinen Ablagerungen in der Nacheiszeit bestimmt, wobei die nährstoffreichen Meeressedimente hier bis zu einer Höhe von etwa 210 m NN reichen.

Neben Oslo und Akershus haben noch drei weitere Östlandprovinzen Anteil an den Ufer-landschaften des Oslofjordes, nämlich Öst- und Vestfold sowie Buskerud. Die mittlere Bevöl-kerungsdichte in diesen Küstenräumen beträgt 200 Einwohner pro km², während für ganz Norwegen ja nur 13 Einw./km² angegeben werden. Wenn man sich weiterhin vor Augen hält, daß heute etwa ein Drittel der norwegischen Bevölkerung im Großraum Oslo lebt, dann wird dessen herausragende Bedeutung im norwegischen Siedlungs- und Wirtschaftsleben deutlich. Die starke Urbanisierung in diesem Teil Ostnorwegens hat aber auch zu enormen Flächen-nutzungskonflikten geführt, die in erster Linie zu Lasten der Landwirtschaft ausgetragen werden, obwohl gerade hier die besten agrarwirtschaftlichen Produktionsfaktoren (Böden, Klima, Markt- und Absatzverhältnisse) gegeben sind. Diese Konfliktsituation ist für Norwegen von großer Tragweite, da eben nur rund 3% der Landesfläche als kultiviertes und damit inten-siver nutzbares Agrarareal anzusehen sind und die norwegische Wirtschaftspolitik darauf ausge-richtet ist, den heute bei ca. 40% liegenden Selbstversorgungsgrad mit einheimischen Nahrungs-mitteln zu erhöhen.

Zu den obenerwähnten klimatischen Gegebenheiten sei an dieser Stelle für das Östland insgesamt kurz Folgendes bemerkt: Auch hier sind die Gegensätze zwischen Küstensäumen und Binnenräumen naturgemäß sehr hoch. Beispielsweise werden für den äußeren Oslofjord im langjährigen Durchschnitt 136 Sommertage mit Temperaturen über 10 °C angegeben, während es für das obere Gudbrandsdal nur noch 70 Tage sind. Auch der West-Ost-Gegensatz bzw.

maritim-kontinentale Unterschied zeigt sich deutlich, indem die durchschnittlichen Julitemperaturen in Oslo immerhin 22 °C betragen, während sie z. B. in Stavanger und Bergen bei nicht
mehr als 16 °C liegen. Der kontinental-maritime Gegensatz drückt sich weiterhin in den Jahresniederschlagsmengen aus. Während in den östlichen Binnenräumen vom Gudbrandsdal bis in
die Rörosvidda oft weit unter 800 mm gemessen werden (ein Extrem ist z. B. Övre Rendal mit
rund 450 mm), steigen die Niederschlagsmengen in Richtung Westen bedeutend an; z. B. liegen
sie in Vinje im westlichen Telemark bei nahezu 1050 mm.

Die günstigen naturräumlichen und verkehrsgeographischen Voraussetzungen im Oslo-
Mjösasee-Grabengebiet haben wie in ähnlich ausgestatteten Räumen, so in Jæren an der Südwestküste und an den Ufersäumen des Trondheimsfjordes, zu einer frühen Besiedlung und
Bewirtschaftung geführt. Über 1500 Bodendenkmäler aus vor- und frühgeschichtlicher Zeit
sind in Östfold registriert worden. Die ältesten Siedlungsspuren reichen hier ca. 9000 Jahre
zurück. An den buchten- und schärenreichen Säumen des Oslofjordes mit ihren guten Hafen-
standorten liegen auch die ältesten städtischen Siedlungen Norwegens, nämlich Tönsberg
und Sarpsborg. In den folgenden Landschaftsbeschreibungen wird auf entsprechende Details
zurückzukommen sein.

Oslo – die norwegische Metropole

Eine Fülle von Artikeln und Abhandlungen ist über Norwegens Hauptstadt geschrieben
worden, viele überschwenglich, andere wiederum nüchterner, und es ist schwer, der heute
451000 Einwohner zählenden Haupt- und Residenzstadt des Königreiches auf wenigen Seiten
ganz gerecht zu werden. Oslo mit seinen vielen Gesichtern hat wie kaum eine andere Hauptstadt in Europa gerade in den letzten Jahren eine enorme Entwicklung erfahren.

Die Osloregion ist schon seit über 100 Jahren als der bedeutendste Verdichtungsraum Norwegens anzusehen, der eine große Anziehungskraft nicht nur auf das gesamte Östland, sondern
auch auf alle anderen norwegischen Landesteile ausübt. Nicht immer gab es diese Vorrang-
stellung Oslos, zumindest nicht in hochmittelalterlicher Zeit, als die »Hauptstadtfunktionen«
zunächst auf Trondheim und dann auf Bergen konzentriert waren. Am Nordende des tief eingeschnittenen Oslofjordes gelegen, ist die heutige Hauptstadt nicht nur das bedeutendste
Wirtschafts- und Verkehrszentrum, sondern auch das wichtigste Administrationszentrum des
Landes mit dem Sitz des Parlaments *(Storting)*, des Königshauses, der obersten Reichsbehörden
und zahlreicher anderer Institutionen.

Von der Gesamtfläche Oslos mit 454 km² sind nach dem Stadtentwicklungsplan nur 156 km²
oder 34% als bebaute und zu bebauende Fläche ausgewiesen, von der wiederum nur 75% wirklich in Anspruch genommen sind. Das heißt mit anderen Worten, daß die Stadt in der einzigartigen Situation ist, über große Freiflächen zu verfügen, die der Naherholung und anderen
Funktionen (z. B. der Trinkwasserversorgung) vorbehalten sind. Zur Stadt Oslo gehören nicht

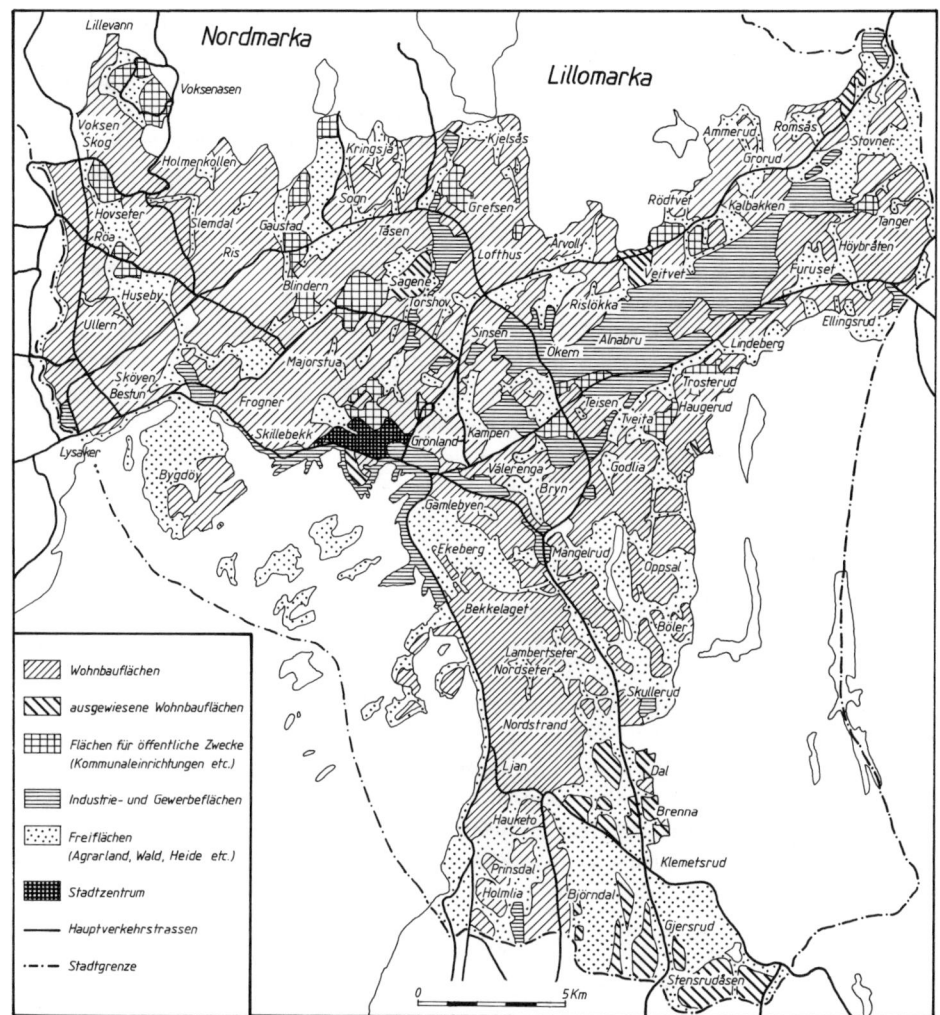

Oslo, Flächennutzungsplan der Stadtzonen I bis III

nur die meisten Inseln bzw. Schären nördlich der Halbinsel Nesodden, sondern auch weite Wald- und Seenflächen, die sich von Westen nach Osten halbkreisförmig um das sogenannte Oslobecken erstrecken. Die bekanntesten dieser naturnahen Erholungsgebiete sowohl für den Sommer- wie für den Wintertourismus sind Nordmarka, Lillomarka und Östmarka in einer Höhenlage von durchschnittlich 300 bis 500 m NN. Auch der weltberühmte Holmenkollen mit

47

371 m NN ist hierzu zu rechnen; er bildet den südlichen Ausläufer des Höhenzuges Tryvanns-högda-Voksenkollen. Von den Bergrücken verläuft eine Reihe von Flüssen und Bächen in das Oslobecken, von denen für die Wirtschaftsgeschichte der Stadt der zweifellos wichtigste der Akerselva ist. Dieser kommt aus dem Maridalsvatn an der heutigen Nordgrenze der städtischen Bebauung Oslos und mündet in die Björvika, eine der Buchten am Ende des Fjordes. Von besonderem Interesse in naturräumlicher Sicht ist auch die Geologie des Osloer Halbrundes. Viele Fachleute behaupten, wohl nicht zu Unrecht, daß es keine andere Großstadt weltweit gebe, in der die geologische Geschichte so gut und eindrucksvoll zu studieren sei wie in Oslo. Das sogenannte »Oslofeld«, d. h. kambro-silurische Gesteinsschichten, die den Beckenrand in südwest-nordöstlicher Richtung queren und in mehreren Stockwerken heute praktisch frei-liegen, ist international bekannt durch seinen Fossilienreichtum und verschiedene andere geologische Erscheinungen. In mehr als 100 Jahren haben hier norwegische und ausländische Geologen Erfahrungen sammeln können, die auch für das Verständnis erdgeschichtlicher Prozesse in anderen Erdräumen von Bedeutung sind.

Die spezielle geologische Situation hat aber auch eine Rolle für die Gestaltung des Osloer Stadtbildes gespielt. So fanden seit dem Mittelalter die Kalkgesteine der Kambro-Silur-Zeit Verwendung als Baumaterial (Naturstein, Branntkalk, Zement) für Kirchenbauten u. a. m. Auch Gneise, Granite und ähnliche Tiefengesteine, z. B. den »Nordmarkit«, oder permische Lava findet man in älteren Bauwerken Oslos wieder. Andererseits bringt die Geologie Oslos auch Probleme für die städtische Bebauung mit sich. Denn im untersten Stockwerk der kambro-silurischen Schichten liegt Alaunschiefer, ein schwach kohlehaltiger Schiefer, der in Verbindung mit Luft und Wasser zur Ausdehnung neigt und leicht zu Schäden an Gebäuden und Leitungssystemen führen kann. Mehrere Straßenzüge Oslos stehen auf solchen Alaunschiefern, z. B. Kongens gate, Möllergata, Rosenkrantz' gate und Teile von Grensen. Der Alaunschiefer wurde aber auch wirtschaftlich genutzt, indem er im 18. und 19. Jahrhundert am Fuße des Eke-berges gebrochen und zu Kali-Alaun (Einsatz in Gerbereien und Textilbetrieben) verarbeitet wurde. Das Alaunwerk am Ekeberg war immerhin das größte gewerbliche Unternehmen im damaligen Oslo bzw. Christiania, bis es in der zweiten Hälfte des 19. Jahrhunderts den moder-nen Verkehrsausbauten weichen mußte.

Geschichte

Die Herkunft des Namens »Oslo« ist umstritten. Zeitweilig hat man ihn von *Lo-elvens os* (Mündung des Lo-Flusses; altnorw. *os*, »Mündung«) abgeleitet. Nach anderer Auffassung soll der Name vom Altnorwegischen *àss ló* (»Gottesfeld«) herstammen. »Oslo« könnte aber auch schlicht und einfach als »ebene Fläche« oder »feuchte Grasfläche unterhalb eines Höhenzuges« gedeutet werden. Nach mehreren Brandkatastrophen und der 1624 erfolgten Konzeption einer neuen Stadt erhielt die Siedlung den Namen »Christiania« nach ihrem Gründer, dem Dänen-könig Christian IV. Seit 1877 wurde dann als offizielle Bezeichnung »Kristiania« gebräuchlich, während der ursprüngliche Name Oslo weiterhin für den alten Stadtteil *(Gamlebyen)* am Fuße

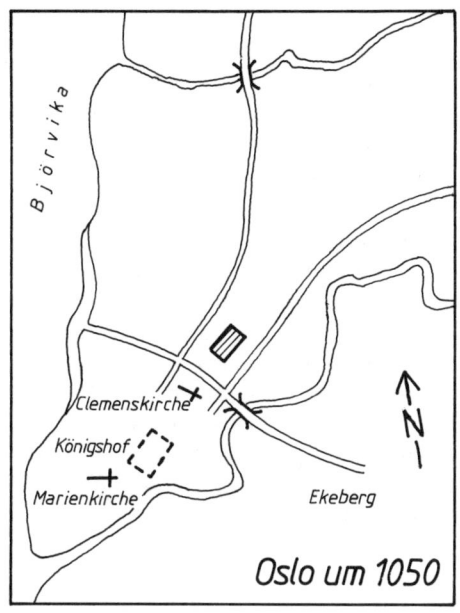

Oslo um 1050

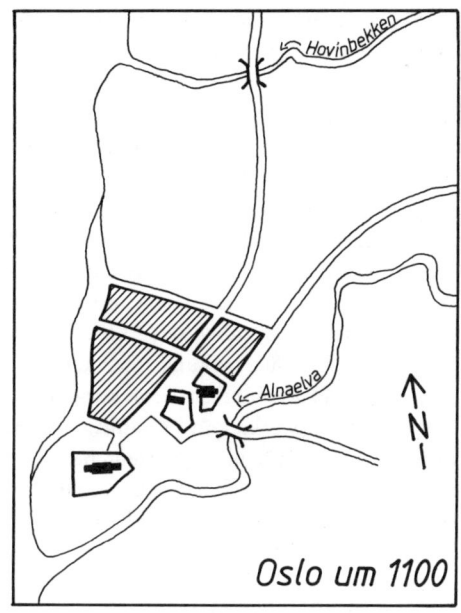

Oslo um 1100

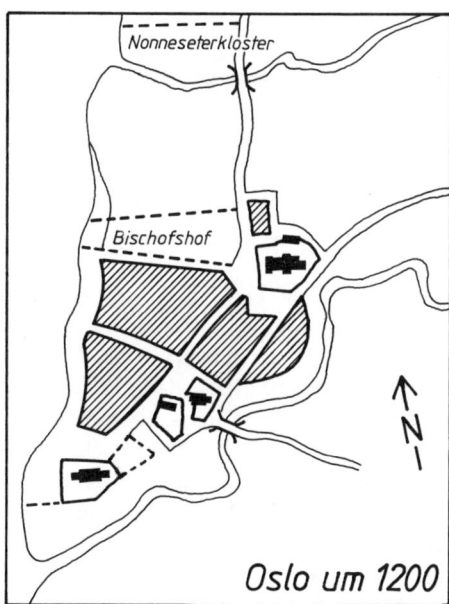

Oslo um 1200

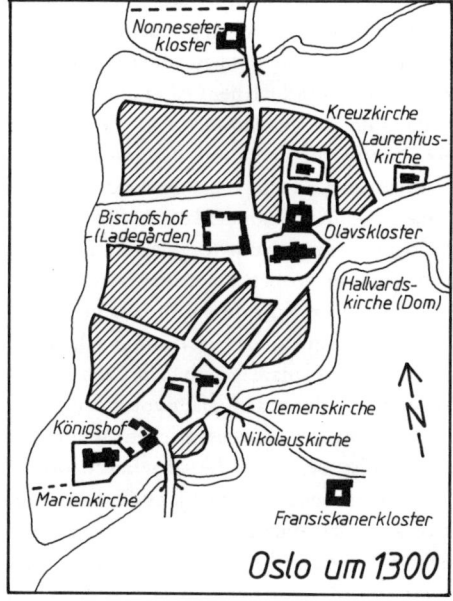

Oslo um 1300

Die Entwicklung Oslos von 1050 bis etwa 1300

des Ekeberges verwandt wurde. Ein Stortingsbeschluß führte schließlich dazu, daß die norwegische Hauptstadt 1925 ihren alten Namen Oslo zurückerhielt.

Stadtrechte wurden Oslo allem Anschein nach bereits im Jahre 1050 von König Harald Hårdråde (Harald der Harte) verliehen. Aber schon vorher muß dort ein alter Handelsplatz existiert haben. Nachdem Oslo in der zweiten Hälfte des 11. Jahrhunderts zum Bischofssitz erhoben worden war, blieb es längere Zeit ein kirchlich-geistlicher Mittelpunkt des Landes. Die norwegischen Könige residierten aber zunächst weiter in Bergen, bis dann Håkon V. um 1300 seine Residenz nach Oslo verlegte. Um diese Zeit wurde auch mit dem Bau der Festung Akershus auf einem Felsrücken zwischen den Fjordbuchten Björvika und Pipervika, also westlich der Alten Stadt, begonnen. Die Alte Stadt lag demnach südöstlich des heutigen Zentrums, und zwar unmittelbar nördlich des Ekeberges zwischen Björvika und dem Alnafluß (Alnaelva). Archäologische Untersuchungen seit den 1860er Jahren ermöglichen heute konkrete Aussagen über das mittelalterliche Oslo mit seinem Königshof, seinen sechs Kirchen und drei Klöstern sowie den Handwerker- und Kaufmannsvierteln. Für die Jahre um 1300 schätzt man die Einwohnerzahl auf 2500 bis 3000 Menschen. Im 14. Jahrhundert wurde dann die Blütezeit Oslos jäh unterbrochen, verschiedene Ursachen (Pestepidemien, Verlust der politischen Selbständigkeit des Landes sowie zunehmender Einfluß der norddeutschen Hansekaufleute) führten zum Niedergang der Stadt.

Heute werden große Teile der Alten Stadt von überregionalen Verkehrstrassen (z. B. Eisenbahnlinie, E 6 bzw. E 18) durchschnitten. Glücklicherweise konnte jedoch nach intensiveren Grabungsarbeiten seit 1970 wenigstens ein Teil der mittelalterlichen Bebauung erhalten und der Öffentlichkeit zugänglich gemacht werden, so z.B. die Grundrisse der **St. Hallvardskirche,** der **Marienkirche** und des benachbarten **Königshofes** *(kongsgården).* Herausgestellt sei in diesem Zusammenhang auch der **Oslo Ladegård (Lade-Hof;** gelegen an der heutigen Oslo gate 13), der Anfang des 18. Jahrhunderts auf den Ruinen des mittelalterlichen **Bischofshofes** *(bispegård)* errichtet wurde und Reste des einstigen Olavklosters in sich vereinigt. Auch außerhalb von Gamlebyen sind einige Bauwerke des mittelalterlichen Oslo in ihren Grundmauern erhalten; genannt sei hier besonders das 1147 gegründete **Zisterzienserkloster** auf der unmittelbar dem heutigen Stadtzentrum vorgelagerten Insel Hovedöya.

Nach dem großen Stadtbrand von 1624 ließ Christian IV. die Neue Stadt westlich von Gamlebyen im Schutze der inzwischen weiter ausgebauten Festung Akershus errichten. Wie bei Kristiansand an der Sörlandküste handelt es sich bei dieser Neugründung um eine schachbrettförmige Plananlage, im Falle Christianias mit zusätzlichen Fortifikationen im Norden und Westen. Um der Brandgefahr vorzubeugen, war nun die Errichtung von Stein- oder zumindest Fachwerkhäusern vorgeschrieben. Während von der Gebäudesubstanz heute nur noch wenig erhalten ist, bestimmt die schachbrettförmige Straßenführung hier auch weiterhin das Stadtbild. So erstreckte sich die Planstadt Christians IV. von den Mauern der Akershus-Festung nach Norden bis zu einer Linie, die vom heutigen Zentralbahnhof *(Oslo Sentralstasjon;* früherer Ostbahnhof) entlang des Großen Marktes *(Stortorvet;* die Straßenbezeichnung »Grensen« verweist auf die Nordgrenze der Planstadt) zum Egermarkt *(Egertorget)* an der heutigen Karl Johans gate verläuft. Im Osten und Westen bilden die Strandgata bzw. der Rathausdistrikt mit dem angren-

Oslo (Christiania) um 1840

zenden Fridtjof-Nansen-Platz die Grenzen der frühneuzeitlichen Planstadt. Im 17. Jahrhundert soll sie zusammen mit den beiden Vororten Vaterland und Pipervika rund 5000 Einwohner gezählt haben. Eine Stadterweiterung Ende des 18. Jahrhunderts bezog dann auch andere Wohnviertel wie Hammersborg und den Bereich entlang der jetzigen Storgata mit ins Stadtbild ein.

Die nächste und besonders starke Ausbauphase begann nach der Loslösung Norwegens von Dänemark im Jahre 1814, indem nun ein nahezu fächerförmiges Wachstum vom Stadtzentrum aus erfolgte. Im Zentrum selbst entstanden Gebäude meist im Empirestil, die den neuen Hauptstadtcharakter unterstreichen sollten. Hierzu gehören Bauwerke wie die **Norges Bank,** die

Börse, die an der Karl Johans gate gelegene **Universität** (als erste des Landes war sie bereits 1811 gegründet worden) und das **Observatorium** (südwestlich des Schloßparks). Einige Jahre später, und zwar im Zeitraum 1825–1848, entstand nach den Wünschen des Königs Carl Johan auf dem Bellevuehügel das **Schloß** im klassizistischen Stil.

Für das vorindustrielle Oslo um die Mitte des 19. Jahrhunderts ist charakteristisch, daß die wohlhabenden Bevölkerungsschichten im Zentrum wohnten, während sich zur Peripherie hin ein Gürtel einfacher Häuser bzw. Hütten der ärmeren Schichten anschloß. In der zweiten Hälfte des 19. Jahrhunderts begann dann im Zuge der Industrialisierung ein enormer städtischer Umstrukturierungsprozeß. Schiffsbau- und metallverarbeitende Werke, Textil-, Nahrungs- und Genußmittelfabriken ließen sich zunächst entlang des Akerselva nieder und später nach der Elektrifizierung auch in anderen Stadtteilen. Der höchste Industrialisierungsgrad lag im Osten der Stadt, während sich die Hauptstadtfunktionen auf den Westen konzentrierten. Die Bevölkerungszahl Oslos stieg von knapp 32 000 in 1855 auf rund 228 000 Menschen im Jahre 1900. Dem Bevölkerungsdruck entsprechend vollzog sich die bauliche Entwicklung unter anderem auch in düsteren Mietshausvierteln. Es entstand jenes Bild wenigstens eines Teiles der Hauptstadt, das der in Oslo umherirrende Knut Hamsun in seinem bekannten Roman »Hunger« apostrophierte als »diese seltsame Stadt, die keiner verläßt, ehe er von ihr gekennzeichnet worden ist«. Ein solches trostloses Wohnviertel der Armeleuteschicht lag z. B. im heutigen Osloer Rathausdistrikt, bis es dann dem 1931 beginnenden Rathausbau weichen mußte. Der Bauboom kulminierte kurz vor der Jahrhundertwende. Zu dieser Zeit entwickelten sich besonders die westlichen und nördlichen Stadtteile wie Frogner, Majorstuen und Sankt Hanshaugen, die schon in der zweiten Hälfte des 19. Jahrhunderts eingemeindet worden waren.

Die weitere Expansion der städtisch-industriellen Bebauung führte im Jahre 1948 zur Eingemeindung der vormaligen Aker-Kommune, die große Teile von Nord- und Östmarka umfaßte. Im heutigen Stadtteil Aker liegt westlich des Akerselva übrigens Oslos älteste, mehr oder minder erhaltene Kirche *(Gamle Aker kirke).* Sie wurde zu Beginn des 12. Jahrhunderts aus massivem Kalkstein errichtet.

Schon Jahre vor der Eingemeindung Akers hatte sich etwa seit 1930 in den Randzonen der Osloer Innenstadt eine Wohnhausbebauung vollzogen, die sich nicht zuletzt unter dem Einfluß der Gartenstadtbewegung von der dichtgedrängten Bebauung der Innenstadt stark abhob. Teilweise entstanden regelrechte Villenvorstädte, meist in Holzbauweise, die heute, vor allem der Holmenkollenhang, zu den attraktivsten und teuersten Wohngebieten Oslos gehören.

Nach dem Zweiten Weltkrieg verlagerte sich das städtische Wachstum insbesondere nach Osten bzw. Nordosten entlang der Hauptverkehrsstrassen, besonders der E 6, wo in Groruddalen und Östensjöbyen Stadtviertel mit Hochhausblöcken entstanden. Ein für Groß-Oslo schon vor Jahrzehnten aufgestellter Entwicklungsplan nach konzentrischem Prinzip (danach sollte die Bebauungsdichte mit zunehmender Entfernung vom Zentrum abnehmen) ist mittlerweile zugunsten einer Dezentralisierung aufgegeben worden, was die Gründung von ›Satellitenstädten‹ zur Folge hatte.

Die Stadtgeschichte Oslos im Überblick

1050 (circa) Stadtgründung unter König Harald Hårdråde

1070 (circa) Errichtung eines Bischofssitzes

1147 Gründung des Zisterzienserklosters auf Hovedöya; 1532 auf Anordnung des Lehnsherrn auf Akershus niedergebrannt

1223 und 1254 Stadtbrände

1299 Oslo wird Reichshauptstadt

1350 (circa) Etwa drei Viertel der Stadtbevölkerung sterben an der Pest

1352 und 1567 Stadtbrände

1624 Nach einem erneuten Stadtbrand Gründung einer Neuen Stadt (Planstadt) auf
Geheiß Christians IV. westlich der Akerselvmündung

1654 Über 1500 Stadtbewohner sterben an der Pest

1686 Ein neuer Großbrand legt ein Drittel der Stadt in Asche

1697 Einweihung der Domkirche *(Vor Frelsers kirke)*

1769 Durchführung der ersten Volkszählung; Oslo hat 7469 Einwohner

1811 Gründung der Universität

1819 Großbrand in den Holzlagern von Björvika

1825 Grundsteinlegung für den Schloßbau

1836 Stiftung des Nationalmuseums, der späteren Nationalgalerie

1852 Fertigstellung des Lustschlosses Oscarshall auf Bygdöy

1854 Eröffnung der Eisenbahnlinie nach Eidsvoll

1859 Eingemeindung mehrerer Vororte (u. a. Grünerlökka und Sagene)

1866 Erste Sitzung des Parlaments im neuen Stortingsgebäude

1878 Durch Eingemeindungen Stadterweiterung von 9,5 auf 16 km²

1892 Bau der ersten Holmenkollen-Sprungschanze

1893 Anlage einer elektrischen Straßenbeleuchtung

1894 Stiftung des Norwegischen Volksmuseums *(Norsk Folkemuseum)*

1896 Große Feier anläßlich der Heimkehr Fridtjof Nansens aus dem Nordpolarmeer

1899 Eröffnung des Nationaltheaters

1925 Die Hauptstadt erhält ihren alten Namen Oslo zurück

1926 Eröffnung der Wikingerschiffshalle auf Bygdöy

1928 Eröffnung der Untergrundbahn

1931 Grundsteinlegung für den Rathausbau

1939 Eröffnung des Flughafens Fornebu

1940 Besetzung Oslos durch deutsche Truppen

1948 Zusammenschluß Oslos mit Aker

1950 900-Jahr-Feier Oslos und Einweihung des Rathauses

1952 Oslo arrangiert die Olympischen Winterspiele

1963 Eröffnung des Munch-Museums

1966 Fertigstellung der Tunnelbahn

1971 Erste Errichtung von Fußgängerzonen im Zentrum

1980 Eröffnung des Zentralbahnhofs und des Eisenbahntunnels unter der Stadt

Stadtbesichtigung

Von administrativer Seite wird Oslo häufig in drei Zonen unterteilt, nämlich a) in das **Zentrum** *(Oslo sentrum)*, b) die **Innere Zone** *(Oslo Indre sone)* und c) die **Äußere Zone** *(Oslo Ytre sone)*, an die sich dann zur Peripherie hin die **Oslomarka** anschließt. Kernstück des Zentrums sind in erster Linie der Bereich der frühneuzeitlichen, schachbrettförmigen Planstadt, die Festung

Oslo, Zonen und Stadtbereiche

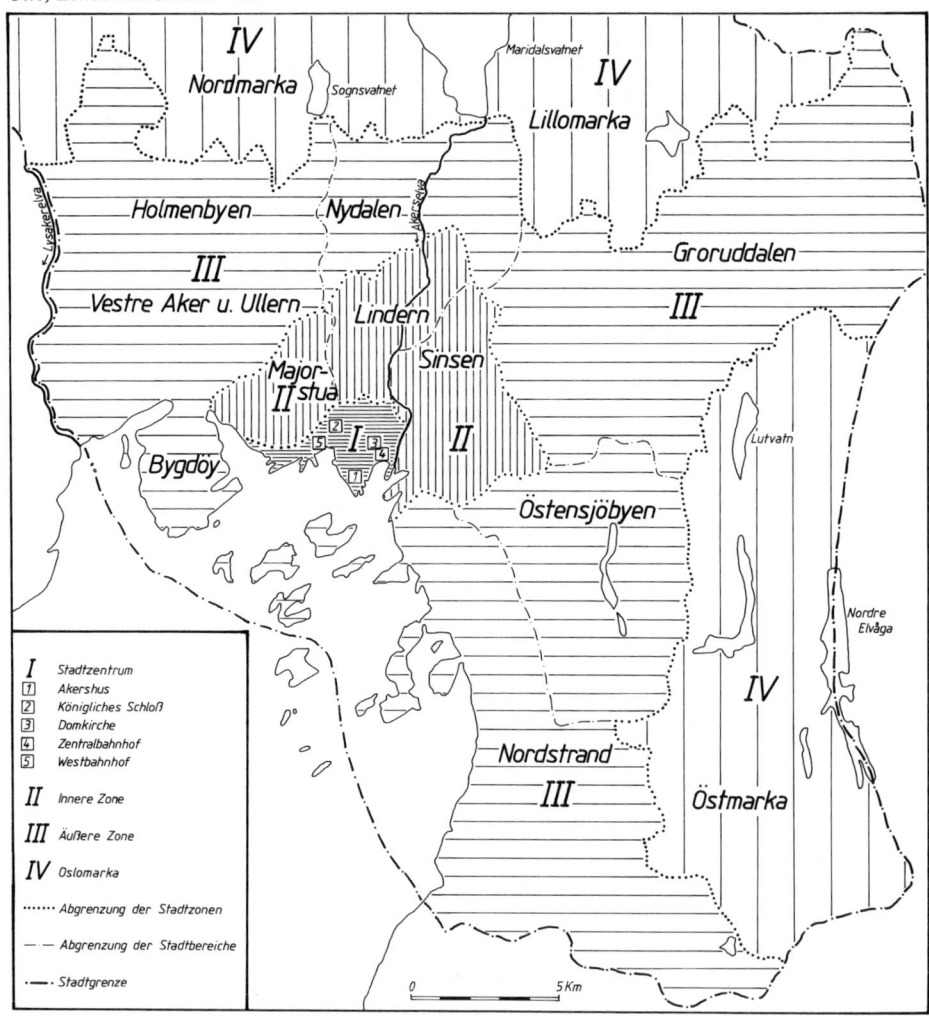

I	Stadtzentrum
1	Akershus
2	Königliches Schloß
3	Domkirche
4	Zentralbahnhof
5	Westbahnhof
II	Innere Zone
III	Äußere Zone
IV	Oslomarka
......	Abgrenzung der Stadtzonen
— —	Abgrenzung der Stadtbereiche
—·—	Stadtgrenze

Akershus sowie Oslos Pracht- und Hauptverkehrsstraße, die nach dem 1818–44 regierenden König von Norwegen und Schweden benannte **Karl Johans gate.** Letztere verläuft vom Zentralbahnhof *(Oslo Sentralstasjon)* in nordwestlicher Richtung zum Schloßhügel. Sie wird flankiert unter anderem von der **Domkirche** aus dem ausgehenden 17. Jahrhundert (mit Um- und Erweiterungsbauten aus der Mitte des 19. Jahrhunderts), dem **Stortingsgebäude** aus den 1860er Jahren mit dem davorliegenden **Eidsvollsplatz,** dem 1899 eröffneten **Nationaltheater** und der alten **Universität.** Unmittelbar westlich des Schloßparks ist eine Reihe vornehmer Villen aus der Gründerzeit erhalten, in denen heute zahlreiche ausländische Botschaften angesiedelt sind. Gleichermaßen gilt dies für die westlichen Ausfallstraßen **Bygdöy allé** und **Drammensveien** mit älterer Bausubstanz im Villenstil.

An der Fjordseite des Osloer Zentrums bestimmen neben den **Hafenanlagen** (u. a. Bootsverbindungen mit den vorgelagerten Inseln und der Museumshalbinsel Bygdöy) die Festung **Akershus,** der wuchtige **Rathausbau** mit seinen über 60 m hohen Türmen sowie in jüngster Zeit das Einkaufszentrum **Aker Brygge** (errichtet auf der früheren Aker-Werft) das Stadtbild.

Der Burg- und Festungsbau **Akershus** wurde vermutlich um 1300 unter Håkon V. begonnen. Allerdings stammt der Hauptteil der heutigen Bausubstanz aus der Mitte des 17. Jahrhunderts, als der Dänenkönig Christian IV. die mittelalterliche Burg zu einem Renaissanceschloß umbauen ließ. Die mehrfach belagerte, aber niemals eingenommene Festung wurde dann, was ihre Außenwerke betrifft, nach 1815 geschleift. Gleichzeitig errichtete man neue Gebäude mit militärdienstlichen Funktionen. Das führte in den ersten Jahrzehnten dieses Jahrhunderts zu heftigen Diskussionen darüber, ob man jene jüngeren An- und Zubauten nicht wieder abreißen sollte, um die Anlage sich möglichst in ihrer ursprünglichen, das heißt mittelalterlichen Form präsentieren zu lassen. Nach langem Hin und Her entschloß man sich aber nicht zu einem solchen Schritt. Vielmehr sollten die folgenden Restaurierungsarbeiten möglichst alle Bauabschnitte in der wechselvollen Geschichte von Akershus zur Geltung bringen. Heute dient der obere Teil des Schlosses, das in den Sommermonaten besichtigt werden kann, für Staatsempfänge und andere festliche Anlässe. Im Akershus befinden sich zudem das **Forsvar-** und das **Hjemmefront-Museum.** Andere sehr bekannte Museen im Osloer Stadtzentrum sind die **Nationalgalerie** und das **Munch-Museum.**

In der zweiten Stadtzone Oslos, der *Indre sone,* liegt im westlich gelegenen Frognerpark die vielbesuchte **Vigelandsanlage** *(Vigelandsparken),* deren künstlerischer Wert sehr unterschiedlich beurteilt wird. Der norwegische Bildhauer Gustav Vigeland (1869–1943) schuf hier ein gigantisches Werk, das allein 190 Skulpturen in Bronze und Granit mit zusammen etwa 650 Gestalten in sehr naturalistischen, manchmal skurrilen Darstellungen umfaßt. Den Mittelpunkt der Anlage bildet ein 17 m hoher Monolith, in den nach oben strebende menschliche Gestalten eingehauen sind. Im Jahre 1921 schloß Vigeland einen Vertrag mit der Osloer Stadtverwaltung, wonach er seine ganze künstlerische Produktion der Landeshauptstadt vermachte und als eine der Gegenleistungen das Frogner-Gelände praktisch als riesiges Atelier zur Verfügung gestellt bekam (s. Abb. 18).

Nordöstlich des Frognerparks liegt in Blindern der Campus der **neuen Universität.** Die heute mehr als 20 000 Studenten und 3800 Beschäftigte zählende Hochschule wurde bereits seit

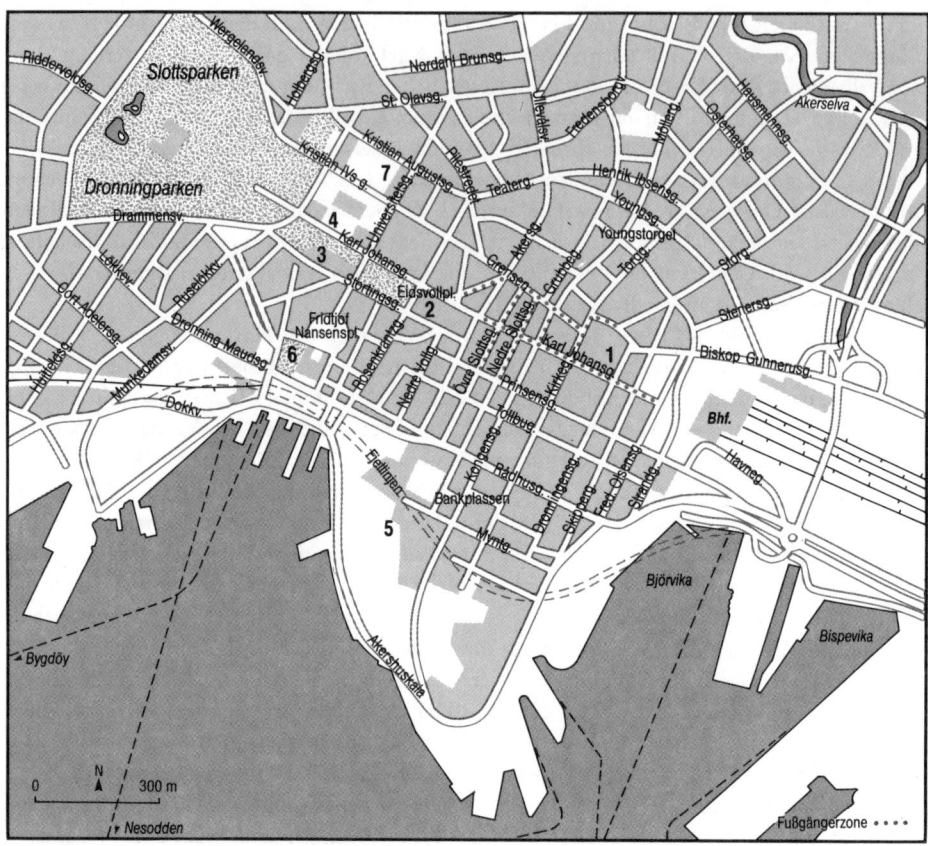

Oslo, Zentrum: 1 Domkirche 2 Stortingsgebäude 3 Nationaltheater 4 Alte Universität 5 Festung Akershus 6 Rathaus 7 Nationalgalerie

den 1920er Jahren nach und nach aus dem Stadtzentrum hierhin verlagert. Der Hauptteil der heutigen Fakultäts- und Institutsgebäude stammt aus der Zeit nach 1960.

Am Nordrand der dritten Stadtzone *(Oslo Ytre sone)* liegt die **Holmenkollen-Sprung-schanze** *(Holmenkollbakken)*, deren Vorläufer bis in das Jahr 1892 zurückreichen. Am Holmenkollen wurden 1952 das olympische Skispringen sowie 1966 und 1982 die Weltmeisterschaften ausgetragen. Von dem heutigen Schanzenturm in einer Höhe von 412 m NN hat man eine imposante Aussicht auf das Osloer Halbrund mit dem vorgelagerten Schärenhof. Weitere bekannte Aussichtspunkte in Nachbarschaft der Holmenkollen-Sprungschanze sind **Frognerseteren** (486 m NN) sowie die 530 m über NN liegende **Tryvannshögda** mit ihrem

118 m hohen Tryvannsturm, von dem man bei klarem Wetter über weite Teile von Östland blicken kann.

Zur Äußeren Zone zählt schließlich auch die berühmte Museumshalbinsel **Bygdöy** südwestlich des Stadtzentrums, die das **Norsk Folkemuseum** (Norwegisches Volksmuseum; u. a. mit rund 170 alten Bauernhöfen aus allen Landesteilen Südnorwegens (s. Abb. 7, 8), der Stabkirche von Gol/Hallingdal und Häusern des alten Christiania, Gamleby), die Wikingerschiffshalle, das Fram-Haus sowie das benachbarte Kon-Tiki-Museum und das Seefahrtsmuseum *(Sjöfartsmuseet)* beherbergt. Das 22 m lange *Osebergschiff* in der **Wikingerschiffshalle** wurde 1904 in Slagen am äußeren Oslofjord (Provinz Vestfold) ausgegraben. Ursprünglich als Begräbnisstätte gedacht, gilt es als der reichhaltigste Fund aus der Wikingerzeit; es vermittelt ein eindrucksvolles Bild des damaligen wirtschaftlichen und kulturellen Lebens. Das *Gokstad-* und das *Tuneschiff* (aus Sandar in Vestfold bzw. Rolvsöy in Östfold stammend) sind etwas jünger als das vermutlich um 800 n. Chr. aus Eichenholz gebaute Osebergschiff und waren ursprünglich ebenfalls mit Grabkammern ausgestattet. Im **Fram-Haus** ist das *Polarexpeditionsschiff* »Fram« ausgestellt, mit dem Fridtjof Nansen 1893–96 seine Forschungsreisen im Nordpolarmeer ausführte und das dann Roald Amundsen 1910–12 bei dem tragischen Wettlauf um das Erreichen des Südpols diente. Direkt vor dem Fram-Haus steht das zum **Norwegischen Seefahrtsmuseum** gehörende *Polarschiff* »Gjöa«, mit dem Amundsen in den Jahren 1903–06 die Nordwestpassage durchquerte. Neben dem Fram-Haus liegt das **Kon-Tiki-Museum** mit jenem *Balsafloß*, das den Forscher Thor Heyerdahl und seine Crew 1947 in 101 Tagen von Peru zu den ostpolynesischen Inseln führte. Auch das *Papyrusboot* »Ra II«, mit dem Heyerdahl 1970 in 57 Tagen von Marokko nach Barbados fuhr, ist hier zu besichtigen. Die Museumshalbinsel Bygdöy nimmt somit für das tiefere Verständnis der norwegischen Vergangenheit und auch der Weltgeschichte insgesamt eine herausragende Position ein.

Museumshalbinsel Bygdöy, Polarschiff »Gjöa« vor dem Fram-Haus

Die Landschaften rund um den Oslofjord

Das Wachstum der Landesmetropole hatte vor allem in den letzten Jahrzehnten zur Folge, daß die städtische Bebauung weit über die Osloer Stadtgrenzen hinaus halbkreisförmig entlang der Fjordarme vorgedrungen ist. Somit sind ehemals ländlich-agrar bestimmte Gemeinden, wie etwa Bærum und Asker oder Oppegård und Ski (alle Provinz Akershus) mit dem Großraum Oslo verschmolzen. Diese Entwicklung wird sich weiter fortsetzen, wenn in nächster Zeit z. B. das neue Flugplatzprojekt in der Gemeinde Hurum (Provinz Buskerud) an der westlichen

Südliches Östland

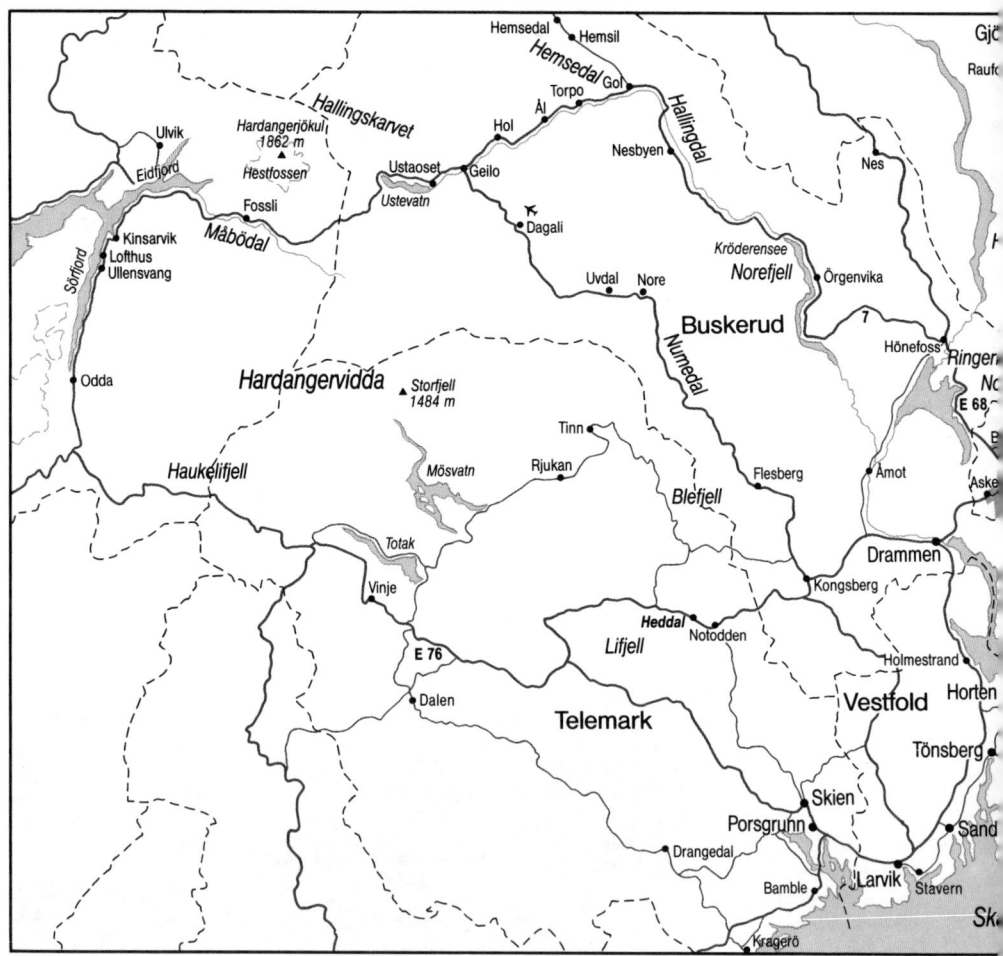

Oslofjordseite verwirklicht werden sollte. Das alte Flugplatzgelände Fornebu auf einer Fjord-halbinsel am Südwestrand der Osloer Stadtgrenze hat sich längst als zu klein erwiesen.

Besondere Entwicklungsachsen des städtisch-industriellen Ausbaus im Großraum Oslo bilden naturgemäß die Hauptverkehrsstrassen, d. h. die E 6, die E 18, die E 76 in Richtung Drammen-Kongsberg sowie verschiedene Eisenbahnlinien. Einige der Hauptstraßen, so die E 18 nach Drammen und die E 6 in Richtung Hamar, sind inzwischen als Autobahnen ausge-baut. Anläßlich der Olympischen Winterspiele 1994 in Lillehammer ist davon auszugehen, daß vor allem die E 6 nach Norden hin einen weiteren Ausbau erfährt.

Mit der Urbanisierung werden nicht nur traditionelle und altbesiedelte Agrarlandschaf-ten auf fruchtbaren marinen Sedimenten grundlegend umgestaltet, auch die zahlrei-chen, historisch bedeutsamen Stadtsiedlun-gen in den Randlandschaften des Oslofjordes unterliegen immer mehr dem Einflußbereich der Landeshauptstadt. Diesem Einfluß unter-stehen auch entferntere Städte am äußeren Oslofjord, so Holmestrand, Horten, Töns-berg, Sandefjord und Larvik in der Provinz Vestfold oder Moss, Sarpsborg, Fredrikstad und Halden in Östfold. Auf einige stadtgeo-graphische Merkmale dieser Siedlungen wird im Folgenden kurz eingegangen.

Tönsberg als Verwaltungssitz von Vestfold mit 31 000 Einwohnern in 1989 gilt als Nor-wegens älteste Stadt. Sie muß nach den aus dem ausgehenden 12. Jahrhundert stammen-den Aufzeichnungen des isländischen Gelehr-ten Snorri Sturluson schon vor dem Jahre 872 als Handelsplatz existiert haben. Ihren Namen erhielt die Siedlung nach dem vorgelagerten Porphyrfelsen *Tunsberg* (»befestigter Ort am Berg«) mit der einstigen mittelalterlichen Burganlage. Die Festung *Castrum Tunsbergis* galt zumindest in hochmittelalterlicher Zeit als die größte ihrer Art in Norwegen. Auf dem nordwestlich des heutigen Stadtzentrums liegenden *Schloßberg* (*Slottsfjellet*; 63 m NN) sind die Grundmauern dieser mächtigen Festung zu besichtigen. Überliefert wird unter anderem auch, daß Tönsberg schon im 12. Jahrhundert sieben Steinkirchen gezählt habe, was zusätzlich die große zentralörtliche Bedeutung dieser Stadt am äußeren Oslofjord unterstreicht. Nach einer Stagnations- und Niedergangsphase im 16. Jahrhundert folgte während des 17. und 18. Jahrhunderts durch den Holzhandel ein wirtschaftlicher Aufschwung der Hafenstadt, wie er bereits für die Sörlandstädte skizziert wurde. Um die Mitte des 19. Jahrhunderts war in Tönsberg der größte Teil der norwegischen Fischerei- und Handelsflotte stationiert. Einen besonderen Anteil am Wohlstand der Stadt hatte die wenigstens teilweise in Tönsberg beheimatete norwegische Walfangflotte, die bis 1968/69 von hier und den Nachbarstädten Sandefjord und Larvik zur Fangsaison von etwa Dezember bis April in die antarktischen Gewässer aufbrach. In einer Abteilung des *Vestfold-Fylkesmuseums* am Rande des Schloßberges kann man die wechselvolle Geschichte des norwegischen Walfanges studieren. Im südlich benachbarten **Sandefjord** erinnern ein imposantes Walfangdenkmal im Stadtpark (s. Abb. 17) sowie ein entsprechendes Museum an die große Zeit der Vestfold-Walfänger.

Sandefjord wird als Hafenplatz erstmals um 1200 genannt. Neben seinen Schiffahrts- und Handelsfunktionen erlangte es im 19. Jahrhundert durch Kurbadanlagen (schwefel- und salzhaltige Quellen) eine überregionale Bedeutung. Um hier nur ein Beispiel für die frühe Besiedlung der Vestfold-Küste anzuführen, sei der etwa 2 km östlich des Sandefjorder Stadtzentrums gelegene Platz *Gokstad* genannt, wo 1880 das heute in Oslo-Bygdöy ausgestellte Wikingerschiff ausgegraben wurde. Ähnlich bedeutsame Fundplätze befinden sich zwischen Tönsberg und Horten, so z. B. der *Oseberghügel*, in dem 1903 das weltberühmte Osebergschiff entdeckt wurde, oder der älteste norwegische *Nationalpark* bei dem alten Siedlungsplatz *Borre*, der Nordeuropas größte Ansammlung von Königsgräbern aus der Wikingerzeit aufweist. Markante Zeugen nachfolgender Geschichtsepochen, etwa aus der Zeit der Christianisierung, verkörpern mehrere Kirchbauten aus dem Hochmittelalter, so z. B. die *Tanum*- und die *Hedrum-Kirche* südwestlich bzw. nördlich des Larviker Stadtzentrums. Die Stadtgemeinde **Larvik** mit heute rund 38 000 Einwohnern hat mehr oder minder die gleichen Entwicklungsprozesse wie die benachbarten Hafen- und Handelsplätze an der Vestfoldküste durchlaufen, wobei es in der zweiten Hälfte des 19. Jahrhunderts zusätzliche Entwicklungsimpulse durch die Nutzbarmachung von Mineralquellen erhielt. Beispielsweise stammt aus Larvik Norwegens bekanntestes Mineralwasser »Farris«. Südlich der Stadt, an der Mündung des Larviksfjordes, lag der wikingerzeitliche Marktplatz *Kaupang,* der zumindest schon im 9. Jahrhundert n. Chr. Handelsverbindungen unter anderem mit Haithabu im heutigen Schleswig-Holstein besaß. In der berühmten und vielzitierten Reisebeschreibung des Ottar von Hålogaland aus dem 9. Jahrhundert berichtet Ottar unter anderem, daß man von dem Ort Skiringssal (= Kaupang) in fünf Tagen nach Haithabu segelte.

In der näheren Umgebung der Vestfold-Städtereihe Larvik – Sandefjord – Tönsberg – Horten – Holmestrand sind noch einige weitere zentrale Orte mit bedeutenden Hafenfunktionen und zugleich beachtlichen industriellen Aktivitäten lokalisiert. Es handelt sich hierbei vor allem um Skien und Porsgrunn (Provinz Telemark) sowie Drammen als Sitz der Provinzverwaltung von Buskerud. Das 1811 mit Stadtrechten versehene und heute ca. 52 000 Einwohner zählende **Drammen** hat eine lange Tradition als Holzexporthafen und später als Holzverarbeitungsplatz.

Reste der alten Flößrinnen im Mündungsbereich des Drammenselva in den Drammensfjord sind hier und da noch sichtbar. Mit knapp 48 000 Einwohnern ist die Stadtgemeinde **Skien** die bevölkerungsreichste Gemeinde Telemarks und zugleich Provinzhauptstadt. Neben ihren Verwaltungsfunktionen hat Skien heute mehr den Charakter einer Industriestadt mit bedeutenden Werken der Holzverarbeitung (Papierfabriken, Holzstoffschleifereien u. a.), des Maschinenbaus, der Elektrotechnik sowie der Nahrungs- und Genußmittelindustrie. Das jetzige Stadtzentrum entstand nach dem letzten Großbrand von 1886 in schematischer Grundrißform. Als historischer Kern der Stadt, die übrigens der Geburtsort Henrik Ibsens ist, wird die Insel Gimsöy angegeben, auf der um 1100 ein Benediktinerinnenkloster gegründet wurde. Im Besitz dieses Klosters sollen sich in spätmittelalterlicher Zeit immerhin über 260 Hofstellen befunden haben. Nachdem Skien dann im Jahre 1358 Stadtrechte erhalten hatte,

»Stabbur« von 1754 aus Telemark (heute Norsk Folkemuseum, Oslo)

wuchs der Ort zu einem bedeutenden Handelsplatz und nach 1550, d. h. nach Einführung der mit Wasserkraft betriebenen Sägewerke, zu einem Zentrum der Holzverarbeitung heran.

Das Skien unmittelbar benachbarte **Porsgrunn** läßt sich etymologisch auf den Porststrauch (norw. *pors*) zurückführen, dessen Früchte man in alter Zeit als Hopfenersatz beim Bierbrauen verwandte. Anfang des 19. Jahrhunderts erhielt der Handelsplatz Stadtrechte. Das industrielle Wachstum begann in den 1880er Jahren unter anderem mit der Errichtung einer für Norwegen einzigartigen Porzellanmanufaktur. In der 1887 gegründeten *Porsgrunds Porselaensfabrik* kann der Besucher noch heute die einzelnen Herstellungsprozesse direkt verfolgen. Von internationaler Bedeutung sind besonders die stromintensiven Industriezweige Porsgrunns, so z. B. die Elektrometallurgie. Der größte Industriekonzern ist *Norsk Hydro Porsgrunn* mit ca. 4500 Beschäftigten. Auf Heröya unterhält Norsk Hydro weitflächige Industrieanlagen, in denen unter anderem Kalziumkarbid, Kalksalpeter, Kunstdünger und Magnesium produziert werden. Weiterhin ist am Frierfjord südwestlich Porsgrunn, und zwar in **Rafnes** (Gemeinde Bamble), vor mehreren Jahren Norwegens erstes petrochemisches Werk errichtet worden. Dieses und andere industrielle Ausbauten haben dazu geführt, daß Porsgrunn heute drittgrößter Exporthafen des Landes ist.

Östlich des Oslofjordes erstrecken sich die Flachlandschaften von Östfold. Auch hier lagen nach der letzten Eiszeit weite Teile der heutigen Landoberfläche unter dem Meeresspiegel, so daß nährstoffreiche Ablagerungen die Grundlage für eine frühe Besiedlung und Bodenbewirt-schaftung boten. Einige meist bewaldete Grundgebirgsbuckel aus Gneisen und Graniten (höchste Erhebung mit 333 m NN ist die Rövasshögda in Römskog nahe der schwedischen Grenze) durchsetzen das flache Land. Bereits in der Jungsteinzeit muß Östfold dichter als andere Landesteile besiedelt gewesen sein; zahlreiche Bodendenkmäler (s. S. 12 f.) weisen darauf hin. Ein eindrucksvolles Beispiel der langen Siedlungsgeschichte Östfolds bietet das *Hunnfeld* an dem zwischen Skjeberg und Fredrikstad verlaufenden »Vorzeitweg« *(Oldtidsveien)* in Borge. Hier liegen einige der größten norwegischen Gräberfelder aus der Eisenzeit. Zudem lassen bei Ausgrabungen entdeckte Pflugspuren auf eine sehr frühe agrar-bäuerliche Besiedlung in diesem Raum schließen, die bis ca. 4000 vor heute, d. h. in die Jungsteinzeit zurückreicht. Auch heute noch spielt die Landwirtschaft in Östfold eine beachtliche Rolle. Die im Landesdurchschnitt relativ großen Höfe (bezogen auf die kultivierte Agrarfläche) sind besonders auf den Kornanbau und zum Teil auch auf Sonderkulturen spezialisiert, wobei die Getreideproduktion von staat-licher Seite allerdings hoch subventioniert wird. Häufig treten regelrechte Gutshöfe auf. Weiter-hin hat der produktive Wald in Östfold zusammen mit dem in den Nachbarprovinzen Vestfold und Akershus aufgrund der guten Standortvoraussetzungen bedeutend höhere Holzzuwachs-raten pro Jahr bzw. Vegetationsperiode als in allen anderen norwegischen Landesteilen. Dem-zufolge war und ist die Holzverarbeitung auch eine der wirtschaftlichen Säulen der Östfold-Stadtgemeinden.

An städtischen Verdichtungsräumen haben sich entlang der Fjordküste und der Hauptverkehrs-achse, der E 6, Halden, Fredrikstad-Sarpsborg und Moss entwickeln können. Zusätzlich ist in diesem Zusammenhang noch der mehr im Landesinnern gelegene städtische Distrikt Askim-

Eisenzeitliche Steinset-zung am »Oldtidsveien« bei Borge in Östfold

Fredrikstad, Stadtgrundriß

0 — 5 KM

Mysen zu nennen. Die Grenzstadt **Halden** mit 1989 knapp 26 000 Einwohnern spielte einst eine große Rolle in den kriegerischen Auseinandersetzungen mit Schweden. An diese Vergangenheit erinnert den Besucher die südöstlich des Stadtzentrums auf einer Anhöhe gelegene mächtige Festung *Fredriksten,* deren Bau in den 1660er Jahren begonnen wurde. Damals erhielt Halden auch das Stadtrecht.

Fredrikstad mit heute über 26 000 Einwohnern und vielseitigen gewerblich-industriellen Aktivitäten wurde 1567 durch König Fredrik II. gegründet, nachdem das unmittelbar benachbarte und ältere Sarpsborg von den Schweden zerstört worden war. Große Fortifikationsarbeiten ließen Fredrikstad zur stärksten Festung des Landes werden, die in der zweiten Hälfte des 17. Jahrhunderts eine Besatzung von 2000 Mann und ca. 200 Kanonen gezählt haben soll. In der heutigen Altstadt *(Gamlebyen)* westlich der Glommamündung sind noch zahlreiche, sehr sehenswerte Teile der einstigen Fortifikation erhalten, z. B. das *Provianthaus* von 1687 oder der *Artilleriehof* von 1733.

Zusammen mit Tönsberg zählt **Sarpsborg** zu den ältesten Stadtsiedlungen Norwegens, denn der Überlieferung zufolge soll es bereits von Olav dem Heiligen im Jahre 1016 gegründet worden sein. Ein Zeugnis jener Epoche ist der *St. Olavs-Wall (St. Olavs voll)* am Südostrand der städtischen Bebauung in der Nähe der Glomma, der als das einzige erhaltene Befestigungswerk aus der Wikingerzeit in Norwegen gilt. Die wasserkraftreiche Glomma gab den entscheidenden Impuls für die relativ frühe Wirtschaftsentwicklung der heute rund 12 000 Einwohner zählenden Stadt, nachdem sich hier schon im 16. Jahrhundert die ersten Holzsägewerke etablieren konnten. Lange Zeit war Sarpsborg Norwegens größter Holzexporthafen mit einer bedeutenden Segelschiffflotte. Der in Sarpsborg beheimatete Industriebetrieb *Borregaard* (heute Orkla/ Borregaard) mit vielseitigen Aktivitäten ist einer der größten Holzveredlungsbetriebe ganz Nordeuropas.

Das wenige Kilometer entfernte **Moss** am Mossesund, einem kleinen Seitenarm des mittleren Oslofjordes, wird gegen Ende des 14. Jahrhunderts als Mühlen- und Salzsiedereiplatz erwähnt. Später gewann auch hier die Holzverarbeitung entlang des wasserkraftreichen Mosselva an Bedeutung. Gegen Ende des 16. Jahrhunderts soll Moss, das 1720 Stadtrechte erhielt, 61 Sägewerke gezählt haben. Heute leben in der Industrie- und Hafenstadt (u. a. Fährlinien zum gegenüberliegenden Horten und zum dänischen Fredrikshavn) nahezu 25 000 Menschen. Für den Besucher von besonderem Interesse dürfte der alte *Herrenhof Alby* auf Jelöy sein, und zwar nicht nur wegen seiner schönen Fjordlage, sondern auch aufgrund der dort untergebrachten Galerie für nordeuropäische Gegenwartskunst.

Der Mjösasee und seine Randlandschaften

Mit etwa 100 km Länge, 15 km Breite und einer Maximaltiefe von 450 m ist der **Mjösasee** der größte norwegische Binnensee. Er umfaßt gut 362 km² und ist damit flächenmäßig in etwa mit dem Gardasee zu vergleichen. Der Mjösa- bzw. Mjösensee bildet zusammen mit dem Oslofjord das Ende der meridionalen Grabenbruchzone Europas. Umsäumt wird der See von sehr anbaugünstigen Agrarlandschaften auf kambro-silurischen Tonen und Kalksteinen, die zum Teil von glazialen und nacheiszeitlichen Sedimenten überlagert werden. In diese Altsiedlungsräume sind mehrere Stadtzentren wie etwa Hamar und Gjövik eingestreut. Auf die Ost- und Westufer des Mjösen konzentrieren sich die Landschaften Hedemarken und Toten, auf den Südrand der Bezirk Romerike. In weiterer Entfernung, aber noch zu den östländischen Flachlandregionen zählend, schließen sich ähnlich ausgestattete Gunsträume an, nämlich Hadeland (Provinz Oppland) und Ringerike mit dem Stadtzentrum Hönefoss (Provinz Buskerud). Allen diesen Regionen ist gemeinsam, daß sie seit altersher Kornanbaugebiete repräsentieren, was außer auf die Bodengunst auch auf die klimatischen Voraussetzungen (wärmere und trockenere Sommermonate als in anderen Landesteilen) zurückzuführen ist. Immerhin erreichen die Mitteltemperaturen des wärmsten Monats an den Ufersäumen des Mjösasees um die 16 °C, und die Vegetationsperiode von mehr als 6 °C wird mit 160 Tagen angegeben. Bei Jahresniederschlägen um die 600 mm werden in den Sommermonaten sogar künstliche Bewässerungsmaßnahmen, wenigstens bei bestimmten Fruchtarten, notwendig.

1   Im Sirdal nördlich von Tonstad ▷

2 Schäreninsel bei Skudeneshavn

3 Osbakken südwestlich Gjövik

4 Schäreninsel südlich Bergen

6 Garmo-Stabkirche im Freilichtmuseum Maihaugen/Lillehammer ▷

5 Im kollinen Fjell östlich Jæren

7, 8   »Stabbur« aus Telemark im Norsk Folkemuseum in Oslo

10   BERGEN ▷

9   Im Freilichtmuseum Maihaugen/Lillehammer

11   Torpo, Holzschnitzerei am Türrahmen der Stabkirche

12   Urnes, geschnitztes Portal der Stabkirche ▷

14　Stavanger, Altstadt
◁ 13　Stavanger, Domkirche

15 Krosshaug nördlich Bryne in Jæren

16 Lysekloster südlich Bergen, Innenhof

17 SANDEFJORD, Walfängerdenkmal

18 OSLO, Brunnen von Gustav Vigeland im Frognerpark

19 SKAGE im Namdal (Nord-Tröndelag) ▷

»Hedemarken« oder »Hedmarka« sind die Bezeichnungen für die Randlandschaften am östlichen Mjösen. Zwar nimmt Hedemarken nur 10% der Provinzfläche von Hedmark ein, es umfaßt aber rund 40% des kultivierten Agrarareals dieser Provinz. Hier liegen zudem mehrere Hofstellen, meist alte Herrenhöfe, mit jeweils über 100 ha Anbaufläche, also mit Betriebsgrößen, die in Norwegen sehr selten anzutreffen sind. Neben dem Kornanbau haben sich viele Höfe auch auf Sonderkulturen spezialisiert, vor allem auf Freilandgemüse (Kohlarten, Zwiebeln etc.). Diesbezüglich sind insbesondere die Räume Ringsaker und Stange zu nennen. Einer der ältesten und traditionsreichsten Großhöfe ist **Ringnes** zwischen Stange und Hamar, der schon in der Saga Olavs des Heiligen genannt wird. Das heutige, von mehreren Stabburbauten umgebene Hauptgebäude soll mehr als 350 Jahre alt sein.

Zentrum und Verwaltungssitz von Hedmark ist die alte und neue Stadt **Hamar** mit 1989 rund 16 000 Einwohnern. Um 1000 n.Chr. existierte hier schon ein kleiner Markt- und Handelsplatz, der nach Errichtung des Bischofssitzes im Jahre 1152 ein bedeutendes Wachstum erfuhr. In mittelalterlicher Zeit wurde die auf einer Landzunge am östlichen Mjösaseeufer gelegene Stadt auch *Store-Hamar* bzw. *Storhamar* (Groß-Hamar) genannt, um damit den Unterschied zum nördlicheren *Hamar-litli,* dem heutigen Lillehammer am Eingang des Gudbrandsdals, zum Ausdruck zu bringen. Lange Zeit war Hamar zudem Norwegens einzige Inlandstadt. Seit dem späten Mittelalter, vor allem nach der großen Pestepidemie, war sie einem rapiden Niedergang ausgesetzt. An die nahezu vollständige Zerstörung Hamars durch die Schweden im Jahre 1567 erinnern noch heute die Ruinen der Domkirche. Gegen Ende des 16. Jahrhunderts wurde dem einstigen Bischofssitz sogar das Marktrecht abgesprochen. Um die Mitte des 19. Jahrhunderts entstand dann per Parlamentsbeschluß die neue, mehr oder minder planmäßig angelegte Stadt Hamar. Als besondere Sehenswürdigkeiten Hamars können das *Freilichtmuseum (Hedmarksmuseum)* und die unmittelbar benachbarten *Domkirchenruinen (Domkirkeodden;* dreischiffige Kathedrale aus dem 12. Jahrhundert) auf dem Terrain des alten Handelsplatzes nördlich des heutigen Stadtzentrums herausgestellt werden (s. Abb. S. 82).

Gegenüber Hamar, am Westrand des Mjösasees, liegt ein weiterer Altsiedelraum, die Landschaft Toten, die zwar nur 6% der Gesamtfläche Opplands einnimmt, aber ca. 30% des kultivierten Agrarareals dieser Provinz umfaßt. Hauptzentrum Totens ist **Gjövik,** die sogenannte »weiße Stadt am Mjösasee«. Diese Bezeichnung erhielt sie nach ihren hellgestrichenen Holzhäusern. Sie ist die jüngste Stadt im gesamten Mjösaraum, erhielt 1861 Stadtrechte und zählt heute gut 26 000 Einwohner. Seine Entstehung verdankt Gjövik im wesentlichen der Anlage mehrerer Industriebetriebe, unter anderem der Glasfabrikation. Heute wird das Wirtschaftsleben der Stadt aber nicht mehr nur von Handels- und Industrieaktivitäten bestimmt, sondern in steigendem Maße vom Tourismus. Die reizvolle Umgebung, eine Reihe von Baudenkmälern sakraler und profaner Art (z.B. der Herrenhof *Gjövik gård*) sowie mehrere Museen haben diesbezüglich besondere Impulse gegeben. Beispielsweise kann man von Gjövik aus auch Boottouren mit dem historischen Raddampfer »Skibladner« nach Lillehammer und zu anderen Orten am Mjösen unternehmen (s. a. Abb. 3).

◁ 20 Geirangerfjord

Hamar,
Domkirchenruine

Schließlich wäre noch der vom Südende des Mjösasees in Richtung Großraum Oslo sich erstreckende und ebenfalls altbesiedelte Flachlandbezirk Romerike hervorzuheben. Der Name erinnert an den einstigen Volksstamm der Raumer, deren politische Selbständigkeit um 1000 n. Chr. verloren ging. In den Jahren um 1500 wurde Romerike in zwei Vogteien aufgeteilt, in Övre und Nedre Romerike, die als Landschaftsbezeichnungen innerhalb der Provinz Akershus fortleben.

Zu Övre Romerike gehört auch der unmittelbar an der E 6 liegende herrschaftliche und heute in Staatsbesitz befindliche Hof **Eidsvoll.** In seinem Hauptgebäude, dem *Eidvollsbygning,* wurde im Jahre 1814 von Repräsentanten des Landes die norwegische Verfassung ausgearbeitet und am 17. Mai jenes Jahres verkündet. Danach erhielt das Land wieder den Status eines freien und unabhängigen Königreiches mit einer konstitutionellen, erblichen Monarchie. Der 17. Mai ist somit auch der norwegische Nationalfeiertag.

Die ostnorwegischen Bauerntalungen

Östlich der weiten Hochgebirge des Dovrefjells, Jotunheimens und der Hardangervidda, die Östland und Vestland voneinander trennen, verlaufen große, binnenwärtige Talzüge mehr oder minder parallel und vorherrschend in nordwest-südöstlicher Richtung. Es handelt sich hierbei um jene ostnorwegischen Bauerntalungen, die in der Landes- und Wirtschaftsgeschichte des inneren Südnorwegen eine entscheidende Rolle gespielt haben. Denn seit alter Zeit sind die Talzüge Österdal, Gudbrandsdal und Valdres sowie Hallingdal und Numedal die eigentlichen

Siedlungs- und Kulturinseln zwischen den fast menschenleeren Wald- und Fjellregionen gewesen. Wenn auch mehrere alte Handels-, Trift- und Pilgerwege, und zwar vor allem von den östländischen Flachlandschaften in Richtung Trondheim, jene inneren Tal- und Fjellbereiche durchqueren, so waren sie doch wenigstens in der vorindustriellen Zeit abgeschlossen genug, um eigene Siedlungs-, Wirtschafts- und Kulturzentren zu entwickeln. Manche dieser individuellen Züge sind auch heute noch faßbar.

Kennzeichnend für die ostnorwegischen Talzüge, zumindest für deren untere Abschnitte, sind breite Talausweitungen mit relativ günstigen naturräumlichen Voraussetzungen. Der im Querprofil vielfach trog- bzw. U-förmige Charakter ist auf die Erosion der eiszeitlichen Gletscherströme zurückzuführen. Im Längsprofil zeigt sich oft ein unausgeglichener, treppenförmiger Verlauf der großen Flüsse, was die Bildung zahlreicher, durch Schwellen oder auch Moränen gestauter Talseen förderte. Ein anderes typisches Landschaftselement sind die in den Haupttalzug hängend einmündenden Seitentäler. Dieses Phänomen hat u.a. die Entstehung von Wasserfällen zur Folge. Weiterhin lassen sich die im Lee, also im Wetterschatten der westlich vorgelagerten Hochfjellrücken gelegenen Talzüge durch – wenigstens für norwegische Verhältnisse – geringe Jahresniederschlagsmengen kennzeichnen, die stellenweise – so im Bereich des oberen Gudbrandsdals – im Durchschnitt nicht mehr als 400 mm erreichen. Demgegenüber sind es in zahlreichen Distrikten der Vestlandküste weit über 2000 mm, in einigen regenexponierten Gebieten sogar rund 4000 mm. Somit ist es auch nicht verwunderlich, daß in jenen binnenwärtigen Talabschnitten von der agrar-bäuerlichen Bevölkerung schon vor Jahrhunderten komplizierte Bewässerungstechniken angewandt wurden, indem z.B. das Wasser von den

Hallingdal um 1900, typische Siedlungslage entlang der Talhangmitte

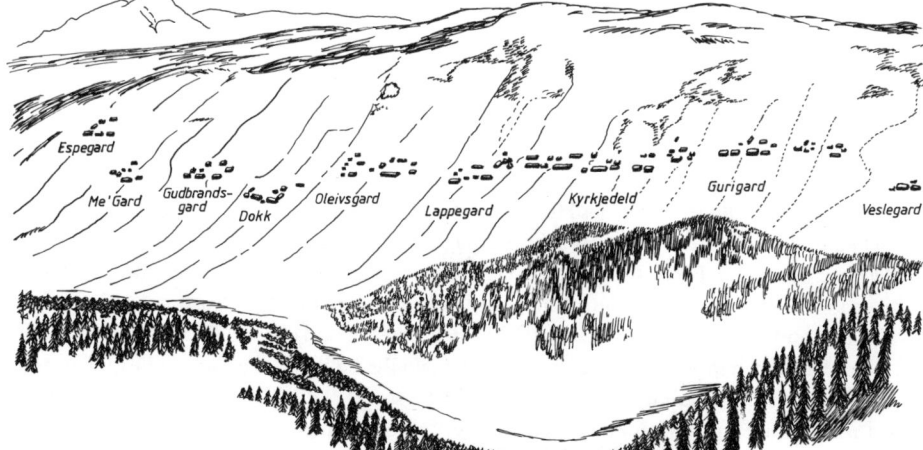

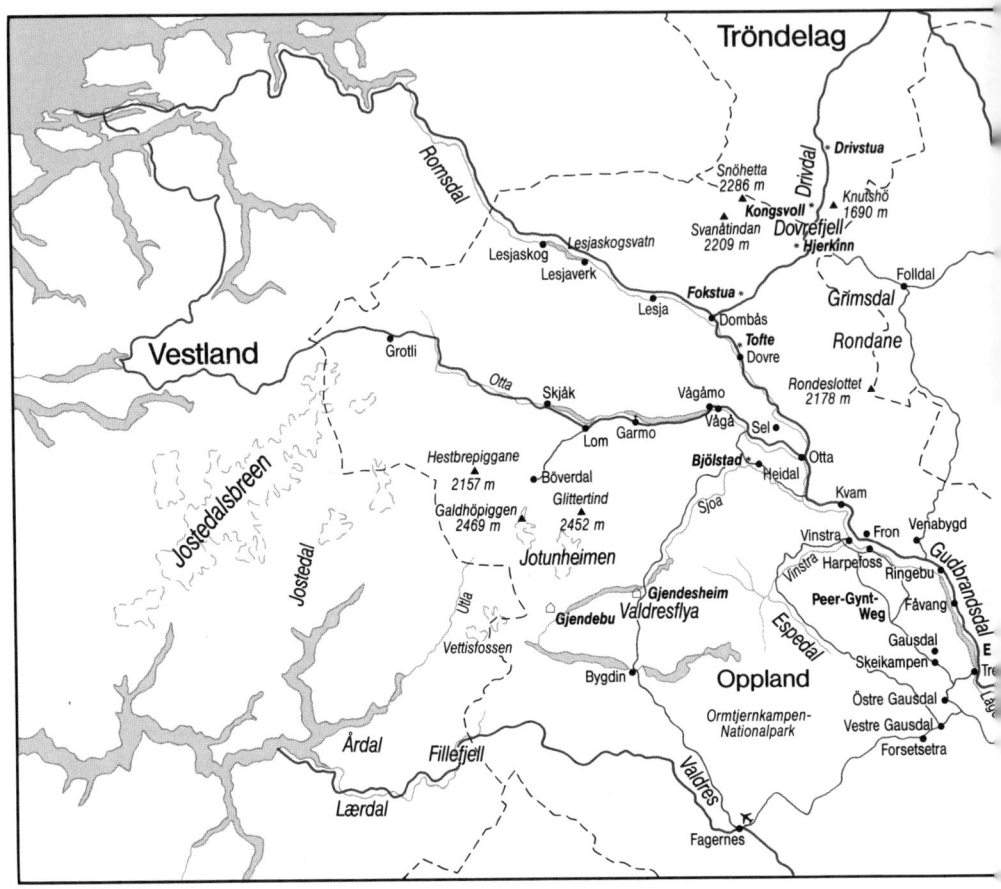

Nördliches Östland

Bergbächen oder Schneeflächen des Hochfjells durch Gräben oder Holzleitungen an die Acker-
parzellen und Heuwiesen herangebracht wurde.

Bei einer genaueren Betrachtung der Östland-Talzüge lassen sich durchaus zahlreiche Unterschiede in der jeweiligen naturräumlichen und kulturlandschaftlichen Ausstattung herausstel-
len. Vor allem sind es die Gegensätze zwischen den unteren und oberen Talabschnitten, die auf
die wirtschaftlichen Möglichkeiten und damit auf den Besiedlungsgang starken Einfluß genommen haben. Während nämlich in den unteren, d. h. weiter südlich gelegenen Talungen in der
Regel noch gute land- und forstwirtschaftliche Voraussetzungen existieren, sieht das in den
oberen Talabschnitten ganz anders aus. Hier setzen die naturräumlichen und speziell die
klimatischen Gegebenheiten enge Grenzen für eine intensivere Landwirtschaft. Bestimmte

Viehwirtschaftsformen, insbesondere die der Alm- bzw. Seterwirtschaft in den umliegenden Fjellbereichen, waren dort noch bis vor wenigen Jahrzehnten praktisch eine unentbehrliche Lebensgrundlage. Auch andere Erwerbsformen, z. B. der Erzbergbau oder die Holzkohleproduktion, spielten in diesen Abseitsräumen lange Zeit eine beachtliche Rolle. Mit der Industrialisierung und Urbanisierung seit der zweiten Hälfte des 19. Jahrhunderts gerieten jene Binnenräume dann erst recht in eine periphere Lage, die u. a. zu massiver Landflucht führte. Schon seit Jahrzehnten versucht man von staatlicher Seite, diese Problemgebiete mit öffentlichen Mitteln wirtschaftlich und sozial am Leben zu erhalten. Hauptziel dabei ist, das bestehende Siedlungsmuster soweit wie möglich zu stabilisieren, um die Gegensätze zwischen Zentrum (hier bezogen auf die urbanisierten Küstenlandschaften) und Peripherie nicht noch weiter zu vergrößern. Eine nicht unbedeutende Rolle spielt bei diesen Bemühungen der Ausbau des nationalen und internationalen Tourismus, für den es gerade in den oberen Tal- und Fjellbereichen vielerorts gute Möglichkeiten gibt.

Schließlich sei an dieser Stelle noch auf ein anderes siedlungsgeographisches Charakteristikum der norwegischen Bauerntäler aufmerksam gemacht, nämlich eine bestimmte, immer wieder anzutreffende Standortsituation wenigstens der älteren und größeren Hofstellen. Diese reihen sich mit ihrem hofnahen, vollkultivierten Land *(innmark)* in der Regel entlang der Talhangmitten auf, und zwar an den sonnenexponierten Hängen. Hauptgründe für diese Mittellage sind zum einen die klimatischen Voraussetzungen (Temperaturinversionen bzw. Absteigen kalter Luftmassen verursachen eine häufigere Frostgefahr in Talbodennähe), zum anderen die bessere Bodenqualität der Talhangmitten (Seitenmoränen, Eisstauseeterrassen und ähnliches Lockermaterial) sowie die leichtere Erreichbarkeit der Hochfjellweiden. Auch die alten Wege verlaufen im Gegensatz zu den modernen Kunsttrassen entlang der Talhangmitten. Die jüngeren Siedlungsausbauten (meist Kleinbauernstellen) liegen etagenförmig unter- und oberhalb jener altbäuerlichen Siedlungsreihen. Heute reichen die Dauersiedlungen an den sonnenexponierten Hängen durchweg bis zu einer Höhenlage zwischen 500 und 600 m NN, in früherer Zeit nicht selten bis über 800 m. In Richtung Fjellhochfläche, und zwar besonders entlang der kleineren Seitentäler, schließen oder schlossen sich die nur saisonal aufgesuchten Alm- bzw. Seterstellen an, die heute nur noch zu einem kleinen Teil bewirtschaftet oder sogar, nach entsprechenden Umbauten, als Freizeithäuser genutzt werden.

Das Österdal

Es erscheint eigentlich unverständlich, daß in den meisten deutschsprachigen Reiseführern und ähnlicher Literatur über Norwegen so wenig die Rede vom Österdal ist. Zwar ist letzteres insgesamt gesehen nicht so abwechslungsreich gestaltet wie die beiden westlich benachbarten Bauerntäler Gudbrandsdal und Hallingdal; es ist aber keineswegs eintönig. Vielmehr vermittelt das verkehrsmäßig gut erschlossene Österdal (Reichsstraße 3 und Rörosbahn) dem aufmerksamen Reisenden eine Fülle an Sehenswürdigkeiten und Natureindrücken. Außerdem bietet sich das Österdal dem nordwärts nach Röros und Trondheim orientierten Autofahrer als bequeme und weniger frequentierte Route an als das stark verkehrsbelastete Gudbrandsdal (E 6).

Von der Gemeinde Elverum im Süden bis zur Provinzgrenze Hedmark – Sör-Tröndelag trägt der 235 km lange Talabschnitt der Glomma (Glåma) mit den umgebenden borealen Waldbezirken den Namen Österdal. Ursprünglich waren mit dieser Bezeichnung, und zwar mit dem Mehrzahlwort Österdalene, auch mehrere eng benachbarte, meist parallel der Glomma verlaufende Talzüge (z. B. Trysildal) gemeint. Als größter und längster Fluß Norwegens fließt die Glomma (Länge über 600 km; Wassereinzugsgebiet von rund 41 500 km²) von Elverum weiter nach Süden durch die Landschaft Solör und mündet schließlich bei Fredrikstad in den äußeren Oslofjord. Obwohl das Glommatal im Gegensatz zu anderen norwegischen Flußsystemen keine beträchtlichen Reliefunterschiede aufweist, ist seine Wasserführung aufgrund des weiten Einzugsbereiches so groß, daß auch hier bedeutende Wasserkraftpotentiale gegeben sind. Die daraus gewonnene Stromenergie kommt u. a. zahlreichen Gewerbe- und Industrieunternehmen (z. B. der Holzverarbeitung) zugute. Weiterhin galt die Glomma lange Zeit als Norwegens größter Flößfluß, auf dem noch in der Nachkriegszeit pro Jahr durchschnittlich 1,5 Mio. m³ Holz zu den Verarbeitungszentren im Süden bzw. in Küstennähe transportiert wurden. Der Wasserreichtum der Glomma besonders nach der Schneeschmelze im Frühjahr hat aber auch mehrfach zu verheerenden Überschwemmungskatastrophen geführt. Bei Grindalen in Elverum erinnert z. B. eine Marmorsäule an das Hochwasser von 1789, das sogenannte *Stor-Ofsen*, als der Wasserspiegel 6,80 m über dem Niedrigwasser stand, somit die gesamte Talaue überflutete und verheerende Folgen hatte.

Das Österdal ist bedeutend weniger tief eingeschnitten als etwa das westlich benachbarte Gudbrandsdal. Nur im oberen Talzug, nördlich Alvdal, sind kambro-silurische Schiefer und damit relativ leicht verwitterbare und nährstoffreiche Gesteine anstehend, während ansonsten das präkambrische Grundgebirge und die etwas jüngere Sparagmitformation (z. T. Sandsteine) vorherrschen. Allerdings bieten hier größere Flächen eiszeitlicher Sedimente einigermaßen

Österdal nördlich Rena

gute landwirtschaftliche Möglichkeiten. Der kontinentale Klimaeinschlag zeigt sich in den Temperatur- und Niederschlagswerten. Für Rena im südlichen Österdal werden als Durchschnittstemperaturen für den kältesten Monat minus 10,9 °C und für den wärmsten plus 14,7 °C angegeben; in Alvdal (Nord-Österdal) sind es minus 10,6° bzw. plus 13,2 °C. Die durchschnittlichen Jahresniederschlagsmengen betragen in beiden Orten 730 bzw. 473 mm.

Zum südlichen Österdal (Sör-Österdal) gehören die in breiteren Talausweitungen liegenden Ortschaften Elverum und Rena, zum Nord-Österdal die Siedlungsreihe Alvdal, Tynset, Tolga und Os. Zwischen beiden Siedlungskomplexen liegen die weiten, nur sehr dünn besiedelten Räume des borealen Waldes mit absolut dominierender Fichten- und Kiefernholzproduktion. Immerhin werden von der knapp 20 000 km² betragenden Fläche des Österdalbezirks über 35% von produktivem Wald, aber nur 1,5% von kultiviertem Agrarland eingenommen.

Die stadtähnliche Siedlung **Elverum** bildet praktisch die Eingangspforte zum Österdal. Elverum entwickelte sich zunächst auf der Ostseite der Glomma, und zwar im Schutze der in den 1680er Jahren errichteten *Festung Hammersborgskansen* (später *Christiansfjell* genannt), welche die Glommamündung während des Krieges mit Schweden sichern sollte. Eine weit überregionale Bedeutung erhielt Elverum dann in den Jahren um 1750, als der Markt für das gesamte Österdal hierhin verlegt wurde. Dieser Markt galt lange Zeit als der wichtigste Wintermarkt in Nordeuropa, bis er dann mit den Eisenbahnbauten seine Bedeutung verlor. Nachdem der sogenannte »Stationsort« (norw. *stasjonsby*) schon 1862 den Eisenbahnanschluß mit Hamar erhalten hatte, wurde 1877 die Rörosbahn und damit eine durchgehende Verbindung von Oslo über Elverum und Röros nach Trondheim fertiggestellt. Anfang dieses Jahrhunderts kam dann die Strecke durch Solör nach Kongsvinger hinzu, d. h. der Anschluß an die Bahnverbindung Oslo–Stockholm. Die verkehrsgünstige Lage gab Elverum natürlich zusätzliche Entwicklungsimpulse, die im April 1940 jäh unterbrochen wurden, als deutsche Flieger den Ort bombadierten und zu einem großen Teil zerstörten.

Mittlerweile hat Elverum seine Stellung als Wirtschafts- und Handelszentrum sowie Verwaltungs- und Schulmittelpunkt des südlichen Österdalbezirkes zurückerhalten und weiter ausgebaut. Auch als Museumsort ist Elverum weit über die Landesgrenzen hinaus bekannt geworden. Mit dem hervorragend eingerichteten *Waldwirtschaftsmuseum (Norsk Skogbruksmuseum)* besitzt es das einzige Spezialmuseum des Landes für vergangene und gegenwärtige Waldwirtschaftsformen sowie damit verbundene andere Aktivitäten (Jagd, Fischerei etc.). Weiterhin ist das am benachbarten Westufer der Glomma gelegene *Glomdalsmuseum* herauszuheben, ein Freilichtmuseum für Österdal und Solör, das u. a. 80 alte Bauernhöfe aus Nord- und Südösterdal beherbergt.

Der Bezirk Nord-Österdal umfaßt neben dem Hauptal der Glomma auch mehrere Seitentäler (z.B. Øvre Rendal) sowie die Wald- und Fjellhöhen um den Femundsee, Norwegens zweitgrößten See mit einer Länge von über 60 km und einer Gesamtfläche von 210 km². Wenigstens teilweise ist zu Nord-Österdal auch der anschließende **Nationalpark Femundsmarka** zu rechnen. Die äußerst dünne Besiedlung und die weiten borealen Wald- und Fjell-Landschaften geben diesem Raum eine nahezu urwüchsige Prägung. Genannt sei in diesem Zusammenhang nur die südlich Alvdal, und zwar 1 km östlich der Bahnstation Barkald gelegene Schlucht **Jutulhogget,** mit ca. 150 m Tiefe und 2,5 km Länge Südnorwegens größter Canyon, der wahrscheinlich während der Eisschmelze vor etwa 10 000 Jahren entstanden ist.

Zentrum des nördlichen Österdals ist das heute gut 2000 Einwohner zählende **Tynset,** ein typischer Bahnstationsort, der in den letzten Jahrzehnten durch die staatlich geförderte Ansiedlung von Gewerbebetrieben der Holzverarbeitung, der Baustoffindustrie etc. ein beachtliches Wachstum erfahren hat. Von Tynset aus werden beispielsweise auch große Mengen an Rentierflechten nach Deutschland, Frankreich und England exportiert, wo sie als Dekorationsartikel oder als Grabschmuck Verwendung finden. Dieser sicher nicht sehr bedeutende, aber interessante Nebenerwerbszweig spielt für Hunderte von Menschen im nördlichen Österdal eine wichtige Rolle. Hier sind in den lichten und trockenen Kiefernwaldungen sowie auf den Fjellheiden gute Wuchsstandorte für jene Flechtenarten, die bei uns fälschlicherweise als »Islandmoos« bezeichnet werden (s. Farbabb. 31).

Das Gudbrandsdal

Das Gudbrandsdal, oft als Tal der Täler gepriesen, ist zweifellos das bekannteste norwegische Bauerntal und nimmt in der Geschichte des Landes und im Bewußtsein des Volkes einen besonderen Platz ein. Auch in der norwegischen Literaturgeschichte spielt es eine bedeutende Rolle. So sind Leben und Werk der drei Nobelpreisträger Björnstjerne Björnson, Knut Hamsun und Sigrid Undset eng mit diesem Talzug verbunden. In den Werken Sigrid Undsets, man denke nur an »Kristin Lavranstochter«, finden die mittelalterliche Bauernkultur oder auch die uralte, zwischen Süd- und Mittelnorwegen vermittelnde Verkehrsfunktion des Gudbrandsdals ihren besonderen Niederschlag. Peer Gynt, jener Träumer mit dem richtigen Namen Per på Hågå, lebte bei Vinstra im nördlichen Gudbrandsdal, wo heute noch ein Peer-Gynt-Hof existiert. Durch Henrik Ibsens berühmtes Drama und Edvard Griegs Musik wurden er und sein Tal weltbekannt.

Der Talzug durchschneidet mit einer Länge von etwa 200 km die Provinz Oppland, und zwar vom Lesjaskogsvatn im Nordwesten bis Lillehammer bzw. Mjösasee im Südosten. In

Henrik Ibsen

den breiten und relativ gleichmäßigen Taltrog mit seinen vielen Seitentälern hat sich der Lågen tief eingeschnitten. Der Fluß durchquert in seinem Oberlauf die höchsten Fjellregionen Norwegens, nämlich den Hochfjellkomplex Jotunheimen – Rondane – Dovrefjell. Schon aus diesem Grunde ist das Gudbrandsdal, wenn man von den Wasserwegen entlang der Küste absieht, der wohl älteste Handels- und Verkehrsweg vom Östland nach West-, Mittel- und Nordnorwegen. Weitere günstige Voraussetzungen für das Heranwachsen der traditionsreichen und zugleich stolzen Bauernkultur der sogenannten *Gudbrandsdöler* waren die naturräumlichen Gegebenheiten, d. h. die sonnenexponierten Hanglagen und die vielerorts mächtigen eiszeitlichen Sedimente mit relativ guten Anbaumöglichkeiten. Wie bereits an früherer Stelle betont, liegen die alten Gutshöfe entlang der sonnenbestrahlten Talhangmitten, die jüngeren und kleineren Hofstellen auf den ungünstigeren Standorten. Später hat sich dann im Zuge der modernen Verkehrsausbauten (E 6 und Dovrebahnlinie) eine ganze Reihe nicht-agrarisch geprägter Siedlungen im Talbodenbereich entfalten können, deren Ausstattung mit zahlreichen Hotels, Pensionen, Campingplätzen etc. ihre Rolle im Fremdenverkehr unterstreicht.

Wie im Falle des Österdals wurde der Name Gudbrandsdal, der angeblich von einem Herrscher- bzw. Häuptlingsgeschlecht Gudbrand stammen soll, ursprünglich als Mehrzahlwort verstanden. Mit *Gudbrandsdalir* war also ein ganzes Netz untereinander verbundener Täler gemeint. Zu diesem zählen u. a. der oberste Talabschnitt des Lågen, der sich in Richtung

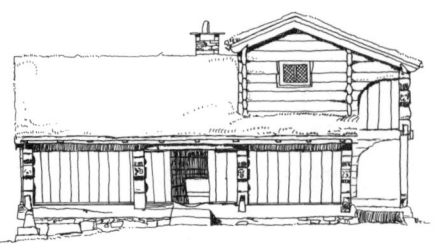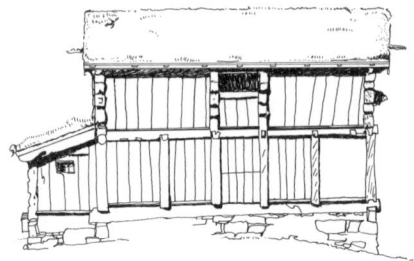

Skjåk im Gudbrandsdal, Wohnhaus aus dem 18. Jahrhundert

Romsdal fortsetzt, mit den Gemeinden Dovre und Lesja; weiterhin das Ottadal mit den alten Kirchorten Vågå, Lom und Skjåk, die Seitentäler von Sjoa und Vinstra sowie im Süden vor allem Espedal und Gausdal. Die heutige regionale Gliederung in Süd- bzw. Sör-Gudbrandsdal und Nord-Gudbrandsdal richtet sich im wesentlichen nach den Grenzen der einstigen Vogteien gleichen Namens. Danach umfaßt Süd-Gudbrandsdal das Gebiet vom Nordende des Mjösa bis etwa Harpefoss südlich Vinstra mit den Seitentälern des Lågen und den umgebenden Fjellhochflächen. Nord-Gudbrandsdal ist der anschließende Bereich bis zum Lesjaskogsvatn am Dovrefjell.

Am Eingang des Gudbrandsdals liegt die Stadtgemeinde **Lillehammer,** der Verwaltungssitz von Oppland mit 1989 knapp 23 000 Einwohnern. In alter Zeit hieß der auf einer Terrasse über dem Mjösen gelegene Ort *Litli Hamar* im Gegensatz zu dem Bischofssitz Hamar (Stor- bzw. Großhamar). Wenn Lillehammer auch erst Anfang des 19. Jahrhunderts Stadtrechte erhielt, so war der Ort doch schon vor Jahrhunderten der wichtigste Marktplatz für den Handel mit den Gudbrandsdalbauern. Immerhin ist bereits im Jahre 1205 die Rede von einem *Litlikaupangr.* Neben seinen heutigen Verwaltungs- und gewerblich-industriellen Funktionen ist Lillehammer in den letzten Jahrzehnten ein stark frequentiertes Fremdenverkehrszentrum sowohl für den Sommer- wie für den Wintertourismus geworden.

Ein regelrechter Fremdenverkehrsmagnet sind die am Südostrand des Stadtkerns im Park Maihaugen gelegenen *Sandvigschen Sammlungen (De Sandvigske Samlinger på Maihaugen),* ein großartiges Freilichtmuseum, das aus der Privatsammlung des Arztes Sandvig hervorgegangen ist. Über 120 alte Gebäude und ca. 30 000 einzelne Gegenstände vermitteln ein eindrucksvolles Bild von der traditionsreichen Gudbrandsdalkultur (s. Abb. 9). Das älteste Bauwerk ist die Garmo-Stabkirche von Lom aus dem 12. Jahrhundert (s. Abb. 6). Bauernhöfe, z.B. der Großhof Björnstad mit 26 Gebäuden, Seterplätze oder zahlreiche Werkstätten bringen dem Besucher die norwegische Holzarchitektur und Siedlungsgeschichte nahe.

Lillehammer ist die Stadt der Olympischen Winterspiele 1994. Das heißt mit anderen Worten, daß die für west- oder mitteleuropäische Verhältnisse relativ kleine Stadt in diesen Jahren ihr Gesicht infolge umfangreicher Bauaktivitäten stark verändern wird. Davon betroffen ist nicht nur die städtische Bebauung einschließlich der Verkehrsinfrastruktur, sondern auch die weitere Umgebung im Süd-Gudbrandsdal. Zum Beispiel sollen im Hafjell, rund 15 km nördlich des Stadtkerns, mit günstiger Verkehrsanbindung durch die E 6, die Anlagen für die alpinen Wettbewerbe entstehen.

Neben Lillehammer sind in Süd-Gudbrandsdal noch einige kleinere zentrale Orte lokalisiert, die als ältere Kirchorte aus ländlich-agraren Siedlungen erwachsen sind. Dazu gehören Fåberg (heute ein Stadtteil von Lillehammer), Tretten, Fåvang und Ringebu. Abgesehen von Ringebu mit ca. 1500 Menschen, zählen die meisten dieser Siedlungen nicht mehr als 500–1000 Einwohner. Mehrere von ihnen haben auch als Stationsorte der Dovrebahn eine wichtige verkehrsgeographische Funktion. Von **Fåberg** zieht der *Peer-Gynt-Weg* westlich des Lågen zunächst durch das Gausdal und dann über die Fjellhochfläche in Richtung Vinstra. Entlang dieses Weges sind in den letzten Jahren zahlreiche Einrichtungen für den Sommer- und Wintertourismus geschaffen worden, vor allem in Skeikampen-Gausdal. **Tretten** nördlich Fåberg ist ein alter Handelsplatz mit einem traditionellen Viehmarkt. Der dortige Pferdemarkt war einst der größte des Landes. Überhaupt war die Pferdezucht der Altbauernhöfe des Gudbrandsdals lange Zeit weit über Norwegen hinaus berühmt. **Ringebu** ist besonders bekannt durch seine Stabkirche aus den Jahren um 1200. Die Ringebu-Stabkirche liegt abseits der heutigen Hauptverkehrsstraße, und zwar an dem alten Königsweg in Richtung Trondheim. Von Ringebu zweigen zudem Fjellwege in Richtung Österdal ab. Der bekannteste und landschaftlich eindrucksvollste ist sicher der gut ausgebaute *Rondeveien,* der über Venabygd direkt an den Rondane-Nationalpark mit seinen alpinen Hochgebirgsformen führt.

Nördlich Harpefoss beginnt Nord-Gudbrandsdal mit weniger gleichmäßigen Talabschnitten als in Süd-Gudbrandsdal. Vielmehr kennzeichnet dort der Wechsel zwischen stärker besiedelten

Entwicklungsstadien der Stabkirche von Garmo (heute im Freilichtmuseum Maihaugen/Lillehammer)

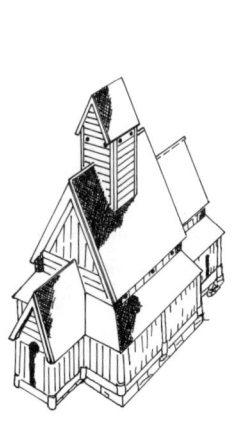

Talausweitungen und steilwandigen, nur dünnbesiedelten Talengen das Landschaftsbild. Die heutigen Höhengrenzen der Dauersiedlungen in Nord-Gudbrandsdal verlaufen sehr unterschiedlich. In den obersten Teilen, bei Lesja, reichen sie bis etwa 630 m NN, während sie bei der Ortschaft Dovre schon rund 100 m höher liegen. In früherer Zeit erstreckten sich die Dauersiedlungen nicht selten bis über 800 m Höhenlage die Talflanken hinauf, an die sich dann praktisch lückenlos die Seter- bzw. Almwirtschaften anschlossen. Das auf jenen Grenzstandorten gesäte Getreide, Sommergerste und Hafer, wurde sehr häufig durch frühzeitige Frosteinbrüche vernichtet, so daß man im Durchschnitt nur alle paar Jahre mit reifem Korn rechnen konnte, was natürlich zu Hungersnöten führte. Es wird z. B. überliefert, daß die Bauern in Nord-Gudbrandsdal vor allem in den gefürchteten »Eisennächten« (von Mitte August bis Anfang September) gemeinschaftlich sogenannte Rauchmeiler in bestimmten Abständen betrieben, um mit der künstlichen Nebeldecke die nächtliche Ausstrahlung und somit die Frostgefahr zu mindern. (Ähnliche Maßnahmen sind ja auch aus unseren Weinbaugebieten bekannt.)

In den Tälern von Nord-Gudbrandsdal haben sich mehrere Ortschaften in verkehrsgünstiger Lage zu stadtähnlichen Siedlungen entwickeln können, so Vinstra, Kvam, Otta und vor allem Dombås, weiterhin Vågå und Lom im Ottadal. Entlang des alten Königs- und Pilgerweges über das Dovrefjell nach Nidaros/Trondheim sind einige sehr alte Hofstellen *(gamle fjellstuer)* aufgereiht, die bis weit in das 19. Jahrhundert die in einem siedlungsarmen Raum so wichtigen Beherbergungsfunktionen erfüllten. Auf dem Wege zum Hochfjell gehören hierzu u. a. der Königshof Tofte bei Dovre und Fokstua nördlich Dombås. Der alte Hof *(fjellstua)* von Fokstua ist allerdings schon Anfang des 18. Jahrhunderts abgebrannt; er lag etwa 1 km südlich der heutigen Siedlung.

Über das **Sjoadal,** das bei dem gleichnamigen Ort in das nördliche Gudbrandsdal mündet, erreicht man entlang der Ostabdachung Jotunheimens und des Plateaufjells von Valdresflya den Talbezirk **Valdres,** der sich ebenfalls durch eine altbäuerliche Kulturlandschaft auszeichnet und schon aufgrund seiner Landschaftsgeschichte zum Bezirk Gudbrandsdal im weiteren Sinne zu rechnen ist. In dem geradezu urwüchsigen Sjoadal liegt der alte Kirchort **Heidal** (Bjølstadmo). Hier trifft man nicht nur auf eine der traditionsreichsten Siedlungen des Gudbrandsdals, sondern auch auf die größte unter Denkmalschutz stehende Gruppierung alter Hofstellen. Auf dem Gehöft **Bjölstad** ist heute die 25. Generation in ununterbrochener Linie ansässig. Das jüngste Wohnhaus, die *Nystua,* stammt von 1820, die mit vielen Holzschnitzereien versehene *Gamlestua* von 1743 und ein *Stabbur* von 1531. Insgesamt findet man in Heidal mehr als 20 Höfe und Häuser, die unter Denkmalschutz stehen. Es sei hier nur am Rande vermerkt, daß jene Höfe im Gegensatz zu einem Freilichtmuseum bewohnt und bewirtschaftet werden, was ihre Besitzer bzw. Bewirtschafter, die *Heidölene,* bei aller Aufgeschlossenheit gegenüber Touristen auch zu respektieren bitten. Neben der *Heidalkirche,* einer originalgetreuen Kopie der alten Kirche von 1752, steht die *Bjölstad-Kapelle* aus den Jahren um 1600, in der verzierte Holzbohlen der ursprünglichen Stabkirche aus dem 11. Jahrhundert erhalten sind.

Durch Valdres verläuft ein alter Handelsweg entlang der Begna und den größeren Seen nordwestlich Fagernes über das gut 1000 m hohe Fillefjell hinweg nach Årdal und Lærdal am inneren Sognefjord. Man nimmt sogar an, daß Valdres ursprünglich von Lærdal aus besiedelt worden ist.

Bemerkenswerterweise benutzte auch die erste, im Jahre 1647 errichtete Postroute von Oslo bzw. Christiania nach Bergen jenen alten Weg durch Valdres.

Der Südteil von Valdres gehört dem präkambrischen Grundgebirge mit seinen Gneisen, Graniten und ähnlichen Tiefengesteinen an. Hier sind die Talzüge eng und steilwandig und somit nur dünn besiedelt. Nördlich Fagernes überlagern kambro-silurische Schiefer den Grundgebirgssockel und bieten dort bessere Voraussetzungen für die Bodennutzung. Zentrum von Valdres ist die in der Nord-Aurdal-Gemeinde liegende Ortschaft **Fagernes** mit ca. 2500 Einwohnern. In Fagernes ist u. a. eine Reihe kleinerer Betriebe der Holzverarbeitung ansässig. Ein großes Freilichtmuseum mit 70 alten Häusern bzw. Hofgebäuden bietet einen guten Einblick in die Kulturlandschaftsgeschichte von Valdres. Schließlich sei noch die interessante Tatsache hervorgehoben, daß in dem scheinbar so peripheren Fagernes, und zwar in **Leirin**, etwa 8 km nordöstlich des Ortskerns, im Jahre 1987 ein Flughafen in erster Linie für den Charterverkehr eröffnet wurde, der praktisch am Fuße der norwegischen Hochgebirgswelt, vor allem Jotunheimens, liegt.

Das Hallingdal

Während der untere Teil des Hallingdals bis zum Kröderensee der allgemeinen Nordwest-Südost-Abdachung des östlichen Norwegen folgt, verläuft der obere Abschnitt westlich Gol in umgekehrter, d. h. südwest-nordöstlicher Richtung. Zurückgeführt wird diese eigenartige Verlaufsrichtung, die übrigens für das benachbarte Numedal in etwa gleicher Weise zutrifft, auf geologische Verwerfungen und Gesteinswechsel. Der Distrikt Hallingdal umfaßt den Talzug des Hallingdalselva von etwa Örgenvika am Kröderensee bis nach Hestvossen im Finsedal mitsamt den Seitentälern und den umgebenden Fjellhöhen. Auch in diesem Taldistrikt bilden Land- und Waldwirtschaft sowie vielerorts der Sommer- und Wintertourismus die wichtigsten Einnahmequellen. Sowohl der Haupttalzug wie die Seitentäler, vor allem das Hemse- und Finsedal, greifen tief in den inneren Gebirgsblock mit seinen großen Seeflächen weit oberhalb der Talböden. Aus diesem Grunde spielt auch der Wasserkraftausbau gerade im Hallingdal eine

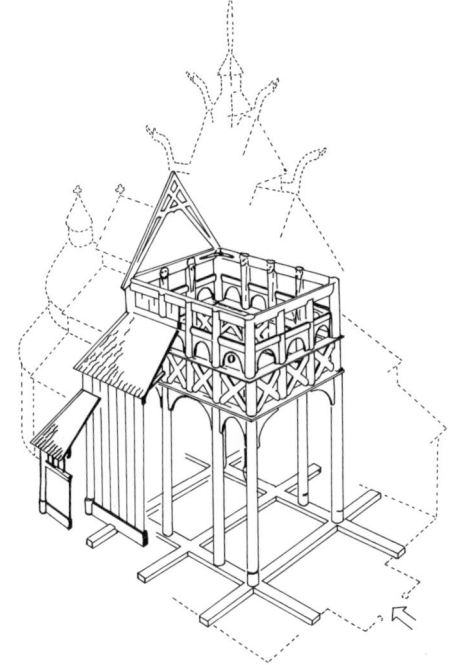

Gol-Stabkirche, Bauschema

große Rolle, wobei hier besonders die Standorte Nes, Hemsil, Hol und Uste zu nennen sind. Nicht von ungefähr wird das Hallingdal häufig als *Norges kraftdal nr. 1* bezeichnet.

Tiefgreifende Veränderungen im Siedlungs- und Wirtschaftsleben dieses Talzuges erfolgten in den ersten Jahrzehnten unseres Jahrhunderts, und zwar nach der Fertigstellung der berühmten Bergenbahn im Jahre 1909. Diese gilt als ein technisches Meisterwerk und ist zweifellos die bekannteste norwegische Eisenbahnlinie, deren Benutzung auch dem verwöhnten Touristen zu einem besonderen Erlebnis wird. Auf ihrer Gleisführung von Oslo nach Bergen überquert die Bahnlinie das Hochfjell bei einem Gipfelpunkt von 1300 m. Rund 470 km beträgt die gesamte Strecke, die heute ganz elektrifiziert ist.

Auch landschaftlich hebt sich das untere Hallingdal von Gol bis zum Kröderen stark von dem oberen Abschnitt ab, denn im südlichen Verlauf des Hallingdalselva sind die Talflanken steilwandiger und treten enger zusammen. Die alten und vielerorts noch in der Blockbauweise erhaltenen Hofstellen liegen hier ebenfalls aufgereiht entlang der Talhangmitten. Als obere Grenze der agrar-bäuerlichen Dauersiedlungen im nördlichen Hallingdal bei Geilo wird die Höhenlage von rund 850 m NN angegeben. Darüber verläuft bei ca. 1100 m die Waldgrenze, während die einst so bedeutenden Seterwirtschaften noch viel weiter in die Fjellhochflächen hineinreichen.

Heute ist vor allem das obere Hallingdal mit dem zugehörigen Hemsedal ein vielbesuchter Raum für den in- und ausländischen Sommer- und Wintertourismus. Insgesamt gilt das Hallingdal als das am besten ausgebaute Feriengebiet Norwegens, wobei mittlerweile aber auch die Vielzahl an Freizeithäusern bzw. -hütten oder die Fremdenverkehrsausstattung in bekannten Touristenorten wie Geilo, Hol, Ål und Gol an ihre ökologischen Grenzen zu stoßen scheint. Allein in den Ostertagen, die zur Hauptskisaison zählen, sollen alljährlich weit über 50 000 Menschen in das Hallingdal strömen; eine enorme Zahl, wenn man bedenkt, daß im Hallingdaldistrikt nicht viel mehr als 20 000 Menschen ihren Wohnsitz haben.

Vom gut 40 km langen und über 100 m tiefen Kröderensee erreicht man zunächst als ersten größeren Ort **Nesbyen** mit heute ca. 2200 Einwohnern. Hier ist u. a. das *Hallingdal Folkemuseum* mit traditionellen Haus- und Hofgebäuden, Textil- und Waffensammlungen etc. lokalisiert. Etwa 20 km nördlich liegt der ebenfalls rund 2200 Einwohner zählende Kirchort **Gol,** von dem wichtige Straßenverbindungen in Richtung Hemsedal und Valdres abzweigen. Die Bedeutung Gols besonders für den Wintersport belegen unter anderem sieben Skilifte, ca. 200 km präparierte Loipen auf dem Golsfjell und eine Skischule.

Südwestlich Gol steht in **Torpo** das älteste Hallingdal-Bauwerk, eine *Stabkirche* aus der zweiten Hälfte des 12. Jahrhunderts. Direkt neben diesem mittelalterlichen Kirchenbau befindet sich eine weißgetünchte Kirche aus dem 19. Jahrhundert. Zurückzuführen ist diese eigenartige Konstellation darauf, daß die Torpo-Stabkirche in der zweiten Hälfte des 19. Jahrhunderts abgerissen werden sollte. Damit wäre ihr das gleiche Schicksal zuteil geworden wie 32 anderen Stabkirchen in Norwegen. Noch während der Verein für norwegischen Denkmalschutz sich

Stabkirchen in Norwegen, 11. bis 13. Jahrhundert ▷

NORWEGEN

TRÖNDELAG

Grip

Kvernes

Trondheim
(Haltdalen, Ålen)

Haltdalen
Ålen

Rödven

SOGN OG FJORDANE

Gudbrandsdal

Vågå

Lom Garmo

Ringebu

Fortun

Kaupanger

Valdres

Urnes

Hurum

Hegge

Lillehammer
(Garmo)

Hopperstad
Undredal

Vang

Borgund

Lomen

Reinli

Torpo Gol

Hamar

Bergen
(Fortun)

Hedalen

Hallingdal

Uvdal

Nore

Numedal

Rollag

OSLO
(Gol)

Röldal

Flesberg

Östfold

Eidsborg

Heddal

Höyjord

Tönsberg

TELEMARK

Vestfold

Stavanger

AUST-AGDER

VEST-AGDER

SCHWEDEN

Konghelle

0   50   100 Km

Göteborg

- • Verschwundene Kirchen
- ○ Kirchen am Originalstandort
- △ Kirchen mit verändertem Standort
- ◉ Kirchen mit neuem Standort
- ⚲ Bischofssitze

Torpo-Stabkirche im Hallingdal, Innenraum

darum bemühte, die Torpo-Stabkirche zu retten, wurde im Jahre 1880 der Chor abgerissen, so daß heute nur noch das Kirchenschiff erhalten ist. Die Stabkirche von Torpo gilt als ein Musterbeispiel für die voll entwickelte Stabkonstruktion (Säulengerüste). Einzigartig sind die hochmittelalterlichen Deckenmalereien (s. Farbabb. 5) mit Motiven u. a. der Legende der hl. Margaretha, der die Kirche geweiht war. Am Äußeren der Kirche verdient das reiche Schnitzwerk der Portale besonderes Interesse (s. Abb. 11). Zur Kirche gehörte ursprünglich auch ein freistehender Glockenturm, der dort stand, wo um 1880 die neue Kirche errichtet wurde.

Die Ortschaft Ål mit ca. 1700 Einwohnern (1989) besitzt zwar keine alte Stabkirche mehr, dafür aber eine Reihe anderer Zeugnisse der Hallingdaler Bauernkultur, z. B. in einem größeren *Freilichtmuseum (Ål bygdemuseum)* im Ortsteil Leksvoll. Das Gleiche gilt für das benachbarte **Hol**. Das schon am Rande der Hardangervidda gelegene **Geilo** mit 1989 ca. 2700 Bewohnern wird heute fast ausschließlich vom Tourismus bestimmt. Der Ort in einer Höhenlage zwischen 800 und 1000 m NN ist nicht nur Ausgangspunkt für zahlreiche Fjellwanderwege in der Sommerzeit, sondern vor allem ein Zentrum für den Wintersport. Über 40 Übernachtungsstätten, von Hochfjellhotels über Pensionen bis zur Hüttenvermietung mit insgesamt weit über 4000 Betten, prägen heute das Ortsbild. Weiterhin sind 16 Skilifte, 19 Abfahrtspisten und 130 km präparierte Loipen für den Langlauf vorhanden. Westlich Geilo trifft man im Raum **Ustaoset** auf eine der größten »Hüttenstädte« *(hyttebyer)* des Landes. Hier sind heute weit über 100 Freizeithütten entlang des Ustevatn und auf den umgebenden Fjellhochflächen konzentriert. Eine derartige Entwicklung bringt neben der infrastrukturellen Verbesserung in jenen Binnenräumen aber auch Fragen und Probleme z. B. des Landschaftsschutzes mit sich, die man durch gesetzgeberische Maßnahmen und Ausarbeitungen von »Fjellplänen« in den Griff zu bekommen versucht. Viele Hüttenballungen, so auch die im oberen Hallingdal, geben jedenfalls ein lehrreiches Beispiel für die vergangene mangelnde Planung und Koordination sowie die lückenhafte Gesetzgebung in puncto Freizeithausbebauung. Die heute verstärkt einsetzende Steuerung der immer populäreren Freizeithausbebauung insbesondere in den oberen Tal- und Fjellbereichen, die oft in Richtung Zweitwohnsitz geht, dient nicht nur dem steigenden

Erholungsbedürfnis städtischer Bevölkerungsschichten und dem in- und ausländischen Tourismus, sondern zugleich auch dem notwendigen Landschaftsschutz. Schließlich ist mit derartigen Planungsstrategien auch dem Bemühen geholfen, jene Abseitsräume mit ihren vielschichtigen Problemen auf die Dauer wenigstens teilweise wirtschaftlich und sozial am Leben zu erhalten.

Das Numedal

Das ebenfalls zur Provinz Buskerud zählende Numedal ist wie das Hallingdal erst zu Beginn dieses Jahrhunderts mit der Fertigstellung moderner Verkehrstrassen dem Tourismus erschlossen worden. Zunächst wurde mit der Eröffnung der Numedalsbahn im Jahre 1926 eine bessere Anbindung an die Östlandstädte erreicht. In jenen Jahren erfolgten im nördlichen Numedal auch die ersten Wasserkraftausbauten. Immerhin galten die Anlagen Nore I und II seinerzeit als die größten Wasserkraftwerke Europas.

In seinem oberen Abschnitt hat sich der etwa 150 km lange Talzug, der vom Numedalslågen durchflossen wird, tief in das Plateaufjell am Südostrand der Hardangervidda eingeschnitten. Im Gegensatz dazu prägen den südlichen Teil relativ breite Talsohlen, deren Sande und Schotter von Kiefernwäldern bedeckt werden. Landschaftliche Unterschiede zeigen sich auch im West-Ost-Profil. Während nämlich an der Westflanke des Numedals ein meist steiler Gebirgsanstieg mit Fjellhöhen bis über 1000 m NN gegeben ist, erstrecken sich an der Ostseite weite, weniger reliefierte Waldgebiete mit einigen kleinen, allerdings dünn besiedelten Nebentälern. Überhaupt ist die Bevölkerungsdichte im Numedaldistrikt geringer als im benachbarten Hallingdal, und die verstreut liegenden Hofstellen sind eng mit der Wald- bzw. Holzwirtschaft verbunden. Kernpunkte der ländlich-agraren Besiedlung sind einige in Talausweitungen des Numedalslågen gelegene ältere Kirchorte, z.B. Nore und Uvdal im nördlichen Talabschnitt. Im unteren Numedal hat der bereits 1624 einsetzende Silberbergbau in Kongsberg eine landschaftsprägende Kraft gehabt, denn sehr viele der dortigen Hofstellen waren lange Zeit darauf eingestellt, die Kongsberger Gruben und Hüttenwerke mit Holz bzw. Holzkohle zu versorgen. Aber auch weit über den Talzug hinaus reichte der Einfluß der Bergbaustadt auf den ländlich-agraren Raum. Genannt sei nur der große Bedarf an Talg für die Beleuchtung und andere Grubenbetriebszwecke, z.B. als Abschmiermittel für die Maschinerie. Einen beträchtlichen Teil der Mangelware Talg lieferten Bauern aus dem vestländischen Hardanger, die das kostbare Produkt auf dem sogenannten *talgvegen* über die Hardangervidda und das Numedal nach Kongsberg brachten.

Kongsberg mit gut 21 000 Einwohnern (1989) war in der zweiten Hälfte des 18. Jahrhunderts nach Bergen Norwegens zweitgrößte Stadt mit einer Bevölkerungszahl von nahezu 10 000. Nach der Entdeckung der Silbergruben im Jahre 1623 verlieh Christian IV. mit seinem Königsbrief von 1624 dem nun entstehenden Kongsberg bzw. Konningsberg den Status einer freien *bergstad*. Um 1770 sollen dort nicht weniger als 4000 Bergleute in über 70 Gruben gearbeitet haben. Damals wurden 8–9 t reines Silber pro Jahr gewonnen. Der Anteil deutscher Bergleute, vor allem aus dem sächsischen Raum, war so groß, daß über Jahrzehnte hindurch Deutsche sogar den Bürgermeister der Stadt stellten. Mitte des 19. Jahrhunderts erhielt Kongsberg auch eine Bergbauakademie und ist somit in manchem Clausthal-Zellerfeld im Harz gleichzusetzen. Wenn auch die letzte Silbergrube Kongsbergs 1957 geschlossen wurde, so erinnert noch heute vieles an die über dreihundertjährige Bergbau- und Hüttengeschichte. Da sind zunächst einmal *De gamle gruver* in Saggrenda rund 7 km südwestlich des Stadtzentrums zu nennen. In die dortige *Kongens gruve* kann man heute mit einer Grubenbahn 2300 m ins Gebirge bis zu einer Tiefe von 342 m fahren und sich über die wechselvolle Bergbaugeschichte informieren lassen. Weiterhin erinnert ein *Bergbaumuseum* in der einstigen Schmelzhütte in Kongsberg selbst (u. a. mit Sammlungen der Königlich-Norwegischen Münze) an die glanzvolle Vergangenheit der Stadt. Heute wird das Wirtschaftsleben Kongsbergs bestimmt von einer Reihe spezieller Betriebszweige, z. B. der Elektronik. Größter Arbeitgeber war bis in die jüngste Zeit die *Kongsberg Våpenfabrikk* (»Kongsberg Waffenfabrik«), die 1987 in einzelne voneinander unabhängige Bereiche aufgegliedert wurde, so u. a. in die *Norsk Forsvarteknologi* (»Norwegische Verteidigungstechnologie«) mit 2000 Beschäftigten.

Der nördliche Abschnitt des Numedals ist wie in den benachbarten Talzügen nur sehr gering mit gewerblich-industriellen Arbeitsplätzen ausgestattet. Neben den bescheidenen landwirtschaftlichen Möglichkeiten, die das Tal bietet, verdienten frühere Generationen im oberen Numedal, besonders die Leute von **Uvdal** (hier steht unter anderem eine hochmittelalterliche, später stark umgebaute Stabkirche), ihren Lebensunterhalt als Hausierer und Viehhändler. Der Handel mit allerlei Manufaktur- und Kurzwaren, der sich speziell zwischen Vest- und Östland vollzog, ebbte erst um die letzte Jahrhundertwende ab, als neue Kommunikations- und Transportmittel sich allmählich durchsetzten. In seinem Roman »Landstreicher« hat Knut Hamsun, der sich in seiner Jugend auch als ein solcher Hausierer betätigte, das Leben dieser Menschen beschrieben. Mit dem im Vestland verdienten Geld kaufte ein Teil der Händler kleine Viehbestände, die sie während der Sommermonate auf die Hochfjellweiden im Numedalbereich trieben, um sie im Herbst in den größeren und kleineren Städten des Östlandes als Schlachtvieh wieder zu veräußern und mit dem Erlös neue Waren zu kaufen.

Knut Hamsun

Die Hochfjellregionen zwischen Östland, Vestland und Tröndelag

Die Hardangervidda

Als größtes Hochfjellplateau Europas umfaßt die Hardangervidda ein Areal von mehr als 9000 km², was knapp 3% der norwegischen Landesfläche entspricht. Verwaltungsmäßig gesehen, gehört der Hauptteil der Vidda zu den Provinzen Hordaland (Gemeinden Odda, Ullensvang, Ulvik) und Telemark (Gemeinden Vinje und Tinn). Nur ein kleiner Teil von ca. 1900 km² zählt zu den Buskerud-Gemeinden Nore-Uvdal und Hol. Mithin liegt dieses landschaftlich großartige Hochfjellplateau zentral im südlichen Norwegen, der Luftlinienabstand zu den Küstenstädten Oslo, Skien, Stavanger, Haugesund und Bergen beträgt jeweils weniger als 150 km. Auch die verkehrsmäßige Erschließung ist als relativ gut einzustufen, da der Südrand u. a. von der E 76 und die Nordseite von der Eisenbahnlinie Oslo–Bergen (Bergenbahn) tangiert werden. Im Westen läßt sich die Hardangervidda durch den Sör- und den Eidfjord (Arme des Hardangerfjordsystems), im Osten durch das Numedal abgrenzen. Nach Norden hin bilden die Vergletscherung des Hardangerjökul (bis 1862 m NN; Größe des Eisfeldes rund 120 km²) und die östlich benachbarte Gebirgsstufe des Hallingskarvet (bis 1933 m hoch) mehr oder minder markante Grenzen; im Süden sind es die großen Seenflächen des Totak- und des Mösvatn.

Wortgeschichtlich deuten der Name *Vidda* oder die alten Bezeichnungen *Hardangviddo* und *Hardangviddi* auf den weiten, relativ ebenen Landschaftscharakter hin. Das sich nach Osten langsam abdachende Fjellplateau (s. Abb. 22) in einer Höhenlage von durchweg 1100 bis 1300 m hat ein subarktisch bis arktisches Aussehen, das sich auch in der Pflanzen- und Tierwelt widerspiegelt. Am Westrand fällt die Vidda steil und abrupt zu den Fjordarmen hin ab. Folglich ist gerade hier eine Reihe mächtiger Wasserfälle ausgeprägt, die dem Landschaftsbild mancherorts eine regelrecht dramatische Prägung geben. Das bekannteste dieser Naturschauspiele ist wohl der **Vöringsfossen** bei dem Touristenzentrum **Fossli** (hier auch bester Aussichtspunkt), wo der Fluß Bjoreia mit einer Gesamtfallhöhe von 182 m in das tief eingekerbte Måbödal stürzt. Andere spektakuläre Wasserfälle sind der südlich benachbarte **Valurfossen** und der **Låtefossen** unweit von **Odda**. In **Husedalen** südöstlich Kinsarvik hat der Fluß Kinso eine regelrechte Wasserfall-Landschaft entstehen lassen.

An dieser Stelle sollte zum Ausdruck kommen, daß zumindest in der östlichen Hardangervidda der größte Teil der dortigen Flußsysteme schon vor Jahrzehnten vom Wasserkraftausbau erfaßt worden ist. Für den Westrand der Vidda mit seinem hohen Energiepotential sind derartige Planungen in den letzten Jahren heftigst diskutiert worden. Zahlreiche Protestaktionen, die bis zu wochenlangen Sitzstreiks am Rande des Vöringsfossen eskalierten, hatten zur Folge, daß wenigstens ein Teil dieser Wasserfälle in ihrer Ursprünglichkeit erhalten werden konnte. Die Arealnutzungskonflikte, in die auch der steigende Sommer- und Wintertourismus mit den entsprechenden Infrastrukturen einbezogen werden muß, sind aber noch keineswegs gelöst. Schon in den 1970er Jahren wurden Pläne mit der Zielsetzung ausgearbeitet, den zentralen Teil der Vidda als »Wildmark« *(villmarka)* zu erhalten. Im Jahre 1981 entstand dann schließlich der

In der Hardangervidda

Nationalpark Hardangervidda mit einer Gesamtfläche von 3430 km². Vor allem der Nordteil des Nationalparks ist dem Fjellwanderer durch mehrere markierte Routen sowie in bestimmten Abständen errichtete Touristenhütten erschlossen. Um 1985 wurden im Nationalpark insgesamt 23 *hytter* (davon neun mit Bedienung) mit insgesamt 850 Betten unterhalten.

Zum naturräumlichen Formenschatz der Vidda sei hier noch folgendes bemerkt: Das präkambrische Grundfjell mit seinen alten Fastebenen bzw. Rumpfflächen wird teilweise überlagert von eiszeitlichen Sedimenten. So sind im mittleren und östlichen Bereich zusammenhängende Moränendecken erhalten, vor allem an den großen Seen wie Mårvatn, Langesjöen, Bjornesfjorden und Nordmannslågen. Im westlichen Teil entlang des Sörfjordes fehlen diese glazialen Ablagerungen. Durch die seit dem Tertiär erfolgende Heraushebung der alten Gebirgsblöcke haben sich die Flüsse in die Ränder der Vidda stark einschneiden und so tiefe, z.T. glazial überformte Täler schaffen können.

Klimatisch nimmt die Hardangervidda eine Übergangsstellung zwischen maritimen und kontinentalen Einflüssen ein. Beispielsweise werden in Svandalsflona, am Südwestrand der Vidda gelegen, über 1000 mm Niederschlag pro Jahr gemessen, während es bei Dagali im Nordosten nur noch rund 600 mm sind. Ähnliche Unterschiede treten bei den Temperaturverhält-

Die norwegischen Fjell-Landschaften

Zur Bedeutung des schillernden Begriffs »Fjell« sei zunächst bemerkt, daß man in Norwegen mit *fjell* unterschiedlichste Gebirgsformen bezeichnet. Das skandinavische Wort *fjell* (schwed. *fjäll*) läßt sich in etwa mit »Fels«, »Berg«, aber auch »Gebirge« übersetzen. In naturräumlicher bzw. morphographischer Sicht lassen sich zumindest drei Fjelltypen unterscheiden, nämlich

a) das **allgemeine bzw. kolline Fjell** mit meist abgerundeten, eiszeitlich überformten Zügen von mittlerer Höhe (ca. 500 bis 800 m NN);

b) das **Plateaufjell** mit großenteils welliger, überschaubarer Oberfläche in einer Lage von meist über 1000 m NN;

c) das **alpine Fjell,** das eigentliche Hochgebirge mit seinen markanten Gipfelformen und Graten.

Zweifellos verkörpert das Plateaufjell den klassischen Fjell-Landschaftstyp; dieser tritt dem Reisenden besonders in der Hardangervidda, im Dovrefjell oder auch in der Rörosvidda eindrucksvoll entgegen. Demgegenüber hat das alpine Fjell, wenn man von Jotunheimen absieht, seine Hauptverbreitung mehr in den Küstenbereichen von Möre-Romsdal, Nordland und Troms. Die Lofotenketten sind hierfür ein markantes Beispiel.

Häufig gilt der Name Fjell auch als Bezeichnung für alles Land, das über der Grenze des produktiven Waldes, d. h. in der Hauptsache des Nadelwaldes, liegt. Dabei variieren je nach Breitenlage und Küstenentfernung die oberen Nadelwaldgrenzen sehr stark. Sie verlaufen z. B. im mittleren Südnorwegen bei 900 bis 1000 m, in den vestländischen Küstenregionen dagegen schon bei 300 bis 400 m und in großen Teilen Nordnorwegens unter 150 m Höhenlage. Der sich über dem borealen Nadelwald höhen- und breitenmäßig anschließende Gürtel mit meist niedrigen Birkengehölzen wird hier zum Landschaftstyp Fjell gerechnet. Ansonsten beherrscht oberhalb der produktiven Waldgrenze das sogenannte »Kahlfjell« (norw. *snaufjell*) mit weiten Heiden und Mooren das Landschaftsbild.

Wenn in den vorhergehenden Abschnitten häufig von dem Begriffspaar Tal- und Fjellregion die Rede war, so sollte damit zum Ausdruck gebracht werden, daß beide Landschaftstypen zumindest in wirtschaftsgeographischer Sicht eng miteinander verflochten waren und sind. Denn die ländlich-agrare Kulturlandschaftsentwicklung in den norwegischen Bauerntalungen wäre nicht vorstellbar ohne die Ressourcen der umgebenden Fjellbereiche. Man denke nur an die Fernweidewirtschaft, besonders die Alm- bzw. Seterwirtschaftsformen, an die mannigfaltigen Futtergewinnungssysteme (z. B. die Wildheuproduktion auf Moorwiesen) oder auch an die Jagd- und Fischereimöglichkeiten. Etwas anders steht es mit den siedlungsfernen Hochfjellplateaus oder gar mit dem alpinen Fjell, Regionen, die lange Zeit nahezu unerschlossen und siedlungsleer waren, bis der moderne Tourismus auch diese Naturräume erfaßt hat. Zu den bekanntesten und sicher auch eindrucksvollsten Fjellbereichen des südlichen Norwegen gehören die Hardangervidda, das Dovrefjell, Rondane sowie Jotunheimen und Jostedalsbreen.

nissen auf. Die Julimittel werden für Svandalsflona mit rund 8 °C und für Dagali mit über 10 °C angegeben. Bei 960 bis 1000 m NN kulminiert der Nadelwald. Darüber folgen bis ca. 1100 m die Fjellbirkengehölze, die die Vidda beinahe kranzförmig umgeben. In der postglazialen Wärmezeit müssen die Fjellbirken allerdings große Teile der Hochflächen, auf denen heute Heiden und Moore vorherrschen, bedeckt haben. Nicht nur wegen ihrer vielen subarktischen und arktischen Florenvertreter, sondern auch bezüglich ihrer Fauna ist die Hardangervidda eine der interessantesten Hochfjell-Landschaften. Nahezu 100 Vogel- und über 20 Säugetierarten sind hier registriert worden. Einige dieser Tierarten haben seit altersher auch eine wirtschaftliche Bedeutung, besonders das Wildren und das Schneehuhn. In der Vidda lebt Norwegens größter Wildrenbestand, und in letzter Zeit sollen jährlich 10 000 bis 14 000 Tiere zum Abschuß freigegeben worden sein. Auch die Haltung zahmer bzw. halbzahmer Rentierherden, wie sie für Teile der samischen Bevölkerung vor allem in der nordnorwegischen Finnmarksvidda typisch ist, spielte hier wenigstens bis um 1970 eine nicht unbedeutende Rolle. In Zukunft möchte man diesem Tierhaltungszweig auch in der Hardangervidda wieder mehr Beachtung schenken.

Archäologische Untersuchungen haben bestätigt, daß Menschen schon vor Jahrtausenden große Teile der Hardangervidda zumindest saisonal u. a. zur Jagd nach Rentieren, Elchen, Schneehühnern etc. oder zum Fischfang aufgesucht haben. Entsprechende Funde, z. B. Jagdgeräte, Tierfanggruben, sogar Erzschmelzöfen, geben davon Kenntnis. In vorgeschichtlicher Zeit, unter anderen klimatischen Voraussetzungen, waren aller Wahrscheinlichkeit nach Teile der Vidda besiedelt. Bislang sind rund 250 Wohnplätze aus vor- und frühgeschichtlicher Zeit gefunden worden. Demgegenüber hat es in historischer Zeit Dauersiedlungen in der eigentlichen Vidda kaum bzw. gar nicht gegeben.

Mehrere mittelalterliche Trift- und Handelswege queren die Hochfläche, so z. B. der vom Hardangerfjord auf das Numedal gerichtete *Nordmannslepa* oder der vom südlichen Sörfjord nach Telemark ziehende *Haringslepa*. Teilweise spielten diese alten Wege in den letzten Jahrhunderten noch eine Rolle für die Fernweidewirtschaft, insbesondere für die Alm- bzw. Seterwirtschaft. Zahlreiche Seterhütten, oft dorfartig konzentriert, aber auch die vielen Namen auf -seter, -stöl und -voll erinnern an diese Wirtschaftsform. In den 1970er Jahren wurden in den sieben an der Vidda Anteil habenden Gemeinden zwar noch über 900 Seter gezählt, allerdings waren nur gut 100 in Bewirtschaftung. Damit scheint eine weitere landwirtschaftliche Betätigung in der Vidda, wenn man von der Rentierwirtschaft absieht, keine großen Chancen mehr zu haben. Eine Zukunft hat dagegen der in- und ausländische Fremdenverkehr, jedoch hoffentlich nur mit strikten Auflagen und Regelungen etwa in Form des ›sanften Tourismus‹, um große Teile dieser einzigartigen Naturlandschaft auch in Zukunft zu erhalten.

Das Dovrefjell

Mit den Namen »Dovrefjell« bezeichnet man häufig die Gebirgslandschaften zwischen dem Gudbrandsdal im Süden und dem Drivdal im Norden (s. Farbabb. 8). Letzteres gehört bereits zur Provinz Sör-Tröndelag. Geologisch gesehen läßt sich dieses Plateaufjell in eine West-

und eine Osthälfte gliedern, deren Grenze sich in etwa mit dem Verlauf der heutigen Bahnlinie (Dovrebahn) und der Europastraße 6 deckt. So sind im Ostteil die Fjellpartien flacher und abgerundeter, weil die dortigen Schiefergesteine (Phyllite und Glimmerschiefer) der Abtragung weniger Widerstand entgegensetzen konnten als die Tiefengesteine (Granite u.a.) im westlichen Teil. Hier liegen mit der 2286 m hohen **Snöhetta** und dem südwestlich benachbarten **Svånåtindan** (2209 m) auch die höchsten Erhebungen des Dovrefjells. An einigen Stellen haben sich kleinere Hanggletscher in das Bergmassiv eingearbeitet. Die Snöhetta, im Volksmund einfach als »Hetta« bezeichnet, ist seit eh und je ein faszinierender Blickfang für den über das Hochfjell Reisenden. Henrik Wergeland charakterisierte sie treffend als »die dominierende Gestalt auf Dovres breitem Rücken«. Aufgebaut wird die Snöhetta von vier Bergspitzen, die halbkreisförmig um eine gletschererfüllte Schüssel stehen. Es sind diese der Stortoppen (2286 m), der Midttoppen (2278 m), der Hettpiggen (2255 m) und der Vesttoppen (2249 m). Über markierte Pfade sind die Gipfel erreichbar, wobei die wohl beste Aussicht der Stortoppen gewährt. Der Hettpiggen ist allerdings nur für geübte Bergsteiger zugänglich, da er Kondition und Trittsicherheit voraussetzt.

Man kann wohl zu Recht behaupten, daß das Dovrefjell über viele Jahrhunderte – praktisch über tausend Jahre – für die Landesbevölkerung das bekannteste Gebirgsmassiv war, und zwar aufgrund der alten Wege vom Östland nach Nidaros/Trondheim. Mehrere Hinweisschilder, so z.B. bei Fokstua nördlich Dombås, erinnern heute an den historischen Königs- und Pilgerweg *(Den gamle Kongevei* bzw. *Vårstigen)* zur Nidaroskathedrale, dem norwegischen Nationalheiligtum. Ein anderer mittelalterlicher Weg ist der *Gautstigen,* der ebenfalls vom Königshof Tofte im oberen Gudbrandsdal in nördlicher Richtung verläuft. Verständlicherweise waren diese alten Wege Ausgangs- und Ansatzpunkte für die Erschließung des ansonsten menschenleeren Hochfjellplateaus. Im Abstand von je einer Tagesreise entstanden Unterkunft- und Pferdewechselstationen, die *fjellstuer,* wie Fokstua, Hjerkinn, Kongsvoll und Drivstua. Seit der Mitte des 16. Jahrhunderts läßt sich eine ganzjährige Bewirtschaftung dieser Rasthäuser nachweisen. Nach und nach haben sich jene Plätze zu kleineren Gruppensiedlungen entwickelt; zum Teil wurden sie auch Stationsorte an der 1921 fertiggestellten Dovrebahn. Heute erreichen die agrarbäuerlichen Siedlungen in den Haupttalungen des Dovrefjells ihre Höhengrenze bei maximal 800 m NN, während die Seterplätze bis auf die Hochflächen selbst vorrücken.

Die eiszeitlichen Auswirkungen auf das Landschaftsbild zeigen sich u.a. deutlich in den tief eingeschnittenen Tälern mit ihren charakteristischen U-Profilen, so besonders im Drivdal. Mit den nacheiszeitlichen Hebungsvorgängen haben sich dann die Flüsse weiter in den Gebirgsrumpf einnagen können und so die Hochfläche zergliedert. Diese ist durchweg waldlos und wie die Hardangervidda durch zahlreiche Moorflächen geprägt. Von besonderem botanischen Interesse sind die östlich des alten Königshofes **Kongsvoll** (*Kongsvoll fjellstue;* hier auch eine biologische Forschungsstation) liegenden, knapp 1700 m hohen Erhebungen **Nordre** und **Söndre Knutshö,** auf deren Fjellheiden mehrere endemische Pflanzen, also weltweit gesehen nur hier vorkommende Arten, wachsen, so z.B. *Artemisia norwegica* (Norwegischer Beifuß). Der Hauptgrund für diese vegetationsgeographische Sonderstellung dürfte wohl darin liegen, daß jene Pflanzenarten die letzte Eiszeit auf den Gipfeln des Knutshö zu überdauern vermoch-

Moschusochse

ten. Übrigens kann man einen Teil dieser Florenvertreter in einem *Botanischen Garten* direkt bei der Kongsvoll Fjellstue studieren.

Auch zoologisch ist das Dovrefjell weit über Norwegens Grenzen hinaus bekannt geworden, und zwar vor allem wegen der hier in freier Wildbahn lebenden Moschusochsen. Schon vor Jahrtausenden war während der Eiszeiten der Moschusochse, ähnlich wie das Mammut und andere ausgestorbene Arten, im nordeuropäischen Fjell beheimatet. In den 1930er Jahren unternahm man im Dovrefjell einen neuen Einbürgerungsversuch mit Moschustieren aus Ost-Grönland; doch wurde der Bestand während des Zweiten Weltkrieges ausgerottet. Zwischen 1947 und 1954 wurden erneut Jungtiere ausgesetzt, diesmal mit größerem Erfolg. Die mittlerweile stattliche Herde hält sich vornehmlich im Raum Kongsvoll–Reinheim–Stölådalen auf. Übrigens gilt der Moschusochse als ein friedfertiges Tier, das nicht angreift, wenn es nicht provoziert wird. Hingewiesen wird jedoch immer wieder darauf, daß der Beobachter und Photograph sich einem Moschus, der eine Körperlänge bis 2,5 m und ein Gewicht bis zu 400 kg erreichen kann, keinesfalls auf weniger als 100 bis 150 m nähern sollte.

Bereits 1974 wurde ein kleiner Teil des Dovrefjells, und zwar eine Fläche von 265 km², als Nationalpark ausgewiesen. Gleichzeitig erfolgte die Einrichtung dreier Landschaftsschutzgebiete in Hjerkinn, Kongsvoll und Drivdal. Der Nationalpark mit seiner berühmten Flora und Fauna besteht aus zwei westlich und östlich des Drivdals gelegenen Teilen, die durch die Landschaftsschutzgebiete miteinander verbunden sind. Insgesamt konnte somit eine Fläche von über 400 km² unter Schutz gestellt werden.

Rondane

Zwischen den oberen Talabschnitten von Gudbrandsdal und Atnadal erstreckt sich der Hochfjellbezirk Rondane, von dem bereits 1962 eine 560 km² große Fläche unter Naturschutz gestellt und 1970 zum ersten norwegischen **Nationalpark** erklärt wurde. Nahezu das gesamte Areal ist Staatsbesitz *(statsallmenning)* und zählt in administrativer Sicht zu den Oppland-Gemeinden Dovre, Sel und Fron sowie zu Folldal und Stor-Elvdal in der Provinz Hedmark. Mit der Errichtung des Nationalparks war unter anderem die Zielsetzung verknüpft, die Wasserkraftgewinnung und den Erzbergbau einzuschränken bzw. zu unterbinden sowie den Wegebau für den motorisierten Verkehr und die Ausweisung von Grundstücken für den Freizeithausbau zu kontrollieren. Alte Nutzungsrechte der agrar-bäuerlichen Bevölkerung, wie sie im Fjellgesetz von 1920 festgeschrieben sind, sollten durch die Nationalparkgründung nicht beeinträchtigt werden. Dazu gehörten die Weide- und Seterwirtschaft, die Jagd- und Fischereigerechtsame oder auch die Brennholzgewinnung. Eine Ausnahme bildete allerdings das totale Jagdverbot auf bestimmte Säugetiere und Vogelarten. Die Jagd auf Elch, Wildren, Wolf, Vielfraß, Luchs, Fuchs, Wildnerz, Hase, Schneehuhn und Krähenvögel wurde jedoch auch weiterhin im Rahmen der gesetzlichen Bestimmungen erlaubt. Das erstmals für den *Rondane nasjonalpark* erarbeitete Instrumentarium an Schutzvorschriften bzw. Nutzungs- und Erholungsmöglichkeiten hatte somit auch eine Vorbildwirkung für die Errichtung weiterer Nationalparks in Norwegen.

Der Name »Rondane« stammt vermutlich von der altnorwegischen Bezeichnung *rond,* was soviel wie »Rand« oder »Streifen« bedeutet und die eigenartigen, landschaftlich sehr eindrucksvollen Grat- und Gipfelformen dieses Hochgebirges versinnbildlicht. Daß zumindest die Randbereiche Rondanes in vor- und frühgeschichtlicher Zeit besiedelt waren, zeigt z.B. das nördlich der Nationalparkgrenze gelegene **Grimsdal** mit mehreren Grabfunden aus der Wikingerzeit. An der oberen Grimsa, in Nachbarschaft des Verken seter, lag zudem ein mittelalterlicher Handelsplatz mit Namen Pondervangen, auf dem die Leute aus dem Gudbrandsdal und aus Folldal von ungefähr 1400 bis Ende des 18. Jahrhunderts Handel trieben.

Zergliedert wird das Rondane-Fjellmassiv vor allem im östlichen Teil von zahlreichen steilen Gipfeln (norw. *tinder*), die während der Glazialzeiten durch Gletschererosion (Karbildungen) entstanden sind. Zehn dieser Gipfel erreichen immerhin eine Höhe von über 2000 m. Die höchste Erhebung ist die **Rondvasshögda** mit Storronden und Rondslottet, die maximal 2178 m NN erreicht. Überall in Rondane sind Zeugen des Eisschmelzprozesses am Ende der letzten Kaltzeit vor ca. 10 000 Jahren erhalten. Besonders markant sind die Eisstauseeterrassen mit ihren mächtigen Sand- und Kiesablagerungen. Eine naturgeographische Sehenswürdigkeit bietet das **Uladal** im südlichen Rondane, wo eine Ansammlung hoher Erdpyramiden aus Moränenmaterial erhalten ist.

Heute findet man in Rondane im Gegensatz zum westlich benachbarten Jotunheimen keine Vergletscherungen mehr, was auf die höheren Sommertemperaturen und die geringeren Niederschläge in diesem Fjellbereich zurückgeführt werden kann. Geologisch aufgebaut wird das stark zerklüftete Rondanemassiv aus der sandsteinartigen Sparagmitformation aus präkambrischer bis kambrischer Zeit. Diese kalk- und phosphorarmen Gesteine bilden ein sehr nähr-

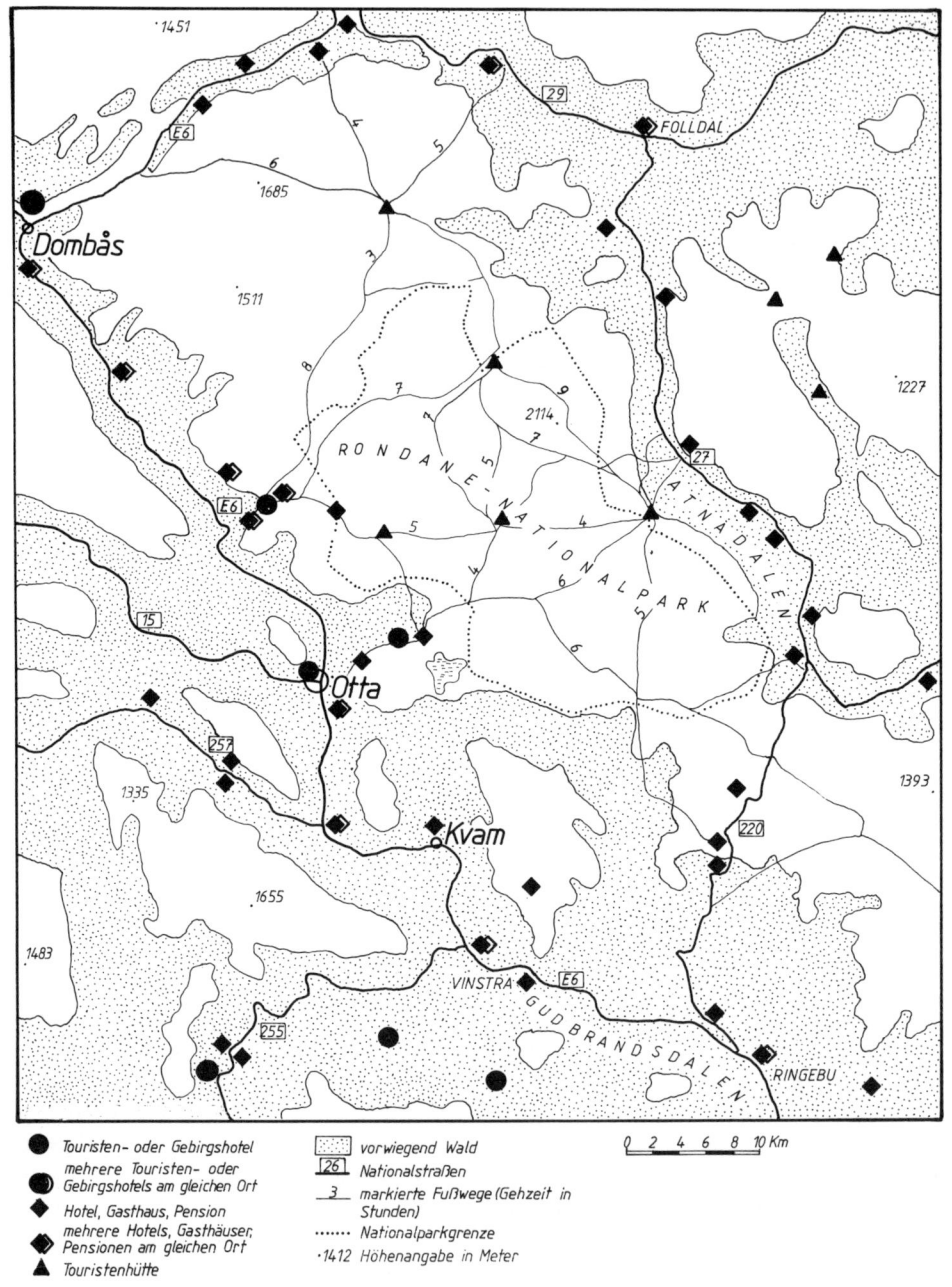

Touristen- oder Gebirgshotel

mehrere Touristen- oder
Gebirgshotels am gleichen Ort

Hotel, Gasthaus, Pension

mehrere Hotels, Gasthäuser,
Pensionen am gleichen Ort

Touristenhütte

vorwiegend Wald

26 Nationalstraßen

3 markierte Fußwege (Gehzeit in
Stunden)

.... Nationalparkgrenze

·1412 Höhenangabe in Meter

0 2 4 6 8 10 Km

stoffarmes Bodensubstrat. Das darauf stockende, recht kümmerliche Vegetationskleid (vorherr-schend sind verschiedene Flechtenarten) bietet somit auch relativ schlechte Voraussetzungen für eine intensivere Weidewirtschaft. Diese für die Agrar- und Forstwirtschaft recht ungünsti-gen Gegebenheiten werden dazu beigetragen haben, daß wenigstens ein Teil des landschaftlich großartigen Hochfjells zum ersten norwegischen Nationalpark erklärt wurde.

Rondane ist heute eines der meistbesuchten Fjellgebiete des Landes, und der Fremdenverkehr kann auf eine bis in die Jahre vor 1900 reichende Tradition zurückblicken. Eine relativ große Anzahl an Touristenhütten und Hotels ist an den Rändern des Nationalparks aufgereiht. Im Hochfjell selbst sind vier Touristenhütten mit insgesamt über 200 Betten lokalisiert. Gut markierte Wanderwege verbinden die einzelnen Übernachtungsplätze. Bekannte Ausgangs-punkte für Fußtouren in Rondane sind die an der Dovrebahn gelegenen Orte Ringebu, Otta, Sel, Fokstua und Hjerkinn sowie das im Österdal gelegene Alvdal als Stationsort der Röros-bahn. Ein weiterer wichtiger Ausgangspunkt für Rondanetouren ist der einstige Bergbauort Folldal mit heute ca. 700 Einwohnern.

 *Rondane und Rondane-Nationalpark*

Blick auf Rondane

Jotunheimen und die angrenzenden Fjellgebiete

Inmitten von Südnorwegen liegt der mächtige Gebirgsstock von Jotunheimen (s. Abb. 24), der vom oberen Gudbrandsdal und Valdres sowie den innersten Armen des Sognefjordes abgegrenzt wird. Es handelt sich hierbei um Nordeuropas höchstes Fjellgebiet mit alpinen Gipfelformen, die im **Galdhøppigen** und **Glittertind** ihre Maximalerhebungen mit rund 2470 m NN finden. Insgesamt zählen 20 Erhebungen Jotunheimens über 2300 m und mehr als 150 über 2000 m. Zu Beginn des 19. Jahrhunderts wurde dieser alpinen Berg- und Gletscherwelt die Bezeichnung »Jotunfjellene« gegeben, die dann 1857 von dem Dichter Aasmund Olavsson Vinje in »Jotunheimen« geändert wurde. Erinnern soll das Landschaftsbild von Jotunheimen (= »Riesenheim«) an die Frost- und Reifriesen der »Edda«. Mit dem Namen »Breheimen« werden die westlich Jotunheimen gelegenen Fjell- und Gletschergebiete bezeichnet.

Das Hochfjell Jotunheimen umfaßt insgesamt eine Fläche von etwa 3500 km², die durch das Utladal im Süden und das Böverdal im Norden in zwei Teile gegliedert wird. Im Jahre 1980 wurden 1140 km² im zentralen Hochfjellbereich als Nationalpark ausgewiesen. Gleichzeitig konnten 300 km² im Utladaldistrikt unter Landschaftsschutz gestellt werden. Hier befindet sich u. a. der einzigartige **Vettisfossen,** der mit einer Fallhöhe von insgesamt 370 m Norwegens, wahrscheinlich sogar Europas größter naturbelassener Wasserfall ist.

Geologisch ist Jotunheimen recht homogen aufgebaut, und zwar überwiegend aus Gabbro, also harten Tiefengesteinen von meist brauner bis grünlichschwarzer Farbe, die während der Kaledonischen Gebirgsbildung vor ca. 400 Mio. Jahren nach Osten hin überschoben worden sind. Der heutige Gebirgsstock mit seinen vielen Gipfeln ist nur ein Rest jener mächtigen Überschiebungsdecken. Im nordöstlichen Jotunheimen, wo sich der glaziale Einfluß nicht so markant wie im Südwesten ausgewirkt hat, ist die Umformung des Gebirgsblockes nicht ganz so weit fortgeschritten. Die meisten Talzüge, einige von ihnen sind von langgestreckten Seen (z. B. Bygdin und Gjende) erfüllt, zeigen jedoch eine durch die Gletschererosion bedingte starke Übertiefung.

In Jotunheimen werden die höchsten Waldgrenzen ganz Nordeuropas erreicht. Hier kulminiert der boreale Nadelwald bei etwa 1100 m NN, der anschließende Fjellbirkengürtel reicht bis etwa 1200 m. Aber auch in diesem Hochfjellbereich müssen die Waldgrenzen während der postglazialen Wärmezeiten ca. 200–300 m höher gelegen haben, wie z. B. in Mooren lagernde Kiefernwurzeln beweisen. Erst später, im Zuge der Klimaverschlechterung vor ca. 2500 Jahren, vermochten sich die derzeitigen Vergletscherungen neu zu bilden. Im Landschaftsbild Jotunheimens absolut dominierend ist heute das Kahlfjell *(snaufjell)* mit seinen weiten Fjellheiden und Mooren, denen die rauhen klimatischen Bedingungen und die kurze Vegetationsperiode nur geringe Lebensmöglichkeiten bieten. Andererseits ist in diesen alpinen Fjellbereichen in vergangenen Jahrhunderten durchaus auch Weide- und Seterwirtschaft betrieben worden, und zwar vornehmlich in den meist über 1000 m NN liegenden Talzügen. Eine Fülle von Namen auf -seter bzw. -stöl, aber auch ältere Bausubstanz verweisen auf jene agrar-bäuerlichen Siedlungs- und Wirtschaftsformen. Vor allem entlang der Seeränder in den Hochtälern waren regelrechte ›Seterdörfer‹ ausgeprägt.

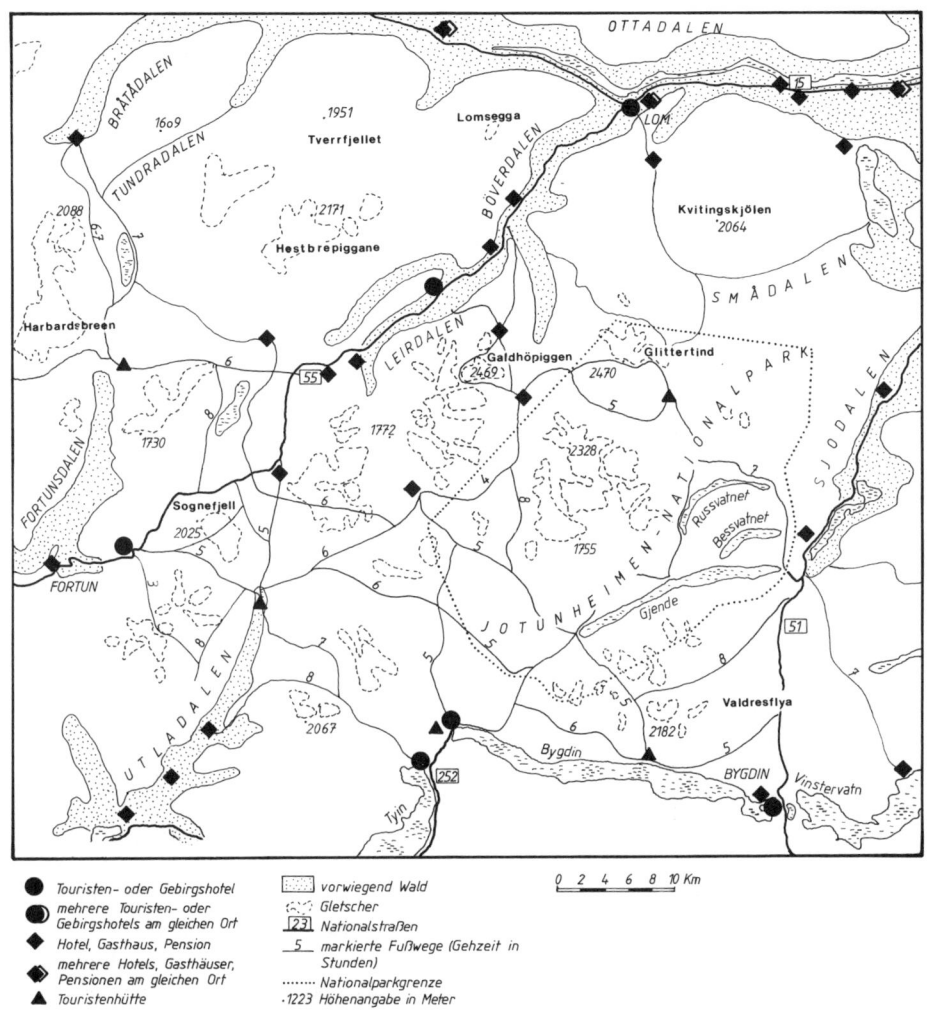

Legend:

- ● Touristen- oder Gebirgshotel
- ◖ mehrere Touristen- oder Gebirgshotels am gleichen Ort
- ◆ Hotel, Gasthaus, Pension
- ◆ mehrere Hotels, Gasthäuser, Pensionen am gleichen Ort
- ▲ Touristenhütte

- ⬚ vorwiegend Wald
- ⋰ Gletscher
- [23] Nationalstraßen
- 5 markierte Fußwege (Gehzeit in Stunden)
- ‧‧‧‧‧ Nationalparkgrenze
- ·1223 Höhenangabe in Meter

0 2 4 6 8 10 Km

Jotunheimen und Jotunheimen-Nationalpark

Zahlreiche Funde, z.B. Fallgruben zum Fang von Wildrenen, deuten darauf hin, daß in Jotunheimen schon in vor- und frühgeschichtlicher Zeit Jagd und Fischerei betrieben wurden. Auch mehrere mittelalterliche Handelswege queren die Hochfjellflächen; der meistbenutzte verlief von den inneren Armen des Sognefjordes über das Sognefjell in Richtung Ottadal. In einer Urkunde aus den Jahren um 1400 wird überliefert, daß bestimmte Höfe in Lom den Sognefjellweg befahrbar halten mußten, indem sie unter anderem für die Instandhaltung der Stege und Brücken verantwortlich waren. Seinerzeit wurden vor allem Butter, Käse, Häute, Wolle, Teer, Pech und Pottasche aus dem oberen Gudbrandsdalbereich über das Sognefjell und den Lustrafjord nach Bergen transportiert, von wo die Bevölkerung der inneren Tal- und Fjellgebiete dann Salz, Eisen, Schmuck u. a. m., in Notjahren auch Saatkorn bezog. Erwähnt werden sollte auch die 1878 durchgeführte Verkehrszählung bei Opptun am Südwestrand des Sognefjells. Danach überquerten das Sognefjell in jenem Jahr über 16 500 Personen, 1350 Pferde mit Schlitten und 820 Pferde mit Traglasten. Eine Trasse für den Autoverkehr wurde im Jahre 1938 fertiggestellt.

Seit der zweiten Hälfte des 19. Jahrhunderts wurde Jotunheimen dann mehr und mehr für den Fußtourismus erschlossen. Heute verfügt allein »Den Norske Turistforening« (DNT) über sechs große bewirtschaftete und 15 nichtbewirtschaftete Hütten mit insgesamt 600 Betten in Jotunheimen und den angrenzenden Fjellgebieten. Bekannte Übernachtungsstätten sind vor allem **Gjendebu, Gjendesheim, Glitterheim** und **Skogadalsböen.** Neben den vom DNT betriebenen Unterkünften gibt es in Jotunheimen und seinen Randbereichen noch eine Reihe von privat unterhaltenen Hütten und Hotels.

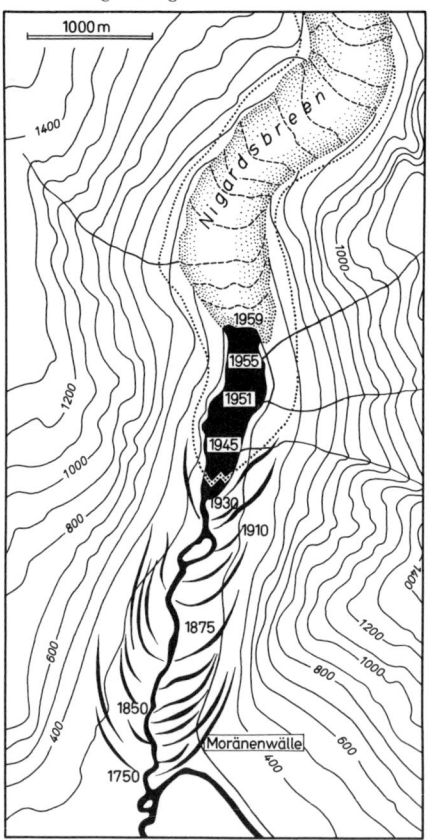

Entwicklung des Nigardsbreen von 1750–1959

Westlich Jotunheimen erstreckt sich in der Vestlandprovinz Sogn-Fjordane, und zwar zwischen den inneren Armen des Sogne- und Nordfjords, das weite Gletschergebiet des **Jostedalsbreen.** Mit einer Ausdehnung von rund 1000 km² (einschließlich der benachbarten Firnfelder) und einer Eisdecke bis maximal 400–500 m ist er die größte Plateauvergletscherung des europäischen Festlandes und nach dem Vatnajökull auf Island die zweitgrößte Europas. Der ca. 100 km von Norden nach Süden reichende Jostedalsbreen erhebt sich bis zu 2083 m NN. Nur wenige Felshöcker durchragen die Eismasse, die mit zahlreichen Gletscherzungen tief in die umliegenden Täler hinabreicht.

Es ist davon auszugehen, daß sich der Jostedalsbreen, wie er sich heute präsentiert, ab 500 v. Chr. im Zuge der bereits genannten

Klimaverschlechterung bildete. Im 17. Jahrhundert setzte ein besonders starkes Gletscherwachstum ein, das um 1750 seine größte Ausdehnung erreichte. Seitdem sind der Jostedalsbreen wie auch andere Eisfelder im nördlichen und mittleren Europa zurückgegangen. Gut zu beobachten sind die jeweiligen Stadien des Vorrückens und Zurückweichens an der leicht erreichbaren Gletscherzunge Nigardsbreen im Jostedal; hier werden im Sommer auch ständig Gletscherwanderungen unter fachkundiger Führung angeboten. Der Name dieser Gletscherzunge stammt übrigens von der Siedlung Nigard, die 1743 von dem vorstoßenden Gletscher zerstört wurde. Damals mußten auch zahlreiche andere Hofstellen im Jostedal und in den zum Nordfjord ziehenden Talungen aufgegeben werden. Danach zogen und ziehen sich viele Gletscherzungen bis heute zurück, der Nigardsbre immerhin um ca. 5 km, was unter anderem mit Hilfe der Altersdatierung einzelner Endmoränen nachgewiesen werden konnte. So begann sich auch der jetzige, etwa 1,5 km lange Eisstausee vor der Gletscherzunge erst seit Anfang der 1930er Jahre zu bilden.

Insgesamt gesehen sind die norwegischen Gletscher gerade in den letzten Jahren einer deutlich stärkeren Dynamik ausgesetzt, was jeden Touristen bzw. Gletscherwanderer zur besonderen Vorsicht mahnen sollte. Nicht umsonst weisen entsprechende Hinweisschilder an einzelnen Gletschern Süd- und Nordnorwegens auf jene Gefahrenquellen hin, die in jüngster Zeit mehreren Menschen zum Verhängnis wurden.

Die Vergletscherung in Norwegen

Die Gesamtzahl der heutigen Gletscher wird in Norwegen mit ca. 1700 angegeben. Im südlichen Landesteil bedecken sie ein Areal von rund 1900 km². In der Regel sind es Tal- und Plateaugletscher, wobei zu letzteren auch der Jostedalsbre, der Hardangerjökul, der Folgefonn sowie das Svartisen am Polarkreis gehören. Die heutigen Eismassen sind, wie bereits betont, nicht etwa als Reste der letzten Glazialzeit anzusehen. Vielmehr wies wohl ganz Norwegen während der postglazialen Wärmezeiten keinerlei Vergletscherungen auf. Erst die Klimaverschlechterung im sogenannten »Subatlantikum« (Beginn ca. 500 v. Chr.) hatte ein beträchtliches Absinken der Schneegrenzen zur Folge, womit die Voraussetzung für die Bildung neuer Vergletscherungen gegeben war. Während des letzten Menschenalters ist dann in ganz Norwegen die Schnee- und Firngrenze bis zu 200 m zurückgegangen; sie liegt heute im westlichen Landesteil bei ca. 1250 m und in Ostnorwegen bei etwa 1600 bis 1700 m NN.

Das Vestland

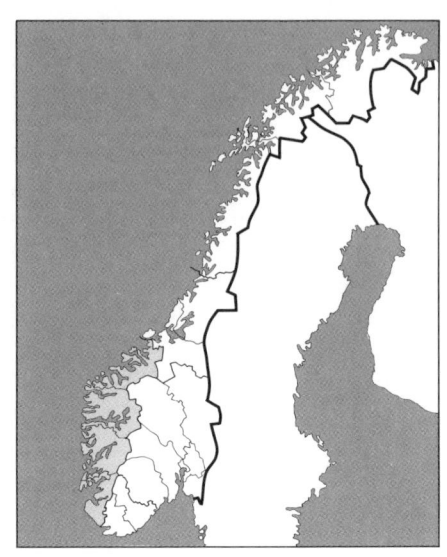

Dieser westliche Landesteil im südlichen Norwegen verkörpert in sich wohl die meisten jener
Eigenschaften, die man von einem ›typisch norwegischen Landschaftsbild‹ erwartet. Von der
inselreichen Küstenplattform erstrecken sich
sehr unterschiedliche Landschaftsformen über
tief eingeschnittene Fjorde und Taltröge bis
zum Hochfjell mit zum Teil mächtigen Vergletscherungen. Mit dem Begriff »Vestland«
werden hier in administrativer Sicht die vier
Provinzen Rogaland, Hordaland (incl. Bergen),
Sogn-Fjordane und Möre-Romsdal verstanden,
die mit knapp 59 000 km² rund 18% der Fläche
von Festlandnorwegen einnehmen. In diesem Landesteil lebten 1989 nahezu 1,1 Mio. Menschen
bzw. gut 25% der norwegischen Bevölkerung, und zwar schwerpunktmäßig in den Küstenbereichen Rogalands und Hordalands. Nur 30% der Vestlandfläche liegen unter 300 m NN.
In den Binnenräumen verläuft die Grenze zwischen Vest- und Östland im wesentlichen entlang der Hauptwasserscheide im südnorwegischen Hochgebirgssystem. Der Luftlinienabstand
zwischen dem westlichen Schärenhof und der binnenwärtigen Hauptwasserscheide beträgt
100 bis 150 km. Aufgrund der naturräumlichen sowie der kultur- bzw. wirtschaftsgeographi-
schen Gegebenheiten bietet sich eine in Süd-Nord-Richtung verlaufende Raumgliederung von
Vestland an, nämlich eine Unterteilung in eine äußere, eine mittlere und eine innere Zone.
Das Kontrastgefüge dieser drei Zonen zeigt sich beispielsweise in der Niederschlagsverteilung.
Danach ist der absolut feuchteste Raum die Mittelzone, wo Steigungsregen im Luv des Hochfjells Niederschlagsmengen von 3000 mm und mehr pro Jahr verursachen. In der äußeren,
d. h. küstenorientierten Zone sind es meist unter 1500 mm, und in der inneren Zone, so ent-
lang der innersten Fjordarme in Hardanger oder Sogn, kann es ähnlich trocken sein wie in
Teilen von Östland.

Das Vestland im Überblick

Die oft zitierte ›Warmwasserheizung‹ der Nordatlantikdrift trägt dafür Sorge, daß selbst die am
weitesten landeinwärts liegenden Fjordarme von Vestland während der Wintermonate in der

Regel eisfrei bleiben. Immerhin beträgt die winterliche Oberflächentemperatur des Meerwassers (Januarmittel) vom südwestlichen Norwegen bis weit über den Polarkreis hinaus fast gleichbleibend 5 °C und ist damit höher als die der Deutschen Bucht und der südlichen Ostsee. In den Küstensäumen zwischen Stavanger und Bergen weist im Durchschnitt kein Monat eine Mitteltemperatur unter 0 °C auf, was für ein Gebiet um 59 bzw. 60° n.Br. höchst ungewöhnlich ist. Der maritim-kontinentale Gegensatz zwischen der Vestlandküste und dem Östland zeigt sich auch während der sommerlichen Jahreszeit. So liegen die mittleren Julitemperaturen z.B. in Stavanger und Bergen um 16 °C, während sie in Oslo knapp 22 °C erreichen. Über eine einzigartige Klimagunst verfügen die innersten Fjordarme von Vestland. Hier erlauben u. a. die Leelage und die günstigen Einstrahlungsverhältnisse an den sonnenexponierten Fjordtalungen einen Obst- und Gemüseanbau, wie er in jener Lage, immerhin der gleichen Breitenlage wie Südgrönland, einmalig auf der Welt ist. Die Sonderkulturbezirke vom Boknfjord im Süden über das Hardanger-, Sogne-, Nord- und Storfjordsystem bis zum Trondheimsfjord sind weit über Norwegen hinaus bekannt geworden. Hier werden Kirschen, Äpfel, Birnen, Pflaumen, Strauchobst, Erdbeeren u. ä. m. kultiviert.

Neben den klimatischen Faktoren lassen sich andere Naturraumgegebenheiten, z. B. die Reliefgestaltung oder die Vegetation, für eine Gliederung in eine äußere, mittlere und innere Zone heranziehen. In der Außenzone bestimmt die bucht- und schärenreiche Küstenplattform *(Strandflate)*, eine nahezu waldlose Felsfläche bis rund 50 m NN, das Landschaftsbild. Die für den Oslo- und Trondheimsfjord so signifikanten marinen Ablagerungen sind im westlichen Küstensaum weniger ausgeprägt und reichen hier höchstens bis 100 m NN. Eine Besonderheit bildet die südlich Stavanger gelegene Jæren-Ebene, die sich u. a. aufgrund der günstigen Anbauböden zu der wohl intensivst genutzten Agrarregion Norwegens entwickelt hat. Es versteht sich beinahe von selbst, daß die küstennahe bzw. äußere Zone zugleich auch die am dichtesten besiedelte Vestlandregion ist. Hauptzentren der Urbanisierung sind die alten Städte Stavanger und Bergen, aber auch Nord-Rogaland mit dem Haugesund-Karmöy-Distrikt sowie die im

Schärenhof und Fischersiedlung an der Westküste im 19. Jahrhundert

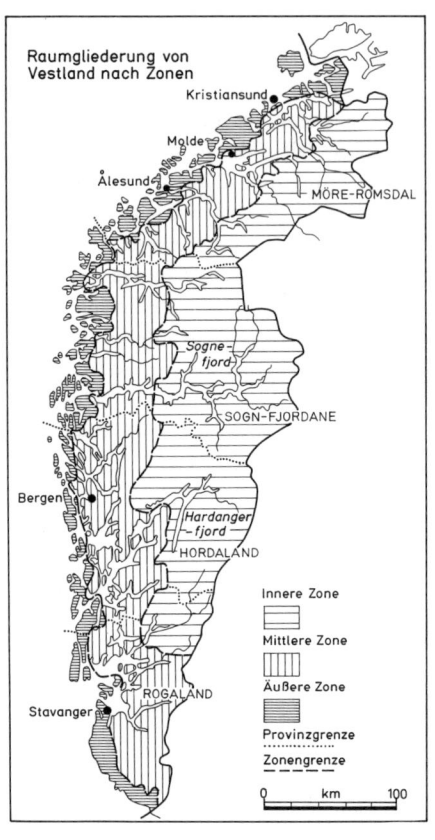

Raumgliederung von
Vestland nach Zonen

Kristiansund

Molde

Ålesund

MØRE-ROMSDAL

Sogne-
fjord

SOGN-FJORDANE

Bergen

Hardanger-
fjord

HORDALAND

Innere Zone

Mittlere Zone

Äußere Zone

Provinzgrenze

Zonengrenze

Stavanger

ROGALAND

0   km   100

Norden gelegenen Nachbarstädte Ålesund, Molde und Kristiansund. Lange Zeit wurde die Vestlandküste von einem Bauern-Fischertum geprägt, das heute in der traditionellen Kombination aber weitestgehend der Vergangenheit angehört. Die Fischwirtschaft selbst, sei es die Küsten- und Hochseefischerei oder auch die Aquakultur, spielt jedoch durchaus noch eine beachtliche Rolle, und zwar vor allem in Sunn- und Nordmöre.

In der mittleren Vestlandzone wird das Landschaftsbild bestimmt von den großen, tief eingeschnittenen Fjorden und dem sie unmittelbar flankierenden Hochfjell, das oft in nahezu senkrechten Felswänden zum Fjord hin abfällt. Die westnorwegischen Fjorde als eindrucksvolle Zeugen der pleistozänen Vereisungen sind Trogtalungen, die durch Gletschererosion gerade in ihren mittleren Verlaufsabschnitten eine enorme Übertiefung erfahren haben, im mittleren Vestland häufig mehr als 1000 m, und in der Nacheiszeit infolge des Meeresspiegelanstieges ertrunken sind. Hohe Niederschlagsmengen und die gewaltige Reliefenergie sind auch dafür verantwortlich, daß in der mittleren Vestlandzone der Wasserkraftausbau eine große Rolle spielt. Einer Agrarproduktion sind hier aber enge Grenzen gesetzt, so daß gerade diesen Vestlandteil schon in vorindustrieller Zeit hohe Abwanderungsquoten kennzeichneten.

Auch die innere Zone, die sich praktisch von Nordmöre bis nach Ryfylke im Süden erstreckt, verfügt über ein enormes Wasserkraftpotential. Die wichtigsten Siedlungen, oft alte Kirchorte wie Sunndal, Åndalsnes, Årdal, Lærdal oder Ullensvang, liegen an den inneren Fjordarmen. Manche dieser Ortschaften sind schon kurz nach der Jahrhundertwende zu Zentren stromintensiver Industriezweige geworden; andere spielen aufgrund ihrer Naturlandschaft und ihres kulturhistorischen Erbes eine wichtige Rolle im nationalen und internationalen Tourismus. Die umgebenden Hochfjellregionen werden vor allem in Sogn-Fjordane von einer Reihe von Plateau- und Talgletschern in Höhen um 2000 m NN überdeckt. Hier im inneren Vestland steigen auch die Waldgrenzen im Vergleich zu der gehölzarmen Küstenzone bedeutend an; sie kulminieren im östlichen Sogn bei 1000 bis 1200 m. Allerdings reicht der produktive Wald, in der Regel Kiefern und Fichten, nur bis maximal 700 m NN.

Die Ölmetropole Stavanger

Seit mehr als 20 Jahren ist der Raum Stavanger einem tiefgreifenden Wandel sowohl in ökonomischer wie in sozialer Sicht unterworfen, was in erster Linie mit dem Öl- und Gasboom im Nordseeschelf zusammenhängt. Stavangers Aufstieg zur Ölmetropole Norwegens hat nicht nur das Siedlungs- und Wirtschaftsbild der alten Stadt selbst grundlegend verändert, sondern zugleich einen Umstrukturierungsprozeß in weiten Teilen des Umlandes bewirkt. Die damit verbundene Bautätigkeit, die mittlerweile auch in den landwirtschaftlichen Gunstraum Jæren vorstößt, hat zugleich zu gravierenden Flächennutzungskonflikten geführt. Machte die Stadt noch Mitte der 1960er Jahre mit ihrem mittelalterlichen Dom und der Holzarchitektur beiderseits der Vågen-Bucht einen recht beschaulichen Eindruck, so bestimmt heute ein hektisches, von der Offshore-Tätigkeit geprägtes Leben das moderne Stadtzentrum, das ein für norwegische Verhältnisse ungeheuer rasches Wachstum erfahren hat. Nach Oslo, Bergen und Trondheim ist Stavanger heute Norwegens viertgrößte Stadt mit über 97 000 Einwohnern. In der Region

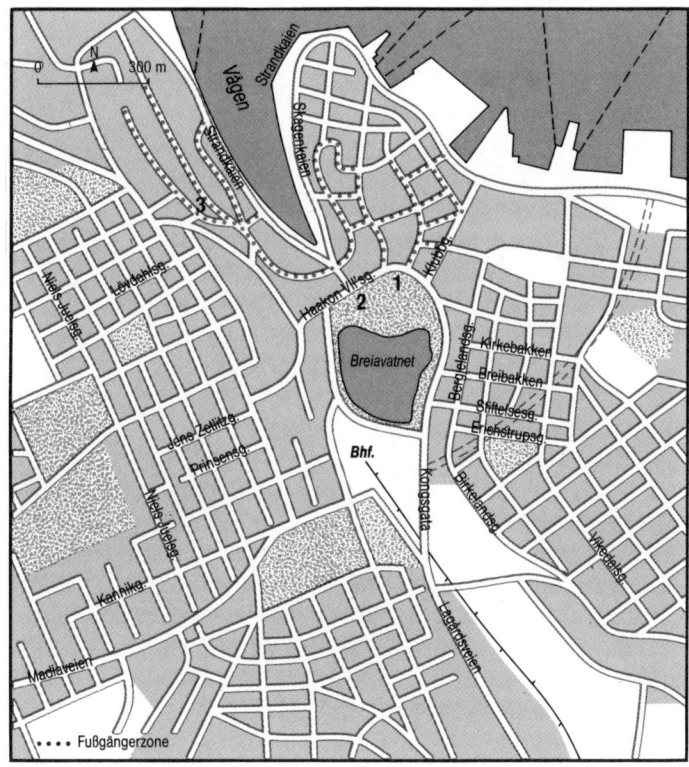

Stavanger:
1 Domkirche
2 Kongsgård
3 Alt-Stavanger

115

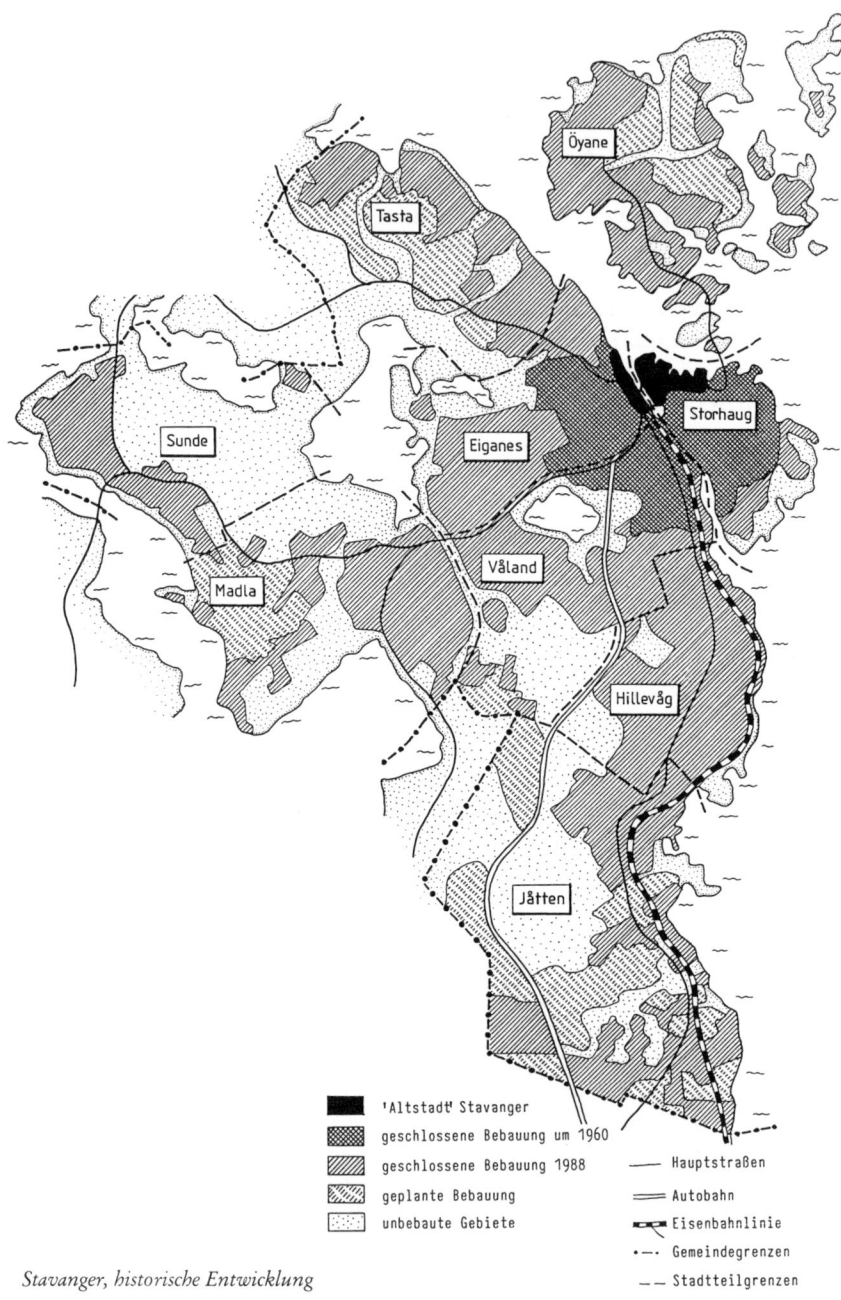

■	'Altstadt' Stavanger
▨	geschlossene Bebauung um 1960
▨	geschlossene Bebauung 1988
▨	geplante Bebauung
∴	unbebaute Gebiete

——	Hauptstraßen
══	Autobahn
▭▭	Eisenbahnlinie
•—•—	Gemeindegrenzen
— —	Stadtteilgrenzen

Stavanger, historische Entwicklung

Stavanger, zu der auch die Nachbargemeinden Sandnes, Sola und Randaberg zählen, stieg die Bevölkerung auf über 150 000 Einwohner an. Mit den Ölaktivitäten ab Ende der 1960er Jahre, d. h. mit der Niederlassung internationaler Ölkonzerne, der Ansiedlung des staatlichen Öldirektorates und der staatlichen Ölgesellschaft *Statoil*, dem Bau großer Versorgungsbasen für die Exploration und Förderung in der Nordsee, wuchs die Zentralität Stavangers um ein Vielfaches.

Stavanger liegt verkehrs- und marktgünstig als Zentrum und Verwaltungssitz der Provinz Rogaland an einem Arm des vielfach verzweigten Boknfjordes. Schon lange bevor Stavanger im Hochmittelalter zu einer der bedeutendsten Städte Norwegens wurde, existierten hier Bauern-Fischersiedlungen. Zahlreiche Bodendenkmäler aus vor- und frühgeschichtlicher Zeit, z. B. Hausgrundrisse, Grabhügel und Felszeichnungen, geben davon Kenntnis. Ein eindrucksvolles Zeugnis dieser frühen Besiedlungsgeschichte liefert der am südwestlichen Stadtrand von Stavanger gelegene Siedlungsplatz **Ullandhauggard** aus der Älteren Eisenzeit (ca. 350–550 n. Chr.). Infolge der postglazialen Landhebung liegen die Hofstellen heute nicht mehr direkt am Hafrsfjordrand. Die Siedlung mit ihren vier Längseinheitshäusern wurde den archäologischen Befunden entsprechend rekonstruiert; sie ist von Mai bis September zugänglich. Was das damalige Wirtschaftsleben betrifft, so konnte nachgewiesen werden, daß auf der kultivierten Fläche *(innmark)* rund um den Siedlungsplatz Buchweizen, Spelt, Hafer und Flachs angebaut wurden.

Die traditionellen Funktionen Stavangers als Hafen-, Handels- und Bischofsstadt spiegeln sich noch heute im alten Stadtkern rund um die Vågen-Bucht (Ende des Byfjords; s. Abb. 29) und im Östrehavn (Austre hamn, Osthafen) wider. Anfang des 12. Jahrhunderts wurde durch einen englischen Bischof mit dem Bau der **Domkirche** begonnen. Ursprünglich im romanischen Stil errichtet, wurde die dreischiffige Basilika (St. Svithun-Dom) nach einem Brand im 13. Jahrhundert gotisch erneuert und in der zweiten Hälfte des 19. Jahrhunderts wiederhergestellt (s. Abb. 13). Nach dem Nidarosdom in Trondheim gilt sie als der bedeutendste Kirchbau des Landes. Die Erhebung zum Bischofssitz im Jahre 1125 förderte zugleich die Entwicklung eines zwischen Vågen und Breiasee (Breiavatn) gelegenen geistlichen Zentrums, von dem noch der **Kongsgård** (einst auch Residenz der dänischen Könige; heute Kathedralschule) erhalten ist. Parallel dazu erwuchs zunächst am Westrand der Vågen-Bucht und später auch auf der Ostseite ein Kaufmanns- und Handwerkerviertel. Im Jahre 1245 wurden der Siedlung die Stadtrechte verliehen. Das an der Westseite gelegene **Alt-Stavanger** *(Gamle Stavanger)* zwischen der Övre und Nedre Strandgate zählt etwa 170 alte, heute unter Denkmalschutz stehende Wohnhäuser in der charakteristischen Holzbauweise (s. Abb. 14).

Nach der Verlegung des Bischofssitzes nach Kristiansand im Jahre 1682 und anderen für Stavanger ungünstigen Ereignissen begann für die Stadt ein wirtschaftlicher Niedergang, der erst mit dem Aufkommen der küstennahen Heringsfischerei nach 1800 beendet wurde. Später führte der Brislingfang (*brisling*, auch die »norwegische Sardine« genannt, in etwa unserer Sprotte gleichzusetzen) zum Aufbau jener Fischkonservenindustrie, die lange Zeit einen sehr bedeutenden Platz im Wirtschaftsleben der Stadt einnahm. So waren zum Beispiel 1890 neun und um 1900 schon 14 derartige Fabriken in Stavanger ansässig. Damals zählte die Stadt immerhin schon rund 30 000 Einwohner, 1920 bereits 44 000. Nach dem Zweiten Weltkrieg erfuhr Stavanger einen weiteren industriellen Ausbau, vor allem in Richtung Eisen- und Metall-

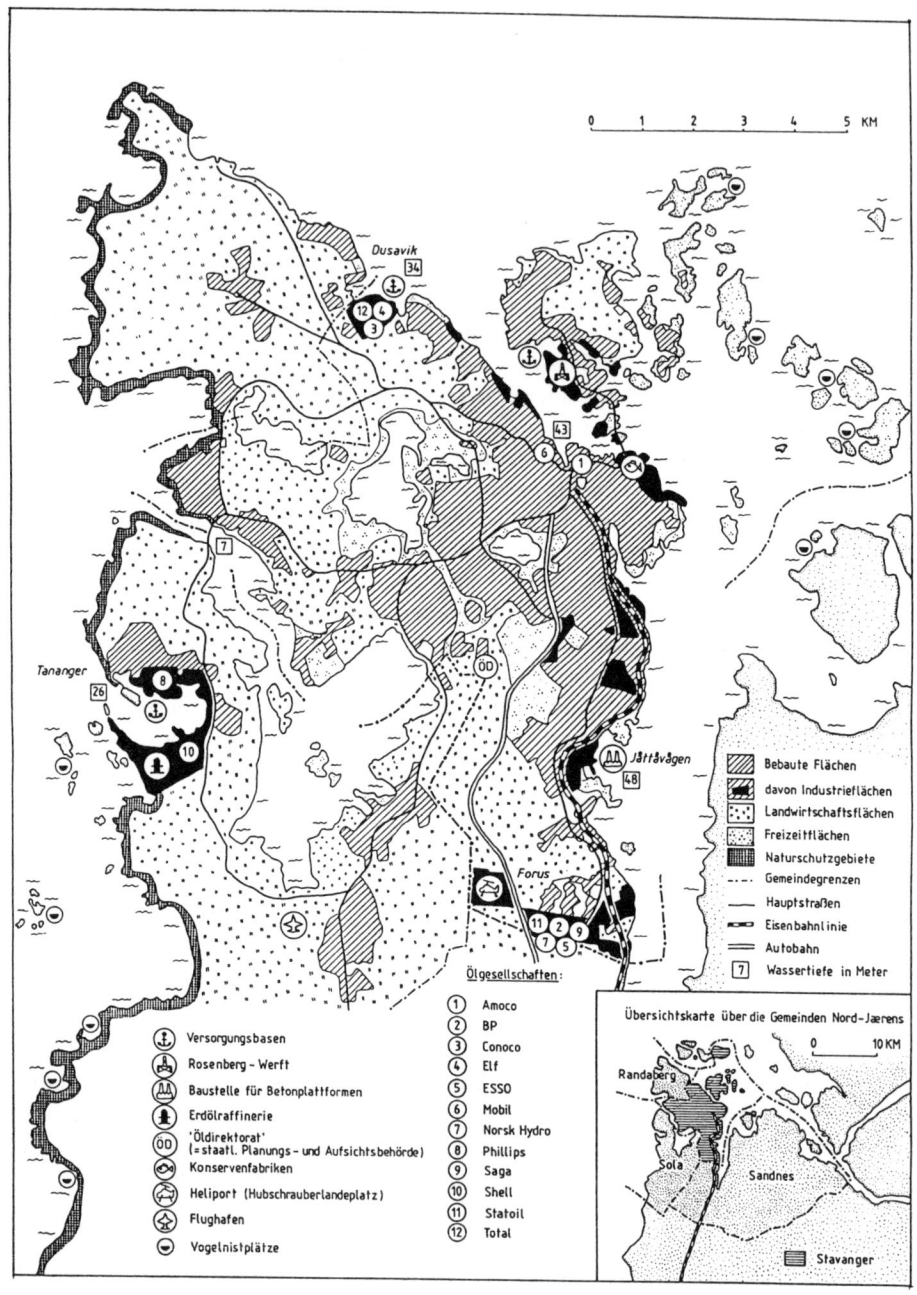

0 1 2 3 4 5 KM

Dusavik
34

Tananger
26

8

10

Jåttåvågen
48

Forus

11 2 9
7 5

Ölgesellschaften:

① Amoco
② BP
③ Conoco
④ Elf
⑤ ESSO
⑥ Mobil
⑦ Norsk Hydro
⑧ Phillips
⑨ Saga
⑩ Shell
⑪ Statoil
⑫ Total

Bebaute Flächen
davon Industrieflächen
Landwirtschaftsflächen
Freizeitflächen
Naturschutzgebiete
Gemeindegrenzen
Hauptstraßen
Eisenbahnlinie
Autobahn
Wassertiefe in Meter

Versorgungsbasen
Rosenberg-Werft
Baustelle für Betonplattformen
Erdölraffinerie
'Öldirektorat'
(= staatl. Planungs- und Aufsichtsbehörde)
Konservenfabriken
Heliport (Hubschrauberlandeplatz)
Flughafen
Vogelnistplätze

Übersichtskarte über die Gemeinden Nord-Jærens

0   10 KM

Randaberg

Sola   Sandnes

Stavanger

verarbeitung. Die nördlich des Stadtkerns auf Buöy gelegene Rosenberg-Werft zählte schon 1960 über 1300 Beschäftigte. Die ständig erweiterten Hafenanlagen sowie die Eisenbahnlinie von Stavanger über Sandnes und Kristiansand nach Oslo (Sörlandbahn) waren dem überdurchschnittlichen Wachstum von Industrie und Handel förderlich.

Stavangers Weg zur Ölmetropole verlief praktisch im Zeitraum 1965–75, d. h. von der ersten Vergabe von Bohrkonzessionen im Nordseeschelf bis zur Etablierung wichtiger Organe der norwegischen Ölwirtschaft. Ausschlaggebend für die Standortwahl waren die Nähe zum Explorationsgebiet (erste Öl- und Gasfunde 1969 im Ekofisk-Feld) sowie die gute Verkehrssituation (Hafengunst, Flughafen Sola mit internationalen Flugverbindungen usw.). Nicht zuletzt konnte man auf ein modernes Stadtzentrum mit allen notwendigen Dienstleistungsfunktionen zurückgreifen. Mit der Ausweisung großer Versorgungsbasen für den Offshore-Betrieb (Dusavik und Tanangerbucht nördlich bzw. westlich des Stadtzentrums), den Montageplätzen z. B. für die riesigen Ekofisk-Tanks und die Condeep-Plattformen sowie anderen ölwirtschaftlichen Aktivitäten wurde die Region Stavanger zu der am schnellsten wachsenden Agglomeration des Landes. Die Urbanisierung ist weiterhin ungebrochen groß, zum einen in westlicher Richtung und zum anderen entlang einer Nord-Süd-Entwicklungsachse. Der Ölboom hat für die Region Stavanger neben den positiven aber auch manche negativen Folgen mit sich gebracht. Zu den letzteren gehören z. B. ein sehr in Bedrängnis geratener Wohnungsmarkt und im Vergleich zu anderen Landesteilen höhere Lebenshaltungskosten. Die rasch fortschreitende Urbanisierung auch in angrenzenden Gemeinden bringt für das südlich benachbarte Jæren als Norwegens leistungsstärkste Agrarregion bis heute nicht gelöste Probleme mit sich.

Jæren – Norwegens intensivst genutzte Agrarlandschaft

Im Vergleich zu Mitteleuropa ist Norwegen ein Land, das mit intensiv nutzbarem Agrarareal sehr arm ausgestattet ist. Nur 3% der gesamten Landesfläche werden als kultiviertes Landwirtschaftsareal ausgewiesen. Zu den wenigen Agrargunsträumen zählt der südwestliche Küstensaum Jæren, der gegenüber allen anderen norwegischen Landschaften einen so abweichenden Charakter aufweist, daß schon aus diesem Grunde eine gesonderte Betrachtung gerechtfertigt erscheint.

Der Name »Jæren« läßt sich von altnorwegisch *jadar,* das soviel wie »Kante« oder »Rand« bedeutet, ableiten. Seit altersher wird mit dieser Namengebung das ganz und gar andersartige Aussehen dieser Küstenlandschaft im Vergleich zu Nachbarräumen in Rogaland, etwa dem gebirgigen Ryfylke im Nordosten oder dem unwirtlichen, kaum besiedelten Dalane im Südosten, zum Ausdruck gebracht. Von der Landzunge Tungenes im Norden bis zur Ognabucht

◁ *Raum Stavanger, Flächennutzungsplan*

119

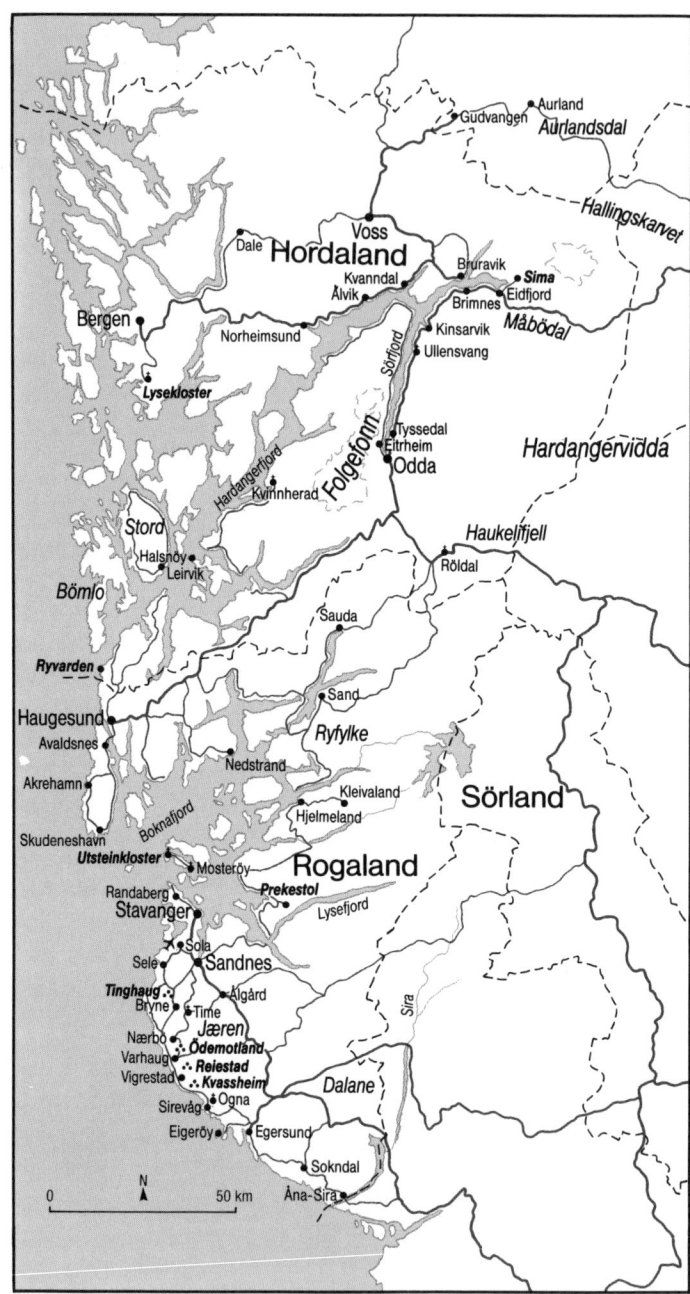

Südliches Vestland

im Süden umschließt die Jærenebene ein Areal von 60 bis 70 km Länge und 10 bis 15 km Breite. Häufig spricht man von einem Flach-Jæren, d.h. einem nordsüdlichen Küstensaum in einer Höhenlage durchweg unter 100 m, dem sich östlich das bis etwa 250 m NN reichende sogenannte Hoch-Jæren anschließt. Letzteres war noch vor etwa 20 Jahren ein ausgeprägtes Heide- und Moorgebiet. Der offene, fast waldlose Charakter der Landschaft mit ihrer extrem maritimen Witterung und einem Flursystem, das von langen Steinwällen begrenzt wird, führt zu jenen Eindrücken, wie sie aus den Schilderungen der Jæren-Dichter Alexander Kielland und Arne Garborg bekannt sind. Die sofort ins Auge fallenden Steinwälle als Parzellengrenzen sind das Ergebnis der großen Flurbereinigungen und Allmendaufteilungen um 1900.

Die Vorzugsstellung Jærens in der norwegischen Landwirtschaft basiert vor allem auf der Klimagunst (in Flach-Jæren im Durchschnitt kein Monat mit einer Mitteltemperatur unter 0 °C) und den tiefgründigen Moränen- sowie küstennahen Flugsandböden. In der Vergangenheit galt Jæren als Kornkammer Südnorwegens. Beispielsweise berichtet im Jahre 1745 der Amtmann de Fine in einer Abhandlung über das Stavanger Amt, daß die Jærenbauern in guten Erntejahren viel Korn als Saatgut und Brotgetreide u.a. nach Bergen und Hardanger lieferten. Auch in den Berichten der dänischen Agronomen Pram und Flor, die 1805 bzw. 1810 die Jærenlandschaft näher studierten, ist die Rede von den hohen Ernteerträgen der dortigen Bauern sowie von Korn- und Viehexporten bis weit in die nördlichen und östlichen Fjellregionen hinein. Dieses Faktum wird von den beiden Agronomen betont, obgleich sie Jæren ansonsten als eine »triste und öde Landschaft« charakteri-

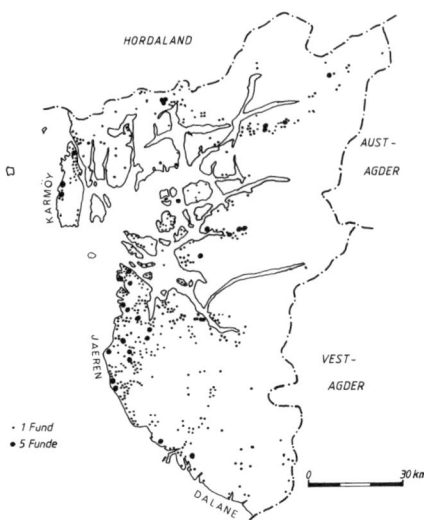

Funde aus der Wikingerzeit in Rogaland

- 1 Fund
- 5 Funde

sieren, eine Gegend mit »elenden, von Moos und Erde bedeckten Häusern« und mit »kleinen, mit dem Spaten bearbeiteten Ackerstücken, die zwischen den gewaltigen Steinmengen verschwinden«. Heute beruht die Sonderstellung Jærens in der norwegischen Landwirtschaft in erster Linie auf einer äußerst intensiven Milchviehhaltung sowie einer Reihe anderer Agrarproduktionszweige, wie zum Beispiel Glashauskulturen und Hühnerfarmen.

Schon lange bevor Jæren in den letzten Jahrzehnten durch den Erdölboom im Raum Stavanger zu einem Magnet für das ganze südwestliche Norwegen wurde, war diese Küstenlandschaft relativ dicht besiedelt, auch in vor- und frühgeschichtlicher Zeit. Die Besiedlung der nordatlantischen Inseln, so von Shetland, Island und Grönland, durch norwegische Wikinger ist höchstwahrscheinlich von Jæren und dem nördlich benachbarten Haugesund-Distrikt ausgegangen. Eine der Ursachen war sicher der schon damals relativ hohe Bevölkerungsdruck im südwestlichen Rogaland. Aus der mittleren und südlichen Jærenebene, die in etwa mit den heutigen Gemeinden Klepp, Time und Hå gleichzusetzen ist, sind z. B. allein aus der Völkerwanderungszeit (400–600 n. Chr.) über 400 Fundplätze bekannt. Entlang des 40 km langen Jærenstrandes von Kvassheim im Süden bis Sele im Norden liegen größere und kleinere Gräberfelder meist eisenzeitlicher Herkunft mit insgesamt rund 600 Grabhügeln. Bedeutende Fundstätten aus nahezu allen vor- und frühgeschichtlichen Epochen sind: **Kvassheim** (Gräberfeld mit ca. 120 Grabhügeln im Strandbereich beiderseits der Mündung des Kvassheimbaches); **Reiestad** östlich des Ortes Varhaug (ringförmige Siedlungsanlage mit Hausgrundrissen aus der Eisenzeit); **Hå** an der Mündung des gleichnamigen Flusses in Nachbarschaft des alten Priesterhofes (*Hå gamle prestegård*, eisenzeitliches Gräberfeld); **Ödemotland** südlich der Nærbö-Kirche (ringförmige Siedlungsanlage mit 12 Hausgrundrissen aus der Zeit um Christi Geburt bis ca. 400 n. Chr.; **Tinghaug** nördlich Bryne (vorhistorische Siedlungsanlage *Dysjane* mit 16 Hausgrundrissen, Grabhügel aus der Bronzezeit, mittelalterliches Steinkreuz auf dem Krosshaug; s. Abb. 15). Dieser Tinghaug ist mit 95 m NN zugleich der höchste Punkt von Flach-Jæren, so daß man von ihm aus einen eindrucksvollen Überblick über die Jærenebene gewinnt.

Neben den zahlreichen vor- und frühgeschichtlichen Bodendenkmälern ist in der Jærenlandschaft trotz aller Wandlungen im Siedlungs- und Wirtschaftsbild auch noch eine Reihe älterer Hofstellen u. ä. m. aus der vorindustriellen Zeit erhalten. Genannt seien z. B. die Siedlung

Grödaland (*Grödaland bygdetun,* südlich des Håelva nahe der Reichsstraße 44) mit zwei charakteristischen alten Jærenhöfen, von denen die ältesten Teile aus dem 18. Jahrhundert stammen (heute zum Hå Gemeindemuseum gehörend); weiterhin der nördlich benachbarte, ebenfalls küstenorientiert gelegene alte **Priesterhof** *(Hå gamle prestegård),* der u. a. kunst- und kulturgeschichtliche Ausstellungen zeigt.

Das moderne Agrarlandschaftsbild Jærens wird bestimmt vom Futterpflanzenanbau (vor allem Schnittwiesen auf kultiviertem Ackerland), was schon indirekt auf den dominanten Wirtschaftszweig, nämlich die Milchviehhaltung, hinweist. Bei intensiver Bodenbewirtschaftung können die Raygrasparzellen im Zeitraum von Juni bis Oktober vier- bis fünfmal für die Silage geschnitten werden. Durchschnittliche Milcherträge über 7000 l pro Kuh und Jahresleistung sind durchaus gewöhnlich, womit Jæren weit vor dem übrigen Norwegen sowie auch einer Reihe von Nachbarländern steht. Die relativ kleinen Betriebe mit oft nur um die 10 ha kultivierter Landwirtschaftsfläche zählen häufig um die 30 und mehr Stück Milchvieh, was natürlich mit hohem und stark subventioniertem Kraftfuttereinsatz bezahlt werden muß. Mit Quotenregelungen und Subventionsabbau versucht die norwegische Agrarpolitik, die Produktionsmengen wenigstens in diesem Landesteil zu begrenzen. Die **Nærbö-Meierei** in der gleichnamigen städtischen Siedlung *(tettsted)* gilt heute als der größte Käseproduzent ganz Nordeuropas. Über 90% der Produktion gehen in den Export, vor allem in die USA, nach Japan und zu einem kleineren Teil auch in die Bundesrepublik Deutschland. Ein anderer arbeits- und kapitalintensiver Agrarzweig in Jæren ist der Gemüseanbau in zahlreichen Glashäusern, in denen fast ausschließlich Tomaten und Gurken für den norwegischen Markt gezogen werden. Die alten Haus- und Gehöftformen haben – von Resten abgesehen – längst modernen Zweckbauten weichen müssen, wobei heute das Prinzip der Einzelhofsiedlung dominiert.

Jæren als eine der Kernregionen der norwegischen Agrarproduktion und zugleich als Prototyp einer leistungsstarken, marktorientierten Landwirtschaft wird jedoch in zunehmendem Maße von Flächennutzungskonkurrenzen geprägt. Verursacht werden diese Arealkonflikte von der rasch fortschreitenden Urbanisierung im Verdichtungsraum Stavanger-Sandnes sowie von dem Wachstum der stadtähnlichen Siedlungen Bryne, Klepp, Nærbö, Varhaug und Vigre-

Ehemalige Kleinbauernstelle in Jæren

stad entlang der Sörlandbahn. Seitens der Landes- und Raumplanung ist man zwar um die Erhaltung jener kostbaren Agrarflächen bemüht; inwieweit damit aber die Konfliktsituation wenigstens in Mittel- und Süd-Jæren zugunsten der Landwirtschaft gelöst werden kann, ist mit Fragezeichen zu versehen.

Dalane, Ryfylke und der Haugesund-Distrikt

In krassem Gegensatz zu Jæren steht das sich südlich anschließende **Dalane,** das von äußerst harten, schwer verwitterbaren Anorthositgesteinen aufgebaut wird. Besonders ausgeprägt ist der karge und unwirtliche Charakter dieser Landschaft zwischen Ogna und Åna-Sira. Hier wird das nahezu bizarre Landschaftsbild mit seinen kahlen, fast völlig vegetationslosen Felsbuckeln nur stellenweise aufgelockert durch Moorvegetation in den Niederungen oder Birken- und Eichengestrüpp auf Terrassenablagerungen an See- und Bachrändern. Von wirtschaftlicher Bedeutung sind die in der Dalane-Gemeinde **Sokndal** vorkommenden Titaneisenerze (Ilmenit), die als die größten Vorkommen Europas gelten. Die jährliche Produktion läßt sich auf rund 400 000 t konzentriertes Ilmenit beziffern, das über Jössinghamn bzw. den Jössingfjord exportiert wird und in der Stahlveredelung und der chemischen Industrie Verwendung findet. Bergbaulich eine Rolle spielen auch weiße Anorthositgesteine bei **Hegrestad,** die in großen Tagebauen gewonnen und besonders nach Deutschland, Schweden und in die Niederlande exportiert werden, wo sie größtenteils für helle Asphaltdecken benötigt werden. Andere Erwerbsmöglichkeiten in Dalane sind mit der Fischwirtschaft verbunden, so auf **Eigeröy** oder in dem kleinen Hafenplatz **Sirevåg.** Wichtigstes städtisches Zentrum ist **Egersund,** das als Hafenplatz schon in den isländischen Sagas genannt wird.

Der Distrikt **Ryfylke** umfaßt die weit verästelte Boknfjord-Region sowie die östlich anschließenden Tal- und Fjellbezirke des inneren Rogaland. In älterer Zeit waren auch hier die inneren Fjordarme die wichtigsten Verkehrswege in Richtung der Sörlandtäler Sirdal und Setesdal. Eine bekannte Touristenattraktion ist der 42 km lange **Lysefjord** mit dem **Prekestolen** (Predigtkanzel), einer Fjellkante, die nahezu 600 m senkrecht in den schmalen Fjordarm abfällt. Von Stavanger aus gehen während der Sommermonate regelmäßige Bootstouren nicht nur in Richtung Lysefjord, sondern auch zu der benachbarten Boknfjordinsel **Mosteröy** mit dem *Utstein-Kloster,* das als das besterhaltene in ganz Norwegen gilt. Das einstige Augustinerkloster, das wahrscheinlich in der zweiten Hälfte des 13. Jahrhunderts gegründet und in den ersten Jahrzehnten dieses Jahrhunderts restauriert wurde, zeichnet sich besonders durch kunstvolle Portale und Fenster aus. In ökonomischer Sicht sind die Boknfjordinseln wie Mosteröy, Rennesöy, Finnöy in Norwegen bekannt als »Tomateninseln«, was die Konzentration von Gewächshauskulturen in der Nachkriegszeit gerade in diesem Teil Rogalands beschreiben soll. Damit wurde eine der alten Haupterwerbsgrundlagen des Boknfjord-Raumes, nämlich die Fischwirtschaft, zurückgedrängt.

Heringsfänger bei Haugesund um 1865

Zur **Haugesund-Region** im Grenzbereich zwischen Rogaland und Hordaland gehören im wesentlichen die Haugesund-Halbinsel und eine Reihe vorgelagerter Inseln, deren bedeutendste **Karmöy** ist. Seit 1955 wird Karmöy durch eine Hochbrücke (*Karmsund bru*, maximale Höhe 50 m) über den geschichtsreichen Karmsund mit dem Festland verbunden. In der Königssaga des Isländers Snorri Sturluson aus dem beginnenden 13. Jahrhundert heißt es, daß am Karmsund König Harald Hårfagre (Harald Schönhaar), der ja erstmals ein norwegisches Reich hatte bilden können, um 930 starb und hier auch beigesetzt wurde. Das vom heutigen Stadtzentrum Haugesund etwa 3 km nördlich liegende Nationaldenkmal *Haraldshaugen* soll auf dem Grabhügel des Königs stehen. Es handelt sich bei dem Denkmal um einen 17 m hohen Granitobelisk, der von 29 kleineren Säulen umgeben wird, die jene 29 Volksstämme symbolisieren, welche nach der Hafrsfjordschlacht 872 n. Chr. zu einem Königreich vereinigt wurden. Etwa 7 km südlich Haugesund liegt auf Karmöy direkt am Karmsund die alte Siedlung **Avaldsnes** mit einer dem hl. Olav geweihten Steinkirche aus den Jahren um 1250. Die Kirche steht auf dem Grund des einstigen Häuptlings- und Königshofes Avaldsnes, der auch Hauptsitz von Harald Schönhaar war. Von den fünf alten Königshöfen in Vestland war dieser strategisch gesehen wohl der wichtigste. Die überregionale Bedeutung des uralten Schiffahrts- und Handelsweges durch den Karmsund zeigt auch die Fülle an Bodendenkmälern, deren Spuren bis um 8000 v. Chr. zurückreichen, also in eine Zeit, als große Teile des südöstlichen Norwegen noch von dem Inlandeis der letzten Kaltzeit bedeckt waren.

Dagegen ist die Stadt **Haugesund** erst sehr jungen Alters. Das langgestreckte, rechteckige Straßennetz der heutigen Innenstadt weist schon indirekt auf jene planmäßige Gründung um die Mitte des 19. Jahrhunderts hin, die der damals 900 Einwohner zählende Hafenort infolge der reichen Heringsfischerei an der rogaländisch-hordaländischen Küste erfuhr. Das Ausbleiben der Heringsschwärme in den 1870er Jahren konnte in der Folgezeit durch die inzwischen angewachsene Handelsflotte in etwa kompensiert werden. Gegen Ende des 19. Jahrhunderts nahmen Fischfang und -verarbeitung erneut den ersten Platz im Wirtschaftsleben der jungen Stadt ein. Im Kielwasser dieser Entwicklung erwuchs eine leistungsstarke Schiffbauindustrie, die heute auch an dem Erdölboom im Offshore-Bereich partizipiert. Ein wichtiger Arbeitgeber für die Bevölkerung im Raum Haugesund ist weiterhin das Aluminium-Werk des Hydro-Konzerns auf Karmöy mit ca. 1700 Beschäftigten. Ferner ist Haugesund mit rund 28 000 Einwohnern ein bedeutendes Handels- und Dienstleistungszentrum für ein weites Umland.

An der Südspitze Karmöys liegt **Skudeneshavn**. Der alte Fischereiplatz (schon im 17. Jahrhundert bekannt für den Hummerexport, später Zentrum für den Heringsfang) wird heute geprägt von seiner Fährfunktion (70 Minuten Überfahrtzeit nach Randaberg nördlich Stavanger). Sehr lohnenswert ist ein Rundgang durch Alt-Skudeneshavn (*Gamle Skudeneshavn*, in unmittelbarer Nähe des Fährhafens), das in Norwegen aufgrund seiner eindrucksvollen und bestens erhaltenen Hausarchitektur auch als »Weiße Empire-Stadt am Meer« bezeichnet wird.

Das alte Zentrum von Vestland: Bergen

Lange Zeit war das geschichtsreiche Bergen die wichtigste und größte Stadt Norwegens, bis es dann in der ersten Hälfte des 19. Jahrhunderts einwohnermäßig von Oslo überflügelt wurde. Noch vor wenigen Jahren bildete Bergen wie Oslo eine eigene Provinz; heute ist die rund 212 000 Einwohner zählende Vestlandmetropole Hordaland angegliedert und zugleich Verwaltungssitz dieser Provinz. Die Stadt, in einzigartiger Lage an den inneren Buchten des Byfjords, ist von sieben Fjellhöhen umrahmt: Sandviksfjell (418 m), Flöyfjell (399 m), Ulriken (642 m), Blåmannen (562 m), Lövstakken (477 m), Damsgårdsfjell (343 m) und Lyderhorn (396 m). Das Flöyfjell (Flöyen; leicht erreichbar mit der Flöybanen, einer Drahtseilbahn) bietet dem Besucher eine großartige Aussicht über das dem Meer zugewandte Bergen. Eine ähnliche Bahnlinie, die Ulriksbanen, führt zu der Ulriken-Höhe südlich des Stadtzentrums.

Aus der Vogelperspektive zeigt sich, daß Bergen fast allseitig von Wasser umspült wird und somit als Hafenstadt geradezu prädestiniert war und ist (s. Abb. 10, 28). Im Norden sind es die Arme des bereits genannten Byfjords, insbesondere die Vågenbucht, im Südwesten der Puddefjord und im Osten des Stadtkerns der Lungegårdssee. Die das mittelalterliche Zentrum in östlicher Richtung umgebenden Fjellhöhen sind allerdings dafür verantwortlich, daß sich Bergen bis Ende des 19. Jahrhunderts, d. h. bis zur Fertigstellung der berühmten Bergenbahn, keine relevanten Landverbindungen und somit auch kein vergleichbares Hinterland schaffen konnte wie etwa sein Konkurrent Oslo. Diese Tatsache ist mit ein Grund dafür, daß Oslo die Auseinandersetzung um die höchste Zentralität im Lande schließlich gewann. Trotzdem ist

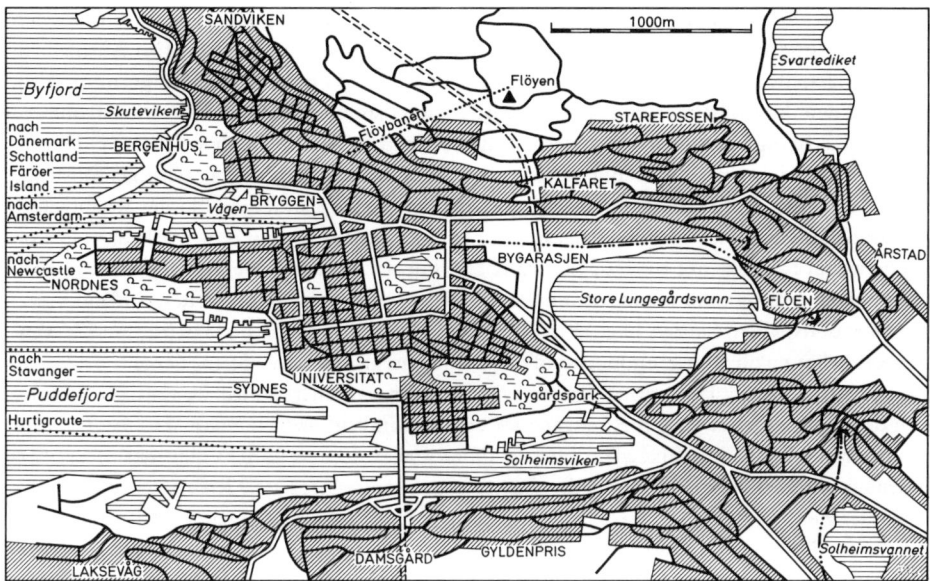

Bergen

Bergen seit jeher die wichtigste Hafenstadt an der norwegischen Westküste; sie ist Sitz des alten Bistums Björgvin sowie Standort einer Universität und anderer bedeutender Hochschulen.

Schon um 1070 v. Chr. wurden dem wahrscheinlich lange vorher existierenden Siedlungs- und Handelsplatz *Björgvin* durch König Olav Kyrre, der auch den Vestland-Bischofssitz von Selje (in der heutigen Provinz Sogn-Fjordane) hierher verlegte, die Stadtrechte verliehen. Für das Wachstum der Stadt war weiterhin die Übernahme der Residenzfunktion von Trondheim/Nidaros im Jahre 1217 bedeutsam. Die **Håkonshalle** in der **Festung Bergenhus** wurde bereits 1261 im gotischen Stil fertiggestellt, der benachbarte **Rosenkrantz-Turm** allerdings erst in den 1560er Jahren. Im 12. und 13. Jahrhundert, also zur Zeit großer Machtentfaltung des norwegischen Königreiches, war Bergen die eigentliche Hauptstadt des Landes und wohl die größte Stadt Nordeuropas. Mitentscheidend für diese Entwicklung waren die Handels- und Umschlagsfunktionen im Seeverkehr zwischen Nord- und Mittel- bzw. Westeuropa.

Nach neueren Untersuchungsergebnissen ist davon auszugehen, daß Bergen schon in der vorhansischen Zeit einen lebhaften Handel mit einer Reihe von Nord- und Ostseeanliegerstaaten betrieben hat. Ausgrabungsbefunde (zu besichtigen im Bryggens Museum an der Marienkirche) bestätigen die Aussage. In einem Bericht dänischer Kaufleute über ihren Besuch in Bergen im Jahre 1191 heißt es: »Bergen ist mit seiner überragenden Macht die angesehenste Stadt im Lande, geschmückt mit einer königlichen Burg und verherrlicht mit Reliquien von heiligen Jung-

127

frauen, und dort liegen in der Kathedralkirche in einem Schrein die Gebeine der heiligen Sunniva. Die Stadt ist sehr volkreich und hat Klöster von Mönchen und Nonnen. Sie ist reich und hat Überfluß an vielen Hilfsquellen. An getrocknetem Fisch, der Skrei genannt wird, besteht eine solche Menge, daß es an Zahl und Maß überschreitet. Man erlebt den Zustrom von Schiffen und Leute aus allen Gegenden, Isländer, Grönländer, Engländer, Deutsche, Dänen, Schweden und Gotländer und andere, die gar nicht aufzuzählen sind. Es gibt eine große Menge Wein, Weizen, gute Kleidung, Silber und andere Handelsware, und man hat die Möglichkeit, von allem zu kaufen.«

Die weitere Geschichte Bergens ist aufs engste mit der Hanse verbunden. Bereits um 1230 hatte König Håkon Håkonsson die ersten Handelsprivilegien an Kaufleute aus Lübeck vergeben, was vor allem für den Dorsch- bzw. Kabeljaufang im weit nördlich gelegenen Lofotenbereich größte Bedeutung erlangen sollte. Das Hanseatische Kontor in Bergen (Deutsche Brücke), das erstmals 1343 erwähnt wird, wurde zum wichtigsten Umschlagplatz für Importe von Korn, Lüneburger Salz, Bier u. a. m. sowie für den Export vor allem von Trockenfisch aus Nordnorwegen, aber auch von Salzheringen und Butter. Die deutschen Hansekaufleute vermochten mit Hilfe der Privilegien, die ihnen die dänisch-norwegische Krone verliehen hatte, in kurzer Zeit fast den gesamten Handel an sich zu bringen. Beispielsweise mußten alle Fischerträge der Nordnorwegen- und Westnorwegenküste zum Exporthafen Bergen geliefert werden. Daß der übermächtige Einfluß der Hanse auf norwegischer Seite mit durchaus gemischten Gefühlen aufgenommen wurde, versteht sich wohl beinahe von selbst.

Untergebracht waren die Hansekaufleute bzw. die ihnen unterstehenden Mitarbeiter in einem besonderen Arbeits- und Wohnquartier an der Deutschen Brücke (*Tyskebryggen* oder einfach *Bryggen*), deren hochgiebelige und rückwärts langgestreckte ›Höfe‹ trotz aller Brände und Umbauten noch teilweise erhalten sind (s. Farbabb. 15, 16, 19). Zuletzt gingen durch zwei Brände in den Jahren 1955 und 1958 zahlreiche der alten Holzbauten verloren. Nur der ›Hof‹ **Finnegård** direkt am Torget (Markt) ist in seinem älteren Zustand (Wiederaufbau nach der Brandkatastrophe von 1702) erhalten und beherbergt heute das sehr eindrucksvolle **Hanseatische Museum.** Die im Kontor zusammengeschlossenen Hansekaufleute nahmen neben Bryggen auch benachbarte Straßenviertel ein, und bald gehörte Bergen neben den Kontoren in London, Brügge und Nowgorod zu den vier großen ausländischen Niederlassungen der Hanse. Um 1400 hatten die deutschen Kaufleute in Bergen etwa 300 Häuser in ihrem Besitz. Den damaligen Reichtum Bergens versinnbildlicht z. B. die nördlich Bryggen gelegene **Marienkirche,** die von den Bergenfahrern als »S. Marien. Der Teutschen Kaufleut Kirch« bezeichnet wurde. Es handelt sich hierbei um eine zweitürmige romanisch-gotische Kirche aus dem 12. Jahrhundert, angeblich Bergens ältestes Bauwerk, das von 1408 bis 1766 den deutschen Kaufleuten unterstand und von ihnen reich ausgestattet wurde.

Welche Bedeutung Bergen für die Hanse gehabt haben muß, unterstreichen z. B. die Ausführungen in einer geographischen Abhandlung von J. Hübner aus dem Jahre 1731, wo es

1   VIK am Sognefjord, Stabkirche von Hopperstad ▷

2   Setesdal, Portal der Hylestadkirche (heute im Historischen Museum Oslo)
3   Sogn-Fjordane, Lusterdale-Kirche, Brautstuhl (11. Jh.)
4   Felszeichnung bei Borge/Begby: Schiffe mit Männern und Wagen (Bronzezeit, etwa 1000 v. Chr.)

5 Stabkirche von Torpo, Christus als Weltenherrscher (um 1250) 6 Åndalsnes ▷

7   Gerstenfelder am inneren Trondheimsfjord (Gaula-Mündung)

8   Dovrefjell bei Kongsvoll

9 Skoganvarre südlich Lakselv (Finnmarksvidda)

10 Kvalöy bei Tromsö

11, 12   Rentierherden in Finnmark

13   Samen in Finnmark ▷

14   Nusfjord auf den Lofoten ▷ ▷

16 BERGEN
◁ 15 Lagerhäuser «Bryggen» in BERGEN 18 Die »Sieben Schwestern« (Provinz Nordland) ▷
17 ÅLESUND

19 »Bryggen« in der Altstadt von BERGEN

20 Fischersiedlung FESTVÅG auf den Lofoten

21   Alter Hafen von BERGEN

22   ÅLESUND

23   REINE auf den Lofoten ▷

24 Trollstigen

25 Am Aurlandsfjord ▷

26 Moltebeere (Rubus chamaemorus)

28 Zwergbirken und Fjellbirken

27 Silberwurz (Dryas octopetala)

29 Herbst im Hochfjell

30 Höhengrenze des borealen Waldes in Tröndelag

31 Rentierflechtenbewuchs im borealen Nadelwald bei Folldal

32 Typisches Vegetationskleid im Plateaufjell

33 Herbst in Fordal (Provinz Sör-Tröndelag) ▷

folgendermaßen heißt: »Als der Hanseatische Bund vor dreihundert Jahren im Flore war, so war Bergen ... der vierte große Comtoir, welcher nach und nach in eine solche Hochachtung kam, daß fast niemand ein rechtschaffener Kaufmann seyn konnte, der nicht zu Bergen in Norwegen seine Lehr-Jahre ausgestanden hatte.«

In der zweiten Hälfte des 16. Jahrhunderts wurden die Hanseprivilegien in Norwegen aufgehoben. Das Kontor in Bergen bestand zwar noch längere Zeit weiter, jedoch übernahmen nach und nach einheimische Kaufleute, die zunächst gegenüber von Bryggen, also an der Südseite der Vågen-Bucht ansässig waren, den Handel. Dieser war ebenfalls in der Hauptsache auf Fisch und Fischprodukte ausgerichtet, so daß Bergen noch im 17. Jahrhundert als Handelsplatz z. B. dem dänischen Kopenhagen überlegen war. Erst das Entstehen großer Fischereigesellschaften, die Entwicklung der Hochseefischerei und die im Zuge der Industrialisierung seit der zweiten Hälfte des 19. Jahrhunderts sich etablierenden Fischfabriken haben das Aufkommen anderer Fischhandelsplätze an den Süd- und Nordnorwegenküsten begünstigt und damit Bergens zentrale Stellung wenigstens in diesem Bereich beendet.

Zur neuzeitlichen Entwicklung der einzelnen Stadtteile Bergens sei kurz Folgendes bemerkt: Zuerst konzentrierte sich eine städtische Bebauung auf die nördliche Vågenseite mit Bryggen, der Bergenhus-Festung und der Marienkirche. Das südliche Vågenufer (Strandsiden und Nordnes-Halbinsel) wurde dann seit dem 15. Jahrhundert von einer dichteren Bebauung erfaßt; vorher lagen hier zwei Klöster und der Erzbischofhof. Verbunden werden die beiden alten Stadtteile beiderseits der Vågenbucht durch den **Torget,** Bergens berühmten Marktplatz, der als Fisch- sowie als Obst- und Gemüse-markt auch heute noch ein besonderer Anzie-hungspunkt der Stadt ist. Südöstlich des Tor-get in Richtung Kleiner Lungegårdssee *(Lille Lungegårdsvann)* erweitert sich das Stadt-zentrum, das hier von der Domkirche, der Kreuzkirche *(Korskirke),* dem kleinen Rat-haus und einigen anderen alten Gebäuden gekennzeichnet wird. Insgesamt gesehen prä-gen aber auch diesen Stadtteil neuere Gebäude aus den Jahren nach der Brandkatastrophe von 1916.

Bergen, Marienkirche

Der älteste, romanische Teil der **Dom-kirche** stammt aus dem ausgehenden 12. Jahr-hundert. Ursprünglich handelte es sich hier-bei um die Kirche der Franziskanermönche; sie trug den Namen »St. Olavs Kirche am Vågengrund« (die Vågenbucht reichte im Mit-telalter bis in diesen Bereich). Die benach-barte, ebenfalls aus dem 12. Jahrhundert stam-mende **Kreuzkirche** wurde später im Renais-

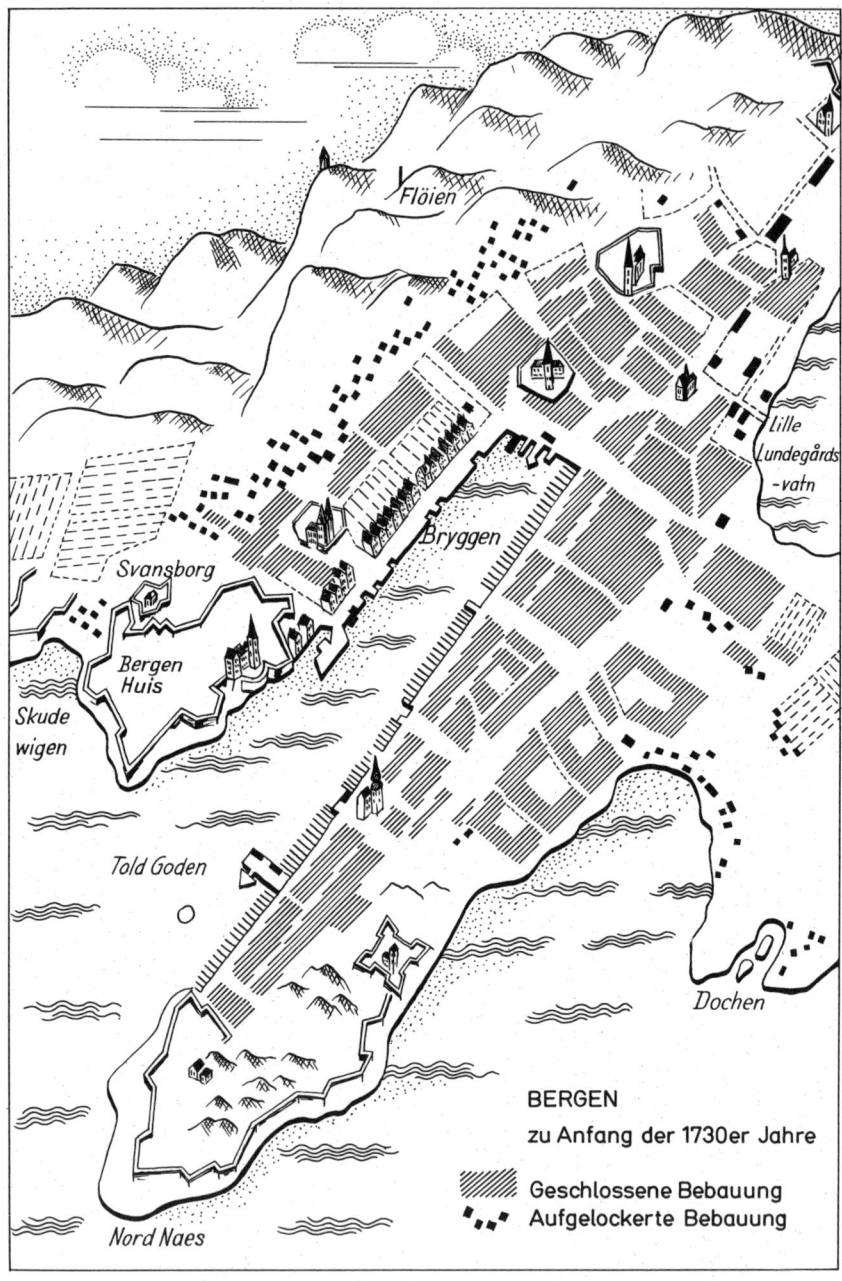

Flöien

Lille Lundegårds -vatn

Svansborg

Bryggen

Bergen Huis

Skude wigen

Told Goden

Dochen

Nord Naes

BERGEN

zu Anfang der 1730er Jahre

Geschlossene Bebauung
Aufgelockerte Bebauung

sancestil umgebaut. Andere Baudenkmäler in diesem Stadtteil sind das **St. Jörgen-Hospital,** einst ein Leprakrankenhaus (heute **Museum**), oder die in Nähe des Bahnhofs liegenden **Nonneseter Klosterruinen** (ursprünglich ein Zisterzienserkloster aus den Jahren um 1150). Ältere Stadtbausubstanz ist zudem in **Gamle Bergen,** d. h. im Stadtteil Skuteviken am Byfjord, zu besichtigen. Hier sind 30 typische alte Bergenhäuser aus dem 18. und 19. Jahrhundert erhalten bzw. wiedererrichtet worden.

Ein größerer Industrialisierungsprozeß erfaßte Bergen zeitversetzt erst in der zweiten Hälfte des 19. Jahrhunderts; er brachte auch hier bedeutende Wachstumsimpulse mit sich. So stieg die Bevölkerungszahl im Zeitraum 1855–1900 von 26 500 auf 79 000. Die Hafenanlagen und die Handelsschiffahrt bildeten weiterhin die Fundamente des Wirtschaftslebens. Mit der 1909 erfolgten Fertigstellung der Bergenbahn, einer technischen Meisterleistung, war nun zugleich eine bedeutende Landverbindung mit anderen Räumen, vor allem dem Östland bzw. dem

Bergen: 1 Håkonshalle und Rosenkrantz-Turm   2 Hanseatisches Museum   3 Marienkirche   4 Domkirche 5 Kreuzkirche   6 Lepramuseum   7 Nonneseter

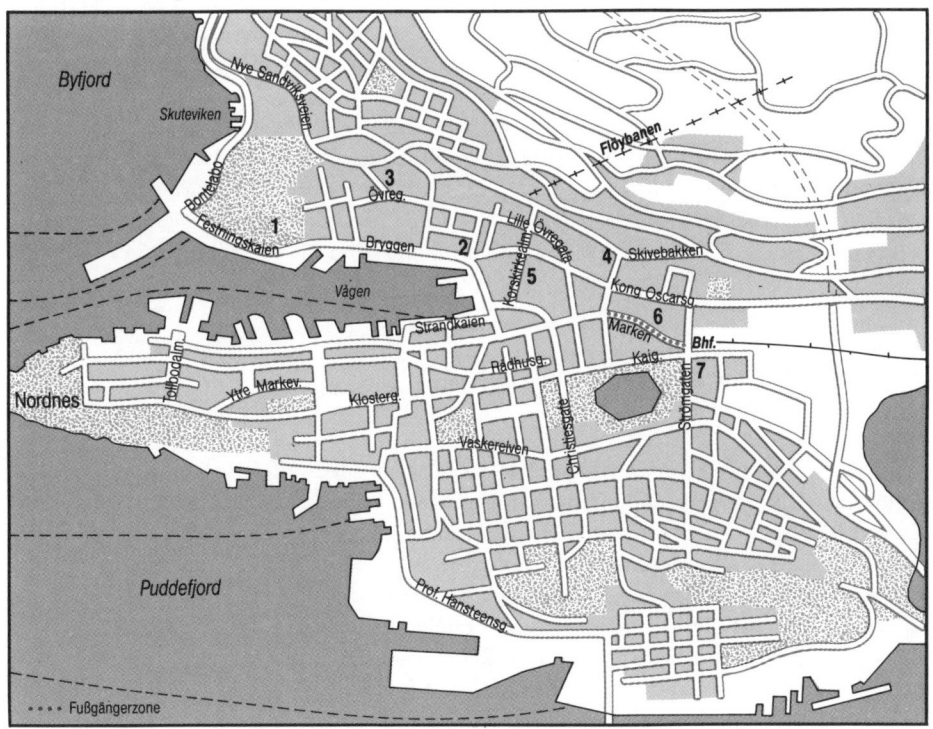

Großraum Oslo, geschaffen worden. Die Bahnstrecke Bergen–Oslo beträgt rund 470 km, von denen über 70 km durch Tunnelbauten bzw. Überdachungen führen.

Was die zahlreichen Stadterweiterungen in Anpassung an die begrenzten räumlichen Möglichkeiten betrifft, so sei nur das moderne Geschäftszentrum auf der Halbinsel Nordnes hervorgehoben, deren einstige Bausubstanz durch ein Explosionsunglück auf dem Vågen 1944 zerstört worden war. Im Verlauf der Urbanisierung hat sich dann die städtische Bebauung der Bergenregion in den letzten Jahren vor allem nach Süden hin in Richtung Fana- und Raunefjord (hier auch der modern ausgestattete Flughafen) vorgeschoben. Die gravierenden Verkehrsprobleme Bergens versucht man in jüngster Zeit durch verschiedene Projekte in den Griff zu bekommen; die spektakulärste Maßnahme ist zweifellos die Erhebung einer Mautgebühr, die der Autofahrer bei einem Besuch des Stadtzentrums zu entrichten hat.

Auch außerhalb des Stadtzentrums Bergen befinden sich mehrere Baudenkmäler, die in der Landes- und Kulturgeschichte Norwegens einen bedeutenden Platz einnehmen. Etwa 6 km südlich des Zentrums liegt die **Fantoft-Stabkirche,** die wahrscheinlich um 1150 in Fortun im inneren Sogn errichtet und 1883 nach gründlicher Restaurierung in Fantoft wiederaufgebaut wurde. Am Nordåsvann südwestlich Fantoft bietet **Troldhaugen,** Edvard Griegs Heim, einen eindrucksvollen Einblick in das Leben und Schaffen des bekanntesten norwegischen Komponisten. Schließlich seien noch die weiter südlich gelegenen Ruinen des **Lyseklosters** (am Ostrand des gleichnamigen Fjordabschnittes) genannt, die an die bereits 1146 gegründete und einst für das ganze Vestland sehr bedeutende Zisterzienserabtei erinnern. Der riesige Landbesitz des Lyseklosters soll zeitweise über 200 Bauernhöfe umfaßt haben. Es ist davon auszugehen, daß z.B. der noch heute wirtschaftlich so bedeutsame Obstanbau entlang des Hardangerfjordes von den Mönchen des Lyseklosters ausgegangen ist. Nach der Reformation wurde die Abtei 1546 aufgelöst und verfiel nach und nach. Die Anlage diente lange Zeit sogar als Steinbruch für Bauwerke in Bergen (z.B. für den Rosenkrantz-Turm) und selbst für Schloßbauten in Dänemark.

Hardanger und sein Fjordsystem

Hardanger mit seinen Fjordarmen und Fjellhochflächen gilt zweifellos als eine der schönsten Landschaften Norwegens und nimmt seit jeher einen besonderen Platz im Wirtschafts- und Kulturleben sowie im Fremdenverkehr des Landes ein. Wenn man auch gelegentlich den Bömlofjord, der südlich der Inseln Bömlo und Stord ins Meer mündet, zum Hardangerfjordsystem rechnet, so hat doch dieser Küstendistrikt einen ganz anderen Landschaftscharakter und ist deshalb nicht identisch mit dem, was man gemeinhin unter Hardangerlandschaft versteht. Das eigentliche Hardanger, wie es z. B. in Reiseprospekten gepriesen wird, beginnt in etwa bei Kvinnherad und erstreckt sich in nordöstlicher Richtung bis Eidfjord am Rande der Hardangervidda sowie nach Süden bis Odda am Ende des Sörfjords. Zwischen diesen Hauptfjord-

Ullensvang am Sörfjord

armen liegt eine große Halbinsel mit dem mächtigen Plateaugletscher Folgefonn, der bis ca. 1660 m NN reicht.

Die gesamte Länge des Hardangerfjordes vom Ryvarden-Feuer südlich Bömlo bis Odda beträgt etwa 180 km. Vor allem in den mittleren und inneren Abschnitten werden die Fjordarme und deren relativ dicht besiedelte Ufersäume von steilen Felswänden flankiert, an die sich weitflächige Hochfjellregionen anschließen. Die Fjordtiefen variieren beträchtlich; bei Norheimsund sind es knapp 600 m und im Sörfjord bis nahezu 400 m. Im Indre Samlafjord nordöstlich Norheimsund werden sogar Maximalwerte von 860 m Tiefe erreicht.

Eines der auffälligsten Merkmale im Hardangerfjordbereich sind die Obstgärten in den sonnenexponierten Lagen. Die Obstbaumblüte, insbesondere die Kirschblüte, zieht immer wieder eine große Zahl Touristen nach Hardanger, vor allem in die Sörfjordregion. Neben den Kirschbaumkulturen sind die kleinbäuerlichen Betriebe auch auf den Anbau von Winteräpfeln, Pflaumen, Birnen sowie auf Beerenobst (Johannisbeeren, Himbeeren, Stachelbeeren und Erdbeeren) ausgerichtet, die in der Regel genossenschaftlich vermarktet und in weiten Teilen des Landes abgesetzt werden. In erster Linie sind es die klimatischen Voraussetzungen in den inneren Fjordarmen, die diese Sonderkulturen ermöglichen. Etwa ein Drittel aller Betriebe wenigstens am Hardangerfjord und in Gebieten des Sognefjords erreicht einen bedeutenden Teil des Einkommens aus dem Obstverkauf.

Erwähnt worden war bereits, daß der Obstanbau entlang der inneren Fjordarme von Vestland seinem Ursprung nach auf das Hochmittelalter zurückgeht, und zwar auf die Tätigkeit der Mönche. Für einige Orte, z. B. Ullensvang und Kinsarvik am Sörfjord, ist dies urkundlich belegt. F. C. Schübeler schreibt hierzu in seiner schon 1862 erschienenen Abhandlung über die Kulturpflanzen Norwegens: »Die Hauptbeschäftigung sämtlicher Mönche bestand damals eben in der Gärtnerei; jedes Kloster besaß wenigstens einen Garten, häufig auch mehrere, die mit großem Fleiß bestellt wurden. Die Mönche brachten Obstbäume, Wurzeln, Kräuter und Blumen vom Ausland mit, um sie auf norwegischem Boden zu versuchen. Noch jetzt stehen die Obstgärten von Lysekloster, Halsnö, Utstein, Grimsö und Fragsmag sowie Vaernö in verdientem Ansehen. Auf Opedal im Kirchspiel Ullensvang in Hardanger, früher dem sogenannten Lysekloster angehörend, befindet sich noch gegenwärtig der ausgedehnteste, unter eine Menge Bauern verteilte Obstgarten Norwegens. Die Früchte desselben, besonders Äpfel und Kirschen, bilden einen wichtigen Gegenstand der Ausfuhr und die bedeutendste Einnahme des Gehöfts. Daß dieser Garten dem Lysekloster seine Entwicklung verdankt, ist außer allem Zweifel, und ebenso ausgemacht ist es, daß der Distrikt Hardanger den Mönchen von Lysekloster und Halsnö für den wichtigen Nahrungszweig seines heutigen Obstbaues verpflichtet ist.«

Das obengenannte **Kinsarvik** ist heute ein Verkehrsknotenpunkt im inneren Hardanger; denn hier kreuzen sich die wichtigsten Straßenverbindungen zwischen den westlichen, östlichen und südlichen Landesteilen. In alter Zeit war Kinsarvik ein bedeutender Kirch- und Handelsplatz und zugleich das Zentrum für das gesamte innere Hardanger. Im 15. und 16. Jahrhundert diente es vor allem schottischen Kaufleuten als Holzausfuhrhafen. Für die einstige Bedeutung Kinsarviks spricht auch die im normannisch-romanischen Stil errichtete Steinkirche mit einem sehenswerten mittelalterlichen Taufstein und Resten von Wandmalereien. Eine wichtige Funktion erfüllt der heute ca. 840 Einwohner zählende Ort, der zugleich Verwaltungssitz der Hardanger-Gemeinde Ullensvang ist, als Fährhafen zu der nach Bergen führenden E 68. Neben der Autofähre nach Kvanndal besteht noch eine weitere Übersetzmöglichkeit, nämlich von Brimnes nach Bruravik (18 km nördlich Kinsarvik). Diese Autofähre benötigt für die Überquerung des Eidfjords nur 10 Minuten und verkehrt bedeutend häufiger als die der Kinsarvik-Kvanndal-Route.

Am Ende des Eidfjords liegt der rund 950 Einwohner zählende Ort **Eidfjord,** ein früherer Adelssitz mit einer Steinkirche ebenfalls aus mittelalterlicher Zeit. Das moderne, mit Dienstleistungsbetrieben gut ausgestattete Ortszentrum wird von einer über 100 m hohen und mehrere Kilometer langen Eisstausee-Terrasse (Bildung vor ca. 9000 Jahren) tangiert, die den Fjord von dem südöstlich anschließenden Eidfjordsee trennt. Nordöstlich Eidfjord befindet sich im **Simadal** eines der großen Wasserkraftwerke des Landes. Es wurde 1980 fertiggestellt und deckt heute den Strombedarf für ca. 270 000 Menschen (Besichtigungsmöglichkeit mit Führung während der Sommermonate). Gerade am Westabfall der Hardangervidda ist ja ein enorm hohes Wasserkraftpotential gegeben, wie es jedem Besucher spektakulär z. B. am Vöringsfossen (s. S. 99) oder am Låtefossen südlich Odda vor Augen geführt wird. Demzufolge spielen auch stromintensive Industriezweige an mehreren Stellen des Hardangerfjords eine beachtliche Rolle. In **Ålvik** am inneren Samlafjord mit heute rund 1100 Einwohnern ist es z. B.

eine Schmelzhütte für die Produktion von Ferrosilizium und Ferrochrom mit 300 Beschäftigten. Einige Hardanger-Orte haben somit einen grundlegenden Wandlungsprozeß erfahren, indem ihre einst vorherrschenden Fremdenverkehrsfunktionen industriellen Aktivitäten haben weichen müssen. Besonders markant ist dieser Strukturwandel für die Region Odda-Tyssedal am inneren Sörfjord gewesen. **Odda** mit heute rund 6500 Einwohnern und seiner sehr reizvollen Umgebung war der erste Ort im Fjordbereich von Vestland, der auch international als Touristenzentrum bekannt wurde. Beispielsweise kam der letzte deutsche Kaiser in den Jahren vor dem Ersten Weltkrieg nahezu jedes Jahr mit eigener Yacht zu Besuch nach Odda. Seinerzeit wurden hier alljährlich 70 bis 80 Hotelschiffe gezählt, und im Rekordjahr 1905 sollen 14 000 ausländische Touristen den Ort mit seinen damals zehn größeren Hotels besucht haben. Nach dem Ausbau der Wasserfälle und dem Einzug der Schwerindustrie ab 1906 änderte sich diese Situation. Heute werden in den Schmelzhütten in Odda selbst sowie in den nördlich benachbarten Orten **Eitrheimnsnes** und **Tyssedal** Karbid, Ilmenit, Zink, Kadmium und Schwefelsäure produziert. Die damit verbundenen Umweltschäden hat man in den letzten Jahren verstärkt bekämpft, so daß Odda wieder ein freundlicheres Gesicht erhalten hat.

Dem Besucher Oddas ist ein Ausflug zum gut 7 km südlich gelegenen Platz **Buar** (an der Westseite des Sandvinsees) zu empfehlen, von wo aus über einen markierten Aufstiegspfad die Gletscherzunge *Buarbreen* zu erreichen ist. Hier läßt sich eindrucksvoll der Formenschatz der rezenten Vereisung (Gletschertore, Moränenbildungen, Eisschliffe usw.) studieren (s. Abb. 51, 52). Der Buarbreen selbst ist nur eine kleine Zunge des mächtigen Plateaugletschers **Folgefonn,** der immerhin über 30 km Länge und zwischen 6 und 16 km Breite mißt.

Etwas nördlich des Hardangerfjords liegt **Voss** mit ca. 6000 Einwohnern. Heute ist der städtische Ort, dessen Kern 1940 durch deutsche Luftangriffe größtenteils zerstört wurde, ein modernes Handels- und Verkehrszentrum und Mittelpunkt eines vielbesuchten Wintersportgebietes. Bedeutende Sehenswürdigkeiten sind die *Voss-Kirche,* eine Steinkirche von 1270, sowie das *Voss Folkemuseum (Mölstertunet)* mit alten Bauernhöfen.

*Der Priesterhof in Voss
um 1900*

159

Der Sognefjord

Etwa 180 km erstreckt sich der Sognefjord von der schärenreichen Westküste ins Landesinnere, wo er sich ast- oder fingerförmig in den alten Gebirgskörper eingeschnitten hat. Die inneren Fjordarme, also der Aurlands-, Lærdals-, Årdals- und Lustra- bzw. Lusterfjord, reichen bis unmittelbar in die Hochfjell-Landschaften von Hardangervidda, Jotunheimen und Jostedals-breen. Der Sognefjord ist nicht nur der längste, sondern auch der tiefste Fjord ganz Nord-europas, dessen größte Übertiefung mit 1308 m im mittleren Abschnitt zwischen Åkrestrand und Vikum gemessen worden ist. Vergleicht man dazu die gerade im Mittelteil oft über 1000 m hohen und nahezu senkrecht abstürzenden Felswände, dann kann man sich wohl ein ungefäh-res Bild von der Gewalt jener eiszeitlichen Gletschererosion machen, die vor vielen Jahrtau-senden das mächtige Trogtal aus einem vorher existierenden Talzug herausmodelliert hat. Nach Westen hin nehmen allerdings die Fjordtiefen rasch ab, und in der Küstenzone (Küsten-plattform) ist schließlich infolge einer untermeerischen Gebirgsschwelle eine Tiefe von nur noch 100–200 m gegeben.

Die Tal- und Fjellregionen beiderseits des Sognefjords tragen seit altersher den Namen »Sogn«. Nach ihrer naturräumlichen Ausstattung und ihrem kulturhistorischen Erbe differen-ziert man zwischen einem inneren, mittleren und äußeren Sogn *(Indre, Midtre* und *Ytre Sogn),* deren Grenzen sich mit denen der alten Propsteien decken. **Indre Sogn** umfaßt demnach die am weitesten östlich liegenden Verästelungen des Fjords, nämlich die von Årdal und Luster,

Längsprofil durch den Sognefjord

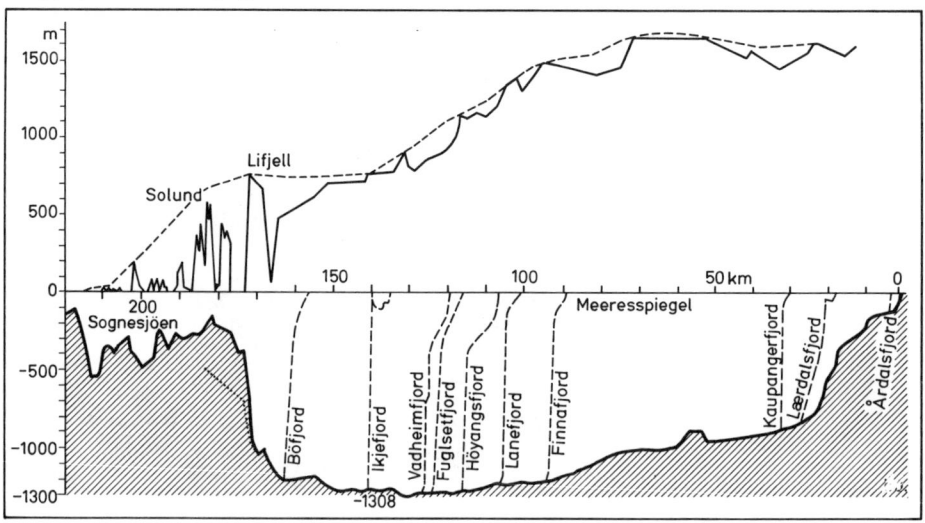

sowie das zur Gletscherwelt von Jotunheimen zählende Sognefjell und das westlich vorge-lagerte Breheimen.

Eine zweifellos besondere Attraktion bietet der gut 30 km lange, relativ gut befestigte, aber recht schmale Weg von Övre Årdal nach Turtagrö im Raum Fortun am Ende des Lusterfjords. Von Höhen um 1300 m NN in **Berdalen** hat man eine großartige Aussicht auf die Gletscher von Hurrungane im Osten sowie auf die jenseits von Fortunsdalen liegenden Spörteggbreen und Harbadsbreen. Landschaftlich sehr eindrucksvoll ist auch das nordöstlich von Övre Årdal verlaufende **Utladal**, das schon wegen seiner mächtigen Wasserfälle, genannt sei nur der Vettis-fossen mit einer Fallhöhe von insgesamt 370 m, als Landschaftsschutzgebiet ausgewiesen ist (s. S. 108).

Nicht nur die Naturlandschaften sind es, die Indre Sogn weit über Norwegen hinaus bekannt gemacht haben, sondern auch einige für die Wirtschaft des Landes sehr bedeutende Industrie-standorte, welche sich aufgrund der Wasserkraft und der natürlichen Hafengunst an den Fjord-enden zu entwickeln vermochten. Diesbezüglich ist vor allem das heute ca. 4000 Einwohner zählende **Övre Årdal** hervorzuheben, wo der Hydro-Konzern eine große Aluminiumhütte betreibt, die mit rund 1800 Beschäftigten jährlich etwa 165 000 t Aluminium produziert. Die gewaltigen Mengen an Wasserkraftstrom stammen größtenteils aus dem östlich gelegenen Tyinsee-Bereich im Hochfjell. Exportiert wird das Aluminium über die Hafenanlagen von Årdalstangen, wo auch die importierten Rohstoffe (vor allem Aluminiumoxid) gelöscht werden.

Der ebenfalls zu Indre Sogn zählende Luster- bzw. Lustrafjord (s. Umschlagvorderseite) mit einer durchschnittlichen Breite von 1–2 km und Maximaltiefen von über 650 m erstreckt sich von Ombandsnes-Asalsnes gut 40 km in nördlicher Richtung bis Skjolden, wo er auf einen alten, das Vest- und das Östland verbindenden Handelsweg, den *Sognefjellsveien*, stößt. Ein anderer, touristisch gesehen ebenfalls attraktiver Weg verläuft von dem kleinen Seitenarm Gaupnefjord in das Jostedal (*Jostedalsveien*, Straße Nr. 604) und führt hier zu der leicht er-reichbaren und vielbesuchten Gletscherzunge *Nigardsbreen* (s. S. 110).

Am Ostufer des Lusterfjordes liegt auf einer Halbinsel die Siedlung **Urnes**, die über eine schmale Straße von Skjolden, aber auch bequem mit einer Fähre vom gegenüberliegenden Solvorm aus zu erreichen ist. Hier in Urnes ist Norwegens wohl älteste *Stabkirche* lokalisiert. Während das heutige Bauwerk in die Zeit zwischen 1130 und 1150 zurückdatiert wird, muß zumindest ein Teil der Kirche, vor allem die Nordwand, bedeutend älter sein. Besonders ein-drucksvoll sind die Schnitzereien mit Fabeltiermotiven oder auch die Portalornamentik, die mit altirischen Traditionen verwandt zu sein scheint (s. Abb. 12). Die herausragende Stellung gerade dieser Stabkirche dokumentiert sich auch darin, daß sie zusammen mit zwei anderen Stätten in Norwegen, nämlich der einstigen Bergbaustadt Röros und Bryggen in Bergen, auf der Liste der bedeutendsten Kulturdenkmäler der Welt steht (»World Heritage List« der UNESCO). Überhaupt befinden sich in Sogn-Fjordane mehr Stabkirchen als in anderen nor-wegischen Provinzen; so sind allein in Sogn acht alte Holzkirchen mittelalterlichen Ursprungs erhalten. Die Borgund-Stabkirche in **Lærdal** mag sicher die bekannteste sein; als älteste ihrer Art gilt jedoch die von Urnes. Archäologische Befunde und historische Quellen begründen

Borgund-Stabkirche

Urnes-Stabkirche

die Aussage, daß die Kirche auf einer sehr alten Kultstätte aus vorhistorischer Zeit steht und in Urnes einst eine mächtige Hofsiedlung existierte, wahrscheinlich eine der größten und wichtigsten des Landes. Für die überregionale Bedeutung dieses Siedlungsplatzes waren nicht nur die landwirtschaftlichen Aktivitäten bestimmend, sondern auch die Handelsfunktionen sowie der Gold- und Kupferbergbau im nördlich benachbarten **Feigedal.** Was dieses kleine Seitental betrifft, so bietet hier der *Feigefossen,* mit knapp 300 m gesamter Fallhöhe einer der größten Wasserfälle des Landes, ein imposantes Naturschauspiel.

Zum Distrikt **Midtre Sogn** werden gewöhnlich der mittlere Teil des Sognefjords und seine Seitenarme Lærdals-, Sogndals- und Aurlandsfjord gerechnet. Gerade in diesem Abschnitt des weit ins Landesinnere reichenden Fjords spielt der Fährverkehr eine große Rolle, denn die Wasserstraßen sind hier die Hauptverkehrsadern und bilden praktisch die einzigen Verbindungen zwischen Nord und Süd sowie West und Ost. Wichtige Fährhäfen sind die von Lærdalsøyri, Kaupanger, Aurland und Gudvangen. Von Lærdalsøyri, dem Zentrum der Gemeinde Lærdal, verläuft die E 68 in östlicher Richtung über das Fillefjell nach Valdres. Auf diesem Wege liegt, etwa 30 km von Lærdalsøyri entfernt, **Borgund** mit seiner alten Stabkirche aus den Jahren um 1150, die als die am besten erhaltene Norwegens gilt. Mit ihren Drachenköpfen, Portalschnitzereien, Runeninschriften etc. ist sie der Prototyp norwegischer Stabkirchen schlechthin.

Auch der alte Marktplatz **Kaupanger** an der Amlabucht mit heute gut 1100 Einwohnern verfügt über eine Stabkirche, die aus dem ausgehenden 12. Jahrhundert stammt, aber in der zweiten

Hälfte des 19. Jahrhunderts umgebaut wurde. Ausgrabungen auf dem Kirchengrund haben Rudimente von zwei älteren Kirchen zum Vorschein gebracht, wobei die älteste wahrscheinlich aus den Jahren um 1000 stammt. Das nordwestlich Kaupanger benachbarte **Sogndal** mit ca. 4500 Einwohnern ist ebenfalls, wie schon der Name erahnen läßt, ein sehr alter Siedlungs- und Handelsplatz, was zahlreiche Runensteine, Grabhügel etc. belegen.

Schließlich hat auch **Aurland** mit einer Reihe von Bodendenkmälern aus vor- und früh-geschichtlicher Zeit einen bedeutenden Platz in der Siedlungs- und Wirtschaftsgeschichte Norwegens. Das heutige, ca. 1000 Einwohner zählende **Aurlandsvangen** als Zentrum der Aurland-Gemeinde hat einen Teil seiner historischen Bausubstanz bewahren können. Beispiels-weise gilt die gotische *Vangen-Kirche* aus dem 13. Jahrhundert in Aurland als die größte Stein-kirche mittelalterlicher Herkunft in Sogn. Eine vorherige, ältere Stabkirche wurde leider abgerissen. Etwa 8 km südlich Aurlandsvangen, am Ende des Aurlandsfjords (s. Farbabb. 25), liegt **Flåm;** bis hierhin führt die Flåmbahnstrecke *(Flåmsbanen),* eine Nebenlinie der Bergen-bahn und ebenfalls ein Meisterwerk des norwegischen Eisenbahnbaus. Die 1944 eröffnete Bahn-linie spielt heute in der Fremdenverkehrswirtschaft eine besondere Rolle. Auf der etwa 20 km langen Strecke hat sie einen Höhenunterschied von 865 m zu überwinden, so daß zahlreiche Tunnelbauten notwendig waren.

Das äußere Sogn **(Ytre Sogn)** umfaßt den weiten Fjorddistrikt von der bucht- und schären-reichen Westküste bis etwa Balestrand-Vangsnes. **Balestrand** (Balholen) mit ca. 700 Einwoh-nern gilt aufgrund seiner vielseitig ausgestatteten Fremdenverkehrsstruktur als der größte und wichtigste Touristenort in ganz Sogn. Was die zahlreichen Ausflugsmöglichkeiten von Balestrand aus betrifft, so sei hier nur die Bootsverbindung nach Fjærland, dem Ausgangspunkt für Gletschertouren zum Jostedalsbreen, hervorgehoben. Gegenüber Balestrand liegen am süd-lichen Fjordufer zwei weitere Fährorte von überregionaler Bedeutung, nämlich Vangsnes und Vik. Mehrere Bodendenkmäler aus vor- und frühgeschichtlicher Zeit sprechen auch hier für eine alte Besiedlung. In unmittelbarer Nachbarschaft des Ortszentrums von **Vik** liegt die *Hove kirke,* eine im romanischen Stil errichtete Steinkirche aus dem ausgehenden 12. Jahr-hundert. Hier muß schon in vorchristlicher Zeit eine Art Ting- und Kultstätte existiert haben, worauf unter anderem mächtige Grabhügel *(Hovshaugadn)* verweisen. Unweit davon befindet sich die *Hopperstad-Stabkirche* aus den Jahren um 1150 (s. Farbabb. 1). Die stadtähnliche Sied-lung Vik selbst mit heute ca. 1300 Einwohnern ist seit mehreren Jahren auch ein nicht unbe-deutender Standort für stromintensive Fertigungszweige (Werk von *Norsk Hydro*). Auch im nordwestlich benachbarten, am nördlichen Fjordufer gelegenen **Höyanger** (1989 ca. 2200 Ein-wohner) ist ein Aluminiumwerk des Konzerns *Norsk Hydro* mit rund 700 Beschäftigten der wichtigste Arbeitgeber. Die preiswerte Wasserkraftenergie, Norwegens ›weiße Kohle‹, ermög-licht hier vielen Menschen ein gutes Einkommen.

Am Übergang vom Sognefjord in das westlich vorgelagerte Sognemeer *(Sognesjöen)* befindet sich der schon maritim geprägte Bezirk **Gulen,** der in der norwegischen Geschichte einen besonderen Platz einnimmt. Denn hier, und zwar in **Eivindvik,** wurde bis gegen Ende des

13. Jahrhunderts das berühmte *Gulating*, d. h. das alte Hauptting als die zugleich zentrale Rechtsinstanz für das gesamte westliche und südliche Norwegen, abgehalten. Erstmals fand dieses Ting hier allem Anschein nach um 900 n. Chr. statt. Gulen hatte eine zentrale verkehrsgeographische Position, denn von dort waren die Abstände zum südlichen Hordaland, dem nördlichen Fjordane und dem östlichen Sogn praktisch gleich weit. Später kamen auch die Bewohner aus den Küstengebieten Agders (Sörland), aus dem Setesdal sowie Hallingdal und Valdres zu diesem Tingplatz, der dann in den Jahren um 1300 nach Bergen verlegt wurde. Das Gulatinggesetz ist zu einem großen Teil überliefert. Erhalten sind Aufzeichnungen aus den Jahren um 1180 sowie eine nahezu vollständige Handschrift aus der Zeit um 1250.

Sunnfjord und Nordfjord

Der Provinzteil Fjordane setzt sich aus den beiden Distrikten Sunnfjord und Nordfjord zusammen. Zum südlicheren Sunnfjord-Distrikt werden gewöhnlich der mehr im Landesinneren gelegene Raum Gaular mit dem westlich anschließenden Dalsfjord sowie der Fördefjord und der Küstenbereich von Stavenes über Florö bis Bremanger gerechnet. Zentrum am inneren Sunnfjord ist das etwa 6000 Einwohner zählende **Förde**, das unter anderem über einen im Luftstreckennetz Norwegens wichtigen Flughafen verfügt. Noch bedeutender im Verkehrswesen dieses Vestlandteiles ist die 9600 Menschen zählende Küstenstadt **Florö** – übrigens als einziger Ort in Sogn-Fjordane mit Stadtrechten versehen – die in jüngster Zeit durch die Öl- und Gaswirtschaft im Offshore-Gebiet besondere Entwicklungsimpulse erfährt. Seine Anfänge verdankt auch diese Stadtsiedlung der Fischwirtschaft. Das erst 1860 gegründete Stadtgebilde Florö hat aber in seiner näheren Umgebung durchaus bedeutende historische und archäologische Sehenswürdigkeiten aufzuweisen. Da wäre zunächst einmal die *Kinnarkirche* auf der Insel **Kinn** westlich Florö zu nennen, eine romanische Steinkirche wahrscheinlich aus dem 12. Jahrhundert. Südlich Florö liegt auf **Svanöy** ein alter Adelssitz, der *Svanöy gård,* mit herrschaftlichen Gebäuden und botanisch sehr interessanten Parkanlagen (Fährverbindung Florö-Svanöy). Das dortige *St. Olavs-Kreuz,* ein Steinkreuz mit Runeninschriften, spricht für die lange Geschichte dieses alten Siedlungsplatzes. In dem restaurierten Hauptgebäude, das einst zum Bischofssitz in Bergen gehörte und später Krongut war, werden heute Tagungen und ähnliche Veranstaltungen abgehalten. Nicht weit von Svanöy sind auf der Festlandseite an der Straße Nr. 611 (RV 611) bei **Ausevik** sehr eindrucksvolle *Felszeichnungen* mit vielen Tierfiguren und Jagdsymbolen, vermutlich aus der Übergangsphase Steinzeitalter-Bronzezeit, zu besichtigen.

Nordfjord umfaßt die Landstriche beiderseits des gleichnamigen Fjords, der mit einer Breite von 1,5 bis 4,5 km ca. 110 km ins Landesinnere zieht. Am Ostende des Fjords liegen als wich-

Nördliches Vestland ▷

0   N   50 km

Kristiansund
Bremsnes

Nord-Möre

Averöya

Möre-Romsdal

Molde

Trollheimen

Moldefjord

Sunndalsöra   Sunndal

Haram

Åndalsnes
Romsdalshorn
▲1852 m

Vigra
Giske   Valderöy
Godöy   Spjelkavik
Runde   Ålesund
Storfjord

Trolltindane
1788 m

Romsdal

E 69

Heröy

Stranda

Trollstigen

Sande

Sunnmöre

Valldal

Leikanger

Volda

Selje

Dombås

Måløy

Nordfjord

Hornindalsvatn
Nordfjordeid 15   Stryn

Bremangerlandet
Grotle

Nordfjord

Sandane

Jostedalsbreen

Breheimen

Sognefjell

Jotunheimen

Kinn   Florö

Sogn-Fjordane

14   Byrkjelo

Skei   Lunde   604

Jostedal
Turtagrö
Skjolden
Luster   Fortun

Svanöy   Fördefjord   611
Stavenes   Sunnfjord   Förde
Gaular   Mundal   Fjærland

Hurrungane 2203 m ▲

Övre Årdal
Tyin

Dalsfjord

Solvorn   Urnes

Ardalstangen

Höyanger
Balestrand   Hermansverk

Kaupanger   Sogn   Fillefjell

Gulen

Sognefjord   Vangsnes

Lærdalsöyri

Vik

E 68   Borgund

Vikafjell

Aurland

Gudvangen   Aurlandsdal
Flåm

Dale   Voss

165

tigste Siedlungszentren Stryn und Sandane mit etwa 1100 bzw. 2000 Einwohnern. In **Sandane** ist u. a. das *Nordfjord Folkemuseum* mit traditionellen agrar-bäuerlichen Haus- und Hofstellen der Nordfjordregion lokalisiert. Gegenüber Sandane befindet sich am Westufer des Fjords der Ort **Gjemmestad** mit einer Kirche aus dem ausgehenden 17. Jahrhundert und Grabhügeln aus der jüngeren und älteren Eisenzeit. Zahlreiche andere Bodendenkmäler aus vor- und frühgeschichtlicher Zeit sprechen auch hier für die lange Siedlungstradition. Von Sandane verläuft die Reichsstraße Nr. 14 weiter in südlicher Richtung, praktisch in einem Halbkreis über Byrkjelo und Skei nach Förde am inneren Sunnfjord. Die guten landwirtschaftlichen Gegebenheiten im Raum Byrkjelo waren sicher die Hauptvoraussetzung für eine relativ dichte Besiedlung schon in der Wikingerzeit. Südöstlich Skei, in Richtung Fjærland am Ende des Sognefjords, wurde 1986 ein spektakuläres Tunnelbauprojekt in Betrieb genommen, nämlich der 6,4 km lange Fjærlandtunnel zwischen Lunde und Böyadalen, der unter der Südspitze des Jostedalsbreen verläuft. Die offizielle Eröffnung übernahm übrigens der damalige amerikanische Vizepräsident Walter Mondale, dessen Vorfahren aus Mundal in Fjærland stammen.

Auf dem Wege zur Westküste mit den wichtigen Orten Bremanger, Målöy, Selje und Leikanger passiert die Reichsstraße Nr. 15 vom inneren Nordfjord aus den Hornindalsvatn und die städtische Siedlung Nordfjordeid. Der **Hornindalsvatn** ist mit über 600 m Europas tiefster Binnensee, der seine Entstehung natürlich auch der eiszeitlichen Gletschererosion verdankt. **Nordfjordeid** mit rund 2300 Einwohnern gilt heute als das wichtigste Regionalzentrum im Nordfjord-Distrikt und verfügt über ein vielseitiges Erwerbsleben und ein umfangreiches Dienstleistungsangebot. Weithin bekannt war und ist Nordfjordeid auch als Ort für die Zucht der berühmten norwegischen Fjordpferdrasse *(Fjordinger)*. Wenn auch die Zahl der Fjordinger im Zeitalter des Traktors stark zurückgegangen ist, so darf doch nicht vergessen werden, daß gerade diese genügsame und auch schöne Pferderasse über viele Jahrhunderte ein treuer und zugleich unentbehrlicher Helfer auf Tausenden von Bauernhöfen im Vestland und in anderen norwegischen Landesteilen gewesen ist.

Heringsfischerei bei Kinn um 1850

Heringsfischerei an der Vestlandküste um 1860

Etwa 50 km westlich Nordfjordeid liegt, meerorientiert, die Gemeinde Vågsöy mit ihrem Zentrum **Målöy.** Die rund 2800 Einwohner zählende Siedlung hat sich zu einem der leistungsstärksten norwegischen Exportplätze für Frischfisch (u. a. auch für Zuchtlachs) entwickelt. Ein entscheidender Grund für die starke Position Målöys in der Fischwirtschaft liegt wohl in der Tatsache begründet, daß sich hier bei knapp 62 ° n. Br. der Schnittpunkt zweier traditionell sehr wichtiger Fischressourcen befindet, nämlich der Grenzbereich zwischen den Kabeljaubeständen des Nordens und den Winterheringsbeständen des Südens. Das hatte und hat zur Folge, daß die Küstenfischerei im Målöy-Bereich bei den gefürchteten Fluktuationen der Fischressourcen (Ausbleiben der Schwärme in bestimmten Jahren) eher auf Alternativen ausweichen konnte als andere Fischfangplätze an der West- und Nordküste. Vor dem Ausbau einer modernen Fangflotte für die Hochseefischerei in diesem Jahrhundert war die Küstenfischerei auch im Raum Målöy, wie in anderen Vestlandregionen, in saisonaler Ergänzung zur Landwirtschaft weit verbreitet. Die Bauern-Fischer-Bevölkerung beschäftigte sich damals unter anderem mit der Verarbeitung des Kabeljaus (norw. *skrei*) zu Klippfisch.

Målöy ist heute auch ein bedeutender Verkehrsknotenpunkt für verschiedene Fährlinien, so nach Bremangerlandet und nach Selje. Auf der dem Ort **Selje** vorgelagerten kleinen Insel gleichen Namens lag übrigens der erste Bischofssitz von Vestland. Benediktinermönche errichteten hier im 11. Jahrhundert ein Kloster, von dem noch Reste erhalten sind. Auch der Turm der Klosterkirche (St. Alban-Kirche) ist in restaurierter Form erhalten. Nicht weit davon befinden sich die Ruinen einer kleineren Kirche, die der irischen Heiligen Sunniva, der späteren Schutzpatronin für ganz Westnorwegen, geweiht war.

Möre-Romsdal

Als nördlichste Vestlandprovinz erstreckt sich Möre-Romsdal etwa 220 km in südwest-nordöstlicher Richtung vom Nordfjordbereich bis zur Grenze von Sör-Tröndelag. Seit altersher
wird Möre-Romsdal von Süden nach Norden in drei Teile gegliedert, nämlich in Sunnmöre,
Romsdal und Nordmöre. Auch in diesen drei Distrikten lebt der weitaus größte Teil der
Bevölkerung küstenorientiert, was beispielsweise schon die Lage der wichtigsten Stadtzentren,
nämlich Ålesund in Sunnmöre, Molde in Romsdal und Kristiansund in Nordmöre, unterstreicht. Der landschaftliche Gegensatz zwischen den äußeren und inneren Zonen ist wie in
anderen Vestlandbereichen groß; er reicht von der relativ flachen Küstenplattform im Westen
bis zu rauhen Hochgebirgslandschaften im Osten. Bindeglieder zwischen diesen so konträren
Landschaftstypen sind bis zu 30 Fjorde bzw. Fjordarme mit weit ins innere Hochfjell reichenden Verästelungen, so z. B. der vielbesuchte Geirangerfjord (s. Abb. 20). Die enge Verzahnung
von Land und Wasser manifestiert sich auch im Verkehrswesen; keine norwegische Provinz
hat einen so ausgeprägten Fährverkehr wie Möre-Romsdal.

Ein Blick auf die topographische Karte von Möre-Romsdal verdeutlicht die Tatsache, daß die
Fjorde, Sunde, Landengen und Täler im Grunde zwei Verlaufsrichtungen zeigen, nämlich eine

Bei Åndalsnes

südwest-nordöstliche (also küstenparallele) und eine direkt entgegengesetzte. Diese Merkwürdigkeit ist ursächlich mit der Geologie von Möre-Romsdal in Verbindung zu bringen. So besteht der größte Teil dieser Vestlandprovinz aus Grundgebirgsgesteinen (Gneise, Granite u. a.), deren Kanten und Bruchlinien in nordwest-südöstlicher Richtung verlaufen und damit auch den küstenparallelen Verlauf der Tal- und Fjordzüge bestimmen. Demgegenüber folgt die gegensätzliche Richtung des Flußsystems im Landesinnern der natürlichen, südost-nordwestlichen Abdachung der Gesteinsformationen zur Küste hin. Hier haben sich die Talzüge der Driva (Sunndal), der Rauma (Romsdal) und anderer Flüsse tief in das Grundgebirge eingeschnitten und später noch eine weitere Übertiefung in den Glazialzeiten erfahren. Das umgebende Hochfjell ist ebenfalls während der Eiszeiten grundlegend umgestaltet worden. So hat die Glazialerosion z. B. mächtige Berggipfel bzw. Grate herauspräpariert, wie sie besonders eindrucksvoll zwischen Romsdalen und Isterdalen die **Trolltindane** mit Maximalerhebungen von knapp 1800 m und nahezu senkrecht abfallenden Felswänden zeigen. Da die Taltröge oft abrupt vor dem Hochfjell enden, ergeben sich gerade dort für die traditionellen wie für die modernen Verkehrswege enorme Schwierigkeiten. Ein markantes Beispiel hierfür bietet der südlich Åndalsnes durch das Isterdal verlaufende, weltberühmte Trollstigweg, an dessen Serpentinen man über 20 Jahre gebaut hat. Der Trollstigen mit einer Steigung von 12% windet sich in elf Serpentinen bis in eine Höhe von 850 m (s. Farbabb. 24).

Die flacheren Küstensäume, insbesondere die Küstenplattform oder Strandflate, unterlagen im Spät- und Postglazial der marinen Transgression (d. h. der Überspülung durch das Meer), so daß Meeressedimente in Form von Sanden und Tonen abgelagert wurden, die dann im Zuge der nacheiszeitlichen Landhebung an die Oberfläche kamen. Damit waren relativ gute Voraussetzungen für die Bodenbildung gegeben, und so ist es nicht verwunderlich, daß gerade im Küstenbereich der größte Teil des kultivierten Agrarlandes von Möre-Romsdal lokalisiert ist.

Zum Distrikt **Sunnmöre** zählen das Festland und die Inseln zwischen Rovdefjord, Voldafjord, Vartdalsfjord und Storfjord nebst deren Seitenarmen. Damit entfallen auf Sunnmöre über 30% der Provinzfläche und gut 40% des kultivierten Landwirtschaftsareals von Möre-Romsdal. In erster Linie gilt aber der Sunnmöre-Distrikt als traditioneller und moderner Aktivraum der norwegischen Fischerei. So hat in keiner anderen Region der Vestlandküste die Fischwirtschaft ein so dichtes Netz an Fang-, Verarbeitungs- und Versorgungsbetrieben aufzubauen vermocht. Neben den beiden Fischverarbeitungszentren Ålesund und Heröy verteilt sich dieser Wirtschaftszweig über die gesamte Inselregion zwischen den Kommunen Haram im Norden und Sande im Süden. Heute wird die Fischwirtschaft in Sunnmöre allerdings vom Hochseefang getragen. Auch hier gehört der einst dominierende saisonale Küstenfang einer früheren Bauern-Fischer-Bevölkerung der Vergangenheit an. Hauptauslöser für die bis heute erfolgreiche Hochseefischerei in Sunnmöre waren die Privatinitiativen der ansässigen Fischer sowie das Kapital der Handelsstadt Ålesund. Im Raum Ålesund ist übrigens auch ein Großteil jener Robbenschläger zu Hause, die durch den Fang der jungen Robben, der sogenannten *whitecoats* in den arktischen Packeisgebieten während der letzten Jahrzehnte immer wieder internationale Proteste hervorgerufen haben.

Ålesund

Ålesund (s. Farbabb. 17, 22) mit heute gut 26 000 Einwohnern im eigentlichen Stadtgebiet ist zweifellos das wichtigste Handels- und Dienstleistungszentrum in Sunnmöre. Von dem Stadtberg **Aksla** bietet sich dem Besucher eine großartige Aussicht auf die ins Meer vorgeschobene Siedlung. Die dichtere Stadtbebauung konzentriert sich auf die drei durch Brücken miteinander verbundenen Inseln Norvöy, Aspöy und Heissa, die als Teile des Schärengürtels der äußeren Sunnmöreküste anzusprechen sind. Vorgänger des erst im Jahre 1848 mit Stadtrechten versehenen Hafen- und Handelsplatzes war das am östlichen Stadtrand liegende **Borgund** *(Borgundkaupangen)*, eine Siedlung aus mittelalterlicher Zeit. Die **Borgund-Kirche,** ein Steinbau mit Teilen aus den Jahren vor 1250, sowie ein **Museumstrakt** mit Ausgrabungsstätten belegen das historische Erbe dieses Handelsplatzes.

Im Jahre 1825 lebten im heutigen Ålesund (einschließlich des eingemeindeten Vorortes Spjelkavik) nur 289 Menschen; gegen die Jahrhundertwende waren es dann in Sunnmöres neuer Hauptstadt schon 12 000. Der entscheidende Wachstumsimpuls kam, wie bereits angedeutet, von der Fischerei und Fischverarbeitung. Beispielsweise wurde Norwegens erste Fischfachmesse 1864 in der jungen Stadt ausgerichtet. Damals importierten mehrere Staaten, vor allem Spanien, Klippfisch aus dem Ålesunder Hafen.

Das rasche Wachstum der Stadt wurde im Jahre 1904 durch einen Großbrand, dem ca. 800 Häuser und damit der größte Teil der Bausubstanz zum Opfer fielen, jäh unterbrochen. Die heutige Stadtsilhouette stammt also aus den Wiederaufbaujahren nach 1904. Um jene Zeit war die führende Architekturrichtung in großen Teilen Europas der Jugendstil, der im neuen Ålesund eine eigene, norwegische Variante erhielt. Ålesund präsentiert sich daher heute als ein einzigartiges städtebauliches Denkmal dieser Architekturepoche. Übrigens leistete der damalige deutsche Kaiser Wilhelm II. als Norwegenverehrer großzügige Hilfe für den Wiederaufbau der Stadt, was die Norweger dazu veranlaßte, eine der Straßen im Zentrum Ålesunds »Keiser Wilhelmsgate« zu benennen; diesen Namen trägt sie auch heute noch.

Das moderne Ålesund erfüllt neben seinen gewerblichen Aktivitäten (u. a. Veredelungsbetriebe für Fisch und Fischprodukte, d. h. Gefrier- und Trocknungsanlagen, Konservenfabriken etc.) bedeutende Dienstleistungsfunktionen für ein weites Umland. Entsprechende Ausbauten der Verkehrsinfrastruktur haben diese Position verstärkt. So wurde 1986 ein Tunnel zur nördlich benachbarten Insel Ellingsöy in Betrieb genommen. Andere Tunnels führen auf Valderöy und Vigra sowie nach Godöy, während eine Hochbrücke Ålesund mit der kleinen Insel **Giske** (hier auch eine im romanischen Stil errichtete **Marmorkirche** aus der ersten Hälfte des 12. Jahrhunderts) verbindet. Daneben ist Ålesund auch weiterhin ein bedeutender Knotenpunkt für regionale und überregionale Fährlinien, und auf dem nördlich gelegenen Vigra liegt ein betriebsamer Flughafen für den Inlandsverkehr. Eine der zahlreichen Schiffsverbindungen geht zur südwestlich vorgelagerten **Runde-Insel** (Gemeinde Heröy) mit Südnorwegens einzigem großen Vogelfelsen. Von Mai bis August halten sich an der 300 m hohen und nahezu senkrecht ins Meer stürzenden Felswand über 200 Seevogelarten mit insgesamt mehreren Hunderttausend Exemplaren auf.

Der Romsdal-Distrikt als mittlerer Teil der Provinz Möre-Romsdal umfaßt die Gebiete beiderseits des Moldefjords mit dessen im Landesinneren sich verzweigenden Seitenarmen und anschließenden Talzügen. Letztere sind mit Ausnahme des Romsdals und des benachbarten Eikesdals nur verhältnismäßig kurz ausgebildet. Das in südöstlicher Richtung nach Dombås verlaufende Romsdal bildet mit der E 69 und der Raumabahn zugleich die Hauptverkehrsader zwischen dem nördlichen Vestland und dem zum Östland zählenden Gudbrandsdal. An der Mündung der Rauma in den Romsdalsfjord liegt als bedeutender Verkehrsknotenpunkt und Zentrum industrieller Aktivitäten die stadtähnliche Siedlung **Åndalsnes** mit gut 3000 Einwohnern (s. Farbabb. 6). In seinem unteren Abschnitt zeigt das Romsdal breite, anbaugünstige Talböden, die von steilen Felswänden flankiert werden. Eine dieser markanten Felsformen ist das gratförmige, über 1550 m hohe Romsdalshorn. Auf der gegenüberliegenden Seite erheben sich die bereits an früherer Stelle genannten Trolltindane mit ihren bis nahezu 1800 m reichenden bizarren Gipfeln. Zergliedert wird das von der Rauma durchschnittene Hochfjell noch von einigen Seitentälern, die meist als sogenannte Hängetäler (sie enden praktisch in der oberen Hanglage des Haupttales) ausgeprägt sind, so z. B. das Vermedal und Ulvådal.

Litledalen

Molde

Wichtigste Stadt in Romsdal und zugleich Provinzverwaltungssitz von Möre-Romsdal ist Molde mit rund 22 000 Einwohnern. Schon im 14. Jahrhundert existierte hier ein bedeutender Handelsplatz für Holzexporte nach England und in die Niederlande. Als erstem Ort in Möre-Romsdal wurden Molde dann im Jahre 1742 die Stadtrechte verliehen. Seit Mitte des 19. Jahrhunderts erhielt die junge Stadt mehr und mehr den Charakter eines Handels- und Dienstleistungszentrums, das sich später in besonderem Maße auf den Tourismus spezialisierte. Jäh unterbrochen wurde das Wachstum der Stadt im April 1940, als sie von deutschen Fliegern bombardiert wurde. Über zwei Drittel der Bausubstanz wurden zerstört, mehr als 250 Häuser erlitten Totalschaden, ca. 800 Bewohner wurden obdachlos. Der Wiederaufbau vollzog sich nach mehr oder minder regelhaftem Muster. Von dem 407 m hoch liegenden Aussichtspunkt **Varden** hat man einen großartigen Rundblick auf die dem nördlichen Fjordufer angeschmiegte neue Stadt, in deren Hintergrund sich das imposante Moldepanorama mit 87 über 1000 m hohen, schneebedeckten Graten zeigt.

Bedeutende Sehenswürdigkeiten Moldes sind das **Romsdalsmuseum** oberhalb des Stadtzentrums am Reknesparken, weiterhin das **Fischereimuseum** auf Hjertöya, die 1957 fertiggestellte **Domkirche** und der **Moldegård**. Letzterer umfaßt mehrere Patrizierhäuser bzw. Herrenhöfe, darunter den Amtmannshof *(amtmannsgård)* aus dem beginnenden 18. Jahrhundert. Im Romsdalsmuseum sind über 60 charakteristische alte Haus- und Hofstellen aus Möre-Romsdal zu besichtigen.

Schließlich sei an dieser Stelle noch erwähnt, daß Molde eine besondere Klimagunst aufweist, was sich im Auftreten zahlreicher wärmeliebender Laubholzarten (z. B. Roßkastanie, Ahorn, Linde, Esche und Blutbuche) zeigt. Dieses für gut 62° n. Br. reiche Pflanzenwachstum hat Molde auch den Namen »Rosenstadt« *(rosenes by)* eingebracht.

Kristiansund

Die für West- und Nordnorwegen so wichtige Hurtigroute verbindet Molde über den Seeweg entlang der Schärenküste mit dem gut 50 km entfernten Kristiansund im äußeren Nordmöre. Das dem Meer direkt zugewandte Kristiansund mit rund 18 000 Einwohnern ist bis heute praktisch die einzige größere norwegische Stadt, die nur auf dem Seeweg oder mit dem Flugzeug zu erreichen ist. Auch Kristiansund wurde bei einem deutschen Luftangriff 1940 fast ganz zerstört und danach modern wiederaufgebaut. Ähnlich wie Ålesund erstreckt sich die neue Stadt über drei Inseln, nämlich Kirkelandet, Innlandet und Nordlandet, die durch Brücken verbunden sind und das Wirtschaftszentrum der Stadt, den Hafen, umschließen. Auf Kirkelandet-Gomalandet liegt der eigentliche Stadtkern mit den wichtigsten Behörden und Geschäften.

Die Insel Kirkelandet trug früher den Namen *Fosna* (Fosen); häufig wurde sie auch **Litle-Fosna** (»Klein-Fosen«, im Gegensatz zu Stor-Fosna in Tröndelag) genannt. Von einer Küstensiedlung Fosna im heutigen Kristiansund wird bereits im Jahre 1520 berichtet; 1742 erhielt dann der Hafen- und Handelsplatz Stadtrechte und zugleich den Namen Christianssund bzw. Kristiansund nach dem Dänenkönig Christian VI. Zunächst förderte auch hier der Holzhandel das städtische Wachstum. Später wurde der Export von Heringen zum wichtigsten Erwerbszweig, und zahlreiche Kaufleute, unter anderem aus Schottland, England und Schleswig, ließen sich in der Hafenstadt nieder. Als der Holzhandel nachließ und die Heringsschwärme ausblieben, begannen die Kristiansunder Kaufleute, Dorsch bzw. Kabeljau von den Lofoten aufzukaufen und von Nordmöre aus in Form von Klipp- und Stockfisch zu exportieren, besonders nach Spanien, Portugal, Brasilien und Kuba. Die Blütezeit in der Fischwirtschaft brachte vor allem im 19. Jahrhundert auch einen Bevölkerungsanstieg der Stadt mit sich, und zwar im Zeitraum 1835–1890 von 3200 auf 10400 Menschen. Die Lofotverbindungen und der Exporthandel machten Kristiansund damals zu einer Schiffahrtsstadt mit eigener Flotte.

In den letzten Jahrzehnten hat Kristiansund verstärkte Bemühungen unternommen, um die lange Zeit einseitige Abhängigkeit von der Fischwirtschaft zu mindern. Neue, besonders mit dem Schiffsbau verbundene Industriezweige entstanden. Über den gut ausgebauten Hafen werden unter anderem bedeutende Mengen Aluminium aus dem Werk von Sunndalsöra exportiert. Heute kann Kristiansund auch in stärkerem Maße an dem Öl- und Gasboom im norwegischen Nordseesektor partizipieren, vor allem als Versorgungszentrum für die Offshore-Aktivitäten im Bereich Haltenbanken.

Am Rande des neuen Stadtzentrums auf der Insel Kirkelandet liegt die 1964 fertiggestellte **Kristiansund-Kirche,** die wohl einen der ungewöhnlichsten Sakralbauten Norwegens verkörpert. Westlich Kristiansund ist bei **Bremsnes** auf Averöy eine mittelalterliche Kirche, die **Kvernes-Stabkirche,** erhalten. Empfehlenswert ist auch ein Besuch des **Nordmöre-Museums** an der inneren Vågenbucht von Kirkelandet, in dem man der traditionellen Fischwirtschaft einen größeren Platz eingeräumt hat. Schließlich spiegelt sich die alte Siedlungs- und Wirtschaftsgeschichte des Kristiansunder Raumes wider in den steinzeitlichen Wohnplätzen am Voldvatn auf **Nordlandet,** die zu der berühmten Fosna-Kultur gerechnet werden.

Tröndelag

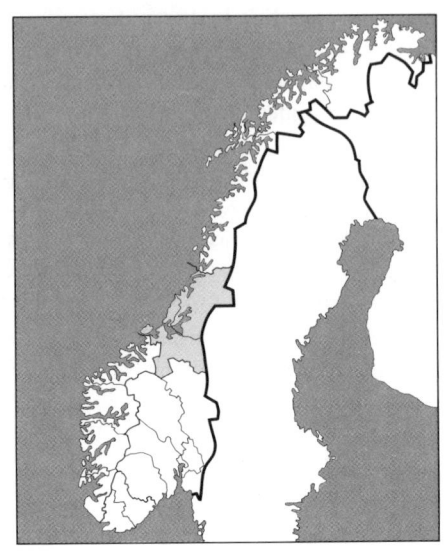

Mit rund 41 000 km² Fläche entspricht der Landesteil Tröndelag mit seinen beiden Provinzen Sör- und Nord-Tröndelag in etwa der Größe Dänemarks. In krassem Gegensatz zu dem südlichen skandinavischen Nachbarland wird jedoch der größte Teil Tröndelags, nämlich um die 70%, von Fjellregionen mit weiten Hochflächen, Fjellbirkengehölzen und Mooren eingenommen. Auf produktive, d. h. holzwirtschaftlich intensiver genutzte Wälder entfallen 26% und auf kultiviertes Landwirtschaftsareal 4%. Das Landschaftsbild Tröndelags zeigt sich dennoch sehr vielgestaltig. Von dem Schärenhof an der Westküste reicht es über zahlreiche Fjordarme und breite Taleinschnitte mit agrarintensiven Produktionszweigen bis zu den binnenwärts anschließenden Wald- und Hochfjellflächen in Richtung der norwegisch-schwedischen Grenze. Trotz dieser landschaftlichen wie wirtschaftsräumlichen Kontraste kennzeichnet aber die einzelnen Regionen Tröndelags ein großes Maß an kulturhistorischer Gemeinsamkeit, wie sie in kaum einem anderen Landesteil ausgeprägt ist. Diese Tatsache, die sich beispielsweise im Dialekt oder in den Haus- und Hofformen manifestiert, ist im wesentlichen darauf zurückzuführen, daß der Kernraum Trondheim und die ebenfalls altbesiedelten Ufersäume des Trondheimsfjords seit jeher einen großen Einfluß auf die binnenwärtigen Wald- und Fjell-Landschaften ausgeübt haben. Während sich Bergen als Handels- und Seehafenstadt bis in die moderne Zeit hinein kein größeres Hinterland schaffen konnte, hatte Trondheim schon in mittelalterlicher Zeit sowohl ökonomisch wie kulturell enge Kontakte mit einem sehr weiten Umland. Ein wichtiger Impuls für diese frühe Entwicklung ging zweifellos von der schon um 940 n. Chr. praktizierten *Frostating*-Gesetzgebung aus (nach der Halbinsel Frosta am Trondheimsfjord), deren Verbindlichkeitsbereich sich in etwa mit dem Raum des heutigen Tröndelag deckte.

Tröndelag im Überblick

In naturräumlicher Sicht bilden im Süden das Dovrefjell und im Norden eine Hauptwasserscheide die Grenzen Tröndelags. Geologisch gesehen gehört der so abgegrenzte Raum zum

Kaledonischen Faltengebirge, dessen meist schiefrige Gesteine weniger widerstandsfähig sind als etwa die Grundgebirgsformationen des Baltischen Schildes in den südlichen und östlichen Landesteilen. Somit konnte gerade in Tröndelag schon in präglazialer Zeit eine intensive Zertalung stattfinden, die dann im Spät- und Postglazial von der marinen Transgression erfaßt wurde, was die Bildung des Trondheimsfjords zur Folge hatte. Alle größeren Flüsse mit Ausnahme der Driva und des Namsen entwässern zu dem relativ flachen und breitgestreckten Fjord, der eine Art Klammer zwischen Süd- und Nord-Tröndelag bildet.

Besonders kraß zeigen sich die klimatischen Unterschiede in Tröndelag, und zwar vor allem aufgrund der maritim-kontinentalen Gegensätze. Entlang der Küste herrscht ein ausgesprochen ozeanisches Klima mit relativ kühlen Sommern und milden Wintern vor. Beispielsweise liegen die Durchschnittstemperaturen auf dem zum äußeren Schärenhof zählenden Sula auch in den Wintermonaten nicht unter 0 °C, während sie schon bei Örland, d. h. an der Mündung des Trondheimsfjords, in der Winterzeit oft unter den Gefrierpunkt fallen. Weiter entlang der inneren Fjordufer nordöstlich Trondheim herrschen die besten klimatischen Gegebenheiten. Hier bieten warme Sommermonate und die Schutzlage vor kontinentalen Kaltlufteinbrüchen zusammen mit den nährstoffreichen marinen Böden die Hauptvoraussetzungen für eine intensive Agrarproduktion. Die östlich anschließenden Binnenräume haben dagegen ein extrem kontinentales Klima. In der Rörosvidda rund um die berühmte Bergbaustadt Röros werden etwa 200 Tage im Jahr Temperaturen unter 0 °C gemessen. In manchen Winternächten kann hier das Thermometer auf minus 40 °C und darunter sinken.

Nach den naturräumlichen Voraussetzungen und den landschaftlichen Gegebenheiten ließe sich Tröndelag in drei Raumeinheiten untergliedern, nämlich in Küsten-, Fjord- und Binnenregionen. In administrativer Sicht bildet der Landesteil dagegen zwei eigenständige Provinzen, wobei ca. 19 000 km² auf Sör-Tröndelag und 22 000 km² auf Nord-Tröndelag entfallen.

Sör-Tröndelag umfaßt den größten Teil der Fosen-Halbinsel, die westlich vorgelagerten Inseln Hitra und Fröya einschließlich der sie umgebenden Schären sowie schließlich den Raum südlich des Trondheimsfjords mit den Tal- und Fjellgebieten in Richtung Dovre bzw. Nordmöregrenze. Zu Nord-Tröndelag zählen vor allem die inneren Bereiche des Trondheimsfjords sowie der nördlich sich anschließende, langgestreckte und waldreiche Namdalsdistrikt.

Wichtigstes Bindeglied zwischen den einzelnen unterschiedlich strukturierten Landschaften Tröndelags ist der sich mit einer Länge von etwa 130 km ins Landesinnere erstreckende Trondheimsfjord. Auf seine flachen Ufersäume konzentrieren sich auch die bedeutendsten städtischen Siedlungen und die Standorte einer leistungsstarken Landwirtschaft. Die Flachländereien beiderseits des Fjords nehmen zwar nur ein Sechstel der Gesamtfläche beider Provinzen ein, sie vereinigen aber auf sich etwa die Hälfte des kultivierten Agrarareals ganz Tröndelags. Mächtige, bis ca. 200 m über dem heutigen Meeresspiegel liegende marine Ablagerungen sowie günstige Klimaverhältnisse bilden die Basis für eine leistungsstarke und marktwirtschaftlich ausgerichtete Agrarproduktion. Die besten Getreideanbaugebiete konzentrieren sich dabei auf den Nordostsaum des Fjords, d. h. auf den Raum Levanger-Steinkjer, der im Regenschatten der Fosen-Halbinsel liegt. Seit langem sind diese Distrikte bekannt für ihren mehr oder minder flächenhaften Anbau von Gerste (s. Farbabb. 7). Daneben wird ein beträchtlicher Teil des

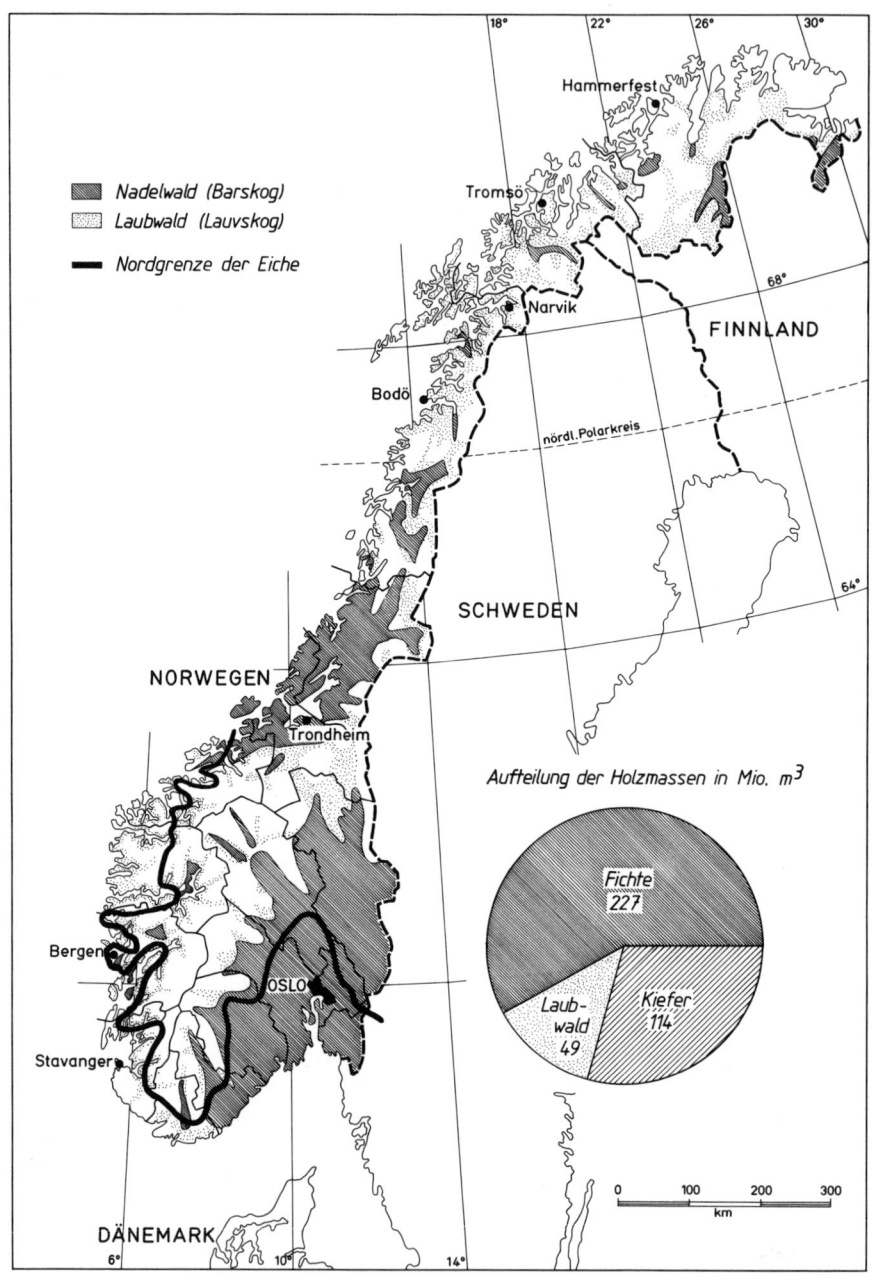

Nadelwald (Barskog)
Laubwald (Lauvskog)
Nordgrenze der Eiche

Aufteilung der Holzmassen in Mio. m³

Fichte
227

Laub-
wald
49

Kiefer
114

0   100   200   300
km

kultivierten Landes von Schnittwiesen für die Heu- und Silagegewinnung eingenommen. Andere Agrarbezirke entlang des Trondheimsfjords haben sich wie im Östland oder in Jæren auf Sonderkulturen, also Obst- und Gemüsebau, spezialisiert. So ist z. B. Lensvik in Sör-Tröndelag schon seit Jahrzehnten in ganz Norwegen für seinen flächenhaften Erdbeeranbau bekannt.

Die agraren Gunsträume am Trondheimsfjord unterliegen bislang nicht so starken Urbanisierungstendenzen wie die im Oslograbengebiet. Neben dem alten und heutigen Landesteilzentrum Trondheim durchsetzen mehrere kleinere zentrale Orte die Agrarlandschaften entlang des Fjordes. Für Nord-Tröndelag sind die Orte Stjördal, Levanger, Verdalsöra und insbesondere Steinkjer als Sitz der Provinzverwaltung Nord-Tröndelags zu nennen. Demgegenüber haben sich sowohl in der Küsten- wie in der Binnenregion Tröndelags nur wenige größere zentrale Orte entwickeln können; deren bedeutendste sind sicherlich Röros im Südosten und das meerorientierte Namsos im Nordwesten.

Trondheim

Geschichte

Das alte und ehrwürdige Trondheim (s. Abb. 27), ursprünglich *Nidaros* und später *Trondhjem* genannt, gilt heute als Norwegens drittgrößte Stadt und hat rund 137 000 Einwohner (1989). Die Stadt liegt an einer südlichen Bucht des inneren Trondheimsfjordes. Sie ist nicht nur der traditionelle Mittelpunkt einer anbau- und verkehrsgünstigen altbesiedelten Kulturlandschaft, sondern auch der gegenwärtige Verwaltungssitz der Provinz Sör-Tröndelag und zugleich der wichtigste zentrale Ort ganz Tröndelags. Trondheim ist weiterhin Bischofssitz (Stift Nidaros) und Standort einer sehr angesehenen Technischen Hochschule. Der historische Stadtkern liegt dort, wo der Fluß Nidelva vor seiner Mündung in den Fjord einen Bogen und somit die Halbinsel Öra bildet, die nur im Westen durch eine schmale Landenge mit dem Festland verbunden ist. Längst ist die Stadt weit über den mittelalterlichen Kern hinausgewachsen. Die zahlreichen Vororte mit modernen Wohnvierteln sowie vielseitigen Industrie- und Dienstleistungsbranchen verdichten sich entlang der E 6 südlich und östlich des Stadtzentrums. Es ist in Trondheim heute eine ähnlich progressive Entwicklung zu verfolgen wie sie bereits für Oslo, Bergen, Stavanger oder Kristiansand skizziert wurde.

Der Überlieferung nach gilt als Gründer der Stadt, die bis ins 16. Jahrhundert den Namen Nidaros trug, Olav Tryggvason (Olav I.), dessen 1923 errichtetes Standbild auf dem Marktplatz *(Torget)* weithin sichtbar ist. Schon vor der Errichtung des Königshofes Nidarnes und einer

◁ *Die Waldverteilung in Norwegen*

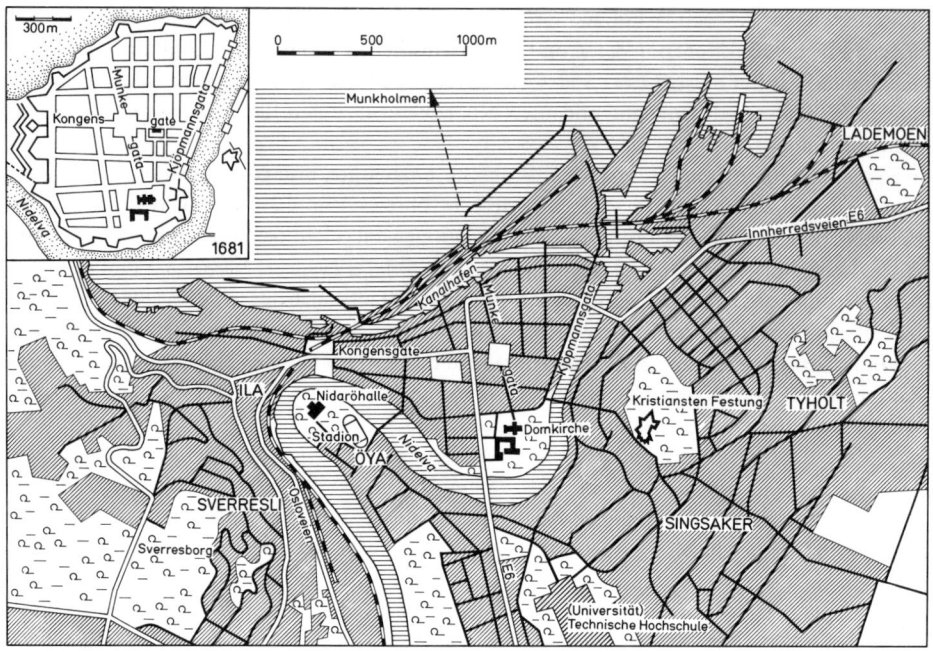

Trondheim heute und 1681

Kirche auf der Halbinsel Öra im Jahre 997 n. Chr. existierten hier eine Handels- bzw. Wikinger-siedlung sowie eine überregional bedeutende Tingstätte, die um 940 zur Halbinsel Frosta verlegt wurde. Olav Tryggvason ließ von seinem Kirchzentrum auf Öra die Christianisierung weiter Landesteile durchführen. Sein Nachfolger, Olav II., in der Geschichte besser als Olav der Heilige bekannt, der nach Harald Schönhaar auch als zweiter Gründer des norwegischen Reiches bezeichnet wird, förderte die Entwicklung der Siedlung Nidaros in besonderem Maße. Bis zu Anfang des 13. Jahrhunderts war Nidaros nun die wichtigste Residenz der norwegischen Könige.

Eine erste große Wachstumsphase der Stadt fällt in die Zeit nach dem Tode Olavs des Heiligen in der Schlacht bei Stiklestad im Jahre 1030, als Nidaros/Trondheim durch den Totenschrein des heiliggesprochenen Königs zu einem weit über die Landesgrenzen hinaus berühmten Wall-fahrtsort wurde. Damit stieg Trondheim wenigstens für eine Zeitlang zur reichsten und größten Stadt Norwegens auf. Schon vor der Wahl Trondheims zum Sitz des norwegischen Erzbischofs im Jahre 1152 war mit dem Bau des Nidarosdomes begonnen worden. Außer diesem heutigen Nationalheiligtum des Landes entstanden noch neun weitere Kirchen und fünf Klöster. Trond-heims sakrale Mittelpunktstellung zeigt sich auch darin, daß von hier aus der Erzbischof über sieben Bistümer bis nach Island und Grönland gebot. Zugleich war die Stadt Ausgangspunkt für den Handel mit Nordnorwegen und den Inseln im Nordatlantik.

Durch die Union mit Dänemark ab 1380 geriet Trondheim dann in eine Abseitslage, zumal nun die Handelsprivilegien mehr und mehr den hanseatischen Kaufleuten in Bergen übertragen wurden. Ein weiterer Einschnitt in der Stadtgeschichte war mit der Reformation verbunden, die Norwegen 1535 erreichte. Der katholische Erzbischof mußte das Land verlassen, der Schrein des hl. Olav wurde nach Dänemark entführt und dort zerstört. Das Ende des Erzbistums und eine Feuersbrunst in den 1530er Jahren besiegelten den Niedergang Trondheims im 16. Jahrhundert.

Überhaupt hat Trondheim wie andere norwegische Städte auch durch zahlreiche Brände sehr viel von seinem alten Stadtkern verloren. Die neueren Steinbauten und die zur Minderung der Brandgefahr angelegten breiten Straßenführungen weisen indirekt darauf hin, daß die Stadt nicht weniger als fünfzehnmal ganz oder teilweise abgebrannt ist. So wurde die mittelalterliche Stadt unter anderem 1681, in der Zeit eines erneuten wirtschaftlichen Aufschwungs (Ausfuhr von Holz, Hering und Erzen) nahezu vollständig in Asche gelegt. Vor diesem Brand war Trondheim nach ähnlichen Katastrophen immer wieder auf den alten Fundamenten und entlang der engen Straßen aufgebaut worden. Aber nach 1681 wurde von General Johan Caspar de Cicignon, der auch den Stadtplan von Fredrikstad (Östland) entworfen hat, eine völlig neue Konzeption ausgearbeitet, und zwar jenes quadratähnliche Muster, das noch heute das Stadtzentrum prägt. Cicignons Stadtplan richtete sich größtenteils nach den alten, mehr oder minder erhaltenen Monumentalbauten, indem er die eine Hauptstraße *(Munkegata)* in einer Linie von der Domkirche in Richtung der Insel Munkholmen (2 km nördlich der Stadt im Fjord gelegen) und die zweite Hauptstraße *(Kongensgata)* dazu senkrecht entlang der Marienkirche (*Vår Frue Kirke*, Liebfrauenkirche) verlaufen ließ. Am Schnittpunkt dieser beiden Hauptachsen entstand der *Torget,* der große Marktplatz im Stadtzentrum. Mit dem planmäßigen Wiederaufbau entwickelte sich zudem ein erster neuer Stadtteil, nämlich Bakklandet östlich der Öra-Halbinsel, also jenseits von Nidelva, indem die alte Stadtbrücke dorthin verlegt wurde, wo heute die Bybrua über den Fluß führt. Hier, östlich des Zentrums, wurde dann ebenfalls gegen Ende des 17. Jahrhunderts die kleine Festung Kristiansten errichtet, von der sich dem heutigen Besucher ein schöner Ausblick auf die Stadt bietet.

Weitere wichtige Wandlungsprozesse im Wirtschaftsleben Trondheims vollzogen sich um 1700. Nun begann eine neue Blütezeit durch verschiedene Handelsaktivitäten, die primär mit dem jetzt an Bedeutung gewinnenden Bergbau besonders im Raum Röros in Verbindung zu bringen sind. Der Handel lag damals zu einem großen Teil in ausländischer Hand. Teilweise waren es Kaufleute aus Schleswig-Holstein, die sogenannten »Flensburger«, teilweise aber auch Engländer und Schotten. Nach Erlaß eines Handelsverbotes für Ausländer durch die dänische Krone erwarben zahlreiche ausländische Kaufmannsfamilien die norwegische Staatsbürgerschaft. Aus jener Zeit stammt auch eine Reihe vornehmer Kaufmannshäuser, so etwa der Stiftsgården, der heute der königlichen Familie während ihres Aufenthaltes in Trondheim als Residenz dient, weiterhin der Hornemannsgården und die Palais der Familien Schöller und Möllmann.

Während Trondheim um die Mitte des 17. Jahrhunderts rund 2000 Einwohner zählte, waren es 1770 ca. 7500 und um die Jahrhundertwende knapp 10 000. Bei der ersten Volkszählung nach 1800 lebten in Trondheim mehr Menschen als in Oslo. Die damalige Zentralität Trondheims in Hinblick auf ganz Norwegen mag man auch daraus ersehen, daß hier die erste Zeitung des Landes erschien und 1816 sich hier die neue Nationalbank etablierte, bis sie 1897 ihren Hauptsitz nach Oslo verlegte.

Mit der Industrialisierung seit der zweiten Hälfte des 19. Jahrhunderts begann dann eine neue Wachstumsphase. Eine wichtige Voraussetzung dafür war natürlich auch der Verkehrsausbau; 1880 wurde die Dampfschiffahrtslinie zwischen Trondheim und Oslo eröffnet, etwa zur gleichen Zeit erfolgte die Fertigstellung der Eisenbahnlinie nach Oslo (Rörosbahn) sowie der Meråkerbahn nach Schweden. Im Jahre 1910 konnten dann die Strecke zum nördlichen Trondheimsfjord (zunächst bis Sunnan; später zur Nordlandbahn bis Bodö ausgebaut) und 1921 die Dovrebahn in Betrieb genommen werden. Anfang der 1880er Jahre entstanden zudem die neuen Hafenanlagen an der Fjordseite nördlich des Stadtzentrums; die alten Anlegestellen, der Övre und der Nedre Elvehavn, lagen dagegen im Flußmündungsbereich. Am Övre Elvehavn findet man heute noch mehrere hölzerne, auf Pfählen stehende Lagerhäuser aus vorindustrieller Zeit.

Ein rasches Anwachsen der Bevölkerung – während des Ersten Weltkrieges betrug die Einwohnerzahl ca. 55 000 – zwang zu ständigen Stadterweiterungen und zur Anlage neuer Wohn- und Geschäftsviertel. Die Industriestruktur Trondheims war von Anfang an recht vielseitig. In den letzten Jahrzehnten lagen die Schwerpunkte in der Eisen- und Metallverarbeitung, im Nahrungsmittelsektor, der Elektrotechnik und der Holzverarbeitung. Es ist davon auszugehen, daß in nächster Zukunft auch die Öl- und Gasexploration vor der mittelnorwegischen Küste größere Auswirkungen auf das Erwerbsleben im Raum Trondheim haben wird. Trondheim ist heute aber in der Hauptsache eine Handels-, Verwaltungs- und Schulstadt. Die erste Schule wurde bereits 1152 gegründet; sie gilt als die älteste des Landes und lag im mittelalterlichen Kern der Stadt zwischen der Domkirche und dem Markt. Auf einer Anhöhe südlich des Stadtzentrums befinden sich die Gebäude und Einrichtungen der Technischen Hochschule (NTH). Mit der Gründung der Universität Trondheim im Jahre 1969 wurden die NTH, die Lehrerhochschule und andere Ausbildungszweige miteinander verschmolzen.

Stadtbesichtigung

Das Wahrzeichen Trondheims und berühmteste Bauwerk der Stadt ist die **Domkirche** oder **Nidaroskathedrale.** Der im 11. Jahrhundert über der Grabstätte Olavs des Heiligen begonnene Bau gilt heute in seiner romanischen wie gotischen Anlage als das größte mittelalterliche Bauwerk Nordeuropas, als eines der repräsentativsten Architekturdenkmäler Skandinaviens und als Nationalheiligtum Norwegens. Als älteste Teile der 102 m langen und 50 m breiten Kathedrale werden die Querschiffe und die Sakristei im romanischen Stil aus dem 12. Jahrhundert angesehen. Im 13. Jahrhundert wurden dann der Langchor sowie das gewaltige Hauptschiff

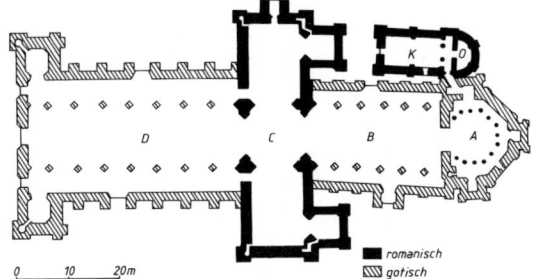

Trondheim, Nidaroskathedrale: A Hochchor, B Langchor, C Querschiff, D Hauptschiff, K Kapitelhaus, O St. Olavsquelle

0   10   20m

■ romanisch
▨ gotisch

und der mächtige Zentralturm im gotischen Stil hinzugefügt. Einst stand auf dem Hochaltar der Schrein des hl. Olav, der den Nidarosdom in katholischer Zeit zu einer der größten Pilgerkirchen Europas werden ließ. Hauptbaumaterial der Kathedrale ist der leicht bearbeitbare und trotzdem relativ gut haltbare blaugraue *klebersten* (Seifenstein), der im Süden und Osten Trondheims abgebaut wird. Das im Mittelalter und in der Neuzeit durch Brände und Kriegseinwirkungen stark zerstörte Bauwerk wurde ab 1869 im Zuge des wiedererwachenden norwegischen Nationalbewußtseins großzügig restauriert. Im Juli 1930, zur 900jährigen Gedenkfeier des Todes Olavs des Heiligen, wurde die Kirche neu geweiht.

Nachdem schon vor Jahrhunderten der Nidarosdom als Krönungs- und Grabstätte der norwegischen Könige diente (neun Könige und die meisten Erzbischöfe des Landes fanden hier ihre letzte Ruhe), schreibt die Verfassung seit 1814 die Krönung des Königs im Dom zu Trondheim vor. Die Domkirche ist für Besucher übrigens ganzjährig geöffnet. Vom 15. Juli bis 20. August finden täglich gegen 12 Uhr Orgelkonzerte statt, die viele Besucher anziehen. Über einen schmalen Aufgang mit über 170 Stufen bietet die Plattform des Zentralturms eine eindrucksvolle Aussicht auf Trondheim und die umliegenden Fjordlandschaften.

In unmittelbarer Nachbarschaft der Domkirche liegt der **Erzbischofshof** *(Erkebispegården)*. Er stammt aus den Jahren 1160–1170 und gilt – wenigstens was das Osthaus betrifft – als das älteste in Stein errichtete Profangebäude des Nordens. Bis zur Reformationszeit war das Palais die Residenz der norwegischen Erzbischöfe, später Lehnsherrensitz und Militärstandort. Die zwei mächtigen Gebäude im gotischen Stil werden durch einen Torbau miteinander verbunden; teilweise werden sie heute als Museen genutzt.

Die **Liebfrauenkirche** *(Vår Frue Kirke)* am Marktplatz ist aus Teilen der einstigen gotischen Marienkirche von ca. 1150 hervorgegangen. Im 17. Jahrhundert wurde sie nach Westen hin verlängert und 1739 mit einem Turm ausgestattet. Die barocke Altartafel von 1744 war ursprünglich der Nidaroskathedrale zugehörig. Weitere alte Kirchbauten in Trondheim sind die **Lade-Kirche** von ca. 1200 mit mittelalterlichen Alabasterreliefs sowie die **Byneset-Kirche** (ebenfalls ein Steinbau aus mittelalterlicher Zeit) und die Anfang des 18. Jahrhunderts gebaute **Hospital-kirche** mit sehr ansprechenden Holzpartien. Von den Klöstern Trondheims sei hier nur das Benediktinerkloster Nidarholm auf der Insel Munkholmen im Trondheimsfjord genannt, das nach dem Brand von 1531 der **Festung Munkholm** weichen mußte. Von Ravnkloa, wo sich

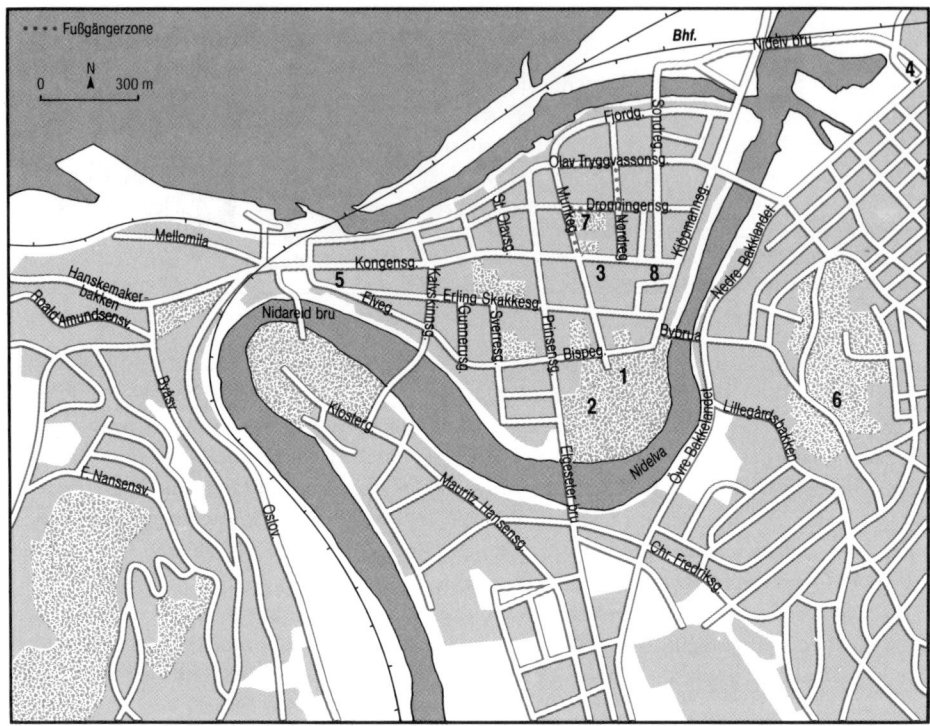

Trondheim: 1 Nidaroskathedrale 2 Erzbischofshof 3 Liebfrauenkirche 4 Lade-Kirche 5 Hospitalkirche 6 Kristiansten 7 Stiftsgården 8 Hornemannsgård

der Fischmarkt mit einer sehr sehenswerten Fischverkaufshalle befindet, verkehrt während der Sommermonate nahezu jede halbe Stunde ein kleines Fährschiff zur einstigen Festung Munk-holm. Reste einer anderen Stadtfortifikation sind die von **Kristiansten** östlich des Nidelva, die 1675 bis 1684 nach den Plänen des Generals Cicignon gebaut und 1816 geschleift wurde.

Was die mehr oder minder erhaltenen Prachtbauten profaner Art in Trondheim betrifft, so sei noch einmal auf Stiftsgården, aber auch auf den Hornemannsgården und die Schwanen-apotheke verwiesen. Der **Stiftsgården** am Markt (Munkegate 23) ist Norwegens zweitgrößtes Gebäude in Holzbauweise, mit einer bebauten Fläche von immerhin gut 1450 m² und ca. 70 Zimmern in zwei Etagen. Das Palais ließ die Familie Schöller in den 1770er Jahren im Rokokostil errichten. Vorbilder für das palastartige Bauwerk waren allem Anschein nach französische Entwürfe aus der Zeit Ludwigs XIV., die über Dänemark nach Trondheim gelang-ten und dort nicht in Steinbauweise, sondern in die landestypische Holzarchitektur übertragen wurden. Im Jahre 1800 gelangte dann das Palais, das übrigens von Ende Mai bis Ende August besichtigt werden kann, an den Staat, der es zum Wohnsitz für den Stiftsamtmann machte.

Heute dient das Gebäude – wie bereits erwähnt – der Königsfamilie bei einem Aufenthalt in Trondheim als Residenz. Die gleichfalls in Marktnähe liegenden Gebäude **Hornemanns-gården** und **Schwanenapotheke** gehörten ebenso wie der Stiftsgården zu den markantesten Holzbauten der Stadt, wurden dann aber starken Veränderungen unterzogen. Heute ist im Hornemannsgården (Kongensgate 7c) eine Galerie untergebracht.

Außerhalb des Stadtkerns, westlich des Nidelva, lädt im Park Sverresborg das **Tröndelag Folkemuseum** zu einem Besuch ein. In diesem Freilichtmuseum sind eindrucksvolle Beispiele der Baukultur Trondheims und Tröndelags zu besichtigen; sie umfassen das gesamte Spektrum

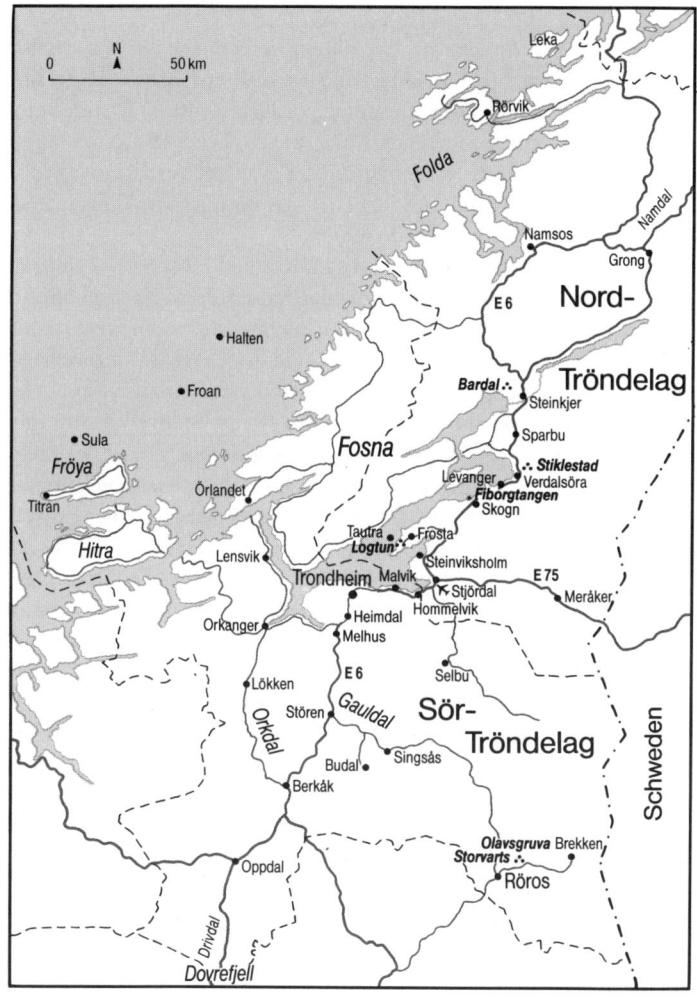

Tröndelag

von herrschaftlichen Bauernhöfen, Bergbauernstellen *(fjellgårder)*, Erdhütten der samischen Bevölkerung bis zum Stadthaus und zur Stabkirche. Auf dem Museumsgelände liegen zudem die Ruinen der von König Sverre Ende des 12. Jahrhunderts errichteten **Burg** *(Sverres borg)*, die als Norwegens erste Burganlage nach europäischem Muster gilt.

Städtische Siedlungen am inneren Trondheimsfjord

Östlich und nordöstlich von Trondheim reihen sich entlang des inneren Fjords mit seinen flachwelligen, fruchtbaren Hügelländern mehrere städtische Siedlungen *(tettsteder)* auf, die gegenüber Trondheim zwar eine untergeordnete Zentralitätsstufe besitzen, für Tröndelag insgesamt aber doch eine bedeutende Rolle spielen. Die wichtigsten dieser Orte liegen an der E 6; es sind von Süden nach Norden Stjördal, Levanger, Verdalsöra und Steinkjer. Neben Steinkjer hat in diesem Teil Tröndelags nur noch das nördlich des Fjords, an der Mündung des Flusses Namsen gelegene Namsos Stadtrechte.

Östlich der Trondheimer Vororte Målvik und Hommelvik mit ca. 700 bzw. 3000 Einwohnern führt die E 6 zunächst nach **Stjördalshalsen**, dem Zentrum der zu Nord-Tröndelag zählenden Stjördal-Gemeinde mit ca. 9000 Einwohnern. Sehenswert ist hier vor allem die *Værnes-Kirche* aus mittelalterlicher Zeit. Am Rand des Ortsteils Værnes liegt übrigens auch der Flugplatz für die Stadtregion Trondheim. Nördlich Stjördalshalsen befindet sich am Åsenfjord, einem Seitenarm des inneren Trondheimsfjords, **Steinviksholm** mit den Ruinen einer vierseitigen *Burganlage*, die Norwegens letzter Erzbischof, Olav Engelbrektsson, um 1525 errichten ließ. Ein anderes für die norwegische Landesgeschichte sehr bedeutsames Kulturdenkmal ist mit der auf der gegenüberliegenden Fjordseite liegenden Halbinsel **Frosta** verbunden, nämlich der *Tinghaugen* in **Logtun**. Hier fand vom Jahre 940 bis ins 16. Jahrhundert hinein alljährlich im Juni das berühmte *Frostating* statt (s. a. S. 174). Für die Tradition dieses altbesiedelten Raumes sprechen auch die im benachbarten **Evenhus** erhaltenen Felszeichnungen *(helleristninger)* und Grabhügel ebenfalls aus vorgeschichtlicher Zeit. Der Halbinsel Frosta vorgelagert ist die kleine Insel **Tautra**, die mittlerweile durch einen 2600 m langen Brückendamm mit dem Festland verbunden ist. Tautra ist bekannt durch die Reste eines *Zisterzienserklosters,* das von den Mönchen des Lyseklosters bei Bergen Anfang des 13. Jahrhunderts gebaut und dann 1532 säkularisiert wurde.

Auf dem Weg weiter über die E 6 nach Norden passiert man kurz vor Levanger den ca. 3000 Einwohner zählenden Ort *Skogn*, der durch seine holzverarbeitenden Industrien, insbesondere seine große Papierfabrik in Fiborgtangen, weithin bekannt ist. Etwa 700 Mitarbeiter produzieren hier pro Jahr rund 450 000 t Zeitungspapier. In Skogn hat zudem die norwegische Holzindustrie *(Norske Skogindustrier A/S)* ihren Hauptverwaltungssitz.

21 Im Romsdal ▷

22   In der Hardangervidda

23   Der Svinesund

24 Jotunheimen

26 Hattfjelldal in Nordland ▷

25 Setesdal bei Bykle

29 STAVANGER, Markt und Vågenbucht

30 RÖROS

31   Seter im Fordal-Bereich

32   KJERRINGÖY nördlich Bodö

33 Im Budal

35 Undredal am Aurlandsfjord ▷

34 Bakken im Budal

36 Nördlich Kråkmotinden in Nordland

37 Aquakulturen am Lyngenfjord (Troms)

38   Bertnes bei Bodö

39   Kiberg auf der Varanger-Halbinsel

Die städtische Siedlung **Levanger** wird als Marktplatz erstmals in der zweiten Hälfte des 15. Jahrhunderts urkundlich erwähnt. Sie zählt heute gut 600 Einwohner, während in der Gemeinde gleichen Namens insgesamt rund 17 000 Menschen leben. Als Marktort spielte Levanger wenigstens bis zum Zweiten Weltkrieg eine überregionale Rolle; hier wurden z. B. zahlreiche Waren aus dem schwedischen Jämtland umgesetzt. Mehrere Stadtbrände vor allem im 19. Jahrhundert sind dafür verantwortlich, daß nur noch wenig von der historischen Bausubstanz erhalten ist. Der Name Levanger ist wie der des nördlicheren Steinkjer ursprünglich ein agrar-bäuerlicher Siedlungsname, der dann später auf das sich entwickelnde Handelszentrum inmitten der fruchtbaren Agrarlandschaften am inneren Trondheimsfjord übertragen wurde. Noch heute liegen in der Umgebung Levangers zahlreiche Hofstellen mit mehr als 100 ha kultivierter Landwirtschaftsfläche, was für Norwegen – wenn man von einigen Gebieten im Östland absieht – doch sehr selten ist.

In enger Nachbarschaft zu Levanger liegt der heute industriell geprägte Ort **Verdalsöra.** Der Eisenbahnanschluß zu Beginn dieses Jahrhunderts (Nordlandbahn) und die Errichtung verschiedener Industrieanlagen in den letzten Jahrzehnten förderten das Wachstum der städtischen Siedlung, deren Einwohnerzahl im 19. Jahrhundert mit 400 und heute mit rund 7000 angegeben wird. Im gut ausgebauten Hafengelände befindet sich unter anderem eine Werft des Aker-Konzerns, die auf den Bau von Ölbohrinseln spezialisiert ist. Etwa 7 km östlich des Zentrums von Verdalsöra liegt an der Reichsstraße 757 der landesgeschichtlich berühmte Platz **Stiklestad,** wo Olav der Heilige 1030 in der Schlacht gegen aufständische Bauern sein Leben verlor. Alljährlich wird hier in einem großen Freilichttheater am *Olsokdag* (29. Juli) zum Gedenken an König Olav ein historisches Schauspiel *(»Spelet om Heilag Olav«)* mit ca. 300 Mitwirkenden aufgeführt. Empfehlenswert ist auch ein Besuch des *Verdal-Museums* in Nachbarschaft der hochmittelalterlichen Stiklestad-Kirche mit über 20 Holzgebäuden und Seter- bzw. Almhütten, von denen einige mehr als 250 Jahre alt sind.

Steinkjer am Nordende des Trondheimsfjords ist der Sitz der Provinzverwaltung Nord-Tröndelags. Heute wohnen in der Stadtgemeinde rund 21 000 Menschen, davon etwa 10 000 im städtisch bebauten Bereich. Steinkjers Werdegang ist eng verflochten mit seiner Funktion als Ausfuhrhafen von Holz, Holzerzeugnissen und Agrarprodukten aus dem inneren Tröndelag. Während des Zweiten Weltkriegs wurde die Stadt durch deutsche Luftangriffe zu etwa 80% zerstört und nach dem Kriege in moderner Form wiederaufgebaut. Neben bedeutenden Handelsaktivitäten hat sich Steinkjer in den letzten Jahrzehnten auch zu einem wichtigen Dienstleistungszentrum mit einer Reihe von Schulen (Distrikthochschule, staatliche Waldwirtschaftsschule u. a. m.) entwickelt. Zahlreiche vor- und frühgeschichtliche Bodendenkmäler, so z. B. **Eggehvammen** mit Grabfeldern aus der Eisenzeit, **Tingvoll** mit Grabhügeln, Bautasteinen (inschriftlosen Gedenksteinen) und anderen Steinsetzungen oder die etwas entfernter liegenden Felszeichnungen von **Bardal** aus der Stein- und Bronzezeit bezeugen auch hier die alte Siedlungsgeschichte am inneren Trondheimsfjord.

◁ 40   Trockengestell für Stockfisch auf den Lofoten

Die Küstensäume Tröndelags

Zu den Küstensäumen Tröndelags rechnet man einen etwa 30 bis 40 km breiten Gürtel, der neben dem Festlandstreifen viele kleine und größere Inseln umfaßt, und zwar von Hitra im Süden (mit 565 km² Norwegens siebtgrößte Insel und die größte südlich Vesterålen) bis Leka im Norden. Die meisten dieser Inseln und Schären sind unbewohnt. Beispielsweise zählen zu der peripheren Inselgruppe Froan ca. 4000 Schären, von denen sich nur einige wenige zum Lebens- und Wirtschaftsraum einer Fischerbevölkerung zu entwickeln vermochten. Genannt sei hier nur der alte Fischereiplatz (norw. *fiskevær*) **Halten** als äußerster Vorposten der Inselkette **Froan**. Größtenteils bilden jene Inselgruppen also einen schützenden Schärenhof, wie er auch für viele andere Abschnitte der Süd- und Nordnorwegenküste charakteristisch ist. Die einzige größere Küstenpartie ohne schützenden Schärensaum ist das berüchtigte Offenwasser von Folda vor der Namsfjordmündung in Nord-Tröndelag.

Als Teile der norwegischen Küstenplattform *(Strandflate)* bilden die Inseln und meerorientierten Festlandsäume Tröndelags ein ausgesprochenes Flachlandgebilde. So ragen nur wenige Kuppen über 300 m NN. Auf dem meist unmittelbar anstehenden Grundgebirge herrscht heute eine Heidevegetation vor, die stellenweise von Wacholderbüschen und Weidengestrüpp durchsetzt wird. Einige Küstendistrikte verfügen aber auch über zusammenhängende Flächen mit Bodenbildungen aus der marinen Transgressionsphase und damit über relativ gute agrarwirtschaftliche Möglichkeiten, wobei die obere marine Grenze dieser Sand- und Lehmablagerungen bei ca. 100 m NN (also bedeutend niedriger als am inneren Trondheimsfjord) verläuft. Weiterhin können wenigstens in den Leelagen auch größere Waldungen auftreten, so z. B. im Distrikt Ytre Namdal, wo der natürliche Nadelwald so nah an die Westküste reicht wie nirgendwo sonst in Norwegen.

Die traditionellen Lebens- und Wirtschaftsformen in den Küstenbereichen Tröndelags sind aufs engste mit der Fischwirtschaft verbunden. Küstennahe Fanggründe wie Fröyabank oder Haltenbank sowie charakteristische Fischersiedlungen *(fiskevær)* spielen in der Wirtschaftsgeschichte des Landes eine große Rolle. Bis in die 1930er Jahre hinein war es der Dorsch- bzw. Kabeljaufang in den Spätwintermonaten, der die Haupteinkommensquelle bildete. Hinzu kam der Sommerheringsfang vor allem in den Gewässern zwischen Hitra, Fröya und Fosen sowie in den Schelfgebieten vor Namdal. Die typische Kombination zwischen saisonaler Küstenfischerei und Landwirtschaft gehört jedoch längst der Vergangenheit an.

Nach dem Ausbleiben der Fischschwärme und den daraus resultierenden Krisen in der Fischwirtschaft sind heute zumindest Teile der Tröndelagküsten fischwirtschaftlich wieder interessant geworden, und zwar in Zusammenhang mit der schon mehrfach angesprochenen Aquakultur. So gilt z. B. der Hitra-Zuchtlachs als sehr lukrativer Exportartikel. Insgesamt gesehen ist für die Fischwirtschaft an der Tröndelagküste eine sehr wechselhafte Geschichte

Wichtige Fanggebiete der norwegischen Küstenfischerei ▷

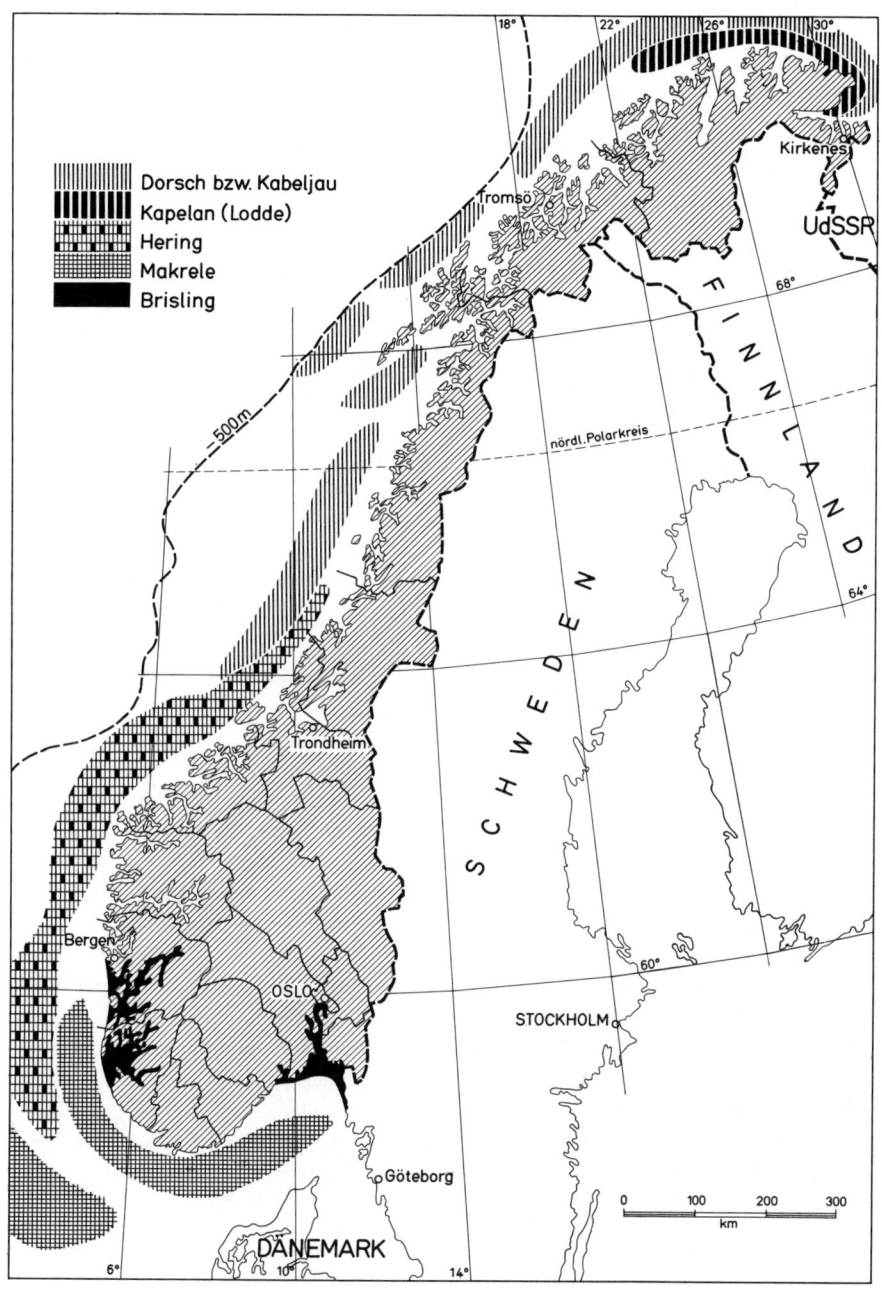

Dorsch bzw. Kabeljau
Kapelan (Lodde)
Hering
Makrele
Brisling

18° 22° 26° 30°

Kirkenes

Tromsö

UdSSR

F I N N L A N D

68°

−500m

nördl. Polarkreis

64°

S C H W E D E N

Trondheim

60°

Bergen

OSLO

STOCKHOLM

Göteborg

0   100   200   300
km

6° 10° 14°

DÄNEMARK

203

nachzuzeichnen, die neben Blütezeiten auch zahlreiche Schicksalsschläge hat hinnehmen müssen. Erinnert sei hier nur an die Tragödien, die die heute etwa 250 Menschen zählende Fischersiedlung Titran erlitten hat. In der Nacht vom 13. auf den 14. Oktober 1899 ertranken in den dortigen Küstengewässern während eines Orkans 140 Fischer, und am 14. Januar 1920 ereilte 37 Fischer das gleiche Schicksal.

Die Binnenräume Tröndelags

Die weiten Wald- und Fjellgebiete im inneren Tröndelag heben sich in ihrer morphographischen, klimatischen und vegetationsgeographischen Gestaltung stark von den Küsten- und Uferlandschaften am Trondheimsfjord ab. Am ausgeprägtesten und eindrucksvollsten zeigt sich dieser Kontrast im Plateaufjell zwischen Röros und Oppdal, dessen weitgestreckte, flachwellige Rumpfflächen meist über 1000 m NN emporragen. Der Volksmund bezeichnet die Hochflächen der Rörosvidda als ein Gebiet mit neun Monaten Winter und drei kalten Monaten. Jedenfalls ist die Vegetationszeit im Raum Röros zu kurz, um eine intensivere Landwirtschaft, z.B. Getreideanbau, zu betreiben. Die heutige Agrarproduktion, meist eine Nebenerwerbslandwirtschaft, ist vorrangig auf Heu- oder Silagegewinnung für die stark subventionierte Großvieh- und Schafhaltung ausgerichtet. Als oberste Siedlungsgrenze der agrar-bäuerlichen Hofstellen kann man die Höhenlage zwischen 600 und 700 m NN angeben. Das gleiche gilt für andere Binnenräume im inneren Tröndelag, so z. B. die Gemeinde Oppdal nördlich des Dovrefjells,

Phyllitgestein in den inneren Fjellgebieten Tröndelags

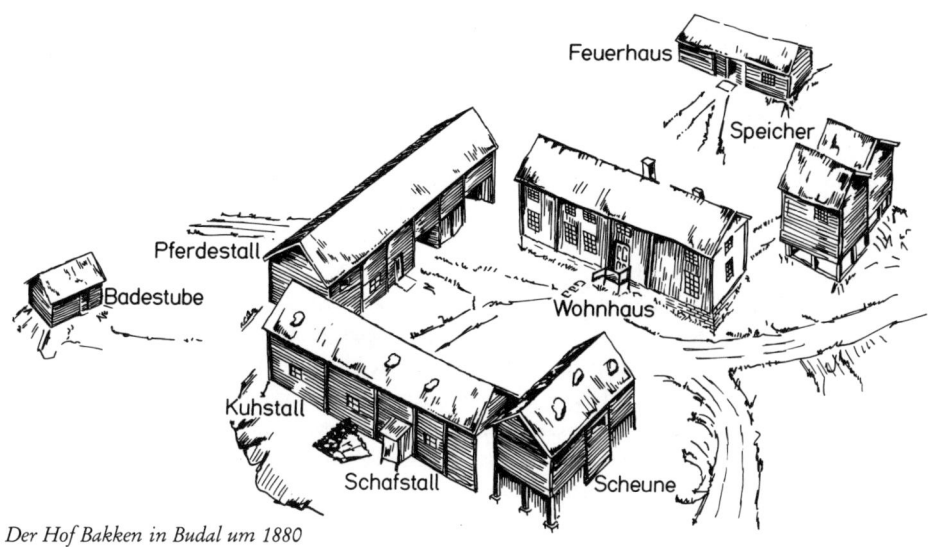

Der Hof Bakken in Budal um 1880

während die Besiedlungsgrenze im weiter nach Norden gelegenen Namdal schon bei rund 600 m NN verläuft. Auch die Bergbaustadt Röros liegt in einer Höhenlage von gut 600 m NN.

Große Teile der Binnenräume Tröndelags werden von produktiv nutzbaren Wäldern eingenommen, wobei sich diese Waldflächen halbkreisförmig um die Flachländereien am Trondheimsfjord konzentrieren. Daran schließen sich ebenfalls in Form eines Halbkreises die Fjellhochflächen an, die von einigen teils altbesiedelten Talzügen durchquert werden. Etwa 85% der produktiven bzw. intensiver forstwirtschaftlich nutzbaren Wälder Tröndelags entfallen auf Nadelwald *(barskog)*, 15% auf Laubwald *(lauvskog)*. Aufgrund des Waldreichtums finden wir in Tröndelag vielerorts traditionelle Gewerbe- und Industriezweige der Holzverarbeitung, die seit jeher einen äußerst wichtigen Akzent für das Wirtschaftsleben in jenen Binnenräumen setzen.

An die ausgedehnten borealen Nadelwälder mit ihren Fichten- und Kiefernbeständen (s. Farbabb. 30) schließt sich wie in anderen norwegischen Landesteilen der Fjellbirkengürtel mit einer Ausdehnung von rund 50 bis 200 m an. Diese Fjellbirkengehölze (s. Farbabb. 28) bilden in ganz Nordeuropa im Gegensatz zu Nordamerika und Nordasien die oberen Wald- und Baumgrenzen. Je nach Standort und wirtschaftlicher Nutzung – man denke nur an die unterschiedlichen Formen der Waldweidewirtschaft – treten in dieser oberen Laubholzstufe neben der Fjellbirke *(Betula pubescens)* auch andere Gehölze, z.B. die Eberesche, die Zitterpappel bzw. Espe oder Weiden- und Erlenarten, auf. Daneben kommen auf begünstigten Standorten artenreiche Krautschichten und auch Hochstaudenfluren mit charakteristischen Vertretern der subalpinen und subarktischen Flora vor. Oberhalb der Fjellbirkenstufe folgt dann das sogenannte »Kahlfjell« (norw. *snaufjell*) mit weiten Heide- und Moorflächen, die in früheren Wirtschaftsepochen in Form der Wildheu- und Brenntorfgewinnung oder der Weide- und Seter-

205

wirtschaft durchaus intensiver genutzt wurden. Heute spielen die Kahlfjellflächen, die sich teils in privat-bäuerlicher Hand, teils in Staatsbesitz *(Staatsallmenden)* befinden, eine zunehmende Rolle für den nationalen wie internationalen Tourismus oder für die Vergabe von Jagd- und Fischereirechten.

Was die Baumgrenzen betrifft, so ist generell festzustellen, daß diese von Westen nach Osten ansteigen und gleichzeitig von Süden nach Norden absinken. So kulminieren Fichte *(Picea abies)* und Kiefer *(Pinus sylvestris)* im Drivdalen (Oppdal) bei 850 bzw. 800 m und im nördlicher gelegenen Namdalen schon bei 550 bzw. 600 m. Die Fjellbirke erreicht im Drivdalen Maximalhöhen von 1100 m, im Namdalen nur etwas über 700 m NN.

Die heutige Waldsituation im inneren Tröndelag ist wie die im ebenfalls waldreichen Östland in erster Linie eine Folge der historischen Waldnutzungen. Unterschiedlichste Eingriffe seit vielen Jahrhunderten haben dazu geführt, daß sogenannte Urwälder kaum noch zu finden sind, wenn man von einigen siedlungsfernen Beständen etwa in den Nationalparks Femundsmarka, Gressåmoen und Börgefjell absieht. Die Waldnutzungen waren und sind ungemein wichtige Bestandteile der norwegischen Landwirtschaft, insbesondere der agrar-bäuerlichen Wirtschaftsweisen in den inneren Tal- und Fjellgebieten. Neben der Deckung des Holzbedarfs der ländlichen Bevölkerung in Form von Bauholz, Brennholz und ähnlichem ist vor allem die Waldweidewirtschaft für das heutige Vegetationsbild verantwortlich. Zahlreiche Waldnutzungen früherer Zeiten sind mittlerweile in Vergessenheit geraten. So spielte z. B. die Laubheugewinnung als Viehfutter für die lange winterliche Aufstallungszeit eine wichtige Rolle. Von großer Bedeutung war weiterhin die äußere Rinde der Birke (norw. *never*), die als Dachbedeckungsmaterial allenthalben Verwendung fand. Noch heute weisen wenigstens die älteren Blockbauten in den Bauerntälern Tröndelags wie in anderen Landesteilen derartige Dachbedeckun-

Ehemalige Köhlerhütte im inneren Tröndelag

gen auf. Dächer aus Birkenrindenschichten, auf die Erde und Grasplaggen gelegt wurden, gelten als sehr dauerhaft.

Andere Holzarten, deren Rinden relativ wenige Bitterstoffe enthalten (z. B. Ulme, Birke und Kiefer), dienten früher auch direkt der menschlichen Ernährung, indem aus solchen Rinden in Hungerjahren, in denen das Korn wegen der schlechten Witterung nicht reif wurde, Baumrindenbrot (norw. *barkebröd*) gebacken wurde. Ein weiterer Wirtschaftszweig mit erheblichen Auswirkungen auf Waldgrößen und -formen war die gerade für Tröndelag so enorm wichtige Gewinnung von Holzkohle. Vielerorts findet man noch heute in den Wäldern rund um die Rörosvidda Reste von Holzkohlemeilern, die den wichtigsten Energieträger für die traditionelle Erzverhüttung lieferten. Für den Raum Röros z. B. wird um die Mitte des 17. Jahrhunderts berichtet, daß hier in einem großen Umkreis um die Bergbau- und Hüttenstadt der Wald völlig vernichtet war. Man sollte bei der Betrachtung dieser Waldnutzungsform nicht außer acht lassen, daß über Jahrhunderte hindurch zahlreiche Bergbauernfamilien ihren Lebensunterhalt durch die Holzkohlegewinnung oder durch das Erzschürfen verbessern konnten. Die damit angeschnittene Bergbauernproblematik sei an zwei Beispielen aus dem Distrikt Gauldal im inneren Tröndelag etwas näher ausgeführt.

Budal und Fordal

Die kleinen Bauerntäler **Budal** und **Fordal** als Nebentäler des Gauldal sind kulturhistorisch wie landschaftlich von besonderem Reiz. Beispielsweise kann man von den obersten Talabschnitten, vor allem im Bereich Budal, relativ leicht (sogar mit dem PKW, allerdings über abgabepflichtige Wege) in die umgebenden Plateaufjellvidden gelangen. Budal und Fordal gehören politisch-administrativ zur Gemeinde Midtre Gauldal, deren Fläche von ca. 1800 km² zu knapp 3% aus kultiviertem Agrarareal, zu 56% aus produktivem Wald (davon allerdings über 50% mit geringer Bonität) und im verbleibenden Teil überwiegend aus Hochfjell-Landschaften besteht. Ein bis zwei Autostunden vom Landesteilzentrum Trondheim entfernt und von mehreren kleineren zentralen Orten (z. B. Stören) in der Nähe umgeben, liegen Budal und Fordal weniger abseits als viele andere Tal- und Fjellregionen (s. Abb. 33, 34).

Geologisch zählt der Gauldaldistrikt zum sogenannten Trondheimsfeld mit kambro-silurischen Schiefern (besonders Phylliten), die relativ schnell verwittern und einigermaßen nährstoffreiche Böden bilden. Auch als Erzträger sind diese Gesteinsformationen von Bedeutung. Die Flöttumsgrube in Fordal (östlich der Siedlung Forbygda im Wald- und Moorgebiet bei gut 500 m NN; hauptsächlich Schwefel- und Kupferkies) und das Budal Kupferwerk (bei Endalen an der oberen Ena, einem Nebenflüßchen der Bua) sind hierfür traditionelle Beispiele. Zwar gehören die Bergbau- und Verhüttungsaktivitäten längst der Vergangenheit an; sie haben aber auf die Siedlungsgeschichte sowie die land- und forstwirtschaftliche Entwicklung einen großen Einfluß gehabt.

In die genannten Gesteinsformationen mit einzelnen Fjellrücken bis über 1200 m NN haben sich die beiden in süd-nördlicher Richtung verlaufenden Talzüge von Bua und Fora wenigstens

Die Problematik der norwegischen Bergbauern

Zur allgemeinen Situation der Bergbauern, wie sie jedem aufmerksamen Reisenden in den oberen Abschnitten der großen Taltröge im Östland, im inneren Tröndelag sowie in großen Teilen Nordnorwegens vor Augen tritt, sei hier zunächst Folgendes bemerkt: Der ökonomische und soziale Gegensatz zwischen den peripheren Tal- und Fjellregionen und den landwirtschaftlichen Gunsträumen hat sich in der heutigen krassen Form erst seit der Mitte des 19. Jahrhunderts entwickelt. Entscheidend hierfür war neben der Urbanisierung und Industrialisierung der Küstengebiete der Übergang von einer mehr autarken, also auf Eigenversorgung ausgerichteten Landwirtschaft zur markt- bzw. absatzorientierten Produktionsweise. Dieser Prozeß führte in den Binnenräumen zu gravierenden ökonomischen und sozialen Problemen, die sich bis heute z. B. in einer massiven Abwanderung gerade der jugendlichen Arbeitskräfte niederschlagen. Auch die großen Auswanderungsströme, meist in Richtung Nordamerika, vor allem in der zweiten Hälfte des 19. und in den ersten Jahrzehnten dieses Jahrhunderts erfolgten in erster Linie aus jenen Binnenräumen. Manche der peripheren Tal- und Fjellbezirke drohen mittlerweile praktisch zu ›Altersheimen‹ zu werden, weil die dortigen Siedlungen überproportional hohe Zahlen an alten Menschen aufweisen. Somit sind viele Abseitsgebiete wirtschaftlich und sozial nur durch enorm hohe Unterstützungen bzw. Subsidien seitens des Staates am Leben zu erhalten. Und damit ist ein grundsätzliches Problem der norwegischen Landes- und Raumplanung angesprochen, nämlich die Frage, wie die zunehmenden Gegensätze zwischen den sogenannten Aktiv- und Passivräumen in ein vertretbares Maß gebracht werden können.

Um den Kontrast zwischen den relativ dicht besiedelten, wirtschaftlich aktiven Küstenlandschaften und den strukturschwachen inneren Tal- und Fjellgebieten nicht ständig weiter zu vergrößern, unternimmt der norwegische Staat seit geraumer Zeit große Anstrengungen zur Verbesserung der Lebensbedingungen in den Abseitsräumen. Eine äußerst wichtige Zielsetzung ist dabei das Bemühen, das gegenwärtige Siedlungsmuster, also die heutige Bevölkerungsverteilung in einem insgesamt gesehen dünnbesiedelten Land, irgendwie aufrechtzuerhalten. Diesbezügliche Maßnahmen konzentrieren sich neben Nordnorwegen insbesondere auf die ebenfalls problembehafteten Binnenräume der südlichen und mittleren Landesteile. So haben in den letzten Jahren die norwegischen Ministerien des öfteren die sozialen und siedlungstragenden Funktionen der Land- und Forstwirtschaft für jene Abseitsräume herausgestellt. Mit einer optimalen Nutzung der dortigen land- und waldwirtschaftlichen Ressourcen sowie mit dem Ausbau von Nebenerwerbszweigen (z. B. Tourismus) glaubt man, die Probleme in den Griff bekommen zu können. Dies schließt natürlich nicht aus, daß auch in Zukunft noch weitere Wohnplätze bzw. Hofstellen, die weit von den Hauptverkehrswegen und städtischen Siedlungen entfernt liegen, aufgegeben werden müssen.

Die ländlich-agrare Situation in Fordal 1987

▨ voll kultiviertes Land (heute fast ausschließlich Schnittwiesen)	--- Besitzgrenze	
▨ kultiviertes Land (Kulturweide) in meist steiler Hanglage	263/4 Gard- und Bruknummer	
⋀ produktiver Nadelwald	→ Hofstelle (bruk)	
⋂ Laubwald (meist Fjellbirken)	◁ aufgegebene Hofstelle	
≡ Moor	•ᵃ Heuschuppen (høyløe)	

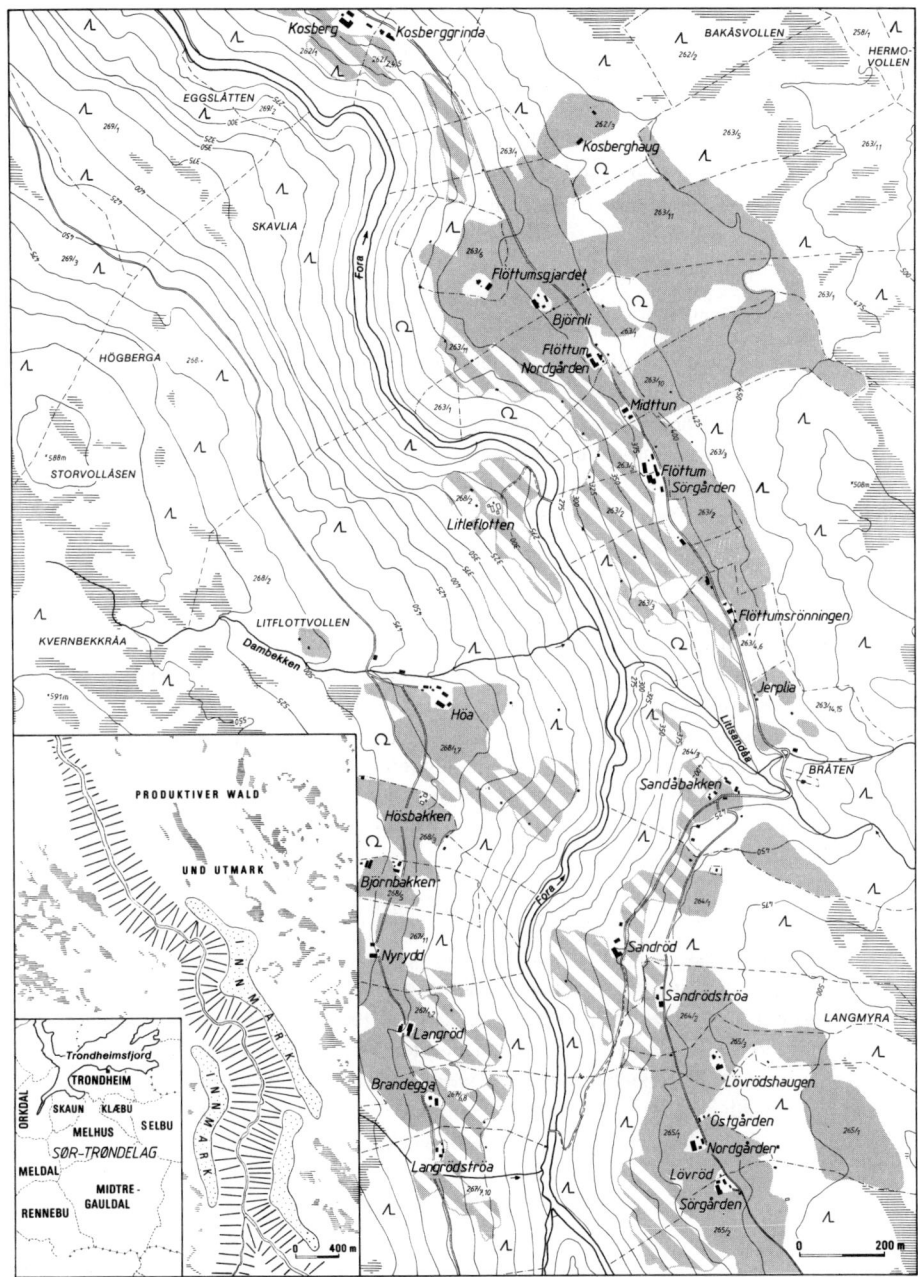

in ihren mittleren und unteren Abschnitten tief eingegraben. Oberhalb dieser klammartigen Einschnitte reihen sich auf sogenannten »Talschultern« in einer Höhenlage von bis zu rund 500 m die agrar-bäuerlichen Siedlungen auf. Die typische und in Norwegen immer wieder zu beobachtende Talhangmittenlage der Hofstellen mit dem sie umgebenden kultivierten Land (norw. *innmark*) ist neben dem Faktor Relief auch auf die dortigen besseren Böden (z.T. eiszeitliche Sedimente) und vor allem auf die relativ günstigen Klimavoraussetzungen (weniger starke Frostgefahr als im Talbodenbereich und an den oberen Talhängen) zurückzuführen. Was die Länge der Vegetationszeit mit Tagesmitteltemperaturen von über 6 °C betrifft, so ist sie für die Siedlungslagen in Budal und Fordal mit ca. vier Monaten von etwa Mitte Mai bis Mitte September nicht gerade groß. Der Nachteil der kurzen Vegetationszeit wird allerdings durch die längeren Tage während der Sommermonate gemildert.

Sowohl im borealen Wald als auch auf den Fjellhochflächen mit ihren weiten Heiden und Mooren sind die vielfachen Einwirkungen vergangener agrar-bäuerlicher Wirtschaftsepochen noch deutlich faßbar. Das frühere Holzkohlebrennen vor allem für die Kupferhütten im Raum Röros, die Waldweide und besonders die Seter- bzw. Almwirtschaftssysteme haben das natürliche Vegetationsbild stark beeinflußt. Zahlreiche mehr oder minder erhaltene, im Blockbaustil errichtete Heuschuppen (norw. *löer*) in den Moor- und Waldflächen verweisen auf die einstige Wildheugewinnung. In den letzten Jahrzehnten führte dann der verstärkte Wirtschaftswegebau zu einer besseren Erschließung der Wald- und Fjelldistrikte. Teilweise handelt es sich bei jenen Wegen um abgabepflichtige Privatwege (norw. *bomveger*), die bis in die inneren Fjellflächen ziehen. Die wenigstens in der Sommerzeit auch mit dem PKW befahrbaren Wege waren natürlich eine der Hauptvoraussetzungen nicht nur für eine intensivere Holzwirtschaft, sondern auch für die zum Teil noch intakte Seterwirtschaft und zudem für den so populären Freizeithausbau. Als Beispiel sei hier nur der Fordalsweg genannt, der von der Siedlung Forbygda nahezu 20 km in die südlich anschließenden Fjellvidden reicht.

Die erste agrar-bäuerliche Besiedlung von Budal und Fordal verlief nach einem für ganz Norwegen charakteristischen Muster, indem sie nicht über die Grenze eines möglichen Kornanbaus hinausging. Im Gauldaldistrikt wurde diese Grenze allem Anschein nach schon im Hochmittelalter erreicht. Auf kleinen, sonnenexponierten Parzellen in meist steiler Hanglage fand ein Brotgetreideanbau statt, vornehmlich mit Gerste als Sommergetreideart, wobei die Ackerstückchen wie in anderen norwegischen Bauerntalungen in der Regel mit dem Spaten bearbeitet wurden. Allerdings wurde die Ernte in vielen Jahren aufgrund von Frosteinbrüchen in den gefürchteten »Eisennächten« (norw. *jernnetter*) während der zweiten Augusthälfte vernichtet. Heute gibt es in Budal und Fordal im Gegensatz zum benachbarten Haupttal der Gaula keinen Kornanbau mehr. Nebeneinnahmen erzielten die Bergbauern in früherer Zeit durch die Erz- und Holzkohlegewinnung, die Jagd vor allem nach Pelztieren und bis in dieses Jahrhundert hinein durch den Fang von Schneehühnern, die in Trondheim verkauft wurden.

Was die heutigen Haus- und Gehöftformen betrifft, so ist für die älteren und größeren Hofstellen, und zwar besonders in Budal, noch die für Tröndelag charakteristische offene Vierseiteranlage anzutreffen, meist Holzbauten im traditionellen Blockbaustil. Daneben gibt es nahezu auf jedem Hof moderne Zweckbauten, die den Erfordernissen der heutigen Agrarproduktion,

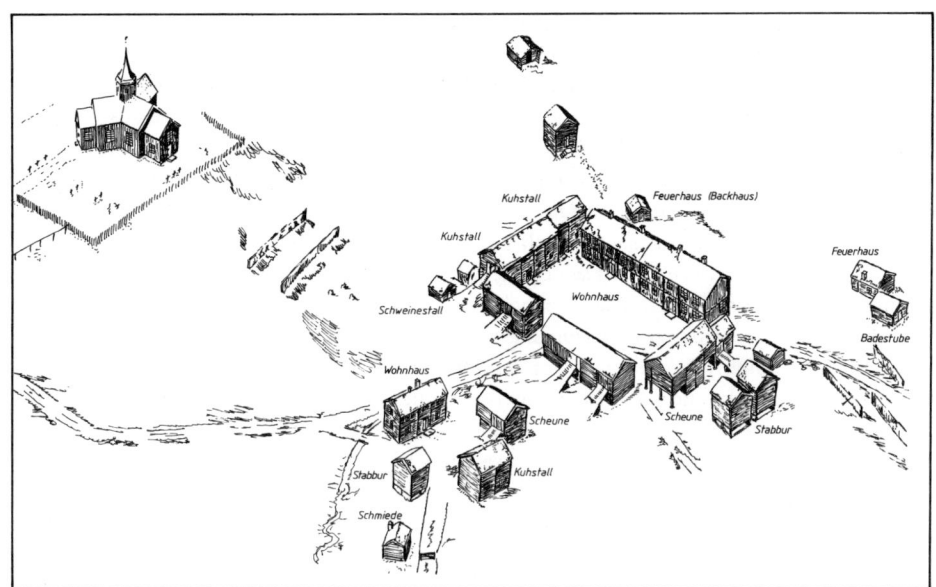

Enodd in Budal mit zwei Hofstellen in den 1890er Jahren

hier also der Großvieh- und Schafhaltung, angepaßt sind. An die Hofstellen schließen sich die kultivierten und weiter bergauf die nichtkultivierten Parzellen an, wobei die streifenförmige Anordnung auf die Flurbereinigungen zu Beginn dieses Jahrhunderts zurückzuführen ist.

Auch die im Haupterwerb bewirtschafteten Hofstellen verfügen meist nur über eine kultivierte Landwirtschaftsfläche von weniger als 10 ha. Abgesehen von kleinen hofnahen Gärten wird diese fast ausschließlich von Schnittwiesen zur Silage- und Heugewinnung eingenommen. Darüber hinaus besitzen die meisten Hofstellen beträchtliche produktive Waldflächen sowie sehr große sogenannte »Utmarkflächen« (oft über 1000 ha), die sich bis weit ins Kahlfjell oberhalb der Baumgrenzen erstrecken. Die beiden bestimmenden Viehwirtschaftszweige sind wie in anderen norwegischen Tal- und Fjellregionen die Großvieh- und Schafhaltung, wobei die arbeitsintensive und stark subsidierte Milchviehhaltung mit den größeren und im Haupterwerb bewirtschafteten Hofstellen verbunden ist.

Gesteuert werden die einzelnen Agrarbetriebszweige von einer äußerst kompliziert aufgebauten Landwirtschaftspolitik, die auch regional sehr unterschiedliche Distrikt- und Produktionszuschüsse gewährt. Höhe und regionale Staffelung dieser Subventionen werden jährlich zwischen den norwegischen Bauernverbänden und dem Staat ausgehandelt. Beispielsweise konnte in den ausgehenden 1980er Jahren ein Budal- oder Fordalbetrieb mit gut 10 Milchkühen und ebensoviel Stück Jungvieh einen staatlichen Unterstützungsbetrag von 70 000 bis 80 000 NOK (20 000,– DM) pro Jahr erwarten, und zwar unabhängig davon, ob die Hofstelle im Haupt- oder Nebenerwerb bewirtschaftet wurde bzw. welche Einnahmen ansonsten erzielt wurden.

Neben den sozialpolitischen Aspekten verfolgt der Staat hierbei auch die Zielsetzung, den Selbstversorgungsgrad des Landes mit eigenen Agrarerzeugnissen zu erhöhen. So konnte Norwegen zu Beginn der 1980er Jahre nur 38% der verbrauchten Nahrungsmittel selbst produzieren. Diesen Wert möchte man erhöhen und insbesondere den Bedarf an Milch und Milcherzeugnissen, Fleisch, Eiern, Kartoffeln und Grobgemüse gänzlich aus eigener Produktion decken. Inzwischen kann das neue Agrarkonzept zwar durchaus wirtschaftliche und regionalpolitische Erfolge aufweisen; es hat aber ein sehr komplexes Subventionssystem mit sich gebracht, das mittlerweile in finanzieller Sicht an seine Grenzen stößt und sich zunehmend der öffentlichen Kritik ausgesetzt sieht. Die meisten Nahrungsmittel sind in Norwegen nicht nur für den ausländischen Touristen, sondern auch für den Einheimischen recht teuer. Aber noch bedeutend höher wären die Preise für die meisten Grundnahrungsmittel, wenn der Staat neben allen Produktionsbeihilfen nicht noch zusätzlich hohe Verbrauchersubsidien zahlen würde, die den Ladenpreis z.B. für einen Liter Milch oder ein Kilogramm Butter beträchtlich reduzieren.

Die Hofstellen in Budal und Fordal, die hier stellvertretend für die Bergbauernproblematik in den inneren Tal- und Fjellgebieten behandelt werden, betreiben neben der Großvieh- und Schafhaltung noch unterschiedliche Nebenerwerbszweige, d. h. neben außerlandwirtschaftlichen Tätigkeiten auch die Holzwirtschaft oder sehr spezielle Tierhaltungsformen. Zu letzteren gehört vor allem die Pelztierhaltung, die ganz allgemein in den peripheren Räumen mehrerer nordischer Staaten eine jahrzehntelange Tradition hat, aber auch starken Schwankungen unterworfen ist. Nach dem Rückgang der Nerzfarmen in den letzten 15 Jahren verzeichnete Ende der 1980er Jahre die Silber- und Blaufuchshaltung erhebliche Zuwachsraten. So unterhielten 1987/88 allein in Budal sechs Hofstellen zusätzlich Pelztierfarmen. Mittlerweile gilt Japan als der lukrativste Absatzmarkt für Fuchsfelle, die oft Verkaufspreise von über 1000 NOK pro Fell erbringen. Daß auch andere Hofstellen derartige Betriebszweige aufbauen wollen, ist zwar ökonomisch verständlich, tierökologisch (enge Käfighaltung etc.) aber auch mit Fragezeichen zu versehen.

Schließlich sei noch auf die heutige Seter- bzw. Almwirtschaft verwiesen. Die meisten Bauern in Budal und Fordal haben diese Fernweidewirtschaftsform wenigstens in der traditionellen Weise (gemeint ist damit insbesondere die Butter- und Käseherstellung auf den Setern) in den 1950er und 1960er Jahren eingestellt. Dennoch werden viele Seter heute in anderer Weise genutzt, und zwar nicht nur nach entsprechenden Umbauten als Freizeithütten, sondern durchaus noch landwirtschaftlich, indem die umliegenden Weideflächen von etwa Ende Mai bis Anfang September mit Großvieh und/oder Schafen beschickt werden. Außerdem sind in den Fjellvidden der oberen Budal- und Fordalbereiche (zur Staatsallmende gehörend) noch mehrere Milchviehseter in Höhenlagen zwischen 850 und 900 m in Betrieb. Die Setergebäude liegen an mehr oder minder ausgebauten Wegen, so daß die Milch per Fahrzeug in die meist über 10 km entfernt liegenden Heimgüter und von dort aus zur Meierei geliefert werden kann. Bei der heutigen Seterwirtschaft handelt es sich nicht ohne weiteres nur um eine Reliktform, sondern um Aktivitäten im ländlich-agraren Problemraum, die unter bestimmten Voraussetzungen durchaus lohnenswert und landschaftsökologisch angepaßt erscheinen. Dieses trifft auch für andere innere Tal- und Fjellregionen Norwegens zu (s. Abb. 31).

Insgesamt gesehen sollte die agrarwirtschaftliche Zukunft wenigstens in dem hier etwas näher vorgestellten Distrikt nicht zu pessimistisch gesehen werden. Noch werden alle Ressourcen, vor allem die der Holzwirtschaft, keineswegs optimal genutzt. (Norwegen muß heute einen Teil des für seine Veredelungsindustrien benötigten Holzes importieren.) Außerdem ist ein beachtliches Fremdenverkehrspotential vorhanden. Aber bis heute erzielen nur wenige Hofstellen im Raum Budal-Fordal, der so verkehrsgünstig zwischen Trondheim und Röros liegt, kleine Anteile ihrer Einkommen etwa aus dem Verpachten von Hüttenareal, von Jagd- und Fischereirechten oder aus dem Vermieten von Freizeithütten.

Röros

Etwa 80 km südöstlich des Gauldaldistriktes liegt an der Reichsssstraße (RV) 30 im südöstlichen Tröndelag Norwegens berühmte und traditionsreiche Bergbaustadt Röros, die als die am besten erhaltene ihrer Art in ganz Nordeuropa gilt (s. Abb. 30). Sie ist damit eine Touristenattraktion von besonderem Rang. Verständlicherweise steht Röros, das sich übrigens neben der Urnes-Stabkirche und Bryggen in Bergen als einzige norwegische Stadt auf der »World Heritage List« (WHL) der UNESCO befindet, heute unter Denkmalschutz. Die Stadt mit etwa 3300 Einwohnern liegt in einer Höhenlage von 630 m NN zentral in der gleichnamigen Vidda und wird demnach auch als »Hochfjellstadt des Landes« bezeichnet. Die klimatischen Verhältnisse sind besonders während der Wintermonate sehr rauh; z. B. können Temperaturen von durchaus unter 30 °C erreicht werden.

Die Stadt kann auf eine sehr wechselvolle Geschichte zurückblicken, wie sie eindrucksvoll in den Romanen des aus Röros stammenden Johan Falkberget beschrieben worden ist. Mit dem Konkurs der Röros-Kupferwerkgesellschaft in 1977 ging eine 333 Jahre lange Epoche zu Ende, die gute und schlechte Zeiten erlebt hat. Ihr Entstehen verdankt die Bergbaustadt Röros also einzig und allein den Kupfergruben. Bereits 1644 wurde die erste Grube in Betrieb genommen, nachdem der Bauer und Jäger Hans Olsen Aasen dem Schichtmeister Lorentz Lossius vom westlicher gelegenen Kvikne Kupferwerk seinen Erzfund überreicht hatte. Vor der bergbaulichen Entwicklung befanden sich in der Vidda neben einigen Seterplätzen nur wenige Wohnsiedlungen. Dazu zählte z. B. der Röroshof *(Rörosgaard)*, von dem die spätere Bergbaustadt auch ihren Namen erhielt. Die erste große Grube entstand in Storvola, woraus die bald in Röros tätigen deutschen Bergleute den Namen »Storwartz« machten. Überhaupt strömten in die neuen Grubengebiete Arbeitskräfte von weither, so z. B. auch aus Schweden. Deutsche Fachleute mit entsprechendem Know-how, etwa aus den sächsischen Bergbaugebieten, waren allem Anschein nach besonders gefragt. Noch heute belegen deutsche Namen in Röros diese mitteleuropäischen Einflüsse.

Die meisten Grubenarbeiter waren zugleich Nebenerwerbsbauern, und diese Kombination aus Gruben- bzw. Hüttenarbeit und Landwirtschaft sollte lange Zeit das Siedlungsbild von

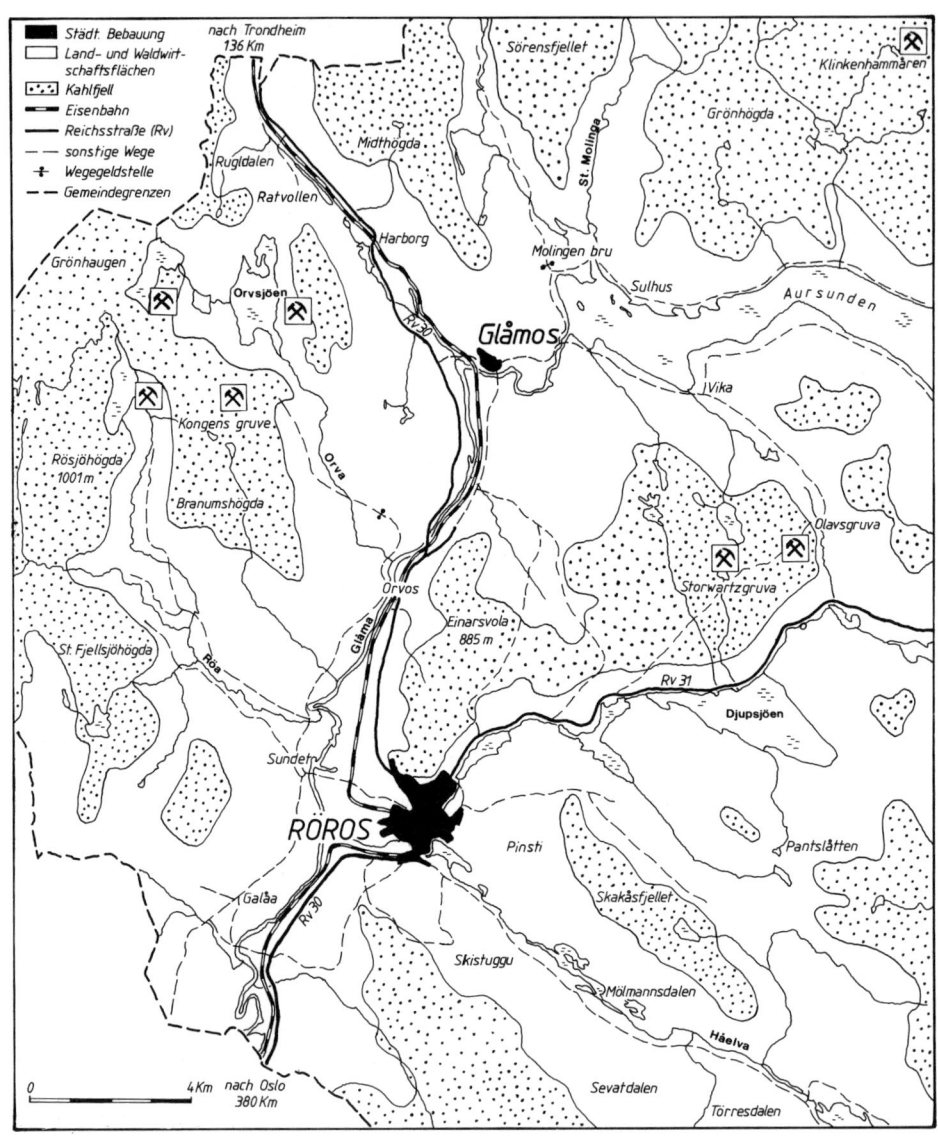

Röros und Umgebung

Röros prägen. Um 1700 wurden neue Erzvorkommen entdeckt und somit weitere Gruben abgeteuft, z. B. *Hestkletten, Christianus Quintus, Gamle Solskinngruve* und *Olavs gruve*. Damals soll die Einwohnerzahl von Röros bereits 2000 betragen haben. Eine der bekanntesten Abbaustätten sollte die 1723 erschlossene Grube *Christianus Sextus* werden, nach der Johan Falkberget seine Trilogie genannt hat, die in der deutschen Übersetzung den Titel »Im Zeichen des Hammers« trägt.

Die mit den ersten Kupferfunden gegründete Schmelzhütte *Röros Kobberverk* (seit 1646) am *Malmplassen* (»Erzplatz«) in Nachbarschaft des Flusses Hytteelva war lange Zeit die wichtigste Hütte im Raum Röros. Neben ihr entstanden dann nach und nach elf weitere Kupferhütten. Der Verhüttungsprozeß selbst, also die Gewinnung reinen Kupfers durch die Abtrennung von Eisen, Schwefel und taubem Gestein, war äußerst energie- und arbeitsintensiv. Fünf Schmelzvorgänge mußten durchgeführt werden, bis schließlich reines Kupfer hergestellt war. Von einigen Unterbrechungen abgesehen, so durch Brände oder Kriegseinwirkungen von schwedischer Seite, waren die Röros-Kupferwerke bis 1920 in Betrieb. Der Bergbau selbst konnte noch über Jahrzehnte weitergeführt werden, zeitweise mit staatlichen Zuschüssen. Im Jahre 1935 brachte die Erschließung der *Olavsgrube* eine weitere Verbesserung. Dennoch mußte der Bergbau in Röros wegen der niedrigen Weltmarktpreise für Kupfer 1977 geschlossen werden. Damit war nach 333 Jahren ein wichtiges Kapitel der norwegischen Wirtschaftsgeschichte zu Ende gegangen. Trotzdem ist das heutige Leben der Stadt noch aufs engste mit der Bergbau- und Verhüttungstradition verbunden, da Röros aufgrund der überlieferten Bausubstanz zu einem touristischen Anziehungspunkt besonderer Art geworden ist. Immerhin erzielte die Stadtgemeinde in den letzten Jahren etwa ein Drittel ihrer Bruttoeinnahmen aus dem Fremdenverkehr.

Eine Wanderung durch die Altstadt von Röros läßt Geschichte im wahrsten Sinne des Wortes lebendig werden. Das Straßennetz mit seinen Holzbauten in Blockbauweise erscheint mehr oder minder planmäßig und ist wahrscheinlich nach 1670, d. h. nach einem von schwedischen Soldaten verursachten Großfeuer, entstanden. Entlang der großen Schlackenhalde liegen am Hytteelva (eigentlich Hitterelva genannt) die alten Bergmannshäuser, an die sich in der Bergmannsgate die größeren und vornehmer ausgestatteten Bauten der einstigen Ingenieure, Direktoren etc. anschließen. Von der historischen Bausubstanz gilt der **Aasen-Hof** inmitten der Stadt als der älteste. Noch heute wohnen hier die Nachfahren jenes Hans Aasen, der 1644 die Kupfervorkommen entdeckt hat.

Am Malmplassen (Erzplatz) ist die 1975 abgebrannte **Schmelzhütte** wenigstens teilweise wiederaufgebaut worden; sie dient heute als Museum, in dem u.a. die Gruben- und Verhüttungssysteme in Modellform 1:10 nachgebildet sind. Die erste Schmelzhütte in Röros wurde – wie bereits hervorgehoben – schon 1646 errichtet. Ihre Lage war bestimmt durch die energieliefernden kleinen Wasserfälle des Hytteelva. Nach einem Brand im Jahre 1953 wurde der Verhüttungsprozeß eingestellt, ein neuer Brand in 1975 zerstörte die Anlage bis auf die Grundmauern. Nur wenige Schritte vom Hüttenplatz entfernt liegt die **Röros-Kirche**, praktisch ein Wahrzeichen der Stadt und im Volksmund *Bergstadens Ziir* genannt. Die Kirche war der einzige Steinbau im alten Röros; sie stammt aus den 1780er Jahren und läßt durchaus mitteleuropäische

Einflüsse erkennen. Bezeichnenderweise ist der Kirchturm mit den Bergmannszeichen Hammer und Schlägel versehen.

Von den einst 40 Erzgruben im Raum Röros ist als einzige die **Olavsgrube** *(Olavsgruva)* für den Besucher zugänglich; und sie ist zweifellos eine Attraktion für sich. Dieses 1979 eröffnete Bergbaumuseum liegt in der sogenannten Storwartz-Hochfläche etwa 13 km nordöstlich von Röros (Reichsstraße 31 in Richtung Schweden). Führungen bringen die Besucher bis 500 m in die Grube hinein, wo man 50 m unter der Erdoberfläche bei einer konstanten Temperatur von 5 °C ist. Der Museumskomplex besteht zum einen aus der alten Grube Nyberget (um 1650), zum andern der Olavsgrube aus den 1930er Jahren. Manche Maschinen der Olavsgrube sind noch heute intakt. Zu dem Museum gehört ein weiterer Gebäudetrakt mit Ausstellungen zur Bergbaugeschichte seit 1644.

Schließlich sei, was die Sehenswürdigkeiten im Raum Röros betrifft, das *Johan-Falkberget-Haus* in **Ratvolden** gut 20 km nördlich der Stadt genannt, das heute ebenfalls der Öffentlichkeit zugänglich ist. Der Dichter Falkberget, der in seinen Jugendjahren selbst im Erzbergbau tätig war, machte Röros und seine wechselvolle Geschichte weit über Norwegen hinaus bekannt. Seine drei großen Romane »Die vierte Nachtwache«, »Christianus Sextus« und »Das Brot der Nacht« umfassen Schilderungen aus dem 16., 17. und 18. Jahrhundert. Heute gehört sein Wohnsitz Ratvolden der Röros-Gemeinde und dient als Museum.

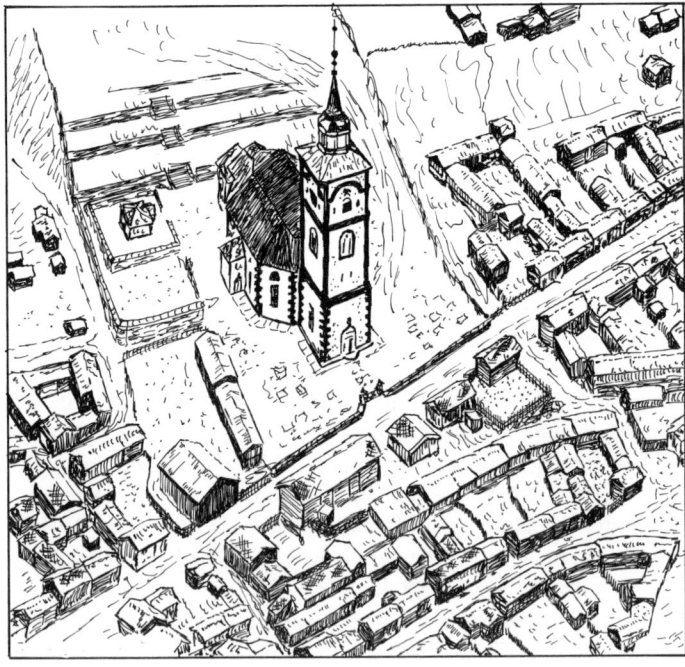

Röros um 1800

Nordnorwegen

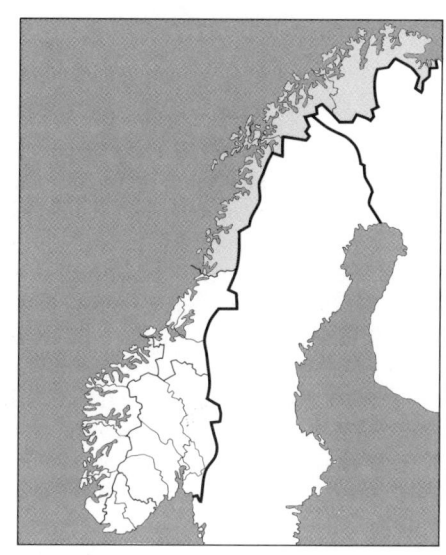

Nordnorwegen mit seinen Provinzen Nordland, Troms und Finnmark ist heute als sogenanntes Entwicklungsgebiet wie die entsprechenden Landesteile Schwedens und Finnlands jenseits des Polarkreises als ein Raum mit vielschichtigen ökonomischen und sozialen Problemen zu sehen. Wenn selbst sehr viele Südnorweger die nördlichen Teile ihres Landes aus eigener Anschauung nicht kennen, so ist das wenigstens teilweise auf die großen Entfernungen zurückzuführen; ist doch das bei 57° n. Br. liegende Kap Lindesnes an der Sörlandküste vom Nordkap bei rund 71° genauso weit entfernt wie von Rom oder Moskau. Die meist harten Naturraumvoraussetzungen in diesen Randbereichen der Ökumene, weiterhin die von einigen städtischen Siedlungen abgesehen periphere Lage und die starke Landflucht haben gerade in den letzten Jahrzehnten zu gravierenden Problemen geführt.

Auf der anderen Seite übt dieser Landesteil durch seine Weite und Einsamkeit eine zunehmende Faszination auf bestimmte Touristengruppen aus, und das natürlich in erster Linie während der Sommermonate mit ihrer Mitternachtssonne, die z.B. in Svolvær auf den Lofoten vom 28. 5. bis 14. 7. oder in Alta vom 18. 5. bis 27. 7. scheint. Trotz der Siedlungsleere weiter Räume ist Nordnorwegen, das flächenmäßig etwa der Hälfte der Bundesrepublik Deutschland entspricht, verkehrsmäßig gut erschlossen. Ein über 17 000 km langes Straßennetz, das durch Fähren, Brücken und Tunnels miteinander verknüpft ist, ermöglicht dem Reisenden den Besuch auch abgelegenster Fischersiedlungen oder Ortschaften der samischen Bevölkerung in der inneren Finnmarksvidda. Der wichtigste Landverkehrsweg Nordnorwegens, der *Riksvei 6* (RV 6 = Europastraße 6), ist zwischen Trondheim und Kirkenes über 1600 km lang; er erreicht damit in etwa das Dreifache der Strecke Trondheim – Oslo.

Weiterhin laufen moderne Schiffe, vor allem die der bekannten Hurtigroute, regelmäßig über 20 Häfen an der Nordnorwegenküste an. Eine andere wichtige Verkehrstrasse ist auch die 1962 fertiggestellte Nordlandbahn, die in Bodö, dem nördlichsten Bahnhof der Welt (wenigstens auf den Personenverkehr bezogen), mit täglich zwei Zugverbindungen in Richtung Trondheim und Oslo endet. Schließlich sollten auch die gut ausgebauten Luftwege hervorgehoben werden, denn nahezu 30 Flugplätze werden in Nordnorwegen täglich im Linienverkehr angeflogen.

Nordnorwegen im Überblick

Mit 113 000 km² umfaßt Nordnorwegen zwar ein Drittel der gesamten Landesfläche, mit knapp 461 000 Menschen (1989) aber weniger als 11% der norwegischen Bevölkerung. Im Süden reicht die Grenze von Nordland Fylke, der südlichsten der drei nordnorwegischen Provinzen, bei 65° an Tröndelag, während die mathematische Grenze, der nördliche Polarkreis, bei exakt 66°32′5′′ verläuft. Als naturräumliche Abgrenzungen zu Süd- bzw. Mittelnorwegen können die Wasserscheide zwischen den Flußsystemen Vefsna-Svenningdalelv und Namsen bzw. die Übergänge zwischen Foldafjord und Bindalsfjord herangezogen werden. In geologischer Sicht wird allgemein die Trondheim-Senke als Südgrenze Nordnorwegens angesprochen.

Die Provinz Nordland mit ihrem Verwaltungszentrum Bodö zählte 1989 mit 38 000 km² rund 239 000 Einwohner gegenüber 243 000 in 1970. Für Troms sind die entsprechenden Zahlen etwa 25 000 km² und 147 000 Einwohner (1970 rund 136 000). In Finnmark, der größten Provinz Nordnorwegens mit 46 500 km², lebten 1989 dagegen nur 74 000 Menschen gegenüber 76 500 in 1970. Bei einem statistischen Landesmittel von 13 Einw./km² beträgt die Bevölkerungsdichte in Nordland 6,6, in Troms 5,8 und in Finnmark nur noch 1,6 Einwohner pro Quadratkilometer. Die Bevölkerungsverteilung ist sehr differenziert und verständlicherweise an die wenigen Erwerbsmöglichkeiten gebunden. Letztere befinden sich primär in den städtischen Siedlungen entlang der Küsten.

Noch in der ersten Hälfte dieses Jahrhunderts war die Bevölkerungszahl Nordnorwegens relativ stark angestiegen. Nach 1950 und speziell gegen Ende der 1960er Jahre setzte dann in den meisten Gebieten ein Rückgang ein, so daß Nordnorwegen 1970 etwa den gleichen Anteil an der Gesamtbevölkerung hatte wie kurz nach der Jahrhundertwende. Durch zahlreiche Unterstützungs- und Investitionsmaßnahmen (hierzu wurden mehrere Entwicklungspläne und -institutionen ins Leben gerufen) konnte die problematische Situation in den Nordprovinzen zwar gemildert, aber nicht grundlegend und dauerhaft geändert werden. So ist in Nordnorwegen nach einer gewissen Stabilisierung im ökonomischen und sozialen Bereich in jüngster Zeit wiederum ein mehr negativer Entwicklungstrend zu beobachten. Daß davon besonders die peripheren Räume, d. h. die abseits der städtischen Siedlungen liegenden ländlich-agraren Gebiete betroffen sind, versteht sich beinahe von selbst.

Die Unterstützungs- und Ausbaumaßnahmen sowohl im agrar- und fischwirtschaftlichen wie im gewerblich-industriellen und im Dienstleistungssektor hatten und haben die Hauptzielsetzung, das bestehende Siedlungsmuster so weit und so gut wie möglich aufrechtzuerhalten. Damit sind gerade in Nordnorwegen Wirtschafts- und Sozialpolitik aufs engste miteinander verknüpft. Trotzdem ist in den letzten Jahren wieder eine verstärkte Bevölkerungsabwanderung aus den Binnen- und Abseitsräumen festzustellen. Beispielsweise verringerte sich die Bevölkerungszahl der drei Nordprovinzen in den Jahren 1982 bis 1986 um rund 16 000.

Heute stellt man sich mancherorts die Frage, ob die primärwirtschaftlichen Aktivitäten (Land- und Forstwirtschaft sowie Fischerei) überhaupt noch als ein stabilisierendes Element für die Abseitsräume angesehen werden können. Betrachtet man nur den Rückgang der Beschäftig-

Öksfjordjökul

tenzahlen in diesem Bereich, mag die Frage berechtigt erscheinen: Bestritten nämlich noch um 1960 etwa 34% der erwerbstätigen Bevölkerung Nordnorwegens ihren Lebensunterhalt aus primärwirtschaftlicher Tätigkeit, so waren es 1985 nicht mehr als 10%. Andererseits sollte aber auch berücksichtigt werden, daß es für eine Reihe jener Siedlungsräume bis heute keine nennenswerten Alternativen zur Landwirtschaft oder Fischerei bzw. der momentan so rapide wachsenden Aquakultur gibt.

Wenn Nordnorwegen trotz allem dichter besiedelt ist als auf gleicher Breitenlage liegende Landzonen in Nordamerika oder in der UdSSR, dann ist das in erster Linie auf die relativ guten klimatischen Gegebenheiten im Küstenbereich infolge des Golfstromes (Nordatlantikdrift) zurückzuführen. So liegen z. B. am Westrand der Lofoten die mittleren Januartemperaturen 25 °C höher als in nordamerikanischen und nordasiatischen Gebieten gleicher Breitenlage. Wahrscheinlich handelt es sich bei dieser extremen Differenz um die höchste positive Temperaturabweichung auf der Welt. Selbst das nahe dem Nordkap gelegene Honningsvåg verzeichnet keine tieferen Januartemperaturmittel als die Landeshauptstadt Oslo. Von den Küstensäumen ins Landesinnere hinein sinken dann die Wintertemperaturen sehr rasch ab und erreichen in der Finnmarksvidda eine Art Kältepol. Im Jahre 1886 wurden in der samischen Siedlung Karasjok in der südöstlichen Finnmarksvidda minus 51,4 °C gemessen, die tiefste Temperatur, die jemals in Norwegen registriert wurde.

Wichtiger als die winterlichen Kältegrade ist für das Siedlungs- und Wirtschaftswesen jedoch der sommerliche Temperaturgang, der wiederum starke maritim-kontinentale Gegensätze zeigt. Beispielsweise kann das obengenannte Karasjok durchaus Wärmegrade von plus 30 °C im Juli/August erreichen, was in den maritim geprägten Küstengebieten in der Regel nicht der Fall ist. Neben den Temperaturgegensätzen zeigt sich der maritim-kontinentale Kontrast auch im Verteilungsbild der Jahresniederschläge, die von Süden nach Norden und von Westen nach Osten abnehmen. So empfangen die Binnenräume Finnmarks nur noch sehr geringe Niederschlagsmengen; in Karasjok und Kautokeino oft nicht viel mehr als 300 mm pro Jahr, so daß vielerorts in diesem subarktischen Raum eine Bewässerung des kultivierten Grünlandes notwendig wird.

Die für die Agrar- und Holzwirtschaft so wichtige Länge der Vegetationsperiode ist in den einzelnen Regionen Nordnorwegens ebenfalls sehr unterschiedlich. So werden für Bodö (Nordland) durchschnittlich 140 Tage mit mindestens 6 °C angegeben, während es für Tromsö (Troms) und Alta (Finnmark) nur noch 115 bzw. 114 sind. Allerdings werden gerade im Norden die Folgen einer kurzen Vegetationsperiode durch die Intensität und Länge der Sonneneinstrahlung (Mitternachtssonne) gemildert. Dieser Situation versucht man in der Agrarwirtschaft seit Jahren insofern Rechnung zu tragen, als durch technische und züchterische Maßnahmen die Kulturpflanzen bereitgestellt werden sollen, die den örtlichen Klimagegebenheiten optimal angepaßt sind und somit einen maximalen Ertrag abwerfen. Mehrere staatliche Versuchsstationen, so Holt in Tromsö und deren Abteilungen Flaten (Alta) und Svanhovd (Pasvikdal), experimentieren mit einer ganzen Fülle von Kulturpflanzen, vor allem mit Kartoffeln, ein- und mehrjährigen Futterpflanzen (besonders Grassorten), Gemüsearten und Beerenobst.

Im einzelnen sind die klimatischen Verhältnisse in Nordnorwegen schon aufgrund der weiten Distanzen sehr differenziert. So ist in Nordland allein wegen der großen Längserstreckung

Gratangsbotn in Troms

(über 500 km Luftlinie) der Kontrast zwischen Süd und Nord sowie maritimem Küsten- und kontinentalem Binnenklima besonders groß. Außerdem sind die Witterungsverhältnisse Nordlands sehr instabil, was vor allem für die Küstenfischerei zum Unsicherheitsfaktor wird. Diese Situation trifft auch für große Teile von Troms zu, das im Übergangsbereich von der nordatlantischen Westwindzone zum subpolaren Klimatypus liegt. Vor allem in den Wintermonaten erreichen die Südwestwinde hier die Gewalt von Stürmen. Der Frühjahrseinzug ist in Troms selten vor Anfang Juni festzustellen, aber der Herbst beginnt in der Regel nicht eher als im weit südlich gelegenen Vestland. An den Tromsküsten liegen die Durchschnittstemperaturen infolge der relativ warmen Meeresströmung durchschnittlich nur 2–4 °C niedriger als in Bergen bzw. im mittleren Vestlandküstenbereich. Die Sommertemperaturen werden für die Fjordmündungen südlich Tromsö mit ca. 12 °C im Monatsmittel angegeben; etwas höhere Werte erreichen die geschützten Fjordenden und die anschließenden Binnentäler.

Auch die jährlichen Niederschlagsmengen differieren räumlich stark; sie können in der Küstenzone, d. h. im Luv der Hochfjellwände, 2000 mm und mehr betragen. Zum Landesinnern hin nehmen sie dann schnell ab. Zum Beispiel erhält Tromsö durchschnittlich 935 mm, weiter in Richtung Osten, zur schwedischen Grenze hin, sind es nur noch 500–700 mm. In Finnmark sind die klimatischen Gegensätze ebenfalls beträchtlich, und zwar besonders extrem zwischen den Nordküsten und den südlich anschließenden Binnenräumen. Die Ausläufer des Golfstromes bzw. der Nordatlantikdrift sorgen auch an der Finnmarkküste dafür, daß alle Häfen bis über die Varangerhalbinsel hinaus ganzjährig eisfrei sind.

Zur recht heterogenen Reliefgestaltung Nordnorwegens sei kurz folgendes bemerkt. An die Küstenplattform *(Strandflate)*, wie sie besonders in Nordland, zum Teil auch in Troms ausgeprägt ist, schließen sich vielerorts und nahezu abrupt die Hochfjellzüge der Skanden an. Besonders eindrucksvoll tritt das Panorama des alpinen Fjells auf den Lofoten entgegen. Demgegenüber wird der östliche Teil Nordnorwegens vom präkambrischen Grundgebirge des Baltischen Schildes bestimmt. Die weitflächige Plateaulandschaft der Finnmarksvidda ist dafür das wohl bekannteste Beispiel. An den Nordküsten Finnmarks prägen mehrere breite Fjorde und fjordartige Meeresbuchten das Landschaftsbild, so der Altafjord, Porsangen, Laksefjord, Tanafjord und Varangerfjord. Nicht alle dieser Meeresbuchten sind Fjorde im geomorphologischen Sinn, also Formen und Folgen der Glazialerosion wie an der Vestlandküste, sie sind vielmehr vom Meer überflutete tektonische Senken, was auch in der Physiognomie und den relativ geringen Tiefenverhältnissen zum Ausdruck kommt.

Nordnorwegen verfügt über einige bedeutende Bodenschätze insbesondere metallischer Art, die für die industriell-gewerbliche Entwicklung dieses Landesteils von Bedeutung sind. In Nordland befinden sich einige wichtige Erzlagerstätten von Pyrit (Schwefel- und Kupferkiese), Eisenerz und Zinkblende; bekannte Bergbaugemeinden sind hier Rana und Fauske. Für Troms können etwa die Nickelerzlager auf der Insel Senja und einige verstreute Eisenerzlager genannt werden. In Finnmark schließlich liegen mit den Eisenerzlagerstätten von Kirkenes-Björnevatn (Sör-Varanger) die wichtigsten ihrer Art in Norwegen. Diese Magnetitvorkommen haben einen Eisen- bzw. Fe-Gehalt von durchschnittlich 33–36% und müssen somit für den Export erheblich aufbereitet, d. h. zu Konzentraten mit Fe-Gehalten von rund 65% angereichert werden.

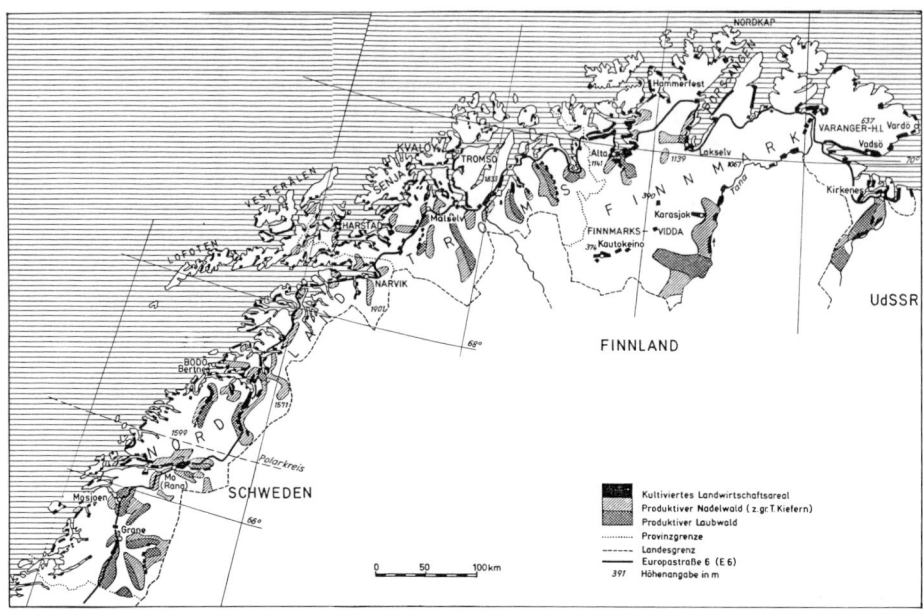

Kultiviertes Landwirtschafts- und produktives Waldareal in Nordnorwegen

Auch der Wald spielt in Nordnorwegen als wirtschaftliche Ressource durchaus noch eine erhebliche Rolle. Dabei können in forstwirtschaftlicher Sicht vier Gebiete herausgestellt werden, nämlich:

1. **Helgeland** im Süden der Provinz Nordland mit relativ großen produktiven Nadelwäldern. Die Holzwirtschaft trägt hier in etwa die gleichen Züge wie in Tröndelag oder im Östland.
2. **Nordland** nördlich des Saltfjells bis zum Ofotfjord. Die dortigen Waldbestände (zum großen Teil noch Nadelwald) sind erst in den letzten Jahrzehnten aufgeforstet worden.
3. Die Waldbestände in **Troms.** Hier dominiert in den forstwirtschaftlich nutzbaren Wäldern die Birke. In den inneren Bezirken von Troms sind aber auch noch einige größere Kiefernareale anzutreffen.
4. **Finnmark** als äußerst waldarme Provinz. Nur bei Alta, südlich Karasjok und in Sör-Varanger liegen noch einige Kiefernwaldinseln.

Zumindest die Zonen 1 und 2 sind zu dem für Nordeuropa so typischen borealen Wald zu rechnen, der an der norwegischen Westküste bis ca. 68 ° n.Br. reicht und in Finnmark sogar bis nahe 70 ° auskeilt. Die polwärts sich anschließenden Vegetationszonen bilden zum einen die subarktische Region (bis zur Fjellbirkengrenze bei ca. 71° n.Br.) und zum andern die arktische Region. Letztere nimmt als Zone nördlich der heutigen polaren Baumgrenze aber nur einen

222

äußerst schmalen Saum des festländischen Norwegen ein, d. h. speziell die Nordränder der Halbinseln Nordkinn und Varanger. Kennzeichnen läßt sich die arktische Region durch die Formation der Tundra, also jener heide- und moorartigen, von Zwergsträuchern (besonders der Zwergbirke *Betula nana*) und einer Vielzahl von Moosen und Flechten etc. bestimmten Vegetation, die zwar bis nach Lappland hinein vorkommt, sich aber hier als Pseudotundra präsentiert. Hauptmerkmale der echten Tundra sind die kurze Vegetationszeit und vor allem der Permafrostboden (Dauerfrostboden mit geringen Auftautiefen während der Sommerzeit), die eine baumförmige Vegetation weitestgehend verhindern. Die Ähnlichkeiten in den Wuchs-formen und Artenzusammensetzungen zwischen der arktischen Vegetation und der alpinen Gebirgsflora der Hochfjell-Landschaften Südnorwegens sind naturgemäß recht groß.

Die oberen Waldgrenzen variieren sehr stark. In Nordland, d.h. im Hattfjell, Dunderlandsdal und Saltdal, verlaufen sie bei ca. 600 m NN, in den inneren Fjordgebieten von Troms bei 400–600 m und am äußeren Küsten- und Inselsaum von Troms schon bei 200 m NN. Im Gegen-satz zu den großen südnorwegischen Waldbezirken im Östland und in Tröndelag ist der Staats-besitzanteil an den nordnorwegischen Wäldern sehr hoch. In Finnmark sind praktisch alle Wälder wie überhaupt mehr als 90% der gesamten Provinzfläche Staatsbesitz (norw. *statsall-menning*); in Troms gehören ca. 43% und in Nordland 36% des produktiven Nadelwaldes dem Staat. Infolge dieser Situation sind in den Waldlandschaften Nordnorwegens die Erwerbs-kombinationen Agrar- und Forstwirtschaft für die ländliche Bevölkerung auch nicht in dem

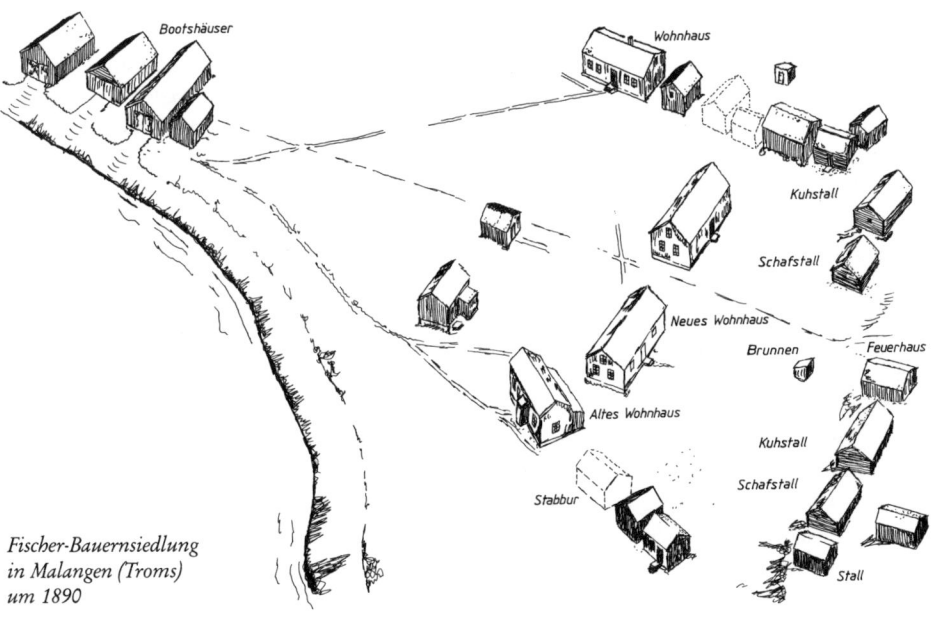

*Fischer-Bauernsiedlung
in Malangen (Troms)
um 1890*

Maße charakteristisch, wie es für das Östland und Tröndelag oder auch für die Nachbarländer Schweden und Finnland der Fall ist.

Seit 1950 hat man in Nordnorwegen in stärkerem Maße mit Aufforstungen begonnen, wobei anstelle der Laubhölzer vielerorts Fichtenkulturen getreten sind. Fast alle produktiven Waldbestände im nördlichen Teil Nordlands und in Troms sind somit junge Aufforstungen aus der Nachkriegszeit. Nach den Plänen der beiden Provinzverwaltungen sollten bis 1990 insgesamt über 77 000 ha Land aufgeforstet werden, um eben auch mit Hilfe der Holzproduktion und -veredelung die relativ schwache Wirtschaftsstruktur zu verbessern. In den 1980er Jahren zeigten die Aufforstungsquoten allerdings eine abnehmende Tendenz.

Wenn heute nur 1,4% der nordnorwegischen Landfläche als vollkultiviertes Agrarareal ausgewiesen werden, so sagt das über die räumliche Wirksamkeit der Landwirtschaft nicht viel aus. Denn zum einen spielen die gerade für den Norden so charakteristischen Erwerbskombinationen (nicht mehr allerdings die früher typische Bauern-Fischer-Wirtschaft) eine große Rolle; und zum anderen sind die dortigen kleinen Hofstellen – ähnlich wie die in den inneren Tal- und Fjellgebieten des südlichen Landesteiles – auch heute noch in hohem Maße auf die sogenannten Utmark-Ressourcen, also Nutzung des nichtkultivierten Landes ausgerichtet.

Die Siedlungsgrenzen sind natürlich bedeutend niedriger anzusetzen als in Südnorwegen. So liegen selbst in Helgeland die agrar-bäuerlichen Betriebe selten höher als 300 m NN. Klassische Siedlungsleitlinien ergeben sich entlang der Westküsten durch die Küstenplattform *(Strand-flate)* sowie durch die marine Grenze, d. h. den oberen Grenzverlauf der nacheiszeitlichen Meeresüberflutungen. In Nordnorwegen verläuft die marine Grenze wie in den südlichen Landesteilen recht unterschiedlich; sie reicht im inneren Helgeland und Salten bis 150 m NN, bei Bardu und Målselv in Troms bis maximal 100 m.

An der Nordküste Finnmarks sind es fast ausschließlich die flachen und sedimentreichen inneren Fjordarme bzw. Meeresbuchten am Alta-, Tana- und Varangerfjord, aber auch am Porsangen und Laksefjord, die schon vor langer Zeit einer Fischer-Bauern-Bevölkerung günstige Siedlungsstandorte boten. In den anschließenden Binnenräumen findet man außer den samischen Siedlungen der Finnmarksvidda, insbesondere Karasjok, Kautokeino und Masi, keine Dauersiedlungen mehr. Als Ausnahme könnten noch einige kleine Siedlungen entlang der größeren Talzüge, z. B. des Tanaelva, genannt werden. Grob gesehen sind also die besten Anbaumöglichkeiten Nordnorwegens an der Helgelandküste im südlichen Nordland lokalisiert und die schwierigsten im Inneren Finnmarks.

Geschichte

Ein Überblickskapitel zu Nordnorwegen sollte wenigstens einige Aspekte der Siedlungs- und Wirtschaftsgeschichte nicht außer acht lassen, zumal diese auch für das Verständnis des heutigen Nordnorwegen – man denke nur an die Problematik der samischen Bevölkerungsminorität – wichtig sind. Zunächst mag überraschen, daß Nordnorwegen wohl zu den ältesten Siedlungsräumen ganz Nordeuropas zählt. Die prähistorischen Funde bezeugen dies. So wird die berühmte *Komsa-Kultur* (nach einem der ersten Fundplätze, nämlich dem Komsafjell bei Alta) in die Zeit von ca. 7000 bis 2500 v. Chr. datiert. Es handelt sich hierbei um Jäger- und Fischer-gruppen, die mit dem zurückweichenden Inlandeis der letzten Kaltzeit wahrscheinlich aus dem mittelrussischen Raum eingewandert sind. Eine zweite Einwanderungswelle, die sogenannte *Fosna-Kultur* (ca. 7000–2500 v. Chr.), stammte aus dem südskandinavischen Raum. In der folgen-den Jungsteinzeit (Neolithikum) brachten Einwanderergruppen aus Finnland und Nord-schweden den Gebrauch von Schiefergeräten, die Töpferei und den Nomadismus nach Nord-norwegen. Eine Bronzezeit ist im hohen Norden nicht nachzuweisen.

Zahlreiche Zeugnisse datieren aber aus der Eisenzeit von etwa Christi Geburt bis zur Wikin-gerexpansion um 1000 n. Chr. In dieser Periode fand eine mehr oder minder feste Landnahme bzw. Seßhaftwerdung statt. Es entwickelten sich dichter besiedelte Gebiete, über die zwei sehr bedeutende Quellenwerke berichten. Das erste ist der Bericht des Wikingers und Stammes-führers Ottar von Hålogaland, der in der zweiten Hälfte des 9. Jahrhunderts lebte und einen Bericht über Nordnorwegen verfaßte, den er später König Alfred von England gab. Seinen Aus-führungen zufolge hat Ottar eine Reise vorbei am Nordkap bis ins Weiße Meer unternommen. In der Abhandlung bringt er auch zahlreiche Hinweise über Leben und Wirtschaftsweisen der Lappen bzw. Samen, von denen er Steuern eintrieb. Der zweite historische Beleg zur nord-norwegischen Landnahme findet sich in der von dem isländischen Gelehrten Snorri Sturluson im 12. Jahrhundert verfaßten Saga über Olav den Heiligen.

Im Zuge der Christianisierung begann dann die politische Machtausdehnung von Süd- nach Nordnorwegen, und zwar zunächst nach Hålogaland, das sich in etwa mit der heutigen Provinz Nordland deckt. Um 1500 erreichte die Christianisierung schließlich die samische Bevölkerung, was im Zuge der damit verbundenen »Skandinavisierung« zu einschneidenden Veränderungen im Kultur- und Wirtschaftsleben dieser Minorität führen sollte (s. S. 227 ff.).

Felszeichnung bei Straumhella auf Kvalöy

Mit der mittelalterlichen und frühneuzeitlichen Kolonisation Nordnorwegens wurde dieser Landesteil mehr und mehr in die Rolle einer vernachlässigten Provinz gedrängt. Nordnorwegen erhielt praktisch den Status eines Rohstoffergänzungslandes bzw. einer Kolonie für die norwegisch-dänische Krone. So war es vor allem der Fischreichtum, der die Küsten Nordlands und insbesondere die Lofoten mindestens bis 1550 von der Hansestadt Bergen wirtschaftlich abhängig machte. Neben allen Nachteilen durch die strikten Handelsprivilegien der Bergenser Kaufleute ergaben sich aber auch manche Vorteile für die Fischer-Bauern-Bevölkerung in Nordland, da die festen Kontrakte einen halbwegs gesicherten Lebensunterhalt ermöglichten. Im 15. Jahrhundert sollen im Gebiet der heutigen Provinz Nordland etwa 200 Küsten- und Inselsiedlungen existiert haben, von denen allerdings viele nur saisonal genutzte Fischereiplätze waren. Zahlreiche Siedlungen sind dann nach 1600, d. h. nach der Aufhebung der hanseatischen Privilegien, wieder aufgegeben worden oder wüstgefallen. Insgesamt gesehen breitete sich mit dem Niedergang der Hanse in Nordnorwegen eine wirtschaftliche Rezession und damit auch eine soziale Krise aus, die bis gegen Ende des 18. Jahrhunderts andauerte.

Erst mit Aufhebung des Handelsmonopols durch die dänische Krone im Jahre 1789 konnten in Nordnorwegen eigene Marktorte (norw. *handelssteder*) und Umschlagplätze (norw. *ladesteder*) entstehen, von denen mehrere darauf auch Stadtrechte erhielten, so z. B. Tromsö 1794, Bodö 1816 und Vadsö 1833. Diese neuen Städte (norw. *kjöpsteder*) hatten nun auch die Möglichkeit, direkt mit dem Ausland Handel zu treiben, der nicht mehr von Bergen oder Trondheim dirigiert wurde. Eine besondere Rolle spielte von jetzt an der Handel mit Rußland. Dieser sogenannte »Pomorje-Handel« (russ. *pomorje* = Küste) reichte von Archangelsk und Murmansk bis zu den Finnmark- und Tromsküsten. Von wirtschaftlich größter Bedeutung wurden die Handelsgeschäfte während der Napoleonischen Kriege, als auch das nördliche Norwegen durch die Kontinentalsperre von den westeuropäischen Staaten abgeschnitten war. Auch die großen Märkte der samischen Bevölkerung in Alta, Skibotn (Lyngen) und Varangerbotn pflegten enge Kontakte zu den russischen Händlern. Mit der russischen Revolution im Jahre 1917 kamen jene Handelsverbindungen dann offiziell zum Erliegen.

Im 18. und 19. Jahrhundert vollzogen sich in Nordnorwegen außerdem durch zwei große Einwanderungsströme demographische Wandlungsprozesse. Diese bestanden zum einen aus finnischen Siedlergruppen, den sogenannten *Quänen* bzw. *Kvenen,* zum andern aus norwegischen Neusiedlern, vornehmlich aus den ostländischen Bauerntalungen Österdal und Gudbrandsdal. Beide Einwanderergruppen waren praktisch Agrarpioniere, die neue Landwirtschaftsformen und -techniken mitbrachten und zudem die Anbaugrenzen nordwärts verschoben. Namen wie »Kvænangen« oder »Kvænangsfjord« deuten noch heute auf die Kolonisation jener finnischen Bauern hin, die zunächst während des Nordischen Krieges 1709–18, dann um die Mitte des 18. Jahrhunderts und während der Napoleonischen Kriege sowie schließlich während der Hungersnöte Ende der 1860er Jahre nach Nordnorwegen und besonders nach Finnmark zogen. Nach dem Zweiten Weltkrieg sprachen noch 2,5% der Bevölkerung Finnmarks Finnisch gegenüber 12,3% Samisch. In der kleinen Küstengemeinde Kistrand am Porsangen waren es sogar 16% der Bewohner, die Finnisch als ihre Muttersprache angaben. Die Zahl der heute in Nordnorwegen lebenden Kvenen läßt sich auf ca. 10 000 beziffern.

Bei den Einwanderergruppen aus dem südöstlichen Norwegen, den sogenannten *Dalesmenn* (»Talleuten«), handelt es sich größtenteils um Jungbauern aus den oberen strukturschwachen und übervölkerten Talabschnitten, die im inneren Troms, im Alta-Gebiet und im Pasvikdal (Sör-Varanger) eine neue Heimat fanden. Die Agrarkolonisten brachten die ihnen vertraute Kombinationsform zwischen Land- und Wald- bzw. Holzwirtschaft mit, welche noch heute für einige ihrer Siedlungsgebiete im inneren Troms kennzeichnend ist. Um 1960 sollen noch ca. 20 000 nordnorwegische Einwohner östländische Dialekte gesprochen haben.

Leben und Wirtschaft der samischen Bevölkerungsminorität

Die lappische oder richtiger gesagt samische Volksgruppe (in Norwegen früher auch als *finn* bezeichnet) bildet in ganz Nordeuropa zweifellos die bekannteste Bevölkerungsminorität, der hier schon aufgrund des wachsenden Interesses und Verständnisses für Minderheiten ein Sonderkapitel gewidmet sei. Heute leben die Samen nach den in Nordeuropa erfolgten politisch-territorialen Veränderungen in einem Gebiet, das sich in Norwegen von der Varangerhalbinsel bis in den Raum Röros-Femundsee erstreckt und im benachbarten Schweden bis Dalarna reicht. Schon aus der Verbreitung zahlreicher samischer Orts- und Flurnamen in den südlichen Landesteilen Nordeuropas, insbesondere in Finnland, läßt sich schließen, daß samische Volksgruppen früher auch hier gesiedelt haben. Erst später, vor allem im Zuge der Ausbildung der Nationalstaaten, sind sie immer weiter nach Norden abgedrängt worden. Mit diesem Prozeß war über lange Zeit hinweg eine negative Minoritätenpolitik bzw. eine Diskriminierung der Samen seitens der nordischen Staaten verbunden, die erst im Laufe der vergangenen Jahrzehnte, unter anderem durch mehrere Gesetzgebungen, beseitigt wurde.

Die einst negative Minoritätenpolitik wird auch auf norwegischer Seite nicht geleugnet. Beispielsweise wurde noch zu Beginn dieses Jahrhunderts ein Erlaß herausgegeben, der den Verkauf von staatlichem Boden (wie bereits betont, sind noch heute über 90% Finnmarks Staatsgrund) nur an solche Bürger gestattete, die Norwegisch sprechen, lesen und schreiben konnten. Dieser Erlaß und ähnliche Verordnungen, die den Landverkauf an Samen nahezu ausschlossen, waren praktisch bis 1965 gültig. Eine weitere Bestimmung, nach der in den Schulen nur Norwegisch gelehrt werden durfte und Samisch lediglich als Hilfssprache erlaubt war, existierte formell bis 1955. Mittlerweile ist eine Gleichstellung wenigstens in den vorherrschend samischen Gebieten Finnmarks erreicht worden.

Exakte Zahlenangaben über die samischen Bevölkerungsgruppen sind schon aufgrund des hohen Assimilierungsgrades (vor allem in den südlichen Gebieten, in denen nur einzelne Samenfamilien ansässig sind) kaum möglich. Wie fortgeschritten der Assimilierungsprozeß ist, mag man z. B. daraus ersehen, daß sich in Nordnorwegen bei der Volkszählung von 1930 knapp 19 000 Menschen zur samischen Volksgruppe rechneten, im Jahre 1960 aber nur noch 8800. Diese Zahlen sind jedoch mit großer Vorsicht zu betrachten. Nach anderen Untersuchungen leben etwa 50% aller nordeuropäischen Samen, also rund 20 000 Menschen, in Nordnorwegen, und von denen wiederum 15 000 in Finnmark. Aber nur noch 10%, also etwa 2000 Menschen

Samenfamilie um 1909

samischer Herkunft, leben in Norwegen von der Rentierwirtschaft. Der überwiegende Teil der norwegischen, schwedischen und finnischen Samen ist also längst nicht mehr in der nomadisierenden Rentierhaltung tätig, sondern in der Land-, Forst- und Fischereiwirtschaft sowie zunehmend im sekundären und tertiären Erwerbssektor. Heute gibt es in den Nordprovinzen selbstverständlich auch samische Juristen, Ärzte, Lehrer usw.

In Verbindung mit der Volkszählung von 1970 erfaßte das Statistische Zentralbüro Norwegens auch Personen samischer Zugehörigkeit in den drei Nordprovinzen. Danach wurden z.B. die Auskünfte erbeten, ob Samisch als erste Sprache von den betroffenen Personen bzw. von einem Eltern- oder Großelternteil gesprochen würde und ob sich die befragten Personen zur samischen Volksgruppe rechneten. Das Befragungsergebnis war, daß etwa 10 500 Personen Samisch als ihre erste Sprache angaben. Davon entfielen 500 auf Nordland, gut 1400 auf Troms und knapp 8600 auf Finnmark. Die Frage, ob Samisch die erste Sprache mindestens eines Elternteils war, beantworteten rund 17 000 Personen mit Ja, und ca. 20 000 Personen bejahten dieses mindestens für einen ihrer Großelternteile. Auf die weitere Frage, ob sie sich selbst als Samen bezeichneten, antworteten nur 9200 mit Ja, davon 7600 in Finnmark. Einige tausend Befragte waren sich ihrer Zugehörigkeit unsicher bzw. wünschten darüber keine Auskunft zu geben. So interessant und aufschlußreich derartige Zählungen auch sind, ein vollständiges

Bild über den samischen Bevölkerungsanteil Nordnorwegens geben sie nicht. Das Statistische Zentralbüro selbst hat zum Ausdruck gebracht, daß in Wirklichkeit wohl mit höheren Zahlen zu rechnen sei.

Über die Herkunft, ethnische Zugehörigkeit und Sprache der Samen herrscht bis heute keine einheitliche Auffassung. Viele Forscher vertreten die Meinung, daß die Samen ihrem Hauptnahrungs- und -nutztier, dem Ren, gefolgt seien. Damit ist die Annahme verbunden, daß die Samen auch in ihrer früheren Heimat die Rentierjagd als Lebensgrundlage ausgeübt hätten. Demgegenüber wird aber auch die Ansicht vertreten, die Entwicklung zum Rentiernomadismus sei eine sekundäre Erscheinung, die sich erst mit der weiteren Zurückdrängung nach Norden um die Wende vom Mittelalter zur Neuzeit entwickelt habe.

Häufig wird die Auffassung vertreten, daß die Urheimat der Samen an der Wolga liege. Von dort seien sie mit anderen Volksstämmen nordwärts gezogen, die Samen in den nordeuropäischen und speziell finnischen Raum, die Samojeden nach Sibirien. Manche Forscher sehen die Ursamen aber auch in den schon an früherer Stelle erwähnten Fischer- und Jägergruppen der nordnorwegischen Komsa-Kultur. Ein erster ausführlicher Bericht über die Samen gegen Ende des 9. Jahrhunderts stammt von dem bereits weiter oben genannten Ottar von Hålogaland, der die Samen als ein Jäger-, Tierfänger- und Fischervolk beschreibt und betont, daß sie zahme Rentiere hielten, mit deren Hilfe sie auch wilde Rene fangen würden. In der zweiten Hälfte des 11. Jahrhunderts bzw. um 1200 beschreiben Adam von Bremen und der Däne Saxo Grammaticus die Samen (von den Autoren »Skridfinnen« genannt) als ein Jägervolk. Schließlich betont der Schwede Olaus Magnus in seiner Geschichte der nordischen Völker aus dem 16. Jahrhundert, daß sich die Rentierhaltung bei den Samen zu einer Weidewirtschaft mit längeren Wanderungen entwickelt habe.

»Waldesel« (Rentiere)
aus Sebastian Muensters
Cosmographia
»Von den Mitternaechtigen
Laendern«, 1628

Nach ihren Lebens- und Wirtschaftsformen war die samische Volksgruppe wenigstens in neuerer Zeit in drei Hauptgruppen zu unterteilen, nämlich in 1. die Berg- bzw- Fjell-Samen, 2. die Wald-Samen (diese besonders in Nordschweden und Nordfinnland) und 3. die Küsten- oder Fischer-Samen. Die nomadischen Lebensformen entfielen fast ausschließlich auf die beiden erstgenannten Gruppen. Häufig werden auch die sogenannten Skolt-Samen in den östlichen Grenzgebieten als eigene Gruppe herausgestellt. Infolge der weiten räumlichen Verbreitung der einzelnen samischen Volksgruppen haben sich im Laufe der Zeit neben der samischen Grundsprache (diese gehört zu den finnougrischen Sprachen) auch mehrere Dialekte herausgebildet, die sich stark voneinander unterscheiden. Ähnliche Unterschiede treten in den Kunst- und Kultformen sowie in den Sitten und Gebräuchen auf. Die besonderen religiösen Vorstellungen der Samen, verknüpft mit Schamanismus und Bärenkult, wurden allerdings im 17. Jahrhundert durch christliche Missionare restlos zerstört. Was die Bewahrung der samischen Kultur betrifft, so konnte diese am besten und teilweise bis in die Gegenwart in Verbindung mit der Rentierwirtschaft von den Berg-Samen erhalten werden.

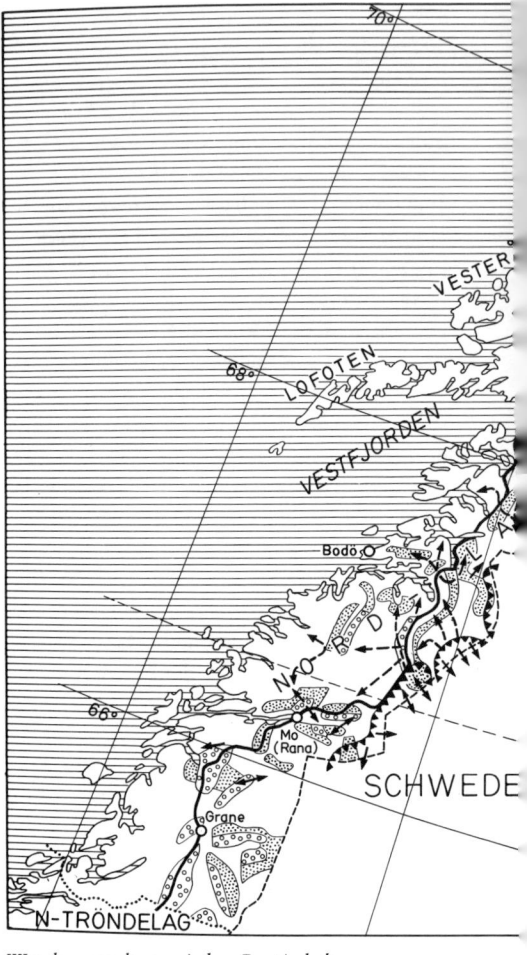

Wanderwege der samischen Rentierhalter

Die moderne Rentierhaltung in Nordnorwegen als marktorientierter Agrarwirtschaftszweig ist eine Erwerbsbranche, die aufgrund gesetzlicher Bestimmungen den Samen vorbehalten ist. Allerdings gilt diese Gesetzgebung nur für bestimmte Weidegebiete, die schon vor Jahrhunderten von den nomadisierenden Samen aufgesucht wurden. Abgesehen von den Küstenlandschaften sind die meisten inneren Fjell- und Waldregionen vor allem in Finnmark und Troms in derartige Weidegebiete unterteilt. Das gesamte samische Weideareal, differenziert nach Sommerweiden, Frühjahrs- bzw. Herbstweiden und Winterweiden, wird auf rund 85 600 km² (ohne Wasserflächen, Gletscher etc). beziffert, von denen ca. 17 300 km² auf das

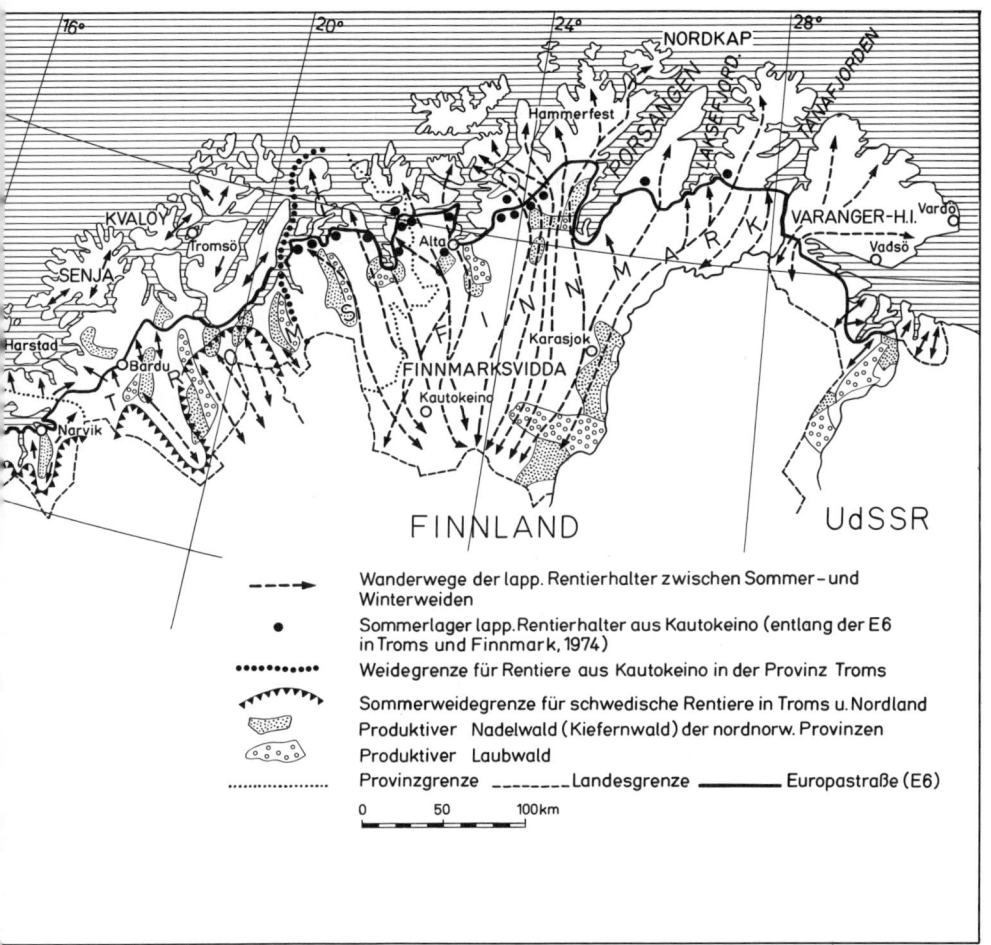

Wanderwege der lapp. Rentierhalter zwischen Sommer- und Winterweiden

• Sommerlager lapp. Rentierhalter aus Kautokeino (entlang der E6 in Troms und Finnmark, 1974)

Weidegrenze für Rentiere aus Kautokeino in der Provinz Troms

Sommerweidegrenze für schwedische Rentiere in Troms u. Nordland

Produktiver Nadelwald (Kiefernwald) der nordnorw. Provinzen

Produktiver Laubwald

Provinzgrenze _____ Landesgrenze ——— Europastraße (E6)

0   50   100km

südliche Norwegen, d. h. auf Tröndelag und Hedmark, entfallen. Knapp 40% der Gesamt-weidefläche liegen allein in Finnmark.

Das Wechselsystem zwischen Sommer- und Winterweide wird heute noch von etwa 500–600 Rentierhaltern in Nordnorwegen praktiziert. Auf jeden Haupterwerbsbetrieb kommt eine durchschnittliche Herdengröße von ca. 300 Tieren, was nicht sehr viel ist. Von den festen Wintersiedlungen (meist moderne Wohnhäuser in Kautokeino, Karasjok, Polmak und anderen kleinen Orten) ziehen die Herdenbesitzer oft 200 km und mehr für etwa vier Monate zur Frühjahrs-, Sommer- und teilweise auch Herbstweide in die Küstenregionen von Troms und Finnmark (s. Farbabb. 11–13). Ihre traditionellen Zelte (heute aber auch schon Holzhütten) konzentrieren sich meist gruppenweise besonders entlang der Hauptdurchgangsstraße, der E 6, z. B. am Kvænangen oder auch zwischen Alta und Tana. Hier können nicht unbeträchtliche Nebeneinnahmen durch den Verkauf von Rentierfellen und anderen Artikeln an in- und ausländische Touristen erzielt werden.

Bei der Beurteilung des rein ökonomischen Wertes der heutigen, fast rein auf Fleischproduktion ausgerichteten Rentierhaltung ist zunächst zu berücksichtigen, daß die Weiden größtenteils auf anderweitig nicht nutzbaren Fjellflächen liegen und somit Vergleichsmöglichkeiten mit anderen Erwerbszweigen von vornherein entfallen. Weiterhin haben die Technisierung und Mechanisierung in den letzten Jahrzehnten (Einsatz von Motorschlitten, oft auch eines Hubschraubers etwa zum Treiben der Rene oder die Entwicklung mobiler Schlachtanlagen) erhebliche Arbeitserleichterungen für den Rentierhalter mit sich gebracht. Wie in anderen Agrarwirtschaftszweigen zahlt der Staat auch für die Rentierhaltung Subventionen, so z.B. für den Weidezaunbau, die Veterinärschlachtung oder den Tierkauf.

Wenn die heutige Rentierhaltung ökonomisch noch keine optimalen Ergebnisse vorweisen kann, so ist sie doch gerade in einem peripheren und strukturschwachen Raum schon aus Arbeitsplatzgründen von großer Bedeutung. Und was von besonderer Wichtigkeit ist: Sie dient der Stärkung und dem ethnischen Selbstbewußtsein der samischen Volksgruppe. Außerdem handelt es sich um einen Tierhaltungszweig, der die naturräumlichen bzw. landschaftsökologischen Gegebenheiten nur in einem geringen Ausmaß beeinträchtigt. Nicht ungefährlich für die Zukunft dieser Lebens- und Wirtschaftsform sind die zunehmenden räumlichen Einschränkungen der Weidewirtschaft durch Verkehrsausbauten, Tourismus und steigenden Wasserkraftausbau. Bei der Austragung dieser Arealnutzungskonflikte vor Gericht hat die samische Minderheit in der Regel verloren. Neben der Aufgabe, spezifische Lebens- und Kulturformen dieser Bevölkerungsminorität zu bewahren, kann die samische Rentierwirtschaft in besonderem Maße dazu beitragen, einen einzigartigen Naturraum in Nordeuropa wenigstens weitgehend zu erhalten.

Bodö – das Verwaltungszentrum der Provinz Nordland

Nördlich des Saltfjords liegt auf der langgestreckten, zur Küstenplattform gehörenden Bodin-Halbinsel die junge Stadt Bodö, das heutige Landesteilzentrum von Nordland, mit knapp 36 000 Einwohnern (1989). Das Aufeinandertreffen verschiedener See-, Land- und Luftwege

41   Bei Svolvær auf den Lofoten ▷

42   KABELVÅG auf den Lofoten ▷▷

43   HAMMERFEST

44   VARDÖ, Festung Vardöhus

45 Mittelalterliche Kirche in der Gemeinde Stryn am Inneren Nordfjord

46 VARDÖ

47–49 TROMSÖ, »Eismeer-Kathedrale«

51, 52 Buarbreen südwestlich Odda

53 Skjervöy in Troms ▷

◁ 50 Tromsdal

55 Auf den Lofoten
◁ 54 Kråkmotinden in Nordland
56 Balsfjord bei Tromsö

57   Auf der Insel Mageröy westlich des Nordkaps

58   Bei Svolvær auf den Lofoten

59   Tanaelva in Finnmark

60   KVALÖY

unterstreicht die Verkehrsgunst der Verwaltungshauptstadt. Neben einer Reihe von Fährverbindungen u.a. nach Værøy und Röst, den Außenposten der Lofoten, wird Bodö selbstverständlich auch von der Hurtigroute angelaufen. Deren Schnellschiffe benötigen lediglich eine einzige Tagesreise bis nach Trondheim und nur etwas mehr bis nach Tromsö. In Bodö endet zudem die Nordlandbahn. Über die gut 60 km lange Reichsstraße (RV 80) nach Fauske am inneren Saltfjord ist die Stadt an die E 6, die wichtigste Landstraße in Nordnorwegen, angeschlossen. Von dem modernen Flughafen am südwestlichen Stadtrand bestehen zahlreiche Inlandverbindungen. Außerdem kann der Bodö-Lufthavn von der Polroute der SAS (Stockholm – Anchorage – Tokio) angeflogen werden.

Erst im Jahre 1816 erhielt Bodö nach einem Stortingbeschluß Stadtrechte, was übrigens auf heftige Proteste der Stadt Bergen stieß, die ihre Vorherrschaft im Nordlandhandel nicht verlieren wollte. Daß die Bodin-Halbinsel schon lange vor der Stadtwerdung besiedelt war, bezeugen mehrere Bauwerke aus mittelalterlicher Zeit. So stammt die etwa 3 km südöstlich des heutigen Stadtkerns gelegene **Bodin-Kirche** aus dem beginnenden 13. Jahrhundert. Ein benachbarter großer Hof mit Namen **Bodögård** war seit 1600 der Sitz des Lehnsherrn und Amtmanns von Nordland. Ein weiteres großes Anwesen ist **Hundholmen** ca. 2 km nordwestlich des Stadtzentrums, das 1775 der Stapelplatz (norw. *ladested*) einer Trondheimer Handelsfaktorei *(Det Trondhjemske Handels- og Fiskeri-Etablissement)* wurde. Aus einem Verzeichnis von 1817 geht hervor, daß jene Gesellschaft damals bereits 34 größere Anwesen im Raum Bodö besaß, so auch den oben genannten Bodögård. Von Hundholmen aus wurden Handelsverbindungen besonders mit dem Ausland geknüpft. Ganze Schiffsladungen mit Trockenfisch (meist Klippfisch) gingen von hier aus nach Italien, während umgekehrt aus dem kontinentaleuropäischen Raum Brotgetreide nach Nordland gelangte.

Neben der traditionellen Küstenfischerei waren die relativ guten Böden und damit die landwirtschaftlichen Möglichkeiten eine wichtige Voraussetzung für die frühe Besiedlung der Bodin-Halbinsel. Wie im Falle Tromsö erfuhr Bodö als Stadt in den ersten Jahrzehnten aber nur ein sehr geringes Wachstum. So lebten hier noch 1865 lediglich 500 Menschen. Aber in den 1870er Jahren vollzog sich infolge der wenigstens zeitweise reichen Heringsfänge vor der Nordlandküste ein bedeutender wirtschaftlicher Aufschwung, so daß Bodö im Jahre 1900 bereits 4900 Einwohner zählte.

Heute spielen Fischfang und -verarbeitung längst nicht mehr die Hauptrolle im Wirtschaftsleben der Stadt. Wenn auch in den letzten Jahrzehnten unter anderem mit Hilfe des Nordnorwegenplans eine Reihe von Klein- und Mittelbetrieben (z. B. Motorenfabrikation und Nahrungsmittelherstellung) angesiedelt werden konnte, so hat doch der gewerblich-industrielle Sektor nur noch eine untergeordnete Bedeutung. Vielmehr prägen die vielen Verwaltungs- und Dienstleistungsfunktionen (Provinzbehörden, Distrikthochschule, Pädagogische Hochschule etc.) die Zentralität der Stadt. Ferner ist Bodö Bischofssitz (Bistum Sör-Hålogaland) und Hauptquartier des Militäroberkommandos für ganz Nordnorwegen.

◁ 61   König-Oscar-II.-Kapelle in Grense Jacobselv

Bodö, Bodin-Kirche

Von der älteren Bausubstanz ist wenigstens im Stadtkern fast nichts mehr erhalten, denn Bodö wurde am 27. 5. 1940 durch deutsche Bombenangriffe zu zwei Dritteln zerstört. Das wiedererrichtete moderne Stadtzentrum hat einen schachbrettförmigen Grundriß, wobei die Hauptstraßen parallel zum Hafen verlaufen. Ihre West-Ost-Richtung ist im Hinblick auf die vorherrschenden Windrichtungen – kalte Ostwinde im Winter, feuchte Westwinde in den anderen Jahreszeiten – nicht gerade günstig. Inmitten des Stadtzentrums erhebt sich die neue **Domkirche** *(Bodö domkirke)*, eine dreischiffige, 1956 fertiggestellte Basilika mit freistehendem Kirchturm.

Ein sehr sehenswerter Sakralbau ist die 3 km vom Zentrum entfernte **Bodin-Kirche,** ein Steinbau aus den Jahren um 1240. Eine vorhergehende, allerdings kleinere Kirche konnte durch Ausgrabungen im Jahre 1963 nachgewiesen werden. Das Kirchspiel Bodin umfaßte im Mittelalter einen Raum von nahezu 6500 km² und hatte damit zweifellos eine bedeutende Position in Nordnorwegen. Der Pfarrer in Bodin war zugleich Domherr in Nidaros/Trondheim, wo er auch über den größten Teil des Jahres wohnte. Heute präsentiert sich die alte Bodin-Kirche in verschiedenen Stilarten, da in den ursprünglich gotischen Bau auch Elemente der Renaissance und des Barock eingeflossen sind. Beispielsweise stammt das besonders ins Auge fallende barocke Altarbild von 1667.

Weitere kulturhistorische Sehenswürdigkeiten beherbergt das **Nordland Provinzmuseum** *(Nordland fylkesmuseum),* das in Nachbarschaft der Domkirche liegt und eine interessante Abteilung zur Fischereigeschichte enthält. Schließlich seien noch zwei andere, sehr reizvolle Besuchsziele in der Umgebung Bodös genannt, nämlich das Naturschauspiel Saltstraumen und der alte Handelsplatz Kjerringöy. Beim **Saltstraumen** gut 30 km südöstlich Bodö handelt es sich um einen 3 km langen, nur 150 m breiten Sund zwischen den Inseln Straumen und Straumöya, durch den sich im Gezeitenwechsel die Wassermassen zwischen dem Meer und dem ca. 230 km² großen Becken des Skjerstadfjords mit einer Geschwindigkeit von 13 km pro Stunde hindurchpressen.

Der unter Denkmalschutz stehende Handelsplatz **Kjerringöy** (s. Abb. 32) mit einem ausgezeichneten Naturhafen hatte seine große Bedeutung zur Segelschiffahrtszeit, als die Lofotfischer hier tage- und manchmal wochenlang vor Anker lagen, wenn die Witterungsverhältnisse eine Überquerung des gefährlichen Vestfjords unmöglich machten. Etwa 15 aus den Jahren um 1800

Handelsplatz Kjerringöy, Stich von 1883

stammende Gebäude des alten Hafen- und Handelsplatzes sind noch erhalten: Wohnstätten und Speichergebäude, ein Geschäft, ein Feuerhaus, eine Schmiede, eine kleine Brauerei u. a. m. Zeitweise muß dieser Platz von Hunderten, hin und wieder sogar von Tausenden von Fischern auf ihrem Weg zu oder von den Lofoten aufgesucht worden sein. Übrigens ist Kjerringöy auch über die Landesgrenzen hinaus bekannt geworden unter dem Namen *Sirilund,* denn so bezeichnete Knut Hamsun diese Siedlung in seinem Roman »Rosa und Benoni«.

Nordland südlich Bodö

Zwischen dem Saltfjord mit der Provinzhauptstadt Bodö und der Grenze zu Nord-Tröndelag liegen sehr unterschiedliche Landschaftstypen, die von der Schären- und Fjordküste Helgelands bis zu weiten inneren Hochfjellflächen reichen. Mehrere der Hochgebirgsräume sind von größeren Plateaugletschern überzogen; die bekanntesten sind Svartisen unmittelbar am Polarkreis, Okstindane, Blåmannsisen und Sulitjelmabreen. Einige kleinere Lokalvergletscherungen haben sich auch im Saltfjell östlich Svartisen sowie im Börgefjell Nationalpark bilden können.

Getrennt werden die Hochfjellflächen von mehreren, meist in süd-nördlicher Richtung verlaufenden Talzügen (z. B. Vefsna- und Dunderlandsdal) mit einer Reihe von Kirchorten und kleineren ländlich-agraren Siedlungen. Natürlich folgen auch die Hauptverkehrsachsen, die E 6 und die Nordlandbahn, jenen Talfurchen. An den Enden der tiefer ins Land reichenden Fjordarme sind einige für Nordland bedeutende städtische Siedlungen herangewachsen. Die wichtigsten sind wohl die industriell geprägten Stadtzentren Mosjöen und Mo i Rana. Die einzige größere städtische Siedlung im unmittelbaren Küstenbereich ist das im Schärenhof gelegene, ca. 3000 Einwohner zählende Brönnöysund, das überregionale Verkehrsfunktionen (u. a. Flugplatz mit Verbindungen nach Trondheim und Bodö sowie Anlaufstelle der Hurtigroute) erfüllt.

Besonders eindrucksvoll ausgeprägt ist die Küstenplattform an der Helgelandküste nördlich Brönnöysund mit ihren zigtausend Schären, denn hier schließen sich an die flachen, abgerundeten Gesteinsbuckel oft abrupt steile Felsen aus harten Grundgebirgsformationen an, die dem Landschaftsbild ein bizarres Gepräge geben. Die zum Teil über 1000 m emporragenden »Sieben Schwestern« *(De sju söstre)* am Vefsnfjordrand sind hierfür ein bekanntes Beispiel (s. Farbabb. 18). Voneinander getrennt wurden die sieben Felsspitzen durch die erosive Tätigkeit einstiger, heute längst verschwundener Gletscherzungen.

Am Südende des Vefsnfjordes liegt in verkehrsgünstiger Lage der städtische Ort **Mosjöen** als Zentrum der Großgemeinde Vefsn. Von den gut 13 000 Einwohnern dieser Gemeinde leben allein rund 10 000 in dem heute industriell geprägten Mosjöen. Um 1825 sollen hier lediglich acht Wohnhäuser mit etwa 30 Bewohnern gestanden haben, die von etwas Landwirtschaft, Holzhandel und Fischerei lebten. Mit dem Jahre 1865 begann dann die Industrialisierung, als eine englische Gesellschaft, die größere Waldungen in der Umgebung aufgekauft hatte, ein Sägewerk errichtete. Die Anlage entstand in Halsöy nördlich des heutigen Ortszentrums, wo auch jetzt noch ein größerer holzverarbeitender Betrieb ansässig ist.

Daß Mosjöen mittlerweile zu einem der größten Industrieorte Nordnorwegens herangewachsen ist, hängt unmittelbar mit dem 1958 gegründeten Aluminiumwerk und einem 1953 in Betrieb genommenen Textilunternehmen zusammen. Als größter Betrieb stellt das *Mosjöen Aluminiumwerk* (MOSAL) etwa 950 Arbeitsplätze. Für die Standortwahl der Hütte war wie bei anderen norwegischen Aluminiumhütten (man denke nur an Rjukan, Årdal sowie Odda und Sunndalsöra) die Nähe preiswerter Energie maßgebend. Im Falle Mosjöen wird der Strom von den weiter ostwärts liegenden Rössago-Kraftwerken bezogen, während die zur Aluminiumverhüttung erforderliche Bauxiterde im wesentlichen aus Mittelamerika und Westafrika importiert wird. Der zweite große Industriebetrieb in Mosjöen ist die Kunstfaserweberei *Mosjöen Veveri A/S* mit etwa 200 Beschäftigten. Sie liegt in unmittelbarer Nachbarschaft des Aluminiumwerkes und gilt als eine der modernsten ihrer Art. Südlich der beiden Industriekomplexe schließt sich das moderne städtische Zentrum von Mosjöen an, das an der der Vefsna zugewandten Sjögata aber auch traditionelle Bausubstanz des 19. Jahrhunderts aufweist. Die dortigen Häuser, Lagerschuppen etc. gelten als Norwegens größtes zusammenhängendes Holzbauviertel. Etwas nördlich des Zentrums steht die *Dolstad-Kirche,* eine achteckige Kirche von 1734 mit Resten der alten Bemalung im Inneren.

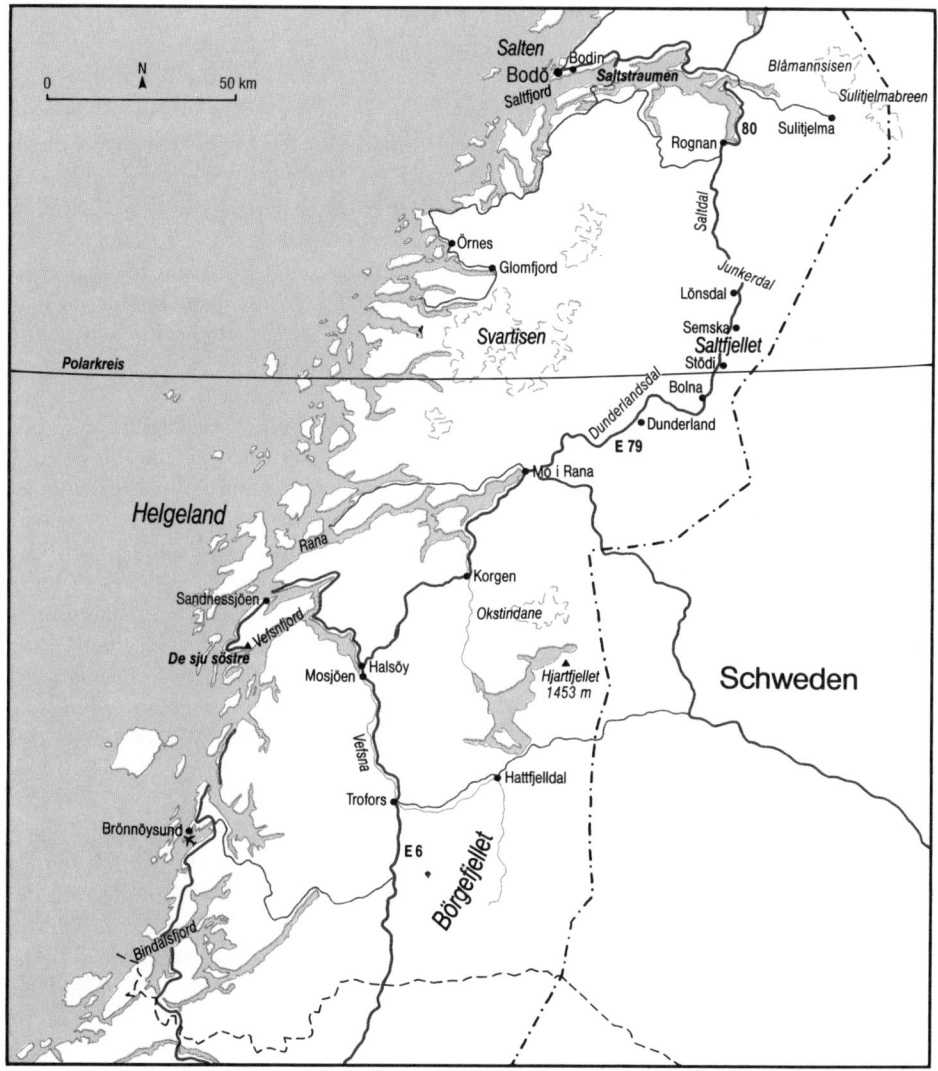

Nordland (südlicher Teil)

Etwa 90 km nordöstlich Mosjöen liegt mit **Mo i Rana** ein zweiter Industrieort Nordnorwegens. Von den knapp 25 000 Menschen der Gemeinde Rana leben ca. 7000 in dem städtischen Verdichtungszentrum Mo i Rana (im folgenden Mo genannt). Die Verkehrsgunst von Mo, d. h. die Lage am Schnittpunkt von nord-südlichen und west-östlichen Verkehrslinien, ähnelt der von Mosjöen, aber auch der von Fauske und Narvik. Mo, die »Industriestadt unter dem Polarkreis«, liegt auf einer Mündungsterrasse des Ranaelva, am Ende des Ranafjords, der sich 85 km ins Land erstreckt. Als Kirchort mit bedeutenden Handelsfunktionen wurde Mo bereits 1724 gegründet. Damals kamen zu diesem Handelsplatz am inneren Ranafjord unter anderem viele schwedische Kaufleute, um Waren abzusetzen und einzukaufen. Mindestens seit der ersten Hälfte des 18. Jahrhunderts fand hier regelmäßig auch ein Markt der samischen Bevölkerung statt, wo Butter, getrocknetes Rentierfleisch und Felle gegen Mehl, Hering, Tabak etc. getauscht wurden. In der Folgezeit entstand in Mo ein bedeutendes Bootsbauzentrum, bis dann um 1900 im nahegelegenen Dunderlandsdal der Erzbergbau zunächst unter Leitung einer englischen Gesellschaft die industrielle Entwicklung einleitete. Einige Jahrzehnte später konnte auch die Verkehrsfunktion grundlegend verbessert werden, indem 1937 die Straße über das Saltfjell und 1942 die Nordlandbahn von Süden her bis Mo fertiggestellt wurden.

Die für Nordnorwegen äußerst wichtige Entwicklung Mos bis nach dem Zweiten Weltkrieg ist auf die 1946 vom Storting beschlossene Gründung eines Stahlwerks zurückzuführen. Große Wasserkraftreserven in der Rana-Region sowie die Erzvorkommen bei Storforshei im Dunderlandsdal waren neben der Zielsetzung, Arbeitsplätze in einem strukturschwachen Raum zu schaffen, entscheidend für die Standortwahl. Im Jahre 1955 wurde die staatliche Norwegische Eisenhütte *(Norsk Jernverk)* in Betrieb genommen. Zur Energieversorgung dienten die Rössågo-Kraftwerke, während die nördlich der Svartisen-Gletscher liegenden Glomfjord-Kraftwerke den gleichfalls stromintensiven Betrieben in Glomfjord (*Glomfjord Salpeterfabrikker* mit Kunstdünger-, Ammoniak- und Salpeterproduktion) vorbehalten sein sollten. Anfang der 1970er Jahre war das Hüttenwerk in Mo mit rund 3600 Beschäftigten (davon 450 in den Erzgruben) und einer Stahlproduktion von gut 700 000 t jährlich das größte Industrieunternehmen in Nordnorwegen. Inzwischen war die Hütte mit ihrem Roheisen-, Stahl- und Walzwerk auch eine Kokerei angeschlossen worden, welche auch Steinkohle von Spitzbergen (Svalbard) verarbeitete.

Nach dem nun 35jährigen Bestehen des Stahlwerkes in Mo ist festzustellen, daß ein Hauptzweck der Werksgründung hier unmittelbar am Polarkreis längere Zeit durchaus erfüllt worden ist, nämlich eine Verbesserung der ökonomischen Situation und damit die Verminderung der Landflucht nach Süden. Auf der anderen Seite steht das Werk, das heute nur noch 200 Mitarbeiter zählt, seit 1975 in den roten Zahlen. Schon seit 1970 erhält das Stahlwerk vom norwegischen Industrieministerium beträchtliche Zuschüsse, z. B. Anfang der 1980er Jahre um die 85 000 NOK pro Arbeitsplatz. Angesichts der mittlerweile gestiegenen Betriebszuschüsse werden wohl weitere Produktionseinschränkungen erfolgen müssen, vielleicht auch eine Schließung des Werkes, was für die gesamte Rana-Region natürlich schwerwiegende Folgen mit sich bringen würde. Auf der anderen Seite hatte und hat eine derartige Industriekonzentration – wie ähnliche Unternehmen in den inneren Fjordarmen des südlichen Landesteiles – aber auch starke Umweltbeeinträchtigungen zur Folge und damit negative Auswirkungen für den Landschaftswert. Denn schon aufgrund des nahe gelegenen Svartisen, Norwegens zweitgrößter Vergletscherung, und anderer Naturschönheiten bietet sich der Raum Mo i Rana für einen Ausbau des Fremdenverkehrs geradezu an.

Nach dem Jostedalsbreen ist das **Svartisen** mit einer Ausdehnung von 370 km² der zweitgrößte Gletscher des festländischen Norwegen. Überhaupt liegen etwa 50% der vergletscherten Gebiete Norwegens, d. h. über 1100 km², in der Provinz Nordland; neben dem Svartisen auch andere große Plateaugletscher wie Okstindane oder Blåmannsisen. Die heutigen Gletscher Skandinaviens, so auch das Svartisen, sind nicht als Relikte der letzten Eiszeit anzusehen, wie häufig in Wort und Schrift behauptet wird. Vielmehr begannen sich erst mit der Klimaverschlechterung vor ca. 2500 Jahren neue Eismassen zu bilden, die dann in der Mitte des 18. Jahrhunderts ihre Maximalausdehnung erreichten, um anschließend wiederum in einzelnen Phasen nach und nach zurückzuweichen. Gerade in den letzten Jahrzehnten vollziehen sich in ganz Europa und darüber hinaus aufsehenerregende Abschmelzungsprozesse, die vielerorts mit der möglicherweise durch den Menschen verursachten Klimaerwärmung (dem sogenannten Treibhauseffekt) in Verbindung gebracht werden.

Am Svartisen läßt sich der Eisrückzug besonders gut beobachten. Noch vor 50 Jahren reichte beispielsweise eine Zunge des Engabreen (Westteil des Svartisen) in Form eines kalbenden Gletschers bis unmittelbar an den Holandsfjord und war damit vor allem für die Kreuzschiffahrt eine der größten Touristenattraktionen in Nordnorwegen. Aber schon um 1950 hatte sich jene Gletscherzunge mehrere hundert Meter zurückgezogen, und ein Eisstausee, der heutige Engabrevatn, entstand.

Im Hochfjell bei Narvik

Das Svartisen, ein typischer Plateaugletscher mit zahlreichen Eiszungen praktisch zu allen Seiten hin, läßt sich in einen West- und einen Ostteil *(Vest-* und *Östisen)* untergliedern. Während im westlichen Bereich die derzeitige Schneegrenze bei ca. 1000 m NN liegt, steigt sie im Östisen aufgrund der kontinentaleren Klimazüge mit abnehmenden Niederschlagsmengen bis auf 1200 m NN an.

Recht bequem erreichen kann man das Östisen, und zwar die Gletscherzunge *Österdalsisen,* über eine Autostraße von Rössvoll (10 km nordöstlich von Mo i Rana an der E 6), die bis an den See *Svartisvatnet* reicht. Von hier führen eine Bootsverbindung (20. Juni bis 1. September) oder auch ein schmaler Fußweg von gut 3 km Länge an den Gletscherrand, der ebenfalls einem deutlich sichtbaren Abschmelzungsprozeß unterliegt. Selbstverständlich gibt es auch noch eine Reihe weiterer, allerdings weniger bequemer Wege zum Svartisen. Konkretere Auskünfte hierzu gibt der Rana Fremdenverkehrsverein *(Rana Turistforening),* der im Österdalsisen z. B. auch Gletscherkurse anbietet. An dieser Stelle sollte noch einmal darauf hingewiesen werden, daß die nordischen Gletscher in den letzten Jahren einer verstärkten Dynamik ausgesetzt sind, was jeden Touristen – auch den geübten Gletscherwanderer – zur Vorsicht mahnen sollte. Entsprechende Beschilderungen weisen auf die Gefahrenquellen hin.

Östlich des Svartisen erhebt sich die rauhe Gebirgslandschaft des **Saltfjells,** das ebenfalls eine Reihe von kleineren Vergletscherungen aufweist, mit Gipfeln meist über 1300 m, stellenweise sogar über 1600 m NN. Hauptdurchgangsweg nach Norden ist das Saltdal, dem auch die E 6 und die Nordlandbahn folgen. Auf der Strecke von Bolna nach Stödi überquert man in einer Höhe von 650 m NN den Polarkreis. Zwischen **Stödi** (hier befinden sich unweit der Straße drei unter Denkmalschutz stehende samische Opfersteine) und der nächsten Siedlung Semska liegt ein Naturschutzgebiet, dessen Feuchtbiotop der Lebensraum seltener Vogelarten ist. Weiter in Richtung Norden folgt der Stationsort **Lönsdal,** der als sehr gut geeigneter Ausgangspunkt für Fußtouren ins westlich und östlich ansteigende Saltfjell gilt. Etwa 10 km nördlich Lönsdal führt der befahrbare Graddisweg durch das **Junkerdal** zur 24 km entfernten schwedischen Grenze. Die Pflanzenwelt im Junkerdalsbereich steht ebenfalls unter Naturschutz, denn in dem Fjelldistrikt Junkerdalen-Balvatnet haben zum einen viele arktische Arten ihre südliche Verbreitungsgrenze in Skandinavien, und zum andern sind auf den dortigen Glimmerschiefern und Kalkgesteinen auch noch Standorte von mehr wärmeliebenden Florenvertretern der südlicheren Landesteile.

Mit der Abdachung des Saltfjells zum weit ins Land reichenden Saltfjord wird auch das Siedlungsnetz wieder dichter. Die bedeutendsten Zentren am inneren Fjordende sind Rognan und Fauske mit 2400 bzw. 6500 Einwohnern. **Fauske** hat bedeutende Verkehrsfunktionen; unter anderem ist der städtische Ort Ausgangspunkt für die Nordnorwegen-Buslinie nach Kirkenes. Weiterhin nimmt Fauske im gewerblich-industriellen Geschehen eine wichtige Position ein. Diesbezüglich am bekanntesten sind wohl die Marmorbrüche *(De ankerske marmorbrudd)* bei **Lövgavlen,** deren Erzeugnisse in vielen in- und ausländischen Monumentalbauten verarbeitet worden sind, so z.B. in dem Hauptgebäude der Vereinten Nationen in New York. Der Marmorbetrieb kann übrigens besichtigt werden. Gut 35 km südöstlich Fauske liegt mit **Sulitjelma** ein weiterer bekannter Industrieort Nordnorwegens. Schon in den 1880er Jahren begann hier ein Erzbergbau, der dann von 1965 bis 1983 mehrheitlich in der Hand des norwegischen Konzerns Elkem A/S lag und danach im Zuge wachsender Probleme in eine staatliche Gesellschaft überging. Anfang der 1980er Jahre betrug die Jahresproduktion an Roherzen etwa 470 000 t mit durchschnittlich 1,7% Kupfer, 0,4% Zink und 15 bis 16% Schwefel.

Der Raum Narvik

Von Fauske verläuft die E 6 entlang mehrerer Fjordarme bis zum 165 km entfernten Fährort Bognes, wo die Autofähre nach Skarberget (ca. 30 Minuten Fahrzeit) den Verkehr nach Narvik weiterleitet. Eine zweite Fährlinie geht von Bognes über die Ofotfjordmündung nach Lödingen (70 Minuten Fahrzeit), einem wichtigen Verkehrsknotenpunkt für Reisende nach Harstad und Vesterålen.

An der Trengsel-Brücke nördlich Fauske hat man über eine Straßenverbindung relativ leichten Zugang zum **Rago Nationalpark,** der 1971 geschaffen wurde und rund 170 km² umfaßt. Unmittelbar jenseits der Grenze schließen sich auf schwedischer Seite zwei weitere und bedeu-

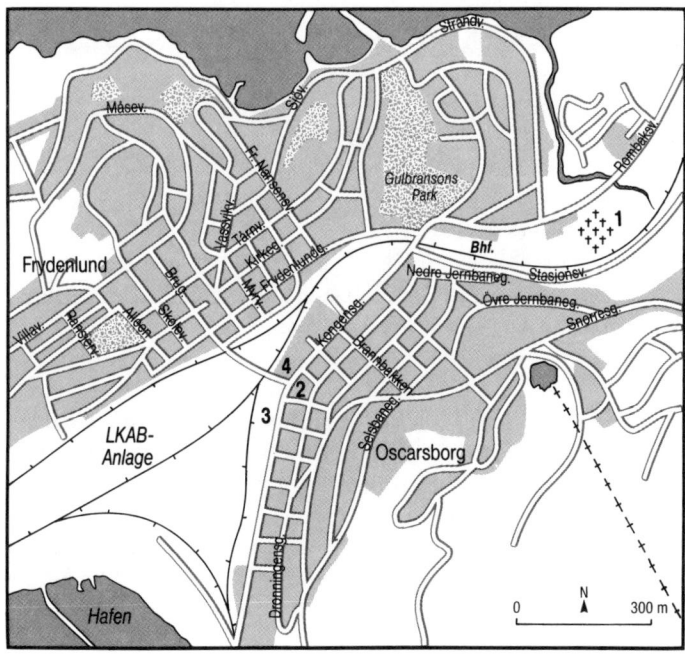

Narvik:
1 *Friedenskapelle*
2 *Krigsminnemuseet*
3 *Ofotenmuseum*
4 *Rathaus*

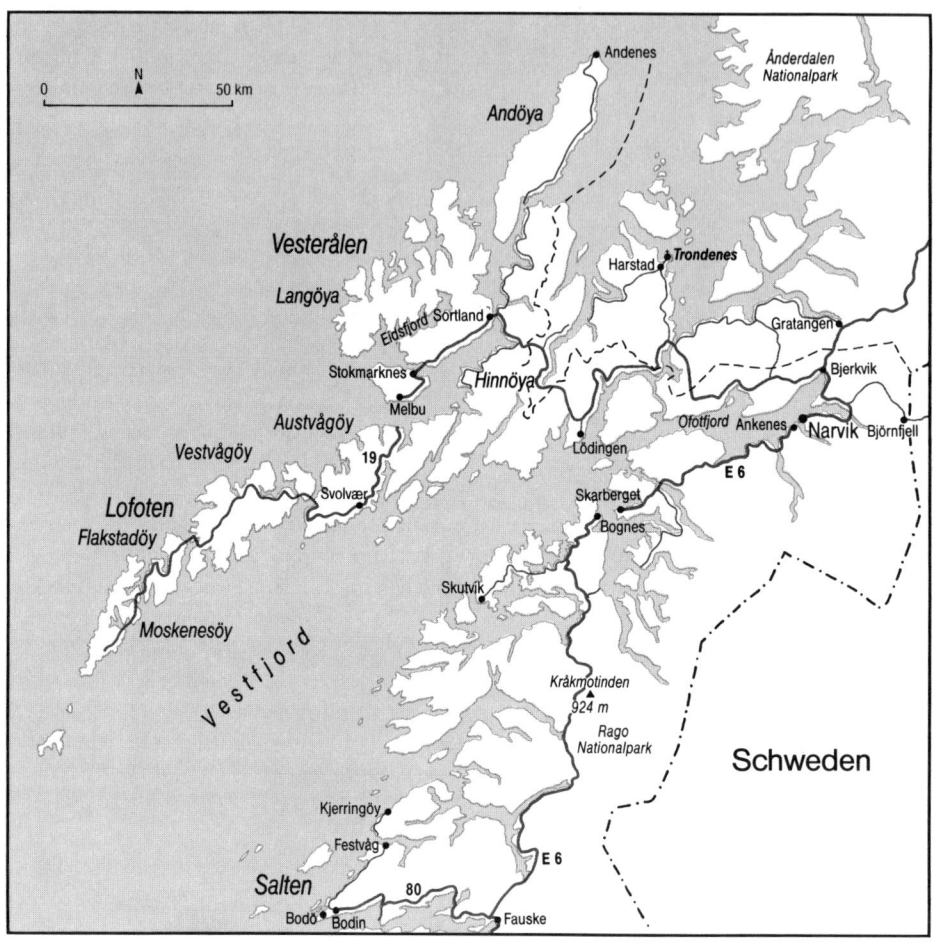

Nordland (nördlicher Teil) und südliches Troms

tend größere Nationalparks an, nämlich **Sarek** und **Stora Sjöfallet.** Insgesamt nehmen diese Naturreservate ein Areal von 5500 km² mit einer nahezu unberührten Fjell-Landschaft ein. Von Lakshola führt ein markierter Pfad in gut drei Stunden Fußmarsch zum Storskogsee inmitten des Rago Nationalparks.

Die Strecke nach Narvik bietet noch weitere großartige Naturlandschaftseindrücke, von denen hier nur das Bergmassiv **Kråkmotinden** zwischen Mösvikfjord und Sagfjord genannt sei. Nahezu majestätisch ragt dieser weithin sichtbare, eigenartig geformte Fjellrücken bis 925 m NN über die Waldlandschaft (s. Abb. 54). Am Fuße des Kråkmotinden liegt die agrar-bäuerliche Siedlung **Kråkmo gård,** die vor über 100 Jahren von Neusiedlern aus Ostnorwegen im Zuge ihrer Kolonisation in Nordnorwegen der Wildmark abgerungen wurde und die Knut Hamsun zu seinem berühmten Roman »Segen der Erde« *(Markens gröde)* inspirierte.

Die Erzhafenstadt **Narvik** hat im Zweiten Weltkrieg das gleiche Schicksal wie Bodö und andere städtische Siedlungen in Nordnorwegen erfahren müssen, indem es 1940 in das Kriegsgeschehen einbezogen wurde. Deutschlands Abhängigkeit von den nordschwedischen Eisenerzen aus Kiruna – Gällivare – Svappavaara, die ja größtenteils über den eisfreien Hafen Narvik exportiert wurden und werden, gab damals den Ausschlag zur Durchführung des Norwegenfeldzuges (der sogenannten »Weserübung«) und damit auch der Besetzung Narviks durch deutsche Truppen, die allem Anschein nach den Alliierten nur um kurze Zeit zuvorkamen. Die Erzverlade- und -lagereinrichtungen wurden wie die meisten Gebäude in Narvik und dem vorgelagerten Ankenes während der Kampfhandlungen nahezu vollständig zerstört. In dem frühzeitig und modern wiederaufgebauten Narvik erinnern heute der Soldatenfriedhof neben der **Friedens- kapelle** *(Fredskapellet)* am östlichen Stadtrand sowie das **Krigsminnemuseet** an jene düstere Zeit.

Die Stadt mit ihren 18 500 Einwohnern (1989) erstreckt sich auf einer Landzunge zwischen zwei tief ins Land reichenden Armen des Ofotfjords, nämlich dem Beisfjord und dem Rom-baksfjord. Die Stadt läßt sich in zwei Teile gliedern, und zwar in das östlich gelegene **Oscars-borg** mit dem Geschäfts- und Dienstleistungsviertel (Rathaus, Ofotenmuseum etc.) sowie in **Frydenlund** mit seinen Wohnhäusern an der Westseite. Keilförmig zwischen beide Stadtteile schiebt sich hafenorientiert das Eisenbahngebiet mit den großen Erzverladeeinrichtungen der schwedischen Gesellschaft LKAB *(Luossavaara-Kirunavaara Aktiebolaget).*

Lange Zeit war Narvik eine kleine, unbedeutende Fischersiedlung gewesen, bis dann im Jahre 1883 eine britisch-schwedische Gesellschaft die Konzession für den Bau der Ofotbahn (in Nord-schweden auch als »Lapplandbahn« bezeichnet) bekam. Narviks Entwicklung und Bedeutung ist also in erster Linie auf seinen eisfreien Ausfuhrhafen für die nordschwedischen Eisenerze zurückzuführen. Der den lappländischen Bergbaugebieten nächstgelegene schwedische Hafen Luleå am Bottnischen Meerbusen ist nämlich über die Hälfte des Jahres vereist. Als Depot für den Bahnbau auf norwegischer Seite wurde am inneren Ofotfjord 1887 der Ort Victoriahavn gegründet, der dann 1902 – im Eröffnungsjahr der Ofotbahn – Stadtrechte erhielt und in Narvik umbenannt wurde.

Von Küste zu Küste, also von Narvik nach Kiruna-Gällivare und von dort zur schwedischen Hafen- und Eisenhüttenstadt Luleå, mißt die heutige Eisenbahnstrecke fast 500 km. Etwa 20 Sorten Eisenerz bietet der staatliche Bergbaukonzern LKAB an. Täglich rollen dreizehn Züge in Richtung Narvik, dem wohl modernsten Erzhafen der Welt. Bis über 400 m Länge können die Erzzüge erreichen, die von sehr leistungsstarken Elektroloks gezogen werden. Die Erzladungen selbst bestehen meist aus *Pellets,* kleinen Kugeln aus gemahlenem und wieder zusammengebackenem Erz. Im Jahre 1989 gelangten auf diesem Wege etwa 14 Mio. t Erz nach Narvik. Erwähnt werden sollte in diesem Zusammenhang ebenfalls, daß die Ofotbahn in gerin-gem Maße auch dem Personentransport dient.

Eine der Hauptsehenswürdigkeiten Narviks sind somit die großen **Malmkaianlagen** (*malm* = Erz), in denen etwa 650 Menschen ihren Arbeitsplatz haben. Vollautomatische Verladeeinrichtungen versorgen die Erzfrachter über lange Transportbänder, die schon um 1970 ihre Verladekapazität auf bis zu 10 000 t pro Stunde steigern konnten. Es können Schiffe bis zu 350 000 t beladen werden. Für die Besichtigung dieser größten Erzverladeanlage der Welt wende man sich am besten an das *Narvik Turistkontor* in der Kongensgate 66.

Zwei andere Touristenattraktionen im Raum Narvik sind einmal eine Fahrt mit der Ofotbahn entlang des Rombaksfjords bis nach **Björnfjell** an der Grenze zu Schweden (ca. 45 Minuten Fahrzeit) und zum andern die Gondelbahn (norw. *fjellheis*) am südöstlichen Stadtrand zur 700 m hoch liegenden **Fagernesfjellhöhe.** Von hier bietet sich dem Besucher eine großartige Aussicht auf den Raum Narvik, der zur Zeit der Mitternachtssonne vom 10. Juni bis 8. Juli zu einem besonderen Erlebnis wird.

Die Lofoten

Jenseits des breiten Vestfjords erstrecken sich in südwestlicher Richtung mit einer Länge von bis zu 200 km die berühmten Lofoten, die sich aus den vier großen Inseln Austvågöy, Vestvågöy, Flakstadöy, Moskenesöy sowie zahlreichen kleineren Insel- und Schärengruppen zusammensetzen. Die Inselkette mit ihren weit draußen im Europäischen Nordmeer vorgelagerten Vorposten Væröy und Röst erscheint von weitem wie eine zusammenhängende Bergwand, die seit altersher den Namen *Lofotveggen* (norw. *vegg* = Wand) trägt. Als eindrucksvolle Kulisse präsentieren sich die Felswände vor allem den Touristen, die sich auf der Fährstrecke Skutvik–Svolvær den Lofoten nähern. Der großartige Landschaftscharakter mit seinen alpinen Fjellformen und der vorgelagerten Küstenplattform mit den traditionellen Fischereiplätzen haben die Lofoten weit über Norwegen hinaus bekannt gemacht (s. a. Abb. 55, 58).

Geologisch handelt es sich bei dem Inselkörper um Gesteine des Kaledonischen Gebirges, und zwar um Eruptiva, Gesteine vulkanischer Herkunft, zwischen denen auf beiden Seiten der Meeresboden abgesunken ist. Die Gebirgskette muß einst aus hohen und zugerundeten Rücken bestanden haben, die dann vor allem während der Eiszeiten durch die Gletschererosion in viele Einzelmassive und Gipfel aufgelöst wurden. Mehrere dieser Grate reichen über 1000 m NN, und die höchste Erhebung ist mit 1161 m der auf Austvågöy gelegene Higravstindan. Ein weiteres morphologisches Kennzeichen sind die Ebenen der Küstenplattform am Fuße der Gebirgskette.

Das maritime Klima mit relativ milden Wintern wird durch die Einflüsse der Nordatlantikdrift (Golfstrom) bestimmt. So werden z. B. die Januarmitteltemperaturen für die Insel Röst mit 0 °C angegeben, und die Julimittel betragen, wenigstens im östlichen Lofotenbereich, um 12 °C. Damit liegen die Temperaturmittel der Lofoten um mehr als 20 °C über dem Durchschnitt dieser Breitenlage, was der Inselgruppe eine der höchsten positiven Temperaturanomalien der

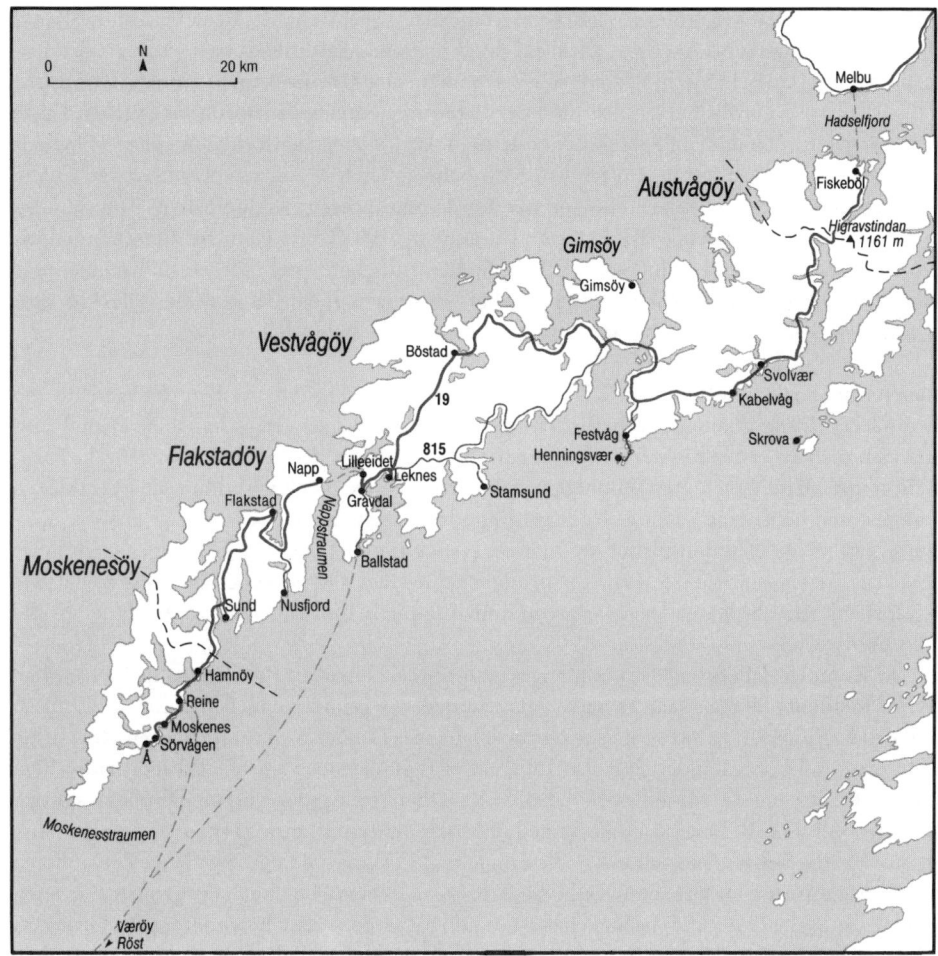

Im Kartenbild:

N
0   20 km

Melbu
Hadselfjord
Fiskebøl
Austvågöy
Higravstindan
1161 m
Gimsöy
Gimsöy
Vestvågöy
Böstad
Svolvær
19
Kabelvåg
Festvåg
Skrova
Henningsvær
Flakstadöy
Napp
Lilleeidet
Leknes
Flakstad
Gravdal
Stamsund
Napstraumen
815
Moskenesöy
Ballstad
Sund
Nusfjord
Hamnöy
Reine
Moskenes
Sörvågen
Å
Moskenesstraumen
Værøy
Röst

Lofoten

Erde beschert. Das Vegetationsbild der Lofoten zeichnet sich durch seine Waldlosigkeit aus, wenn man von einzelnen kleineren Fjellbirkengehölzen an den Steilhängen absieht. Völlig waldlos ist der südwestliche Teil, der starken Stürmen ausgesetzt ist. Die Felsgrate selbst sind von zahlreichen Moos-, Flechten- und Algenarten überzogen, die dem Lofotengebirge in Zusammenklang mit den ungewöhnlichen Lichtverhältnissen eine eigenartige grünliche Färbung verleihen. Weiterhin sind die Lofoten ein einzigartiges Vogelparadies mit zahlreichen Vogelfelsen, die Ornithologen aus aller Welt anziehen.

261

Was aber die Lofoten schon vor Jahrhunderten bekannt gemacht hat, ist die berühmte Saison-fischerei von Januar bis April vor allem auf der Binnenseite der Inselgruppe, wenn große Mengen Kabeljau (Dorsch) hierhin zum Laichen kommen. Der Hochseekabeljau (norw. *skrei*) zieht alljährlich vom nördlichen Eismeer und der Barentssee entlang der nordnorwegischen Küste zum Vestfjord, um dort im Spätwinter zu laichen. Im Vestfjord herrschen um diese Jahreszeit Durchschnittstemperaturen von 4,5 bis 5,5 °C. Schwankende Wassertemperaturen und andere ökologische Ursachen haben aber immer wieder zu äußerst wechselhaften Fangerträgen geführt, was einschneidende Folgen für die ortsansässige Bevölkerung und für Tausende andere, von weither kommende Lofotfischer hatte. Die Küstenfischerei im Lofotbereich hat eine lange Tradition; sie spielt in der Wirtschaftsgeschichte Norwegens und in der Besiedlung des Nordens eine große Rolle und soll daher im folgenden etwas näher behandelt werden.

Bereits im 11. Jahrhundert sollen Wikingerhäuptlinge aus den Fjordbereichen von Vestland und Tröndelag Hörige zum saisonalen Fischfang in die Lofotgewässer geschickt haben. Damals entstanden auch die ersten *rorbuer* (Wohnsitze für Ruderer; norw. *bo* = wohnen), jene für die Fangsaison speziell hergerichteten Wohnhütten, die lange Zeit das Siedlungsbild an den Lofotküsten prägten und heute eine wichtige Rolle im Fremdenverkehr spielen. Die einzige größere Siedlung war bis ins späte Mittelalter der Markt-, Handels- und Tingplatz Kabelvåg, der im Jahre 1120 als Kirchort erwähnt wird. Ursprünglich hieß der Ort »Kappelvåg«, was soviel wie »Kapellenbucht« bedeutet. Der Markt von Kabelvåg galt in mittelalterlicher Zeit als der größte Nordnorwegens.

Die Kommerzialisierung des Fischfanges und -handels sowie die Privilegierung der hanseatischen Kaufleute führten dann ab dem 13. Jahrhundert zu grundlegenden Wandlungsprozessen auf den Lofotinseln. Es entwickelte sich ein abhängiges Fischer-Bauerntum, dessen Strukturen sich erst im 18. Jahrhundert mit den Liberalisierungstendenzen im Handel lockern sollten. So entstanden um die Mitte des 18. Jahrhunderts die ersten größeren Handelsplätze auf den Lofoten selbst, z. B. Hamnöy und Reine auf Moskenesöy im Jahre 1743 sowie wenige Jahre später Væröy, Skrova, Svolvær u.a.m. Erst im Jahre 1857 kam das Ende jener lange Zeit gültigen Rechtsverhältnisse im Fischereiwesen, die F. Bartz in seinem Handbuch der großen Fischereiräume der Welt (1964, S. 85) bezüglich der Lofoten folgendermaßen beschreibt: »Die Grundbesitzer an den Fischerplätzen hatten das alleinige Fischereirecht auf den vorgelagerten Gründen. Die Fangstellen wurden Fischern zugeteilt, die ja auch Wohnräume (›Rorbuer‹) an Land zu mieten hatten. Von 100 gefangenen Fischen hatte der Fischer zwei an den Landbesitzer zu geben, zwei an die Kirche und vier an den Staat. Schon seit grauen Vorzeiten hat kein anderer Erwerbszweig, keine andere Arbeit so viele Lieder und Erzählungen hervorgebracht, wie diese harte, in dunkler Winternacht alljährlich stattfindende Fischerei.«

Die Kabeljaufänge haben immer großen Schwankungen unterlegen. Beispielsweise wurden um 1890 über 120 000 t angelandet; im Jahre 1900 sank das Ergebnis auf ca. 50 000 t, und um 1930 wurde ein Maximum von rund 140 000 t erreicht. In den Nachkriegsjahren gingen die Erträge nicht zuletzt aufgrund der Überfischung immer weiter zurück, und zwar bis auf 20 000 t Mitte der 1960er Jahre, um dann wieder leicht anzusteigen. Gegen Ende des 19. Jahrhunderts wurden während der Hauptfangsaison noch mehr als 30 000 Lofotfischer gezählt, heute ist ihre Zahl auf unter 5000 gesunken. Längst haben modernste Fangnetze und Langleinen die einstige Fangpraxis mit Handangeln abgelöst. Der gefangene Kabeljau wird je nach Preis- und Absatzverhältnissen mengenmäßig wechselnd zu Trocken- bzw. Stockfisch, Salzbzw. Klippfisch (s. Abb. 40) oder in anderer Form verarbeitet, wobei in zunehmendem Maße die Produktion von Tiefkühlfilets an Bedeutung gewinnt.

Eine gleichfalls steigende Bedeutung erfährt in den letzten Jahren die schon an früherer Stelle genannte Fischzucht oder **Aquakultur.** An zahlreichen geschützten Meeresbuchten findet man heute auch im Lofotenbereich Fischgehege in Form von Schwimmnetzen und ähnlichen Systemen, in denen Lachs und Meer- bzw. Regenbogenforellen gemästet werden. Ein durchschnittlicher Aquakulturbetrieb mit insgesamt 5000–8000 m³ Wasservolumen besteht aus zwei Dutzend Netzen mit einem Durchmesser von jeweils ca. 5 m, einer Tiefe von 2–4 m und einem Wasservolumen von 300–500 m³.

Die wichtigsten Fischereisiedlungen auf den Lofoten

Die Schwimmnetze liegen meistens paarweise aufgereiht an einem Steg, der vom Futter- und Schlachthaus ausgeht. Standorte und Betriebsgrößen von Aquakulturen werden durch eine Konzessionsordnung geregelt. Der norwegische Staat behält sich derartige Bestimmungen vor, um eben nicht wenige Großbetriebe, sondern eine Vielzahl an selbständigen Kleinbetrieben zu schaffen, die mit zur Aufrechterhaltung der Siedlungsstruktur an der Küste beitragen sollen.

Eine der wichtigen Erwerbsgrundlagen auf den Lofotinseln ist auch der Fremdenverkehr, der in den letzten Jahrzehnten zweifellos an Bedeutung gewonnen hat. Auf vielfache Weise wird diese Entwicklung unterstützt; z.B. verbinden moderne Brückenbauten wenigstens die Hauptinseln, was auch dem in- und ausländischen Tourismus zugute kommt. Die in Svolvær beginnende Lofotstraße führt heute bis zur südlichsten Ortschaft von Moskenesöy, nämlich der Siedlung Å, dem Ort mit dem wohl kürzesten Namen der Welt. Die 120 km lange Gesamtstrecke der Lofotstraße wird nur von einer größeren Fährstelle zwischen Vestvågöy und Flakstadöy unterbrochen.

Kabelvåg, Stich von 1883

Svolvær als »Hauptstadt« der Lofoten ist zugleich das Verwaltungszentrum der Vågan-Gemeinde mit rund 9400 Einwohnern. Im städtischen Zentrum Svolvær selbst leben heute ca. 4000 Menschen. Noch 1875 wohnten hier nur 345 Leute, bis dann durch die guten Hafen- und Handelsfunktionen sowie die damals bedeutenden Kabeljaufänge ein rasches Wachstum erfolgte. Als eine der ersten Siedlungen Nordnorwegens konnte Svolvær aufgrund seiner Hafengunst den Schiffen der Hurtigroute eine Anlegemöglichkeit bieten (1893), was in Bodö und Tromsö erst mehrere Jahre später der Fall war.

Das gut 5 km südlich Svolvær gelegene **Kabelvåg** mit ca. 1800 Einwohnern war einst das Zentrum des geschichtlich so bedeutenden Distriktes Hålogaland und damit der wichtigste Ort der Lofoten (s. Abb. 42). Interessante Eindrücke in puncto Siedlungs- und Wirtschaftsgeschichte dieses Raumes vermittelt das *Lofotmuseum* in **Storvågan** bei Kabelvåg. Möchte man eine typische Lofotfischersiedlung *(fiskevær)* näher kennenlernen, dann empfiehlt sich ein Abstecher nach **Henningsvær** am Südrand von Vågan (s. a. Farbabb. 20). Die auch heute noch von der Fischwirtschaft bestimmte Siedlung mit ca. 750 Bewohnern liegt auf mehreren kleinen Schären-inseln, die erst 1983 durch Brücken mit dem Festland verbunden wurden.

Die Lofotstraße führt weiter von Austvågöy über den Gimsöystraumen (800 m lange Brücke; abgabepflichtig) zur Insel **Gimsöy**, die als einer der ältesten Siedlungsplätze im Lofoten-bereich gilt. Archäologische Befunde wie stein- und eisenzeitliche Wohnplätze sprechen dafür.

Über eine weitere Brücke erreicht man **Vestvågöy**. Zwei Straßenverbindungen führen von hier aus nach Leknes, nämlich die Reichsstraßen 19 und 815. Landschaftlich eindrucksvoll ist vor allem die Route entlang der 815, und zwar besonders zwischen Valberg und Stamsund. Der Ort **Stamsund** mit über 1700 Einwohnern und modernen Hafenanlagen ist einer der führenden Fischverarbeitungsplätze in der Region West-Lofoten.

An der Westseite von Vestvågöy verläuft die Reichsstraße 19 über Böstad (Borge) nach Leknes. Wie dicht Vestvågöy schon in der Steinzeit besiedelt gewesen sein muß, haben neuere Ausgrabungen in **Böstad** erwiesen. Damals haben günstigere klimatische Voraussetzungen auch intensivere Anbau- und Viehhaltungsformen erlaubt. Ein gleichfalls alter Siedlungsplatz ist **Leknes,** das heutige Zentrum von Vestvågöy mit etwa 1500 Einwohnern. Südlich benachbart liegen mit **Gravdal** und **Ballstad** zwei weitere städtische Siedlungen, wobei Ballstad als eine der größten Fischersiedlungen *(fiskevær)* der Lofoten gilt.

Von Lilleeidet verkehrt eine Autofähre nach Napp auf **Flakstadöy** (Fahrzeit 20 Minuten). Im Zeitraum 1990/91 soll auch diese Fährlinie durch eine feste Verbindung ersetzt werden, und zwar durch einen 1750 m langen Seetunnel. Zentrum der Gemeinde Flakstad ist das an der westlichen Inselseite gelegene **Ramberg,** das einen, wenigstens für norwegische Verhältnisse, ungewöhnlich langen Sandstrand besitzt. Am Südrand von Flakstadöy empfiehlt sich ein Besuch der alten Fischersiedlung **Nusfjord** mit zahlreichen gut erhaltenen Fischerhütten *(rorbuer)* aus dem 19. Jahrhundert, die teilweise an Touristen vermietet werden (s. Farbabb. 14).

Eine 160 m lange Hängebrücke verbindet Flakstadöy mit **Moskenesöy**, an deren Küsten ebenfalls mehrere alte Fischersiedlungen aufgereiht sind. Hervorgehoben sei in diesem Zusammenhang nur der traditionelle Handels- und Fischereiplatz **Sund,** einer der ältesten auf den Lofoten, der ein sehenswertes *Fischereimuseum (Sund fiskerimuseum)* zu bieten hat. Über den Fischereiort **Hamnöy** mit seinen bedeutenden Aquakulturen erreicht man das administrative Zentrum der Moskenes-Gemeinde, nämlich **Reine** mit heute ca. 650 Einwohnern. In der Umgebung Reines präsentiert sich die von eiszeitlichen Gletschern herauspräparierte Hochfjell-Landschaft der Lofoten besonders eindrucksvoll (s. Farbabb. 23). Reine ist weiterhin ein bekannter Ausgangspunkt für verschiedene Bootstouren, z. B. entlang des Reinefjords oder über den mächtigen Gezeitenstrom Moskenesstraumen zu den vorgelagerten Inseln Væröy und Röst mit den dortigen berühmten Vogelfelsen. Südlich Reine liegen mit dem Kirchort **Moskenes** sowie den Fischerplätzen **Sörvågen** und **Å** noch drei andere interessante Siedlungen mit mehreren vor- und frühgeschichtlichen Bodendenkmälern sowie traditionellen und modernen Fischverarbeitungsanlagen.

Vesterålen

Von Svolvær auf den Lofoten führen die Reichsstraßen 19 und die Fähre zwischen Fiskeböl und Melbu nach Vesterålen, das sich aus den Inseln Hadselöya, Langöya, dem Westteil von

Hinnöya und zahlreichen kleineren Eilanden zusammensetzt. Obwohl Vesterålen in etwa den gleichen geologischen Aufbau wie die Lofoten besitzt, tritt dem Besucher dort ein anderes Landschaftsbild, nämlich mit überwiegendem Flachlandcharakter, entgegen. Dieser ist besonders entlang des breiten Sortlandsundes ausgeprägt, wo sich dicht gedrängt die agrar-bäuerlichen Hofstellen aufreihen. Die relativ guten Voraussetzungen bezüglich Klima und Boden bilden die Hauptgrundlage für eine noch erstaunlich intensive Agrarproduktion. So vereinigt der Bezirk Vesterålen mit einem Anteil von 6% an der Gesamtfläche Nordlands immerhin 15% des kultivierten Landwirtschaftsareals dieser Provinz auf sich.

An der Westflanke prägen zahlreiche Buchten und Fjorde den Küstenverlauf Vesterålens. Der größte dieser Meeresarme ist der Eidsfjord, der die Insel Langöya durchschneidet und als einer der ertragreichsten Heringsfanggründe der Welt gilt. Östlich vorgelagert erstreckt sich Hinnöya, mit nahezu 2200 km² die größte Insel Norwegens. Auch Hinnöya, deren Nordostteil mit dem dortigen Zentrum Harstad schon zur Provinz Troms zählt, wird durch zahlreiche Fjordarme räumlich untergliedert.

Getrennt werden Hinnöya und Austvågöy durch den 26 km langen Raftsund, dessen Ufer sehr eindrucksvolle Felsspitzen *(tinder)* zieren. An der westlichen Sundseite zweigt der nur 2,5 km lange Trollfjord ab, der in der jüngeren Landesgeschichte eine besondere Rolle spielt. Hier fand im Jahre 1880 die sogenannte »Trollfjordschlacht« statt, eine blutige Auseinandersetzung um die Fangrechte einzelner Fischergruppen. Es hatte schon immer Streitigkeiten bei der Aufteilung der Kabeljaufangrechte gegeben, besonders dann, wenn neue Fangtechniken ihren Einzug hielten. Dieser Fall war auch im Jahre 1880 eingetreten, als moderne Dampfschiffe die plötzlich im Trollfjord auftauchenden Fischschwärme aufbrachten und die traditionellen Kleinbootfischer abzudrängen versuchten. Diese fürchteten um ihre Existenz, und es kam zu einer blutigen Abrechnung zwischen den Küstenfischern und den Dampfschiffbesatzungen. Den Sieg trugen die zahlenmäßig weit überlegenen Kleinbootfischer davon. Eine dramatische Schilderung der »Trollfjordschlacht« enthält Johan Bojers Buch *Den siste viking*, das unter dem Titel »Die Lofotfischer« auch in deutscher Sprache erschienen ist.

Der schon in Wikingerzeiten bekannte Hafenort **Melbu** am Südrand von **Hadselöya** wird auch heute noch wesentlich von der Fischwirtschaft geprägt. Hier sind unter anderem eine moderne Trawlerflotte und Fischverarbeitungsbetriebe lokalisiert. In Melbu mit seinen rund 2500 Einwohnern befindet sich weiterhin das sehenswerte *Vesterålen-Heimatmuseum (Vesterålen bygdemuseum)*. Nördlich Melbu liegt der Kirchort **Hadsel**, ein ähnlich alter Handelsplatz. Zeugnis von der langen Siedlungsgeschichte gibt der an der Kirche gelegene, rund 35 m hohe Hügel des *Skipsnausthaug*, eine alte Kultstätte, die wahrscheinlich in Verbindung mit dem mittelalterlichen Häuptlingssitz zu sehen ist. Das heutige administrative Zentrum der Gemeinde Hadsel ist **Stokmarknes** mit rund 3500 Einwohnern. Ein Flughafen und die Anlaufstelle der Hurtigroute unterstreichen die verkehrsgeographische Bedeutung dieses Ortes.

Über die 1020 m lange Hadselbrücke gelangt man weiter nach Langöya und über eine nächste Brückenverbindung, die 960 m lange Sortlandbrücke, nach Hinnöya. Von **Sortland,** dem zentralen Ort im mittleren Vesterålen mit rund 4000 Einwohnern, geht eine Straßenverbindung nach Norden in Richtung Andöya und eine zweite in östlicher Richtung nach Harstad bzw. nach Narvik. Auch wenn das Regionalzentrum **Harstad** politisch-administrativ gesehen schon zu Troms gehört, so sei darauf aufgrund seiner Lage an der Nordostspitze von Hinnöya hier schon kurz eingegangen. Heute zählt die junge Stadtgemeinde etwa 23 400 Bewohner, und es ist von einem verstärkten Bevölkerungswachstum in den nächsten Jahren auszugehen, denn Harstad ist mittlerweile die Hauptbasis der öl- und gaswirtschaftlichen Aktivitäten in den nordnorwegischen Offshore-Bereichen. Hier haben verschiedene Ölgesellschaften und auch das staatliche Öldirektorat Norwegens Niederlassungen gegründet. Vielleicht könnte Harstad sogar einmal jene Rolle im Norden einnehmen, wie sie Stavanger als Ölmetropole schon seit Jahren im südlichen Landesteil spielt.

Im 19. und 20. Jahrhundert ist Harstads Wirtschaftsleben von der Handelsschiffahrt und der Fischwirtschaft geprägt worden. Daneben sind kleinere Schiffswerften und Textilunternehmen zu nennen. Eine Blütezeit erlebte Harstad während der sogenannten »Heringsjahre« in der zweiten Hälfte des 19. Jahrhunderts. Aber schon lange bevor der Ort im Jahre 1904 die Stapelplatzrechte erhielt, waren hier überregional bedeutende Institutionen ansässig. So wurde um 1250 die *Kirche von Trondenes (Trondenes kirke;* ca. 3 km nordöstlich des heutigen Stadtzentrums) im romanisch-gotischen Stil errichtet, eine der ältesten Steinkirchen Norwegens mit Festungscharakter. Der Hof *(gård)* Harstad war zudem in mittelalterlicher Zeit eine Art Häuptlingssitz. Somit ist Harstad wie zahlreiche andere norwegische Städte im rechtlich-administrativen Sinn zwar noch recht jung, was jedoch über das wirkliche Alter dieser Siedlung nur wenig aussagt.

Der Urbanisierungsprozeß im Raum Harstad hat aber auch eine weitere Entvölkerung der abseitigen Inselgruppen Vesterålens zur Folge. Deren Bevölkerungszahlen haben in den letzten Jahren trotz Ausbaumaßnahmen, z. B. in der Fischwirtschaft, deutlich abgenommen. Heute setzen die Verantwortlichen in Vesterålen ihre Hoffnung auf den Fremdenverkehr. Seit längerem bereits sind die Vesterålen-Inseln besonders anziehend für Sportfischer und Vogelfreunde. Nach Meinung der Ornithologen bieten nur wenige andere Plätze an der Nordatlantikküste so hervorragende Beobachtungsmöglichkeiten. Zu sehen sind an den Küstenfelsen Papageientaucher, Kormorane, seltene Möwenarten, Seeadler u. a. m. Doch während die benachbarten Lofoten schon seit dem letzten Jahrhundert ein Begriff für die nordnorwegische Landschaft schlechthin sind, sieht das für Vesterålen doch recht anders aus. Also möchte man den Tourismus forcieren. Beispielsweise könnte **Andenes** an der Nordspitze von Andöya in den nächsten Jahren zu einem Touristenzentrum von Vesterålen werden. In dem einstigen Walfängerort wird jedes Jahr im Juli ein internationales Meeresfischereifestival veranstaltet. Zum erstenmal wurden im Sommer 1988 von Andenes aus auch *Walbeobachtungsfahrten* angeboten. Mittlerweile hat sich diese Idee als erfolgreich erwiesen. Man kann zwar keine Garantie geben, daß es bei den Beobachtungsfahrten zu Kontakten mit den gewaltigen Meeressäugern, z. B. mit dem Pottwal, kommt; doch bislang – so versichert man in Andenes – habe man praktisch bei jeder Fahrt einige Wale gesichtet.

Tromsö – Wachstumszentrum im Norden

Auf dem Wege von Narvik nach Tromsö durchquert die E 6 große Teile des inneren Troms. Es ist eine abwechslungsreiche Strecke, die von Süden nach Norden über schneebedeckte Hochfjellgebiete, anschließend durch Kiefernwälder entlang des Barduelva und weiter durch agrarbäuerliche Siedlungen am Målselva bis zu den tiefen Fjordeinschnitten an der Tromsküste reicht. Gerade im Raum Tromsö liegen Fjord- und Fjell-Landschaften dicht beieinander. Hier wird die Küste durch Sunde und Fjordarme in große Inseln und Halbinseln gegliedert. Erst die Gletschererosion während der Kaltzeiten hat diesen Landschaftstypus geschaffen, vorher bestand noch eine zusammenhängende Tallandschaft bis zur Außenküste.

Umgeben von mehreren Fjellhöhen zwischen 500 und 1000 m NN liegt auf der kleinen Insel Tromsöya die Stadt **Tromsö,** das wohl bedeutendste und größte Wachstumszentrum in Nordnorwegen sowie in ganz Skandinavien jenseits des Polarkreises. Die Provinzhauptstadt von Troms mit 1989 über 50 000 Einwohnern innerhalb ihrer weiten Gemeindegrenzen ist topographisch gesehen immerhin 400 km nördlich des Polarkreises bei nahezu 70 ° n. Br. lokalisiert. Mit über 2500 km² besitzt Tromsö die größte Stadtfläche Norwegens, die neben ihrem städtischen Kern auch weite Fjell- und Rentierweideflächen umschließt. Nur etwa 8 km² nimmt das städtisch bebaute Areal ein.

Das starke Bevölkerungswachstum in den letzten Jahrzehnten ist insbesondere auf die Zuwanderung, d.h. also auf die Landflucht aus den abgelegenen Gebieten des Nordens, zurückzuführen. Während im Jahre 1950 im heutigen Stadtgebiet knapp 26 000 Menschen lebten, waren es 1960 rund 31 000 und 1970 schon ca. 39 000. Die Siedlungsverdichtung konzentrierte sich naturgemäß zuerst auf die innere Stadtzone mit ihrem Kern auf Tromsöya, während die äußeren Zonen (z. B. die westlich benachbarte Insel Kvalöy) nur sehr dünn besiedelt waren.

Nach einem mehr oder minder gleichmäßigen Wachstum der Stadt in den ersten fünf Jahrzehnten dieses Jahrhunderts führten dann in den 1960er Jahren drei Ausbaumaßnahmen zu einer sprunghaften Entwicklung. So wurde im Jahre 1960 zunächst die 1036 m lange **Tromsöbrücke** *(Tromsöbrua)* über den Sund zum Festland hin fertiggestellt. Damit war verkehrsmäßig eine feste Verbindung über den Landweg entlang des Balsfjordes zur E 6 gegeben. Dann erfolgte 1964 eine kommunale Neugliederung, von der Tromsö profitierte, und im gleichen Jahr konnte der Flughafen südlich des Stadtzentrums in Betrieb genommen werden. Ein Jahrzehnt später wurde Tromsö durch die 1220 m lange **Sandnessundbrücke** auch mit Kvalöy verbunden, mit jener großen Insel also, die heute ganz im Einflußbereich des Stadtzentrums liegt. Mit der Gründung der Universität Tromsö Anfang der 1970er Jahre wurde schließlich ein weiterer Entwicklungsschwerpunkt für die Stadt und ihr weites Einzugsgebiet geschaffen.

Tromsö erhielt erst im Jahre 1794 das Stadtrecht, nachdem Bergen und Trondheim ihre Privilegien für den Nordnorwegenhandel verloren hatten. Schon seit Beginn des 18. Jahrhunderts hatte sich mehr und mehr die Ansicht durchgesetzt, es sei sinnvoll, an der Nordnorwegenküste ein überregionales Handels- und Schiffahrtszentrum zu schaffen. Dafür eignete sich besonders Tromsö, da hier zum einen günstige Naturraumvoraussetzungen (u. a. in morphographischer

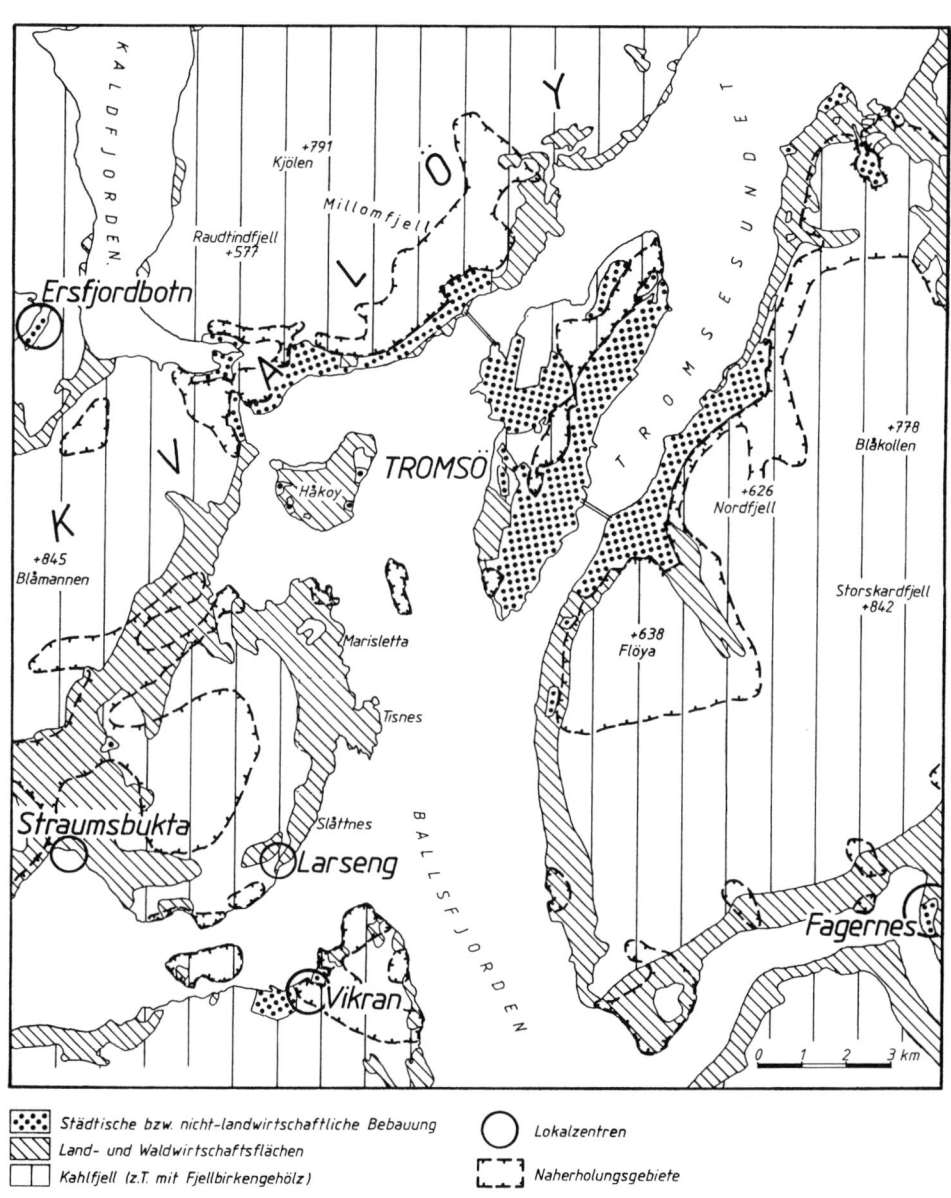

KALDFJORDEN

+791
Kjölen

Millomfjell

Raudtindfjell
+577

Ersfjordbotn

TROMSÖ

Håkøy

TROMSESUNDET

+778
Blåkollen

+845
Blåmannen

+626
Nordfjell

Storskardfjell
+842

Marisletta

+638
Flöya

Tisnes

Straumsbukta

Slåttnes

BALLSFJORDEN

Larseng

Fagernes

Vikran

0   1   2   3 km

▓ Städtische bzw. nicht-landwirtschaftliche Bebauung	◯ Lokalzentren
▨ Land- und Waldwirtschaftsflächen	
☐ Kahlfjell (z.T. mit Fjellbirkengehölz)	⌐ ¬ Naherholungsgebiete

Tromsö, Flächennutzungsplan

und klimatischer Sicht) und zum andern ein zentraler Punkt für verschiedene Wasserwege entlang der Küste vorlagen. Hinzu kam, daß der schmale Tromsöysund eine gute Kontrollmöglichkeit für den Küstenverkehr bot.

Daß der Raum Tromsö aber schon lange vor der Stadtrechtsverleihung besiedelt war, bezeugen zahlreiche Bodendenkmäler, historische Bauwerke und schriftliche Überlieferungen. Beispielsweise soll der an früherer Stelle schon genannte Ottar von Hålogaland seinen Wohnsitz auf Hillesöy am Ausgang des Malangenfjords gehabt haben. Weiterhin deuten zahlreiche Felszeichnungen (z. B. bei Skavberg auf Kvalöy), deren Darstellungen von Rentierköpfen, Bären, Elchen etc. aus verschiedenen Zeiten stammen und mindestens 2500 bis 4000 Jahre alt sein sollen, auf die frühe Besiedlung dieses Raumes bei immerhin knapp 70° n. Br. hin.

Um 1250 ließ König Håkon Håkonsson im Gebiet des heutigen Tromsö eine Kirche bauen, um die sich nach und nach eine Siedlung entwickelte. In einem päpstlichen Schreiben von 1308 wird die **Tromsö-Kirche** als *Den hellige Marias kirke i trums naer hedningene* (»Die hl. Marienkirche in Trums nahe den Heiden«) benannt. Tromsös Rolle als »Tor zur Arktis« begann in der Neuzeit, und zwar vor allem seit dem 18. Jahrhundert, als der Hafenplatz zu einem wichtigen Stützpunkt für die Wal- und Robbenfänger im Nördlichen Eismeer wurde. Später sind mehrere berühmte Arktisexpeditionen von Tromsö ausgegangen, so auch die von Fridtjof Nansen und Roald Amundsen. Von hier starteten Fahrten zum Nordpol und nach Spitzbergen. Heute erinnert am Hafen Tromsös ein **Denkmal für Roald Amundsen** an jene letzte Fahrt des Polarforschers, die er 1928 von Tromsö aus auf der Suche nach dem verschollenen Luftschiff des Italieners Umberto Nobile aufnahm und von der er nicht mehr zurückkehrte.

In den ersten Jahrzehnten nach der Stadtgründung von 1794 fand trotz der günstigen naturräumlichen und verkehrsgeographischen Voraussetzungen in Tromsö nur ein geringes Wachstum statt. Die Einwohnerzahlen betrugen 1801 nur 84, 1807 rund 150 und 1816 lediglich 300. Entwicklungsimpulse traten dann durch die Ausstattung mit neuen Funktionen ein: Zunächst wurde Tromsö Bischofssitz und im Jahre 1814 Verwaltungssitz des Tromsö-Amtes, der späteren Provinz Troms. Zeitlich parallel verlief ein bedeutender wirtschaftlicher Aufschwung, und zwar bedingt durch die reichen Heringsfänge bei Malangen, die Fänge an der Eismeerküste und die steigenden Fischpreise auf den ausländischen Märkten. Tromsö wurde nun ein wichtiger Umschlagplatz für zahlreiche Waren aus dem Süden und Norden, z.B. auch für Erzeugnisse aus dem nordrussischen Raum. In den Jahren 1865 und 1890 waren die Bevölkerungszahlen auf 4100 bzw. 6000 angestiegen. Seit Ende der 1830er Jahre gab es von Tromsö während der Sommerzeit eine regelmäßige Dampfschiffverbindung nach Trondheim und später auch regelmäßige Bootsverbindungen mit den Nachbarsiedlungen in Troms.

Heute ist Tromsö ein Bildungs-, Handels- und Dienstleistungszentrum, das zugleich über leistungsstarke gewerblich-industrielle Betriebe verfügt. Tromsö gilt mittlerweile als größte Handelsstadt in Nordnorwegen. Mit den 1981 entdeckten Erdgasfeldern vor der Tromsküste (Gebiet »Tromsöflaket«) und weiteren Funden verbindet man in Tromsö zugleich die Hoffnung, in Zukunft auch stärker am Öl- und Gasboom partizipieren zu können. Schon heute sind mehrere Betriebe im Raum Tromsö direkt oder indirekt mit den Offshore-Aktivitäten verknüpft.

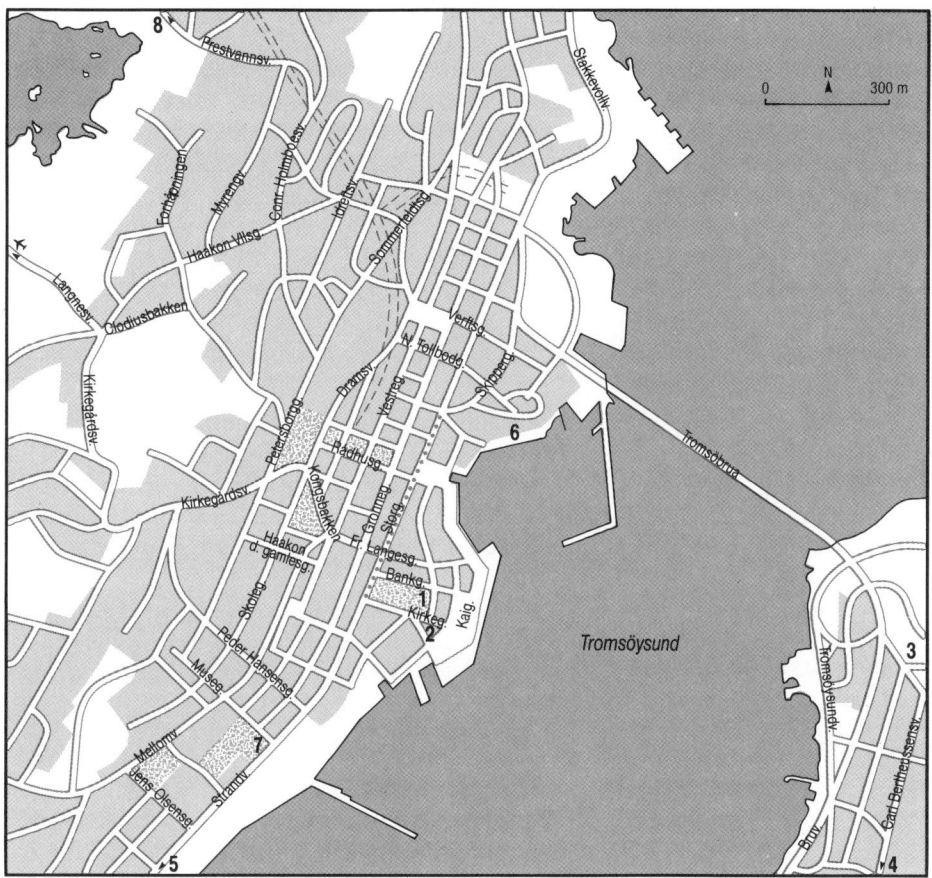

Tromsö: 1 Tromsö-Kirche 2 Amundsenmonument 3 Tromsdal-Kirche (Eismeerkathedrale) 4 Seilbahnstation 5 Tromsö-Museum 6 Stadtmuseum/Polarmuseum 7 Nordnorwegisches Kunstmuseum 8 Observatorium

Tromsö ist eine der wenigen Städte in Nordnorwegen, die im Zweiten Weltkrieg nicht zerstört wurden, so daß noch manches vom älteren Stadtbild erhalten ist. Entlang der Hauptstraßen, etwa der Storgate, Sjögate, Skippergate usw., findet man neben modernen Verwaltungsgebäuden zahlreiche ältere kleine Holzhäuser, die das Bild der Hafen-, Handels- und Fischereistadt lange Zeit geprägt haben. Neuere Wohnviertel sind auch auf der Festlandseite wie auf der westlich vorgelagerten Insel Kvalöy entstanden. Am festländischen Brückenkopf der Tromsbrua steht die bekannte **Tromsdal-Kirche,** die auch den Namen »Eismeerkathedrale« *(Ishavskatedralen)* trägt. Der 1965 fertiggestellte Kirchenbau soll die Dunkelheit und das Nordlicht symbolisieren. Mit 23 m Höhe und 140 m² Fläche besitzt die Kathedrale Europas größte Glasmalerei (s. Abb. 47–49). In unmittelbarer Nähe der Kirche ist auch die Talstation einer Drahtseilbahn (norw. *fjellheis*), die zu einer 420 m hohen Fjellhöhe führt, von der man einen großartigen Ausblick auf die Stadt und ihre Umgebung hat. Zur Zeit der Mitternachtssonne ist die Seilbahn übrigens auch nachts in Betrieb.

Schließlich beherbergt Tromsö eine Reihe bedeutender wissenschaftlicher Institutionen, vor allem das schon 1872 gegründete **Tromsö-Museum** (im *Folkeparken* ca. 4 km südwestlich des Stadtzentrums) mit seinen verschiedenen Forschungsabteilungen für Geologie, Botanik, Archäologie und Lappen- bzw. Samenforschung. Ausstellungen zur nordnorwegischen Archäologie, zur samischen Volkskultur oder zum traditionellen Fischereiwesen stehen dem Interessierten offen. Daneben laden noch mehrere andere Museen, so etwa das **Stadtmuseum** *(Tromsö bymuseum)* und das **Polarmuseum** im Stadtteil Skansen sowie das **Nordnorwegische Kunstmuseum** zum Besuch ein.

Eine andere Forschungseinrichtung Tromsös ist das **Observatorium** zur Beobachtung des Nordlichts, des Erdmagnetismus und der Ionosphäre. Weiterhin befindet sich im Stadtteil Holt an der Westseite von Tromsöya eine interessante **landwirtschaftliche Forschungsstation,** die mit Kulturpflanzen im subarktischen Raum arbeitet und die u. a. auch eine Abteilung für arktische Biologie unterhält. Anfang der 1970er Jahre hat Tromsö eine Universität erhalten, für deren Gründung folgende Faktoren und Zielsetzungen maßgeblich waren:
1. Die Bedeutung einer Universität als Mittel zur Beseitigung des Mangels an akademischen Arbeitskräften, welcher Nordnorwegen im Gegensatz zu anderen Landesteilen prägt;
2. der Wunsch, der nordnorwegischen Jugend einen leichteren Zugang zu einer Universitäts- bzw. Hochschulbildung zu ermöglichen;
3. die Bedeutung einer Universität für den sozialen und ökonomischen Ausbau in Nord- norwegen;
4. die allgemeine Notwendigkeit, über die bisherigen Universitäten Oslo, Bergen und Trond- heim hinaus eine weitere Anzahl von Studienplätzen zu schaffen;
5. eine Reihe wichtiger Forschungsaufgaben, für die sich gerade eine Universität mit dem Standort Tromsö gut eignet.

Die dem Stadtzentrum Tromsö westlich vorgelagerte Insel **Kvalöy** (s. Farbabb. 10, Abb. 60) war vor der Fertigstellung der Sandnessundbrücke mit knapp 740 km² Fläche Norwegens fünft- größte Insel. Ihr weitaus größter Teil besteht aus unbewohntem Kahlfjell *(snaufjell).* Nur entlang des Küstensaums, besonders an der dem Festland zugewandten Seite, findet man eine Aufreihung ländlich-agrarer Siedlungen, die heute wenigstens im Bereich Kvalöysletta dem Verstädte- rungsprozeß unterliegen. Die noch intakten ländlichen Siedlungen bieten ein gutes Beispiel für den agrarwirtschaftlichen Strukturwandel in den nordnorwegischen Küstengebieten. Zunächst einmal ist die einst so charakteristische Erwerbskombination Fischer-Bauerntum nur noch in ganz wenigen Fällen, und zwar lediglich an der entlegeneren Nordküste Kvalöys, anzutreffen. Weiterhin sind die kleinen Hofstellen, die noch in der Nachkriegszeit überwiegend im Neben- erwerb bewirtschaftet wurden, fast alle aufgegeben worden. Ihre kultivierte Agrarfläche

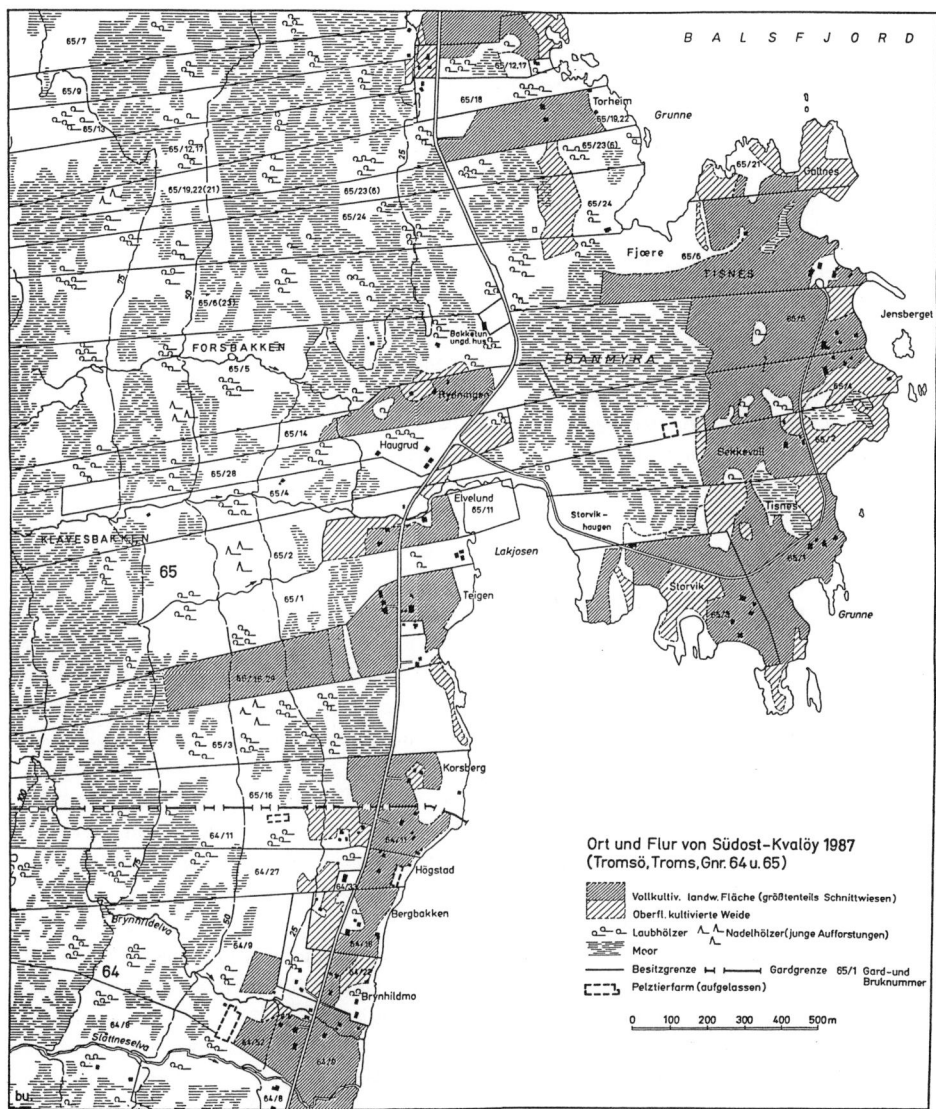

Ort und Flur von Südost-Kvalöy 1987
(Tromsö, Troms, Gnr. 64 u. 65)

Vollkultiv. landw. Fläche (größtenteils Schnittwiesen)
Oberfl. kultivierte Weide
Laubhölzer   Nadelhölzer (junge Aufforstungen)
Moor
Besitzgrenze   Gardgrenze   65/1 Gard- und Bruknummer
Pelztierfarm (aufgelassen)

0   100   200   300   400   500 m

(innmark), im Durchschnitt nicht mehr als 2–3 ha pro Hof, wurde von den verbliebenen Haupterwerbsbetrieben in Pacht übernommen. Die auf den Küstensaum konzentrierten Innmark-
flächen decken sich praktisch mit dem marinen Transgressionsbereich, der hier bis etwa
50 m NN zu verfolgen ist. Zum Landesinnern hin gehen die kleinen Innmarkparzellen in weite,
nichtkultivierte Utmarkländereien über, die mehrere 100 ha pro Hofstelle umfassen können.

273

Heute wird das vollkultivierte Land fast ausschließlich von Schnittwiesen eingenommen. Hier und da sind auch kleine Parzellen mit einjährigen Futterpflanzen bestellt. Die verbliebenen Haupterwerbsbetriebe sind sozusagen alle auf die Milchviehhaltung ausgerichtet. Infolge der schon an früherer Stelle skizzierten Subsidienpolitik (s. S. 211) und des damit verbundenen hohen Kraftfuttereinsatzes werden auch hier Milcherträge pro Kuh und Jahr von bis zu 7000 l erzielt. Die in Tromsö ansässige *Meieri Nord*, eine der größten ihrer Art in Nordnorwegen, liefert einen Teil ihrer Milchprodukte sogar bis zu den Lofoten und nach Finnmark. Interessant zu erwähnen ist noch die relativ große Ziegenmilchproduktion im peripheren Nord-Kvalöy und auf den angrenzenden Inseln, wo qualitätsmäßig schlechtere Weideflächen auftreten. Eine Reihe von Betrieben wirtschaftete dort wenigstens noch Ende der 1980er Jahre mit jeweils 50–60 Milchziegen. Man muß sich in diesem Falle vor Augen halten, daß der norwegische Ziegenkäse *(geitost)* ein begehrter und recht teurer Artikel ist, der auch im Exportgeschäft eine Rolle spielt. Insgesamt gesehen bietet Kvalöy wohl ein treffendes Beispiel für den raschen Wandel gerade im nordnorwegischen Agrarlandschaftsbild, das vielerorts durch Rückzugstendenzen, aber auch durch manche innovative Entwicklungen gekennzeichnet ist.

Die Küstenlandschaften West-Finnmarks

Allgemeine Grundzüge der geographischen, historischen und ethnographischen Gegebenheiten Finnmarks wurden bereits im Einleitungskapitel zu Nordnorwegen vorangestellt, so daß im folgenden z.B. auf die Frage der samischen Bevölkerungsminorität nicht mehr eingegangen zu werden braucht. Mit einer Gesamtfläche von 46 500 km² ist Finnmark flächenmäßig größer als die Niederlande oder Dänemark. Etwa 4% der Fläche Finnmarks werden von Gewässern, 0,3% von kultiviertem Landwirtschaftsareal und 4 bis 5% von produktivem Wald eingenommen. Mit anderen Worten, Fjelltypen bestimmen das Landschaftsbild dieser riesigen Provinz, die im Westen an Troms, im Süden an Finnland und im Nordosten an die Sowjetunion grenzt. An der Nordküste mit ihren zahlreichen Inseln, Buchten und Fjordmündungen treten häufig nahezu vegetationslose Gesteinsschichten entgegen. Im Süden, in der weiträumigen Finnmarksvidda, herrscht der Landschaftstyp der Pseudotundra mit Fjellheiden, einzelnen Fjellbirkengehölzen und großen Moorgebieten vor. Allein die Moorareale Finnmarks bedecken eine größere Fläche als die Provinz Vestfold mit ihren 2200 km².

Die geologischen Verhältnisse und damit auch die Landschaftsformen weichen in manchem von denen der übrigen Landesteile ab. Auffallend sind zunächst einmal die breiten, fjordartigen Meeresarme, die zwischen 65 und 120 km tief ins Landesinnere greifen und von verhältnismäßig flachen, nahezu siedlungsleeren Halbinseln umgeben werden. Im westlichen Finnmark sind jenen Meeresbuchten noch zahlreiche größere und kleinere Inseln vorgelagert. Diese öden Landstriche fallen an der Küste oft zu steilen Kliffs (siehe z.B. Nordkap) ab, was im wesentlichen auf die Brandung und die Frostsprengung zurückgeführt wird. Nur in West-Finnmark ist noch der schützende Schärengürtel vorhanden; von der Insel Mageröy bis zum Varangerfjord im Osten reicht das offene Meer dagegen bis direkt an die Festlandküste.

Der nordwestliche Teil Finnmarks besteht geologisch vorwiegend aus harten Sandstein-formationen des frühen Erdaltertums (eokambrische Sandsteine), an die sich im Südosten, d. h. in der Finnmarksvidda und im Distrikt Sör-Varanger, die Tiefengesteine des Baltischen Schildes (Grundfjell) anschließen. Die Trennungslinie zwischen beiden Grundgebirgskörpern verläuft vom Ende des Varangerfjords in südwestlicher Richtung auf den Grenzbereich zwischen Troms, Finnmark und Finnland. An den Übergängen von der uralten Rumpfflächenlandschaft der Finnmarksvidda zu den obengenannten Sandsteinformationen haben sich Gebirgskanten entwickelt, welche die flache Viddenlandschaft wie eine Wand nach Norden hin abschließen. Jene Gebirgskanten, die nur an wenigen Stellen in Passagen (z. B. Tal des Altaelva) unterbrochen werden, resultieren aus großflächigen Gesteinsüberschiebungen von Nordwesten nach Süd-osten. Somit wird die Finnmarksvidda nach Norden hin praktisch durch eine natürliche Mauer vom Meer getrennt.

Das dritte Teilstück im geologischen Aufbau Finnmarks entfällt auf die nordwestlichen Küstenfjellzonen hin bis zum Nordkap. Hier setzt sich der Untergrund aus gefalteten Schiefern und Sandsteinen zusammen, in die harte Granit- und Gabbrogesteine eingelagert sind. Letztere sind verantwortlich für die Ausbildung relativ hoher Gebirgszüge von teilweise über 1000 m NN, die einige Vergletscherungen aufweisen. Diese sind der Öksfjord- und Langfjordjökel auf der Halbinsel Bergsfjord sowie der Seilands- und Nordmannsfjordjökel auf der Insel Seiland nördlich des Altafjords. Der bei schönem Wetter von der E 6 aus gut sichtbare Öksfjordjökel gilt als größter norwegischer Gletscher nördlich des Svartisen. Vor dem Eisrückgang in jüngerer Zeit war der Öksfjordjökel übrigens der einzige Gletscher Nordnorwegens, der direkt ins Meer kalbte (Abbrechen von Eisschollen der im Meer endenden Gletscher). Dieses Naturphänomen hat sich die Fischerbevölkerung der Umgebung lange Zeit zunutze gemacht, indem sie die im Meer treibenden Eisblöcke sammelte, auf bestimmte Art und Weise lagerte und das Eis als Kühl-mittel über weite Räume hinweg verkaufte.

Die Küstenlandschaften Finnmarks umfassen also die oben angesprochenen Inseln, Halb-inseln, Buchten und Fjordeinschnitte von der Grenze zu Troms bis zum Nordkap. Abgesehen von den weit vorgeschobenen Siedlungen Hammerfest und Honningsvåg liegen die älteren, stadtähnlichen Ortschaften an den weit ins Land reichenden Fjordarmen, insbesondere am Altafjord und am Porsangen. Die Gemeinde **Alta** ist mit heute rund 15 000 Einwohnern die am dichtesten besiedelte Gemeinde Finnmarks. Das städtische Zentrum der Gemeinde (Alta selbst mit den Vororten Bossekop und Elvebakken mit ca. 9000 Einwohnern) liegt bei 70° n. Br. in einer ausgesprochenen Gunstlage auf den breiten Flußterrassen des Altaelva am Ende des gleich-namigen Fjords. Der Ort zeichnet sich darüber hinaus durch seine Verkehrsgunst aus, denn hier stößt auf die E 6 die Reichsstraße 93, die von Alta nach Süden in Richtung Kautokeino und weiter nach Finnland und Schweden zieht. Eine stimulierende Wirkung auf den raschen Wachs-tumsprozeß in Alta hat zudem der Flughafen, der auch für große Düsenmaschinen ausgebaut werden soll.

Neben umfangreichen Dienstleistungsfunktionen (wichtigstes Schulzentrum in Finnmark u. a. m.) für ein weites Umland kennzeichnet Alta ein ungewöhnlich vielseitiges gewerblich-industrielles Leben. Überall in Norwegen und weit darüber hinaus bekannt sind die *Schieferbrüche* südlich Alta, deren hochwertige Produkte einen bedeutenden Exportplatz einnehmen. Nördlich Alta, auf der Insel Stjernöya, betreibt der *Elkem-Spigerverk-Konzern* einen Syenitbergbau, der Mitte der 1980er Jahre einen Jahresumsatz von immerhin 130 Mio. NOK erzielte. Syenit ist ein granitähnliches, körniges Tiefengestein, das hauptsächlich aus rotem Kalifeldspat und Hornblende, bisweilen auch aus Glimmer und Augit besteht. Das besonders in der Glasindustrie eingesetzte Gestein wird ebenfalls in zahlreiche Länder exportiert. Schließlich gibt

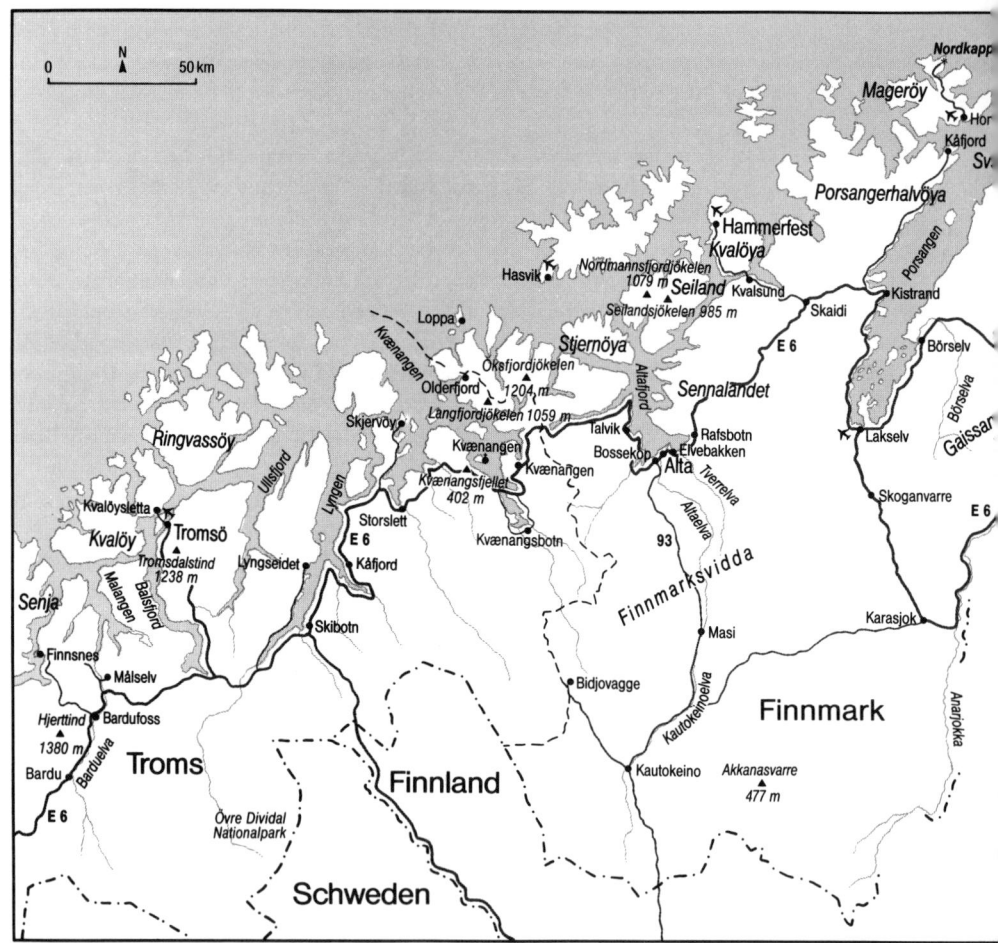

es in Alta eine Reihe von Betrieben der Holzverarbeitung, der Nahrungsmittelindustrie und der Fischwirtschaft, darunter auch solche, die sich auf Aquakultur spezialisiert haben (vgl. dazu auch Abb. 37). Schon seit langem ist auch der Lachsfang im Altafjord bzw. Altaelva eine bedeutende Einnahmequelle.

Alta verfügt – gemessen an seiner Breitenlage – über beachtliche land- und forstwirtschaftliche Möglichkeiten. Landschaftlich eindrucksvoll und wirtschaftlich wichtig sind auch die alten Kiefernbestände in der Umgebung, die hier bei 70° n. Br. praktisch eine Enklave des borealen Nadelwaldes bilden. Leider sind während der deutschen Besatzungszeit im Zweiten Weltkrieg auch große Teile der Kiefernwälder vernichtet worden.

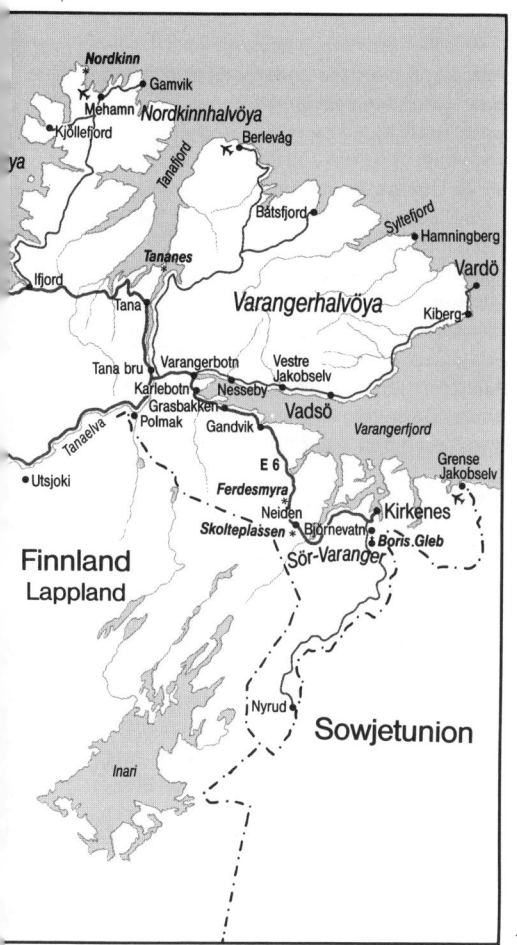

◁ *Finnmark und nördliches Troms*

In vergangenen Jahrhunderten, also in Zeiten einer mehr autarken Landwirtschaft, galt der Raum Alta in großen Teilen Nordnorwegens als ein gutes Kornanbaugebiet, wo das sogenannte *Altabygg* (Alta-Korn, d. h. Sommergerste und Hafer) wegen des kontinentalen Klimaeinschlages eher zur Reife kam als in anderen Teilen des hohen Nordens. So jedenfalls heißt es in einem Bericht des Vogtes von West-Finnmark aus dem Jahre 1690. Weiterhin wird in dem Rapport eines Kanzleisekretärs, der gegen Ende des 17. Jahrhunderts im Auftrage der dänischen Krone Nordnorwegen bereiste, betont, daß die Altabauern tüchtige *engebonder* (»Grasbauern«) seien, die sechs bis acht Kühe und daneben noch Schafe und Ziegen hielten.

Ein gutes Beispiel für die hohe Intensität auch der heutigen Agrarproduktion bietet der Talzug **Tverrelvdal** einige Kilometer südöstlich des Alta-Zentrums. Die dortigen Haupterwerbsbetriebe bewirtschaften im Durchschnitt eine kultivierte Landwirtschaftsfläche *(innmark)* von über 10 ha, die größtenteils von Schnittwiesen eingenommen wird. In das Grasland sind hier und da auch kleine Kartoffeläcker eingestreut. Der Großviehbestand betrug im Zeitraum 1987/88 bei den Haupterwerbsbetrieben über 25 Stück pro Hofstelle, davon zehn und mehr Milchkühe. Im Jahresdurchschnitt wurden pro Kuh knapp 6000 l Milch erzielt, während der entsprechende Wert für ganz Finnmark bei 5600 l liegt. Allerdings erhalten die Finnmark-Bauern auch die höchsten Milchsubsidien ganz Norwegens; 1987 waren es 70 Öre pro Liter. Welchen Stellenwert in landwirtschaftlicher Sicht Alta für Finnmark einnimmt, mag man neben der dominierenden Stellung in der Milchproduktion auch daraus entnehmen, daß in den letzten Jahren über 60% der Anbaufläche für Kartoffeln und Gemüse (besonders Möhren) in dieser Provinz auf die Gemeinde Alta entfielen.

Das Alta-Projekt

In jüngster Zeit ist das scheinbar so periphere Alta durch ein ganz anderes Ereignis weit außerhalb des Landes bekannt geworden, nämlich durch ein sehr umstrittenes Wasserkraftprojekt, das zu harten Auseinandersetzungen im Konfliktfeld zwischen Ökonomie und Ökologie geführt hat. Pläne zum Ausbau des lachsreichen Altaelva und seines Oberlaufes, des Kautokeinoelva, wurden erstmals 1968 bekannt. Der massivste Eingriff in den Naturhaushalt war dabei die Errichtung einer 110 m hohen Staumauer im Savtso-Canyon. Dieser bis über 500 m tief eingeschnittene und mit 15 km Länge größte Canyon Europas verkörperte bis dahin eine nahezu unberührte Naturlandschaft, die seit langem zum Weide- und Durchgangsland der samischen Rentierherden gehörte. Eine Realisierung des Planes von 1968 hätte auch viele Seen der Finnmarksvidda zu reinen Stauseen umgestaltet, wodurch z. B. die alte Samensiedlung Masi im Wasser versunken wäre. Des weiteren sollte auch der Tanafluß, der Grenzfluß zwischen Norwegen und Finnland, in den Altaelva umgeleitet werden, was zu Protesten von finnischer Seite führte. Daraufhin legten die norwegischen Behörden einen modifizierten Plan vor, der aber weiterhin den Staudammbau im Canyon vorsah.

Die Auseinandersetzungen um das Alta-Projekt nahmen zeitweise einen dramatischen Charakter an. In einer besonders spektakulären Aktion ketteten sich im Spätwinter 1981 rund 900 Staudammgegner bei über 30° Kälte im Kraftwerksausbaugebiet an, um den Baumaschinen den Weg zu versperren. Den Zeitungsberichten zufolge wurden die Demonstranten von 600 Polizisten einzeln losgeschweißt und festgenommen. Ein Gericht verurteilte sie zu Geldstrafen bis zu umgerechnet 6650 DM. Zwar hatten die Ausbaugegner, darunter auch die Samen, einige Prozesse in niedrigen Instanzen gewonnen, doch das oberste norwegische Gericht erklärte 1982 den Kraftwerksbau für rechtmäßig. Heute ist für die Umweltschützer die »Schlacht um Alta« längst verloren; 1987 war das Kraftwerk startbereit. Manche Wirtschaftsexperten in Oslo räumen mittlerweile ein, daß das Alta-Werk eine Fehlplanung gewesen sei. Wörtlich hieß es bereits 1987 in einer Stellungnahme des Energieministeriums: »Würde man die Entscheidung heute treffen, würde das Kraftwerk nicht gebaut. Nordnorwegen braucht den Strom gar nicht. Wir müssen ihn nach Süden transportieren.« Ähnliche Aussagen hatte die »Volksaktion gegen den Alta-Ausbau« schon Jahre vorher gemacht. Doch auf sie wollte niemand hören.

Die günstigen Siedlungs- und Wirtschaftsvoraussetzungen in Alta haben den Ort schon vor langer Zeit zu einem wichtigen Markt- und Handelsplatz für große Teile Finnmarks und Troms werden lassen, eine Entwicklung, die seit dem 16. Jahrhundert zu verfolgen ist. Vor allem sind hier die traditionellen Märkte der samischen Bevölkerung zu nennen. Eine Zeitlang lag der Alta-Handel auch in niederländischen Händen, bis er aufgrund eines königlichen Erlasses eingestellt werden mußte. Im 18. Jahrhundert, zur Zeit einer verstärkten Einwanderung der Finnen bzw. Kvenen, wurde der Sitz des Amtmannes in Finnmark von Vardö bzw. Vardöhus (am Ostrand der Varanger-Halbinsel) nach Alta verlegt, wo dann in Elvebakken der mächtige Altahof *(Altagård)* entstand. Hier war von 1740 bis 1814 der Sitz des Amtmannes von Finnmark, später wurde er das Zentrum der katholischen Mission im Norden. Der Altagård wurde im Jahre 1956 im ursprünglichen Stil wiedererrichtet. In diesem Zusammenhang ist zu erwähnen, daß mit dem Rückzug der deutschen Truppen 1944 auch in Alta mit Ausnahme der Kirche in Bossekop *(Alta kirke)* praktisch alle Gebäude zerstört wurden. Das gleiche Schicksal erfuhren leider auch viele andere Teile Finnmarks; die von Hitler praktizierte »Politik der verbrannten Erde« sollte einem weiteren Vorrücken der sowjetischen Truppen entgegenwirken.

Alta ist in der glücklichen Lage, zwei hervorragende Kulturdenkmäler aus vorgeschichtlicher Zeit zu besitzen. Auf dem Komsafjell, einem am Altafjord gelegenen Felssporn zwischen den Ortsteilen Bukta und Bossekop, sind zahlreiche *Felszeichnungen* der Komsa-Kultur (s. S. 225) erhalten. Es handelt sich hierbei um Zeugnisse jener steinzeitlichen Jägergruppen vor 5000 bis 9000 Jahren, von denen mittlerweile rund 250 Plätze zwischen Kvænangen und dem Weißen Meer nachgewiesen werden konnten. Im Jahre 1973 wurde dann durch Zufall ein weiterer sensationeller Fund gemacht, und zwar direkt am Fjord, etwa 1,5 km nördlich des Alta-Zentrums. Das unter dem Namen *Kulturminneområdet Hjemmeluft* bekannte Gebiet umfaßt 42 Felder mit insgesamt etwa 1700 Felszeichnungen *(helleristninger),* weiterhin sieben Wohnplätze aus der Zeit 2000 bis 5000 vor heute. Für die Bedeutung dieser Fundstätte spricht, daß sie in die »World-Heritage-Liste« der UNESCO aufgenommen wurde.

Von Alta aus verläuft die E 6 in nordöstlicher Richtung über das Sennalandfjell bis zum rund 100 km entfernten Olderfjord, von wo aus die Reichsstraße 95 in Richtung Honningsvåg und Nordkap abzweigt. **Sennalandet** mit Maximalerhebungen von 385 m NN zwischen Alta und Skaidi ist ein bekanntes Sommerweidegebiet für Rentierherden der Kautokeino-Samen. Mehrere Sommerlager der samischen Rentierhalter sind entlang der E 6 aufgereiht; teilweise sind sie mit Verkaufsstellen für Rentierfelle u. ä. m. verbunden. Die zahlreichen Hütten im Raum Skaidi haben jedoch mit der samischen Bevölkerung nichts zu tun, sie sind größtenteils Freizeithäuser der städtischen Bevölkerung von Hammerfest.

Ein Abstecher von Skaidi über den Riksvei 94 zum 58 km entfernten Hammerfest ist durchaus verlockend. Der Weg führt entlang des Repparfjords nach **Kvalsund,** das ca. 500 Einwohner zählt und bekannt ist durch seine 2500 Jahre alten Felszeichnungen (südöstlich des Ortszentrums). Die *Kvalsund-Kirche* ist übrigens das einzige Gebäude, das im Zweiten Weltkrieg nicht zerstört wurde. Kvaløya und damit auch Hammerfest sind seit 1977 durch die Kvalsundbrücke, Norwegens längste Hängebrücke, mit dem Festland verbunden.

Hammerfest mit Stadtrechten seit 1789 liegt bei exakt 70°39′48″ und wird oft als die nördlichste Stadt der Welt bezeichnet (s. Abb. 43). Heute zählt die Stadtgemeinde rund 7000 Bewohner und ist damit einwohnermäßig zugleich die größte in Finnmark. Durch die geschützte Bucht am Fuße des Sadelfjells besitzt Hammerfest einen ausgezeichneten Naturhafen, in dessen Nähe sich außerdem bekannte Fischgründe befinden. So existierten hier schon vor Jahrhunderten ein Fischwirtschaftszentrum und ein wichtiger Handelsplatz. Im Jahre 1694 schrieb der Vogt Niels Knag, daß Hammerfest der beste Winterhafen Finnmarks sei. Wenn für 1825 nicht mehr als 63 Wohnhäuser und 341 Einwohner angegeben werden, so mag das auch darauf zurückzuführen sein, daß Hammerfest 1809 von englischen Kriegsschiffen bombardiert und geplündert worden war. Ein großer Teil der damaligen Bewohner sollen Küstensamen gewesen sein, auf die die Siedlung ihrem Ursprung nach überhaupt zurückgeführt wird. Hammerfest war längere Zeit zudem Zentrum des bereits früher genannten »Pomorhandels«, also des Handels mit den nordrussischen Küstengebieten (s. S. 226). Aus diesem Grunde wuchs Hammerfest bis zum Ersten Weltkrieg auch zum wichtigsten Pelzumschlagplatz Norwegens. Erst der Übergang von der Pelztierjagd zur Pelztierhaltung in Farmen änderte dieses. Schließlich war der Hammerfester Hafen damals auch der Ausgangspunkt der ersten Expeditionen nach Spitzbergen.

Hammerfest um 1909

Nordkap, Stahlstich um 1850

Von dem historischen Hammerfest ist nichts mehr erhalten. Gegen Ende des Zweiten Weltkriegs wurde die Stadt im Winter 1944/45 mit dem Rückzug der deutschen Truppen vollständig zerstört und die Bevölkerung zwangsevakuiert. Der Wiederaufbau vollzog sich im großen und ganzen nach dem alten Stadtgrundriß, wobei das heutige Zentrum südlich des Storelva lokalisiert ist. Immer noch spielt die Fischwirtschaft eine wichtige Rolle im Wirtschaftsleben der Stadt. Eine der modernsten Fischverarbeitungsanlagen ist die der *Findus A/S,* welche über eine eigene Trawlerflotte verfügt und infolge des breiten Produktionsfächers ein ganzjähriges Arbeitsplatzangebot ermöglicht. In den einzelnen Veredelungsbetrieben waren in den letzten Jahren durchschnittlich etwa 400 Mitarbeiter tätig, in bestimmten Zeiten sogar bis zu 1000 Personen.

Die angebliche »Traumstrecke« der meisten Nordnorwegen-Touristen, die Strecke zum Nordkap *(Nordkapp),* zieht von Olderfjord entlang des breiten Porsangen durch eine nahezu unbewohnte und kahle Landschaft über Kåfjord und von dort mit den Tag- und Nachtfähren nach Honningsvåg, um von hier den Nordkapfelsen zu erreichen. **Honningsvåg** als Zentrum der Nordkap-Gemeinde mit ca. 3500 Einwohnern gilt als West-Finnmarks größte Fischereisiedlung *(fiskevær).* Auch dieser Ort wurde im Zweiten Weltkrieg nahezu vollständig zerstört. Erhalten geblieben ist die *Honningsvåg*-Kirche, ein Holzbau aus dem Jahre 1884. Das *Nordkap-Museum* veranschaulicht unter anderem das vergangene und gegenwärtige Fischereiwesen an der Finnmarkküste.

Von Honningsvåg ist das **Nordkap** auch mit einem Linienbus zu erreichen (ca. 3 Stunden hin und zurück). Das 307 m hohe Nordkap-Plateau bei exakt 71°10'21'' stürzt nahezu senkrecht ins Meer. Besonders eindrucksvoll wird der Besuch, wenn man das Glück hat, die Mitternachtssonne zu erleben, die hier vom 12.5. bis zum 1.8. scheint. Ob ebenso eindrucksvoll ein Besuch der 1988 eröffneten *Nordkap-Halle* wirkt, sei dem Geschmack jedes einzelnen überlassen. In einer überwiegend unterirdischen Halle (mit Panoramarestaurant u. a. m.) wird eine Multivisionsschau gezeigt, in der man die subarktisch-arktische Natur auch bei schlechtem Wetter erleben kann.

Die Küstenlandschaften Ost-Finnmarks

Eine räumliche Gliederung erfährt das nordöstliche Finnmark durch die breiten Fjordeinschnitte des Porsangen, Laksefjords, Tanafjords und Varangerfjords, die die drei großen Halbinseln Sværholt, Nordkinn und Varanger sowie den Distrikt Sör-Varanger mit Kirkenes voneinander trennen. Mit Ausnahme der inneren Fjordabschnitte gehören die Küstenzonen Ost-Finnmarks zu den Gebieten Norwegens mit den rauhesten klimatischen Voraussetzungen. Das Klima hat einen maritim-subarktischen Charakter mit einem Julimittel von nicht mehr als 10 °C und durchschnittlichen Januartemperaturen von minus 5 °C. Der schützende Schärenhof fehlt, und so treffen oft heftige Meereswinde und Sturmböen nahezu ungehindert auf die durchweg flachen, waldlosen Küsten.

In wirtschaftlicher und sozialer Sicht handelt es sich um einen strukturschwachen Raum mit einseitigen, krisenanfälligen Erwerbsgrundlagen. Abgesehen von einigen kleinen Orten an den inneren Fjordenden oder von den städtischen Siedlungen Vadsö, Vardö und Kirkenes am Varangerfjord ist es ein äußerst siedlungsarmes Gebiet, das zugleich von einer starken Bevölkerungsabwanderung geprägt ist. Zahlreiche einst bedeutende Fischersiedlungen oder Walfangstationen an der Eismeerküste von Nordkinn und Varanger sind mittlerweile vollständig aufgegeben worden bzw. wüstgefallen.

Bei **Lakselv,** einem wichtigen Verkehrsknotenpunkt und Zentrum der Porsanger Gemeinde mit ca. 2500 Einwohnern, zweigt die Reichsstraße 98 in Richtung Varanger-Halbinsel ab. Von hier bis Vardö, Norwegens östlichster Stadt, beträgt die Strecke auf übrigens gut ausgebauten Straßen rund 350 km. Auf der Fahrt entlang des Porsangen-Ostufers fallen die silbrig glänzenden Gesteine der westlich vorgelagerten Inseln ins Auge. Es handelt sich hierbei um reine Dolomitgesteine, die in die Sandsteinformationen des frühen Erdaltertums (eokambrische Ablagerungen) eingeschaltet sind. Weiterhin auffallend sind an der Porsangerküste wie bei anderen Fjordeinschnitten Ost-Finnmarks die häufig auftretenden *Strandlinien* bzw. Strandterrassen (meist sandig-kiesige Wälle), die auf die nacheiszeitlichen, bis heute noch nicht abgeschlossenen Landhebungsphasen hinweisen. Nach der letzten Eiszeit, für Nordnorwegen vor etwa 14 000 Jahren, lag der Meeresspiegel im nordöstlichen Finnmark mehr als 60 m höher als heute. Besonders schön ausgeprägt sind die Strandlinien auf der kleinen Landzunge **Roddineset** zwischen Lakselv und Börselv. Die Ortschaft **Börselv** (samisch *Bissojokka*) war einst überwiegend von Küstensamen bewohnt, bis dann um die Mitte des 18. Jahrhunderts Finnen einwanderten, was wenigstens in sprachlicher Sicht bis heute nachzuweisen ist.

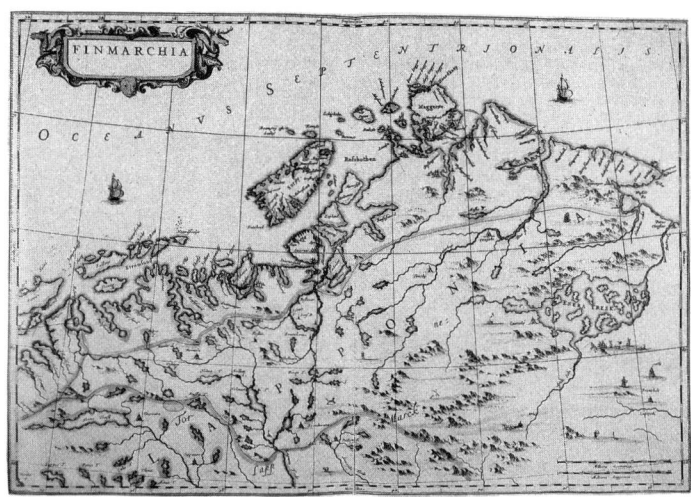

»Finmarchia«, Karte von Joan Blaeu, 1662

Die E 6 durchquert zwischen Porsangen und Laksefjord das unbesiedelte **Börselvfjell,** eine wenig reliefierte Vidda, die seit langem den Rentierherden der Karasjok-Samen als Sommerweidegebiet dient. Am Südrand des Laksefjords sind zwischen Kunes und Ifjord mehrere Siedlungsstellen aufgereiht, von denen einige schon seit mehreren Jahren in den geschützten Meeresbuchten Fischzuchtanlagen betreiben. Von Ifjord aus besteht auch die Möglichkeit zu einem Abstecher auf die **Nordkinn-Halbinsel.** Dort liegen mit den Siedlungen Kjöllefjord, Mehamn und Gamvik die äußersten Vorposten von Festland-Norwegen, die ihre Existenz einzig und allein der Fischwirtschaft verdanken.

Der **Tanafjord** ist mit 65 km Länge kürzer und auch verzweigter als seine Nachbarfjorde. Aufgrund der geschützteren Lage findet man hier auch eine üppigere Vegetation als am Porsangen und Laksefjord, was sich z. B. in den recht stattlichen Vorkommen an Fjellbirkengehölzen zeigt. An der Mündung des Tanaflusses in den gleichnamigen Fjord liegen auf den jüngeren Sedimentationsflächen zahlreiche kleine Siedlungen. Der Tana (samisch »Großer Fluß«) ist Norwegens zweitlängster Flußlauf; er bildet auf weite Strecken die Grenze zu Finnland, wo er *Tenojoki* genannt wird (s. Abb. 59). Einen eindrucksvollen Ausblick auf das mächtige, nahezu unberührte Flußdelta des Tana gewinnt man von **Gavesluft,** der Spitze einer kleinen Halbinsel nördlich der Tana-Kirche. Zentrum der Gemeinde Tana mit ihren über 3000 Einwohnern ist der Ort **Tana bru,** von dem eine nahezu 200 m lange Hängebrücke auf das östliche Ufer und damit zur Varanger-Halbinsel führt. Diese Brücke ist übrigens die einzige über den norwegischfinnischen Grenzfluß.

Als nordöstlichster Teil Norwegens erreicht die **Varanger-Halbinsel** Höhen bis über 500 m NN. Geologisch handelt es sich um die bereits genannten Sandsteine und Quarzite aus dem frühen Erdaltertum. Die Streichrichtung der Gesteine ist typisch kaledonisch, also von Südwesten nach Nordosten, was sich in den Landformen oder auch in der Ausrichtung der Fjorde deutlich niederschlägt. An den Küsten haben sich vielerorts steile Kliffs entwickelt. Die geringe Bodenbildung und weite Blockfelder mit spärlicher Vegetation verleihen der wenigstens in den Binnenräumen unbesiedelten Landschaft einen eintönigen Charakter. Besonders an der Süd- und Südostküste sind mehrere Siedlungen aufgereiht, die ihre Existenz mehr oder minder der Fischwirtschaft verdanken. In einigen dieser Ortschaften bildet die samische Bevölkerung auch heute noch die Mehrheit. Ursprünglich waren die hier wohnenden Samen Rentierjäger.

Der 118 km lange **Varangerfjord**, der sich zwischen Nord- und Süd-Varanger zum Eismeer hinzieht, ist mit knapp 2300 km² der Fläche nach Norwegens größter Fjord. Im Mündungsbereich zwischen Kibergneset und der Grenze zur Sowjetunion hat der Fjord immerhin eine Breite von 55 km. Nur an der Südseite des Fjords sind Seitenarme und Sunde ausgeprägt. Hier haben mehrere Flüsse eine intensivere Zertalung bewirkt. Vor allem ist diesbezüglich der wasserreiche Pasvikelva zu nennen, der aus dem nordfinnischen Inarisee kommt und anschließend über 114 km die Grenze zwischen Norwegen und der Sowjetunion bildet.

Auf dem Wege von Varangerbotn in Richtung Vadsö und Vardö quert man zunächst bei Mekselva ein Gebiet, das durch zahlreiche Fallgruben für die einstige Jagd nach Wildrenen bekannt geworden ist. Über 700 derartige Gruben, die wenigstens teilweise bis in das späte Mittelalter zurückdatiert werden, bezeugen die Jagdtradition der damaligen samischen Bevölkerung. Auf der Strecke vom Tanatal bis Vadsö hat man insgesamt über 3000 derartiger Fallgruben für den Wildrenfang nachgewiesen. Lange vor den samischen Rentierjägern lebten hier Menschen der schon mehrfach genannten steinzeitlichen Komsa-Kultur, deren Wohnplätze z.B. in der Ortschaft **Nesseby** festgestellt worden sind. Die auf einer kleinen Landspitze gelegene und weithin sichtbare *Kirche* von Nesseby ist übrigens das einzige Bauwerk, das bei dem Rückzug der deutschen Truppen Ende des Zweiten Weltkriegs nicht zerstört wurde.

Vadsö mit rund 6000 Einwohnern ist trotz seiner Abseitslage Sitz der Provinzverwaltung von Finnmark. Mehrere Betriebe der Fischverarbeitung, darunter eine sehr große Fischölfabrik, unterstreichen die vergangene und gegenwärtige Bedeutung dieses Erwerbszweiges. So war Vadsö in den letzten Jahrzehnten wie das östlich benachbarte Vardö ein Zentrum der Lodde- bzw. Kapelanfischerei. Der Kapelan (norw. *lodde*) ist ein relativ kleiner Fisch, der besonders in den kälteren Gewässern vor der Finnmarkküste in großen Schwärmen zum Laichen erscheint und der fast ausschließlich zu Fischmehl und -öl verarbeitet wird. Von den 1984 in Finnmark angelandeten 520 000 t Fisch waren allein 380 000 t Kapelan. Durch die starke Überfischung der Bestände mußte dann in den Jahren 1987 und 1988 der Loddefang wenigstens in der Barentssee vorerst eingestellt werden. Ebenfalls wichtige Ressourcen für die Vadsö- und die gesamte Finnmark-Fischerei sind der Dorsch (Kabeljau) und dorschartige Fische. Über 70 Verarbeitungsanlagen für Dorsch mit etwa 3000 Beschäftigten sind über die ganze Finnmarkküste verteilt.

Lange bevor Vadsö im Jahre 1833 Stadtrechte erhielt, existierte auf der Insel Vadsöya eine Fischersiedlung mit zusätzlichen Handelsfunktionen. Im 17. Jahrhundert muß die Inselbevölkerung auf die Festlandseite gezogen sein. Jedenfalls heißt es in einem Bericht von 1690, daß nunmehr nur noch die *Vaszöe kircke* (»Vadsö-Kirche«) auf der Insel stünde und ansonsten alle

Bewohner zum Festland hin übergesiedelt seien. Weiterhin wird berichtet, daß die *kiöbmend oc bönder fra Vaszöe* (»Kaufleute und Bauern von Vadsö«) zu den Märkten von Varanger oder Karlebotn reisten, um dort mit den Leuten aus Torne in Norrbotten (Schweden) Handel zu treiben. Hier in diesem Raum, der außerhalb der Handelsprivilegien der Stadt Bergen lag, begegneten sich Samen und Kvenen, Norweger, Schweden, Finnen und Russen zu einem einträglichen Tauschgeschäft.

Der Handelsplatz Vadsö erfuhr vor allem im 19. Jahrhundert eine starke Zuwanderung finnischer Bevölkerungsgruppen (Kvenen). Zu diesem siedlungs- und kulturgeschichtlichen Prozeß liefert eine Abteilung des *Vadsö-Museums* (Tuomainengården) anschauliche Informationen. Um 1875 sollen über 60% der Einwohnerschaft Finnisch gesprochen haben. Als dann im Jahre 1888 Finnmark in die Ämter Troms und Finnmark geteilt wurde, verlegte der neue Amtmann von Finnmark seinen Wohnsitz nach Vadsö. Der Ort bestand damals aus drei Stadtteilen, einem mittleren Abschnitt sowie einem inneren und einem äußeren Kvenenviertel. Diese Siedlungsstruktur ist im Jahre 1944 durch sowjetische und deutsche Kriegshandlungen größtenteils zerstört worden. Nach dem Kriege wurde die Stadt dann planmäßig und modern wiederaufgebaut.

Zwischen Vadsö und Vardö liegen mehrere kleine Fischersiedlungen, von denen **Kiberg** mit ca. 500 Einwohnern die größte ist (s. Abb. 39). **Vardö** selbst erhielt das Stadtrecht schon einige

Nesseby-Kirche

Jahrzehnte vor Vadsö, nämlich im Jahre 1789. Der Überlieferung nach wurde hier aber schon Anfang des 14. Jahrhunderts eine Kirche errichtet. Namenskundlich läßt sich Vardö, die östlichste Stadt des Landes, von dem norwegischen Wort *varde* (»Warte«, »Beobachtungspunkt«) ableiten, womit die einstige Festung Vardöhus gemeint ist, deren Ursprung ebenfalls auf das beginnende 14. Jahrhundert zurückgeführt wird. Die Fortifikation hatte primär die Aufgabe, Finnmark vor Verwüstungen im Zuge russischer und karelischer Übergriffe zu schützen. Vardö mit heute über 3000 Einwohnern gilt übrigens auch als die einzige Stadt Nordeuropas auf subarktisch-arktischem Dauer- bzw. Permafrostboden.

Im 19. Jahrhundert entwickelte sich Vardö wenigstens zeitweise zum größten Fischwirtschaftsplatz *(fiskevær)* des Landes, wobei vor allem die Handelsverbindungen mit der nordrussischen Küste, der Pomorhandel (s. S. 226), im Vordergrund standen. Während des Zweiten Weltkriegs war Vardö zahlreichen sowjetischen Luftangriffen ausgesetzt, bei denen zwei Drittel der Bausubstanz zerstört wurden. Die heutige Stadt mit ihrem Zentrum auf Östöya ist seit 1982/83 durch einen untermeerischen, knapp 3 km langen Tunnel mit Vestöya verbunden. Das Wirtschaftsleben wird geprägt von zahlreichen Fischverarbeitungsbetrieben (s. Abb. 46).

Als besondere Sehenswürdigkeit der Stadt muß die *Vardöhus-Festung* auf Vestöya herausgestellt werden (s. Abb. 44). Es handelt sich hierbei um ein Achteck mit vier Bastionen, einer Reihe von Kanonen, Mörsern etc. Zu dem Festungstrakt gehören weiterhin Magazine, eine Kaserne und die Kommandantenwohnung sowie das Denkmal König Haakons VII. Die Festungsanlage vermittelt dem heutigen Besucher praktisch die Situation von 1737. Am Rande sei noch bemerkt, daß auf dem Festungsgelände Norwegens wohl am besten behüteter Baum steht, nämlich eine Eberesche, der einzige Baum der Stadt. Er wird jeden Herbst eingepackt, um den kalten und langen Winter zu überstehen.

40 km nördlich Vardö endet in dem einstigen Fischerort **Hamningberg** die von Varangerbotn ausgehende Straße entlang der Südküste der Varanger-Halbinsel. Als Siedlungsplatz wird Hamningberg schon im 16. Jahrhundert erwähnt. Im Baustil der teilweise erhaltenen und unter Denkmalschutz stehenden Häuser der mittlerweile abgewanderten Fischerbevölkerung zeigen sich Einflüsse aus dem nordrussischen Raum. Zwei weitere relativ große Siedlungen, nämlich Berlevåg und Båtsfjord, liegen an der Nordspitze der Varanger-Halbinsel; sie sind über die vom Tanaelva ausgehenden Reichsstraßen 890 und 891 zu erreichen. Berlevåg trug früher einmal den Namen *Perlevåg*, was ursächlich mit den Perlenmuscheln in dem dortigen Storelva zusammenhängt.

Ebenso wie Berlevåg ist auch **Båtsfjord** aufs engste mit der Fischwirtschaft verbunden. Nach den Anlandungsmengen an Fisch gilt Båtsfjord heute als der größte Fischereiplatz Norwegens. Mehrere Verarbeitungsbetriebe, z. B. Gefrieranlagen, Fischölfabriken und Trockengerüste zur Stockfischherstellung, prägen das Hafenbild. Im Jahre 1930 wohnten in Båtsfjord lediglich 267 Menschen; 1977 war die Bevölkerungszahl auf 2800 angestiegen, um dann in den letzten Jahren wieder zurückzugehen. Båtsfjord ist einer der wenigen Orte Finnmarks, die den Zweiten Weltkrieg ohne größere Schäden überstanden haben. Allerdings stammt der größte Teil der Häuser erst aus der Nachkriegszeit.

Südlich des Varangerfjords erstreckt sich über nahezu 4000 km² die Gemeinde Sör-Varanger. Von den ca. 9500 Einwohnern dieser Gemeinde leben etwa 5000 in dem städtischen Zentrum Kirkenes, der Endstation der Hurtigroute, der Nordnorwegen-Buslinie und der Flugverbindung von Oslo aus. Entlang der E 6 von Varangerbotn zum 125 km entfernten Kirkenes liegen mehrere interessante Ausstiegspunkte, so vor allem Bodendenkmäler aus vorgeschichtlicher Zeit. Zahlreiche Wohnplätze und Grabhügel von der Komsa-Kultur bis zur Jungsteinzeit sind in **Karlebotn, Advik** und **Grasbakken** gefunden worden. An verschiedenen anderen Stellen sind Spuren der frühsamischen Kultur erhalten, so z. B. ein bei **Gandvik** gelegener samischer Opferstein aus vorchristlicher Zeit.

Auch naturräumliche Besonderheiten sind auf dem Wege von Varangerbotn nach Kirkenes zu beobachten. Bei **Bigganjarg** nordöstlich Karlebotn sind es die unter Landschaftsschutz stehenden Tillitgesteine, d. h. verfestigte Geschiebelehme bzw. Moränen aus erdgeschichtlich sehr alten Eiszeiten, die in diesem Falle ca. 500 Millionen Jahre zurückliegen (eokambrische Zeit). Bei **Ferdesmyra** nördlich Neiden liegt ein ca. 1100 ha großes Naturschutzgebiet mit sogenannten *Palsen*, d. h. Torfhügeln, wie sie typisch für Dauerfrostböden der Tundra sind. **Neiden** selbst ist bekannt als ein Zentrum der Skolt- oder Ost-Samen, die besonders im benachbarten nordrussischen Raum leben und mit der Missionierung im 16. Jahrhundert den griechisch-orthodoxen Glauben angenommen haben. Die *St. Georgskapelle* in **Neiden,** das älteste Bauwerk in Finnmark, ist ein schönes Beispiel für den Einfluß der griechisch-orthodoxen Kirche auch im östlichen Finnmark.

Kirkenes mit seinen rund 5000 Einwohnern ist zwar einer der größten Orte Finnmarks, er besitzt jedoch keine Stadtrechte im rechtlich-administrativen Sinn. Wirtschaftlich gesehen liegt die Hauptbedeutung von Kirkenes in seiner Funktion als Ausfuhrhafen für die von der Sydvaranger-Gesellschaft geförderten Eisenerze. Die Gruben selbst liegen bei Björnevatn (11 km südlich Kirkenes). Der Erzbergbau setzte hier bereits im Jahre 1906 ein. Bei den Vorkommen handelt es sich um Magnetite mit einem Fe-Gehalt von 33 bis 36%, die in Tagebauen gewonnen werden und dann per Bahn nach Kirkenes gelangen. Hier wird das Erz zu einem Konzentrat mit einem Fe-Gehalt von 65% angereichert. Auf diese Weise wurden in den letzten Jahren 2 bis 3 Mio. t Erz jährlich gewonnen, das größtenteils ins Ausland und besonders nach Deutschland exportiert wird. Wie andere Bergbaugebiete des Nordens hat in letzter Zeit auch die Gesellschaft *Sydvaranger* mit Schwierigkeiten zu kämpfen, und so soll bis 1992 die Belegschaft um nahezu 50% auf 570 Mitarbeiter verringert werden.

Noch um 1900 wohnten in Kirkenes nur sehr wenige Menschen, bis 1906 der Bergbau begann, so daß 1910 die Bevölkerungszahl schon bei über 1000 lag. Während des Zweiten Weltkriegs haben Kirkenes und die benachbarten Erzgruben großen Schaden erlitten. Von 450 Häusern wurden 420 zerstört, ein Teil der Bevölkerung wurde zwangsevakuiert. Nach mehrjährigem Wiederaufbau konnte dann die halbstaatliche Sydvaranger-Gesellschaft 1952 ihren Betrieb erneut aufnehmen. Der 15. August 1983 war für Kirkenes ein wichtiges Datum, denn an jenem Tag wurde die E 6 eröffnet, die vorher nur bis in das mittlere Troms reichte. Nun war ein Verkehrsweg der Europastraßen-Klasse bis zur Nordperipherie des Landes geschaffen.

Heute verdeutlichen Hinweisschilder dem Besucher die großen Entfernungen: Oslo 2502 km, Helsinki 1154 km und Rom 5102 km.

Von Kirkenes aus empfiehlt sich ein Abstecher nach Grense Jakobselv. Die Strecke beträgt 60 km und führt durch eine nahezu urwüchsige Landschaft. An einem Seitenweg der Reichsstraße 886 liegt die kleine Siedlung **Boris Gleb**, die ihren Namen nach den beiden Söhnen Boris und Gleb des russischen Großfürsten Wladimir I. (980–1015), eines Heiligen der griechisch-orthodoxen Kirche, erhalten hat. Der Ort am Westufer des Pasvikelva war lange Zeit ein Missions- und Wallfahrtszentrum der Skolt-Samen. In **Grense Jakobselv,** also an der Grenze zur Sowjetunion, steht ein anderer kleiner Kirchenbau, die *König-Oscar-II.-Kapelle,* welche 1869 errichtet wurde und an dieser Stelle die Souveränität Norwegens gegenüber dem russischen Zaren demonstrieren sollte (s. Abb. 61). Lange Zeit wohnten am Jacobselv nur wenige samische Familien, bis dann ab 1851 die norwegische Kolonisation begann.

Eine weitere lohnenswerte Fahrt von Kirkenes aus ist die zum 105 km entfernten **Nyrud** im Pasvikdal. Das Grenzgebiet zwischen Norwegen, Sowjetunion und Finnland ist weithin bekannt wegen seiner Flora und Fauna. Beispielsweise haben mehrere Pflanzenarten der asiatisch-nordrussischen Taiga hier ihre westliche Verbreitungsgrenze. Auch Braunbären kommen dort in freier Natur vor; 1987 wurden jedenfalls noch 25 Exemplare registriert. Die fast unberührte Naturlandschaft war auch der Hauptgrund dafür, daß in dem Grenzbereich südlich Nyrud im Jahre 1970 der 60 km² große *Övre Pasvik Nationalpark* geschaffen wurde.

Die Finnmarksvidda

Der Begriff *vidda* umschreibt eine relativ ebene und über weite Strecken hin überschaubare Landschaftsform. In den südlicheren Landesteilen ist diese Bezeichnung z. B. mit Plateaufjellgebieten wie der Hardangervidda und der Rörosvidda verbunden. Besonders zugeschnitten erscheint der Name *vidda* aber für den riesigen Bereich der inneren Finnmark. Eine genaue räumliche Abgrenzung der Finnmarksvidda ist praktisch nicht möglich. Manche möchten sie im administrativen Sinn begrenzen auf die beiden Gemeinden Kautokeino und Karasjok, die allein schon eine Fläche von knapp 15 200 km² einnehmen (mit einer Bevölkerung von lediglich 5500 Menschen). Andere Autoren verstehen unter Finnmarksvidda einen viel größeren Raum, der im Norden bis an die inneren Fjordenden von Kvænangen, Altafjord, Porsangen sowie Lakse- und Tanafjord reicht. Dieser Raum mit seinen leicht welligen Oberflächen zwischen 300 und 500 m NN macht fast ein Zehntel der gesamten Landesfläche Norwegens aus.

Noch in den 1960er Jahren gebrauchten um die 80% der in der Finnmarksvidda lebenden Bevölkerung Samisch als Hauptsprache, und etwa 90% aller Rentierherden der Provinz Finnmark entfielen auf diesen Distrikt. Auf damit verbundene Fragen zur Kulturgeschichte und zum Wirtschaftsleben der samischen Minorität allgemein ist schon im Einleitungskapitel (s. S. 227) zu Nordnorwegen ausführlicher eingegangen worden, so daß im folgenden darauf verzichtet werden kann.

Die Finnmarksvidda ist größtenteils von eiszeitlichen Ablagerungen bedeckt, die das alte Grundgebirge überlagern. Letzteres gehört dem Baltischen Schild an und besteht vor allem aus Gneisen, Quarziten, Glimmerschiefern und anderen Tiefengesteinen. Im Norden bilden – wie schon an anderer Stelle betont – Überschiebungsdecken der Kaledoniden eine Reihe von 600 bis 1000 m hohen Steilstufen und vorgelagerten Zeugenbergen, die *Gaisser* genannt werden. In die Gebirgskanten haben sich im Zuge der Landhebung in jüngerer geologischer Zeit die nach Norden hin entwässernden Flüsse tief eingegraben. Ein markantes Beispiel für diesen Prozeß ist der Altafluß mit seinen canyonförmigen Taleinschnitten. Ansonsten beherrschen weite, oft ebene Flächen mit scheinbar endlosen Mooren und Birkengehölzen das Landschaftsbild der Vidda.

Zu den klimatischen Verhältnissen läßt sich kurz folgendes sagen: In den Binnenräumen der Vidda herrscht ein kontinentales Klima mit relativ hohen Sommer- und tiefen Wintertemperaturen. So sind in Kautokeino und Karasjok in verschiedenen Jahren Julimaxima von über 30 °C plus und Extremwerte im Januar um die 50 °C minus gemessen worden. Weiterhin sind die

Samisches Sommerzelt am Kvænangen

Niederschlagsmengen mit durchschnittlich 300 bis 500 mm pro Jahr gering und nehmen binnenwärts in südöstlicher Richtung ab. Ein größerer Teil des Niederschlags fällt als Schnee, der von Oktober bis Mai eine feste Decke bildet. Die Schneemächtigkeiten wechseln von Jahr zu Jahr; sie sind abhängig von der Niederschlagsmenge, dem Temperaturverlauf, dem Wind und der Höhenlage.

In den schneearmen Gebieten ist nur eine sehr schüttere Vegetation ausgebildet. Hier herrschen über weite Strecken Flechtenheiden vor, die aber wichtige Winterweidegebiete für die Rentierherden sind. Ansonsten ist eine erstaunlich artenreiche Vegetation vorhanden, wobei manche Arten – so die Kiefer – früher ein größeres Verbreitungsgebiet hatten als heute. Verschiedene Florenvertreter in der Vidda, z. B. die mit der Dryasgesellschaft *(Dryas octopetala*, Silberwurz) verbundenen, wachsen an keiner anderen Stellen des Landes (s. Farbabb. 27).

Stellvertretend für andere Teile der inneren Finnmarksvidda sei hier die Vegetation des **Övre Anarjokka Nationalparks** kurz beschrieben. Von der 1390 km² betragenden Gesamtfläche sind ca. 600 km² Wald, davon allein 500 km² Birkengehölze in unterschiedlichster Ausprägung; der Rest entfällt auf Mischwald bzw. Kiefernbestände. Moore und anmoorige Gebiete bedecken rund 350 km², und etwa das gleiche Areal nehmen baumlose Heiden aus Zwergbirken, Ericaceen etc. ein. Das Vegetationsspektrum im Övre Anarjokka Nationalpark kann durchaus als repräsentativ für die südliche Finnmarksvidda gelten, wo der Mooranteil gegenüber der nördlichen und westlichen Vidda sehr hoch ist.

Was die Fauna betrifft, so kommen in der Finnmarksvidda zehn Raubtierarten vor, darunter die vier großen Species Bär, Wolf, Luchs und Vielfraß. Andere, mehr in der inneren Vidda lebende Wildtiere sind der Elch und in der jüngeren Zeit auch das Reh. Weiterhin sind noch 159 Vogelarten mit Sicherheit nachgewiesen, davon eine Reihe sehr seltener Arten. Ein für die menschliche Ernährung seit altersher bedeutender Hühnervogel ist das Schneehuhn. Schließlich sei noch der Fischreichtum hervorgehoben. Viele der besten Lachsflüsse Norwegens

»Gebirgsübergang auf Schneeschuhen«, Holzstich, 1555

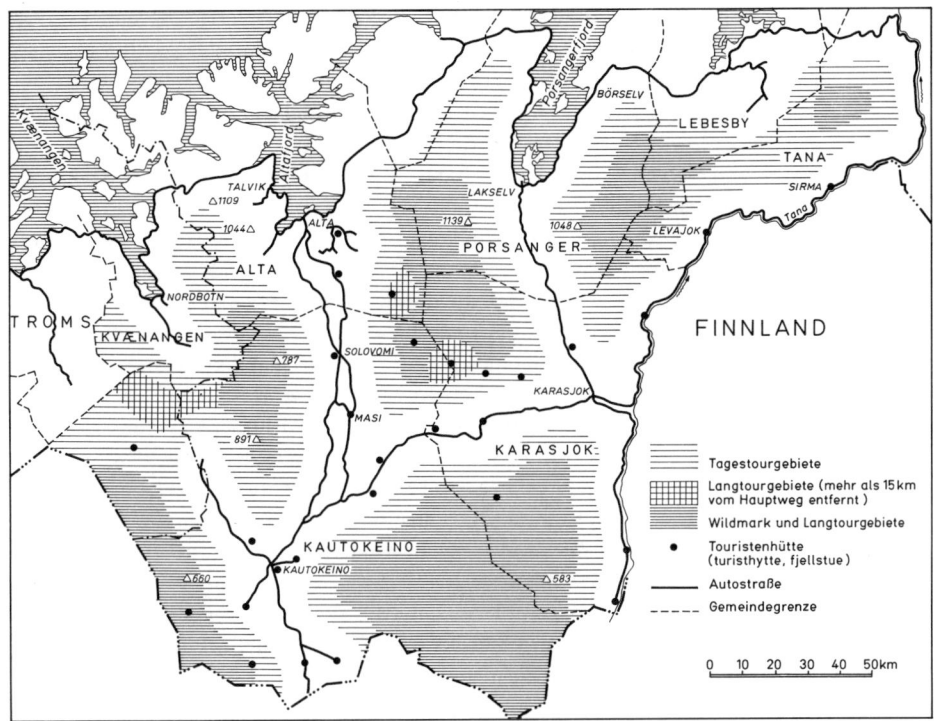

Tourmöglichkeiten in der Finnmarksvidda

Legend on map:

Tagestourgebiete

Langtourgebiete (mehr als 15 km vom Hauptweg entfernt)

Wildmark und Langtourgebiete

● Touristenhütte (turisthytte, fjellstue)

Autostraße

Gemeindegrenze

0 10 20 30 40 50 km

reichen tief in die Finnmarksvidda. Ein gutes Beispiel hierfür ist der Tanaelva, durch den der Lachs bis über 300 km stromaufwärts wandern kann.

Aufgrund der äußerst dünnen Besiedlung ist die Finnmarksvidda auch verkehrsmäßig nur gering erschlossen. Die wichtigsten Straßenverbindungen sind die Reichsstraße 93 (von Alta über Kautokeino bis zur Grenze nach Finnland, 172 km) und die E 6 von Lakselv über Karasjok und entlang des Tanaflusses in Richtung Varanger-Halbinsel. Der Weg von Alta nach Kautokeino führt über **Masi,** jene Siedlung, die im Zuge des an früherer Stelle behandelten Wasserkraftausbaus (s. S. 278) im Altaflußsystem beinahe zerstört worden wäre. Masi zählte im Jahre 1980 rund 300 Dauerbewohner und um die 140 samische Rentierhalter. Die Siedlung liegt in einem 10 km langen, relativ vegetationsreichen Talabschnitt, der beiderseits von den Viddafjell-hochflächen begrenzt wird. Eine Dauerbesiedlung ist hier seit 1874 zu verfolgen. Nach und nach wurden umfangreiche Rodungsarbeiten durchgeführt, um Wiesen und Weiden für die Milchviehhaltung zu gewinnen. In den letzten Jahrzehnten ist allerdings die Zahl der landwirtschaftlichen Betriebe bis auf wenige Hofstellen zurückgegangen.

Das bedeutend wichtigere Zentrum **Kautokeino** mit heute rund 1600 Einwohnern ist der Verwaltungssitz von Norwegens flächenmäßig größter Gemeinde mit 9687 km². Kautokeino bemüht sich seit Jahren darum, ein Mittelpunkt des gesamten samischen Kultur- und Wirtschaftslebens zu werden. Bedeutende Einrichtungen dieser Art sind schon vorhanden. So haben in dem *kulturhus* das Nordisch-Samische Institut *(Nordisk samisk institutt)* und der Samische Ausbildungsrat *(Samisk utdanningsråd)* ihren Sitz. Das *Kautokeino Heimatmuseum (Kautokeino bygdetun)* zeigt zudem manches an traditionellen samischen Lebens- und Wirtschaftsformen. Als Norwegens größte Rentierhaltungsgemeinde besitzt das Ortszentrum von Kautokeino auch eine moderne Rentierschlachterei, die 16 000 Tiere pro Jahr entgegennehmen kann. Rentierhaltung ist hier also noch heute der wichtigste Wirtschaftszweig. Man schätzt den Sommerbestand an Rentieren in dieser Gemeinde auf über 100 000 Stück. Die wichtigsten Weideflächen für jene Herden sind während der Sommermonate die küstennahen Gebiete zwischen der Porsanger-Halbinsel im Osten und dem Ullsfjord im Westen.

Von Kautokeino führt die Reichsstraße 92 in nordwestlicher Richtung zum gut 40 km entfernten **Bidjovagge**. Hier gab es bis zum Jahre 1975 einen Kupferbergbau. Damals wurden bis zu 15 000 t Kupferkonzentrat pro Jahr gewonnen. Heute betreibt eine finnische Gesellschaft den Grubenbetrieb in bescheidenem Maße weiter, wobei auch der Goldbergbau eine Rolle spielt.

Neben Kautokeino ist **Karasjok** mit rund 1400 Einwohnern das wichtigste Zentrum in der inneren Finnmarksvidda. Auch hier spielt die Rentierhaltung noch eine bedeutende Rolle. Karasjok gilt zugleich als die eigentliche ›Hauptstadt‹ der samischen Bevölkerung. Mehrere samische Schulen, darunter eine Volkshochschule, eine eigene Rundfunkstation sowie eine samische Zeitungsredaktion sind im Ortszentrum ansässig. Die *Karasjok-Bibliothek* besitzt mit 7000 Bänden über das samische Volkstum die größte ihrer Art auf der Welt. Das *Samische Museum (De samiske samlinger)* ist eine spezielle Einrichtung zur Erforschung und Erhaltung des samischen Brauchtums; das Gebäude beherbergt etwa 2000 Ausstellungsstücke. Ein benachbartes *Freilichtmuseum* präsentiert u. a. verschiedene samische Haus- und Hofformen sowie Wirtschaftseinrichtungen aus früherer Zeit. Original samische Kunsthandwerksprodukte kann man im *Karasjok Husflidsenter* oder in einer Silberschmiede erwerben.

Die alte *Kirche* von Karasjok aus dem Jahre 1807 (eine neue wurde 1974 eingeweiht) ist von den Zerstörungen im Zweiten Weltkrieg verschont geblieben. Vor der Kirche stehen zwei Mahnmale, eines für die Gefallenen und ein anderes, das evangelische Schwestern aus Darmstadt 1971 haben anbringen lassen. Auf letzterem stehen eindrucksvolle Worte zu dem, was während der Kriegszeit in Nordnorwegen angerichtet wurde, »mit der Bitte um Vergebung für alles, was geschah. In Liebe zum norwegischen Volk, die Evangelische Marienschwesterngemeinschaft, Darmstadt«.

Verzeichnis allgemeiner geographischer und geologischer Fachbegriffe

Anomalie (klimatische) Abweichung eines Klimaelementes (Temperatur, Niederschlag u. ä. m.) vom langjährigen Mittel oder vom Normalwert der betreffenden geographischen Breite

Ausgleichsküste Küstenform, deren ausgeglichener Verlauf aus dem Aufbau von langgestreckten Landzungen (Nehrungen) zwischen einzelnen Landvorsprüngen durch seitlichen Materialversatz resultiert (z. B.: Jærenküste südlich Stavanger)

boreal lat. *borealis* = dem Norden zugehörend

edaphisch bodenbedingt, vom Boden abhängig (griech. *édaphos* = Boden)

eruptiv Sammelbegriff für vulkanische Ausbruchtätigkeit (lat. *eruptio* = Ausbruch)

Fjord vom Gletscher übertieftes und durch Meeresspiegelanstieg ertrunkenes Tal

Gezeiten regelmäßige Schwankungen des Meeresspiegels in einem etwa 12,5stündigen Wechsel (Ebbe und Flut); der höchste Wasserstand wird Hochwasser, der tiefste Niedrigwasser genannt (Höhenunterschied zwischen beiden = Tidenhub). Die Gezeiten entstehen durch die Massenanziehung des Mondes und der Sonne auf die Erde; sie verschieben sich von Tag zu Tag entsprechend der Kulmination des Mondes um etwa 50 Minuten

Gneis das verbreitetste Gestein der Gruppe der kristallinen Schiefer; im wesentlichen bestehend aus Feldspat, Quarz und Glimmer

Granit häufigstes Tiefengestein, das sich hauptsächlich aus Feldspat, Plagioklas, Quarz und Glimmer zusammensetzt; körniges Gestein mit hohem Kieselsäuregehalt (lat. *granum* = Korn)

interglazial zwischeneiszeitlich mit deutlicher Erwärmung zwischen zwei Eiszeiten

Kaledoniden Bildung des Kaledonischen Gebirges (Kaledoniden) vor über 300 Mio. Jahren in SW-NO-Richtung von Irland über Wales, Südengland, Schottland, Westskandinavien mit einer Nordbiegung über Spitzbergen und Nordwestgrönland (lat. *Caledonia* = Schottland)

Kar schüsselförmige Vertiefung in einem einst vergletscherten Gebirgshang

Moräne Gesteinsmaterial (Sande, Kiese, etc.), das vom Gletscher transportiert und abgelagert wurde (franz. *moraine* = Geröll)

Phyllit grünlichgrauer, seidig glänzender kristalliner Schiefer; in Norwegen innerhalb der Kaledoniden verbreitet

Plateaugletscher eine Form der sogenannten Deckgletscher, die häufig in Nordeuropa vorkommen; von den Plateaurändern strömen in der Regel einzelne Gletscherzungen ab

Pleistozän Eiszeitalter, glaziale Epoche; Dauer in Nordeuropa von ca. 3 Mio. bis etwa 10 000 v. Chr.

subglazial unter dem Eis gebildet (lat. *sub* = unter, *glacies* = Eis)

Tertiär erdgeschichtliche Epoche, die von ca. 65 Mio. bis etwa 2–3 Mio. Jahre dauerte

Tiefengestein ein Gestein, das aus einer in der Tiefe erstarrten Schmelze hervorgegangen ist, z. B. Granit

Transgression Überfluten des Landes durch das Meer, Vorrücken des Meeres gegen das Land (lat. *transgressio* = Hinübergehen). Mit der Transgression beginnt in dem überfluteten Gebiet die Ablagerung mariner Sedimente

Trogtal ein Tal, das von einem Gletscher überformt wurde. Die Hänge sind unterschnitten, so daß das Trogtal einen breiten u-förmigen Querschnitt aufweist

Tundra in der Regel baumlose Vegetationsformation des polaren Klimas. Der tiefgefrorene Boden (Permafrost bzw. Dauerfrostboden) taut nur während der kurzen Sommerzeit oberflächlich auf. Man unterscheidet u. a. eine Flechten- von einer Moos- und Flachmoortundra

Verzeichnis norwegischer geographischer Begriffe

ås	kleiner Berg bzw. Hügel	odde	Landzunge, Landspitze
bakke, koll	Hügel	öy	Insel
bekk	Bach	pigg	Bergspitze
botn	Tal- und Fjordschluß	seter	Alm, Sennerei
bre	Gletscher	sjö	See, Meer, Binnensee
bruk	landwirtschaftlicher Betrieb, Bauernhof	skjær	Schäre, Klippe
		skog	Wald, Gehölz, Busch
by	Stadt	slette	Ebene
dal	Tal	strandflate	Küstenplattform an der norwegischen Westküste in einem Niveau um ca. 50 m NN
eid	Landenge		
elv	Fluß		
fjell	Berg, Gebirge	tettsted	stadtähnliche bzw. städtische Siedlung mit mindestens 200 Einwohnern
fonn	Gletscher		
foss	Wasserfall		
gard (gård)	Gehöftgruppe, Gehöft	tind	Berggipfel, Grat
halvöy	Halbinsel	tjern	kleiner See
hav	Meer	topp	Gipfel, Spitze
havn, hamn	Hafen	utmark	nicht kultivierte, extensiv genutzte Landwirtschaftsfläche
hede, mo	Heide		
innmark	vollkultivierte Landwirtschaftsfläche	vann, vatn	Wasser, See, Teich
		vidde	Weite, Fjellplateau
is	Eis, Gletscher	vik	Bucht
jökel	Gletscher	vær	Fischerplatz, Fischereiort
kilde	Quelle	(fiskevær)	
kratt	Gebüsch, Gesträuch		
li	Abhang, Berghalde	**Einige samische Begriffe**	
lyng	Heide	gaissa	Berggipfel, Bergspitze
mark	Feld, Flur, Gefilde, Land	javrre	See
myr	Moor	jokka	Fluß
nes	Landspitze	varre	Berg, Gebirge

Abbildungsnachweis

Farb- und Schwarzweißabbildungen

Fridmar Damm, Köln   Farbabb. 1
Fjellanger Wideröe AS, Oslo   Umschlagrückseite, Farbabb. 6, 18, 23, 24; Abb. 10, 19, 26, 27, 42, 50, 53
Ewald Gläßer, Frechen   Farbabb. 7–10, 19–22, 26–33; Abb. 1–7, 9, 13–17, 20, 22, 23, 25, 28–34, 36–39, 45, 51, 52, 54, 59, 60
Willi Kleinfeld, Ettlingen   Abb. 8, 21, 35
Hans Joachim Kürtz, Möltenort   Farbabb. 12
Wulf Ligges, Flaurling   Umschlagvorderseite, Farbabb. 11, 13, 16, 17, 25
Peter Rotter, Köln   Farbabb. 14
Toni Schneiders, Lindau   Umschlagklappe vorn, Farbabb. 2, 3, 4, 5
Jo Scholten, Nettetal   Abb. 48
Klas Winter, Meschede   Farbabb. 15; Abb. 11, 12, 18, 24, 40, 41, 43, 44, 46, 47, 49, 55–58, 61

Abbildungen im Text

Archiv für Kunst und Geschichte, Berlin   Abb. S. 31, 89, 98, 229, 281, 290, 330
Fjellanger Wideröe AS, Oslo   Abb. S. 219

Ewald Gläßer, Frechen   Abb. S. 13, 38, 57, 62, 82, 87, 100, 107, 157, 168, 170, 220, 250, 285, 289
Willi Kleinfeld, Ettlingen   Abb. S. 255
Wulf Ligges, Flaurling   Abb. S. 162
Okapia Bildarchiv, Frankfurt   Abb. S. 104
Toni Schneiders, Lindau   Abb. S. 162
Ullstein Bilderdienst, Berlin   Abb. S. 228, 280
Klas Winter, Meschede   Abb. S. 225

Karten und Zeichnungen

Erwin Butschan, Frechen   S. 11, 24, 30, 32, 42, 110, 114, 127, 154, 160, 178, 203, 205, 222, 230, 231, 273, 291, 319
Peter Cuber, Köln   S. 121
Dietmar Hermsdörfer, Köln   S. 14/15, 16, 17, 19, 22, 41, 47, 49, 54, 61, 63, 83, 90, 91, 93, 95, 96, 106, 109, 113, 122, 123, 159, 176, 181, 209, 211, 214, 216, 223, 263, 269
Peter Rotter, Köln   S. 116, 118
DuMont Buchverlag, Köln   S. 34, 56, 58/59, 84/85, 115, 120, 155, 165, 182, 183, 253, 257, 258, 261, 271, 276, 277, 328/329

Praktische Reisehinweise

Praktische Reisehinweise

Unter Mitarbeit von Frau M. Weps

Vor Reiseantritt

Informationsstellen

Auskünfte erteilt das Norwegische Fremdenverkehrsamt, über das auch Karten, Camping-
und Hotelführer, Fahrpläne oder Jugendher-
bergslisten, teilweise kostenlos, bezogen werden können.
Norwegisches Fremdenverkehrsamt
Mundsburger Damm 27
2000 Hamburg 76
Postfach 76 08 20
℘ 0 40/22 71 08–10
Fax: 0 40/22 71 08–15

Weitere Informationen bekommen Mitglieder
der Deutsch-Norwegischen Freundschaftsge-
sellschaft (DNF). Diese gibt sechsmal jährlich
ein *Norwegen-Magazin* heraus, bietet Semi-
nare sowie Veranstaltungen an und verbreitet
aktuelle Informationen bezüglich kultureller,
gesellschaftlicher und touristischer Belange:
DNF
Rosastr. 4–6
4300 Essen 1
℘ 02 01/78 97 98

Auf Norwegen spezialisierte Reiseveranstalter können ebenfalls mit sachdienlichen Hinweisen behilflich sein. Folgende seien hier
genannt:

Skandinavisches Reisebüro GmbH
Kurfürstendamm 206
1000 Berlin 15
℘ 0 30/8 81 21 24 und 8 83 20 66

Fast-Reisen
Alstertor 21
2000 Hamburg 1
℘ 0 40/30 90 30

Norwegische Schiffahrts-Agentur GmbH
Kleine Johannisstr. 10
2000 Hamburg 11
℘ 0 40/37 69 30

Reisebüro Norden
Ost-West-Str. 70
2000 Hamburg 11
℘ 0 40/36 32 11

Reisebüro Norwegen
Am alten Markt 12
2351 Bornhöved
℘ 0 43 23/76 54

Wolters Reisen
Postfach 10 01 47
2800 Bremen 1
℘ 04 21/89 99–1

Reisebüro Norden
Immermannstraße 54
4000 Düsseldorf 1
℘ 02 11/36 09 66

FJORDTRA Handelsgesellschaft mbH
Rosastr. 4–6
4300 Essen 1
☎ 02 01/79 14 43

sowie:
Ku-Damm-Eck 227/228
1000 Berlin 15

sowie:
Vilbelerstr. 29
6000 Frankfurt a. M.

Polarkreis Reisebüro
Wallstr. 10
4220 Dinslaken
☎ 0 21 34/5 53 96

Nordland-Aktiv-Reisen
Königsallee 10
4630 Bochum 1
☎ 02 34/33 62 62

Wikinger-Reisen GmbH
Büddinghardt 9
5800 Hagen 7
☎ 0 23 31/40 88 83

Skandinavisches Reisebüro
Friedensstr. 1
6000 Frankfurt
☎ 0 69/23 07 38

Hemming-Reisen
Bieberer Str. 60
6050 Offenbach
☎ 0 69/81 11 18

Skandinavisches Reisebüro
Calwerstr. 17
7000 Stuttgart
☎ 07 11/22 30 61

Reisebüro Heideker
Münsterplatz 38
7900 Ulm
☎ 07 31/6 80 66

ADAC-Reise-GmbH
Am Westpark 8
8000 München 70
☎ 0 89/76 76–0

Polar-Reisen GmbH
Postfach 100
8345 Birnbach
☎ 0 85 63/5 21

Karten

Diverses Kartenmaterial kann man über den NORDIS Buch- und Landkartenhandel (Böttgerstr. 9, Postfach 343, 4019 Monheim, ☎ 0 21 73–5 66 65, NORDIS-Katalog, Bücher und Landkarten) erhalten oder auch über den Buchhandel beziehen.

Norwegenkarte in fünf Blättern
Kümmerly & Frey. Lizenzausgabe der Cappelen-Autokarte;
Blätter 1–3 im Maßstab 1:325 000
Blätter 4 und 5 im Maßstab 1:400 000
Blatt 1: Norwegen, südlich Oslo–Bergen
Blatt 2: Fjordland, zentrales Gebirge, Ost-norwegen
Blatt 3: Möre og Romsdal, Tröndelag
Blatt 4: Nordland, West-Troms und Lofoten
Blatt 5: Troms und Finnmark

Norwegen-Karte in sieben Blättern
RV Verlag. Terrac Originalausgabe. Straßen-karten im Maßstab 1:300 000 und 1:400 000

Blatt 1: Oslo-Gebiet, Süd-Ostnorwegen
Blatt 2: westl. Sörland, südl. Westnorwegen
Blatt 3: Ost-Norwegen, Süd-Tröndelag
Blatt 4: Westnorwegen, Süd-Tröndelag
Blatt 5: Nord-Tröndelag, südl. Nordland
Blatt 6: Nordland, Troms
Blatt 7: Finnmark

Norwegen Autoreisekarte des Norwegischen Fremdenverkehrsamtes. Maßstab 1:1 200 000

Topographische Karten im Maßstab 1:50 000 Der überwiegende Teil liegt im Vierfarbendruck vor und ist in den größeren Buchhandlungen vor Ort zu kaufen.
Wanderkarten z. B. für die Hardangervidda, Jotunheimen, Dovrefjell etc. auf der Grundlage der topographischen Karten können ebenfalls vor Ort gekauft werden.

Busunternehmer erhalten Karten mit zulässigen Achslasten, Fahrzeuglängen, mit Tunnels und Unterführungen kostenlos beim Norwegischen Fremdenverkehrsamt. PKW-Fahrer können dort eine Karte über die **Winterbefahrbarkeit** der Straßen anfordern.

Für **Wohnwagenfahrer** empfiehlt sich ein Prospekt mit einer Sonderstraßenkarte über schwer- und zeitlich nichtbefahrbare Straßen (erhältlich ebenfalls beim Norwegischen Fremdenverkehrsamt).

Einreise- und Zollbestimmungen

Zur Einreise ist ein gültiger Personalausweis ausreichend.
   Haustiere können nur nach Genehmigung durch das norwegische Landwirtschaftsmini-

sterium mitgenommen werden. Dazu ist eine Mindestquarantäne von vier Monaten in Norwegen obligatorisch (Kosten ca. 7500–12 000 NOK). Illegal eingeführte Tiere werden eingeschläfert oder müssen Norwegen sofort verlassen. Der Besitzer muß mit hohen Geldstrafen rechnen. Die Bestimmungen sind deshalb so streng, weil es in Norwegen keine Tollwut gibt und das Einschleppen dieser Seuche verhindert werden soll.
   Nicht eingeführt werden dürfen: Frischfleisch, Eier, Kartoffeln, Pflanzen, Giftstoffe, Sprengstoffe, Ausrüstungen für den Krebsfang und Angelnetze.
   Medikamente sind nur für den Eigenbedarf zugelassen, ebenso können Waffen und Munition ausschließlich für die Jagd eingeführt werden.
   Personen ab 20 Jahren dürfen **Alkohol** begrenzt zollfrei einführen, und zwar: 1 l Spirituosen + 1 l Wein + 2 l Bier oder 2 l Wein + 2 l Spirituosen.
   Zusätzlich können gegen Verzollung 4 l Wein bzw. Spirituosen und 10 l Bier mitgenommen werden.
   An **Zigaretten** dürfen ab dem 16. Lebensjahr 200 Stück bzw. 50 Zigarren oder 250 g Tabak zollfrei nach Norwegen importiert werden.

Diplomatische Vertretungen und Botschaften

Bundesrepublik Deutschland

Botschaft der Bundesrepublik Deutschland
Oscarsgate 45
0258 Oslo 2
☎ 55 20 10/11/12

Konsulate der Bundesrepublik Deutschland:

6000 Ålesund
Tollbugate 6
✆ 071/2 40 78

5024 Bergen-Nordnes
Sundtsgate 60
✆ 05/32 38 43

8000 Bodö
Sjögate 19
✆ 0 81/2 00 31

3000 Drammen
Tollbugate 105
✆ 03/81 97 80

5500 Haugesund
Salhusveien 216
✆ 0 47/2 35 88

9900 Kirkenes
Dr. Wessels gate 8
✆ 0 85/9 16 44/45

4632 Kristiansand
Aegirsvei 3
✆ 0 42/9 23 40

6500 Kristiansund
Strandgate 78
✆ 073/7 11 11

8500 Narvik
Fagernesveien 6
✆ 0 82/4 56 30

3200 Sandefjord
Soebergtorget 4
✆ 0 34/6 23 90

3700 Skien
Hagebyveien 26
✆ 0 35/9 54 66

4000 Stavanger
Kongsgate 10
✆ 04/52 25 94

9000 Tromsö
Stakkevollveien 65
✆ 0 83/8 75 75

7041 Trondheim
Leksvikengate 3
✆ 07/52 11 20

Österreich

Botschaft der Republik Österreich
0264 Oslo 2
Sophus Liesgate 2
✆ 56 33 84

Österreichisches Generalkonsulat
0381 Oslo 3
Ullern Allé 10
✆ 02/52 33 01

Konsulat der Republik Österreich
5000 Bergen
Kong Oscarsgate 56
✆ 05/32 51 15

Schweiz

Botschaft der Schweiz
0268 Oslo 2
Bygdöy Allé 78
✆ 02/43 05 90

Konsulat der Schweiz
5020 Bergen
Lars Hillesgate 20
✆ 05/32 51 15

**Norwegische Vertretungen
in der Bundesrepublik Deutschland**

Kgl. Norwegische Botschaft
Mittelstr. 43
5300 Bonn 2
✆ 02 28/81 99 70

Kgl. Norwegisches Generalkonsulat
Karl-Arnold-Platz 3
4000 Düsseldorf 30
✆ 02 11/4 57 94 49

Norwegische Vertretung in Österreich

Kgl. Norwegische Botschaft
Bayerngasse 3
1037 Wien
✆ 02 22/75 66 92

Norwegische Vertretungen in der Schweiz

Kgl. Norwegische Botschaft
Dufourstr. 29
3005 Bern
✆ 0 31/44 16 49

Norwegisches Generalkonsulat
Utoquai 49
8000 Zürich
✆ 01/2 51 69 39

Anreise

Autofähren

Vogelfluglinie **Puttgarden – Rödby/Lolland** (50 Minuten) und weiter **Helsingör/Seeland – Helsingborg/Schweden** (ca. 20 Minuten)
Kiel – Korsör/Seeland (8 Stunden) und **Helsingör/Seeland – Helsingborg/Schweden** (30 Minuten)
Kiel – Göteborg (Schweden) (14 Stunden; Stena Line, Schwedenkai, 2300 Kiel 1, ✆ 04 31/9 09–0)
Kiel – Oslo (19 Stunden; Color Line (bisher Jahre Line/Norway Line), Oslo-Kai, 2300 Kiel 1, ✆ 04 31/9 12 81)

Grenå (Dänemark) – Varberg (Schweden) (Dauer ca. 4 Stunden; Lion–Ferry AB, Varberg)
Kopenhagen – Oslo (ca. 16 Stunden; Scandinavian Seaways, Jessenstr. 4, 2000 Hamburg 50, ✆ 0 40/3 89 03–71)
Frederikshavn (Dänemark) – Larvik (ca. 6 Stunden; Larvik Line, Reisebüro Norden, Ost-West-Str. 70, 2000 Hamburg 11, ✆ 0 40/36 00 15 78)
Frederikshavn – Oslo (ca. 9 Stunden; Stena Line, Schwedenkai, 2300 Kiel 1, ✆ 04 31/9 09–0)
Frederikshavn – Moss (ca. 7 Stunden; Stena Line)

Hirtshals – Oslo (ca. 8½ Stunden; Fred. Olsen Lines, Norwegische Schiffahrtsagentur, Kleine Johannisstr. 10, 2000 Hamburg 11, ☎ 0 40/37 69 30)

Hirtshals – Kristiansand (ca. 4 Stunden; viermal täglich in der Hochsaison; Fred. Olsen Lines)

Hirtshals – Stavanger – Bergen (ca. 11 bzw. 17½ Stunden; in der Nachsaison dreimal wöchentlich; Fred. Olsen Lines)

Nachtfahrten dauern im allgemeinen länger und bieten dadurch eine Zeitspanne zum Schlafen.

Anreise mit der Bahn

Die zwischen der Bundesrepublik Deutschland und der norwegischen Hauptstadt Oslo bestehende Bahnverbindung wird von zwei Fährlinien unterbrochen, nämlich der Vogelfluglinie (Puttgarden–Rödbyhavn, ca. 1 Stunde Überfahrt) und der Fähre über den Öresund (Helsingör – Helsingborg; ca. 20 Minuten Überfahrt). Vom schwedischen Helsingborg verläuft die internationale Zugverbindung weiter über Göteborg nach Oslo. Für die Strecke von Hamburg nach Oslo benötigt man auf diesem Wege etwa 16 Stunden.

… mit dem Bus

Eine relativ preiswerte Reisemöglichkeit nach Norwegen bietet der Busverkehr. Über genaue Fahrpreise und Abfahrtszeiten informiert u. a.:

GDG Continentbus
Postfach 19 04 69
5000 Köln 1
☎ 02 21/16 02 60

… mit dem Flugzeug

Zwischen der Bundesrepublik Deutschland und Oslo existieren mehrere direkte Flugverbindungen, die sowohl von der SAS wie von der Deutschen Lufthansa bedient werden, und zwar von den Flughäfen Frankfurt, Düsseldorf, Hamburg, Stuttgart und München. Von Kopenhagen fliegen Maschinen auch direkt nach Kristiansand, Stavanger und Bergen. (Zum innernorwegischen Flugverkehr s. S. 311.)

Kurzinformationen von A–Z

Alkohol

Alkoholische Getränke sind in Norwegen wesentlich teurer und schwieriger zu bekommen als in Deutschland. Für Biertrinker bieten sich Leichtbiere *(lettöl)* mit weniger Alkoholprozenten an. Diese sind in Supermärkten zu finden. »Normalbiere« sind separat sortiert und nur innerhalb festgelegter Zeiten zu erstehen.

Hochprozentige Alkoholika werden ausschließlich in größeren Orten in staatlichen

Alkoholläden *(Vinmonopolet)* angeboten. Die normalen Öffnungszeiten sind von 10.00–17.00 Uhr, samstags von 9.00 bis 13.00 Uhr. Allerdings sind die Preise für unsere Verhältnisse sehr hoch.

Restaurants schenken normalerweise Bier und Wein aus (ein halber Liter Bier kostet nahezu 10 DM), größere Hotels dürfen an Werktagen zudem Spirituosen anbieten.

Angeln

An den **Küsten** darf jeder ohne Angelschein und staatliche Angellizenz im Meer angeln. Im **Süßwasserbereich** sollte jeder Angler eine staatliche Angellizenz besitzen, die an jedem Postamt erworben werden kann und ca. 100 NOK kostet. Die Angelausrüstung sollte innerhalb Norwegens desinfiziert und durch einen Desinfektionsbescheid bestätigt werden. Zusätzlich gilt es, für ein bestimmtes Gebiet eine Angelkarte *(Fiskekort)* zu erwerben, die zeitlich begrenzt ist und je nach Fischarten, -qualität und Gültigkeitsdauer unterschiedlich teuer ist. Genauere Auskünfte erteilen auch Hotels und Hüttenvermieter sowie das Fremdenverkehrsamt.

Die **Lachssaison** Norwegens beginnt am 1. Juni und endet normalerweise am 15. September. Die besten Lachsflüsse sind nördlich des Fjordlandes und im Fjordland selber zu finden.

Ärztliche Versorgung

Es ist ratsam, notwendige Medikamente in ausreichender Form mitzubringen. Die norwegischen Arzneimittelgesetze gehören zu den strengsten der Welt, deswegen sind die meisten Arzneimittel nur über Rezept erhältlich.

Deutsche Krankenscheine werden nicht anerkannt, die medizinische Versorgung muß darum direkt bezahlt werden. Eine zusätzliche Reisekrankenversicherung wäre aus diesem Grunde angebracht. Viele Hotels und Übernachtungsbetriebe stehen mit Ärzten in Verbindung; ansonsten findet man die Telefonnummer auf der zweiten Seite des Telefonbuches unter *legevakt*, Zahnärzte unter *tannleger*. Krankenbesuche werden nur in Ausnahmefällen geleistet. Des weiteren kann man sich an die örtlichen Krankenhäuser *(sykehus* oder *sjukehus)* und die Krankenstation *(helsestasjon)* wenden.

Autofahren

In Norwegen muß auch tagsüber beim Autofahren das **Abblendlicht** eingeschaltet sein. Wie in Deutschland gilt Anschnallpflicht auf allen Sitzen.

Die **Alkohol-Höchstgrenze** liegt bei 0,5 Promille. Bei einem höheren Pegel drohen Gefängnis und Führerscheinentzug.

Übertretungen der **Geschwindigkeitsbegrenzungen** werden in Norwegen besonders hart geahndet. Aufgrund der frei weidenden Tiere, die sich gerne auf dem erwärmten Asphalt aufhalten, muß hier besondere Umsicht walten. Innerhalb geschlossener Ortschaften sind höchstens 50 km/h, manchmal auch nur 40 km/h, außerhalb 80 km/h erlaubt. Nur auf wenigen, autobahnähnlich ausgebauten Straßen dürfen 90 km/h gefahren werden. Für Busse gilt allgemein eine Begrenzung von 80 km/h.

In den letzten Jahren ist das norwegische Straßennetz stark ausgebaut und verbessert worden. Zur Finanzierung der teilweise recht kapitalintensiven Projekte (wie Tunnel- und Brückenbau) wird an einigen Stellen **Wegegeld** verlangt. In den Stadtzentren von Bergen und Oslo sowie in Kürze auch von Trondheim hat der Autofahrer eine Mautgebühr zu bezahlen (ca. 10 NOK). Darüber hinaus sind einige Privatstraßen vor allem in den peripheren Tal- und Fjellgebieten wegegeldpflichtig, da sie durch jene Abgaben instand gehalten werden. Der Betrag wird eigenständig in einen dafür vorgesehenen Kasten eingeworfen, die Quittung stellt sich der Benutzer selbst aus.

Bei **Pannen** und ähnlichen Problemen helfen in Norwegen drei Automobilclubs (kostenlos, wenn eine Mitgliedschaft in einem Automobilclub, z. B. ADAC, besteht):
Norges Automobil-Forbund (NAF)
Storgt. 2
0105 Oslo 1
✆ 02/42 94 00

Kongelig Norsk Automobilklubb (KNA)
Drammensveien 20 c
0255 Oslo 2
✆ 02/56 19 00

Motorförernes Avholdsforbund (MA)
St. Olavsgt. 26
0166 Oslo 1
✆ 02/11 22 55

Im **Winter** ist eine spezielle Ausrüstung dringend erforderlich. Spikes-Reifen sind im Gegensatz zu deutschen Straßen in Norwegen erlaubt. Trotzdem ist es in jedem Fall ratsam, Schneeketten und Klappspaten mitzunehmen. Schneeketten können auch über den ADAC oder bestimmte Reisebüros ausgeliehen werden.

Autovermietung

In allen größeren Städten und auf Flughäfen kann man Autos mieten. Bekannte Firmen sind: Avis, Budget, Europcar, Hertz und Interrent. Das Mindestalter für das Automieten beträgt 21 Jahre, ein gültiger Führerschein (norw. *kjørekort* oder *sertificat*) muß vorgelegt werden.

Baden

Der Wasserreichtum Norwegens lädt zum Baden geradezu ein. Im Süden bieten lange Küstenabschnitte und eine Vielzahl von Binnenseen bei relativ hohen Temperaturen gute Voraussetzungen für Badeferien auch mit Kindern. Fjorde und nördlich gelegene Seen erscheinen aufgrund niedriger Wassertemperaturen nur attraktiv für abgehärtete Naturen.

Banken

Das Bankennetz ist relativ eng, nur ist zu bedenken, daß in kleineren Ortschaften die Öffnungszeiten gerade in der Sommerzeit recht kurz sein können. Normalerweise sind Banken zwischen 8.15 und 15.00 Uhr geöffnet, am Donnerstag bis 17.00 Uhr.

Bergwandern

Der DNT *(Den Norske Turistforening)* unterhält im Fjell 286 Hütten und Herbergen dreier Kategorien: Bewirtschaftete Herbergen mit Vollpension, Hütten mit Selbstbedienung, Bettzeug, Kochgeschirr und Proviant sowie nicht-bewirtschaftete Hütten ohne Verkauf von Proviant. Normalerweise sind die Hütten vom 15. Februar bis zum 1. Oktober geöffnet. Falls man in einer nichtbewirtschafteten Hütte übernachten möchte, muß mindestens ein Teilnehmer der Gruppe Mitglied im DNT sein, da nur Mitglieder einen Generalschlüssel zu den Hütten erhalten. Die Mitgliedschaft kostete 1989 185 NOK für Erwachsene und 60 NOK für Familienmitglieder. Sämtliche Dienstleistungen in den Hütten sind für Inhaber eines DNT-Ausweises ermäßigt.

Weitere Informationen erhält man über:
Den Norske Turistforening
Stortingsgt. 28
Postboks 1963 Vika
0125 Oslo 1
✆ 02/41 80 20

Vor Antritt einer Wanderung sind einige Dinge zu beachten: Im Fjell muß mit spontanem Wetterumschwung gerechnet werden. Deswegen empfiehlt es sich, auch bei Sonnenschein Regensachen und warme Kleidung mitzuführen. Das fließende Wasser hat im Fjell nahezu überall Trinkqualität.

Ungeübte Wanderer sollten unbedingt bedenken, daß Norwegens Bergwelt nicht mit den deutschen Mittelgebirgen zu vergleichen ist. Die Wege und Stege sind nicht ausgebaut oder aufbereitet, sondern lediglich durch rote Markierungen (T) kenntlich gemacht. Turnschuhe reichen in der Regel nicht aus, man sollte Wanderschuhe oder Stiefel tragen, da hin und wieder Bäche oder Flachmoore durchquert werden müssen.

Wanderkarten mit Angabe der benötigten Wegezeit (ohne Pausen) werden am besten vor Ort erstanden. Bei schlechtem Wetter oder mit ungeübten Wanderern kann sich die angegebene Zeitspanne beträchtlich verlängern.

Wichtig ist immer, daß weite Fjellwanderungen nicht alleine unternommen werden und die Kondition richtig eingeschätzt wird. Es ist angebracht, am Ausgangsort eine Tourenmitteilung zu hinterlassen (s. a. S. 311).

Busse

Busse fahren in Norwegen in längeren Takten, als man das hierzulande gewohnt ist. Die zu überwindenden Distanzen sind aber auch bei weitem größer. Fast alle wichtigen Straßen werden von Überlandbussen bedient. Kinder unter vier Jahren fahren kostenlos, unter 14 Jahren für 50%. Hier einige Beispiele für die ungefähre Reisedauer per Bus:

Bergen – Trondheim	15½ Std.
Bergen – Kvanndal	3 Std.
Honningsvåg – Nordkap	1 Std.
Kristiansand – Voss	9½ Std.
Kristiansand – Hovden (Setesdal)	5½ Std.
Oslo – Göteborg	5½ Std.
Oslo – Bergen	10 Std.
Otta – Grotli – Geiranger	4 Std.
Otta – Lom – Sogndal	5½ Std.
Stavanger – Kristiansand	4 Std. 40 Min.

Das Norwegische Fremdenverkehrsamt hat zur weiteren Information eine Broschüre, »Verkehrsverbindungen für Touristen«, herausgebracht.

Camping

In Norwegen gibt es ca. 1400 Campingplätze der unterschiedlichsten Kategorien. Die Klassifizierung ist leider nicht eindeutig, da sie sich an dem Vorhandensein von Service-Einrichtungen und nicht an deren Zustand orientiert.

Über das Norwegische Fremdenverkehrsamt kann man kostenlos ein Campingverzeichnis beziehen. Die vielfältige Symbolik bezüglich der Angebotsleistungen erscheint aber eher verwirrend als aufklärend.

Falls das Wetter allzulange feucht sein sollte, können auf vielen Campingplätzen auch im Sommer spontan Hütten angemietet werden. Für Camper, die die Einsamkeit lieben oder es nicht mehr bis zum nächsten Campingplatz schaffen, bietet das norwegische »Jedermannsrecht« eine Alternative. Bei verantwortlichem Verhalten gegenüber Landschaft, Umwelt und Nachbarn ist es erlaubt, ›wild‹ auf Privat- wie auf Staatsland zu zelten. Dabei ist es selbstverständlich, das Zelt nicht zu nah an Gebäuden aufzustellen und bei einem längeren Aufenthalt den Besitzer des Landes um Genehmigung nachzufragen.

Für **Wohnwagenfahrer** gilt diese Regelung nicht; sie dürfen ihre Wohnwagen nur auf offiziellen Campingplätzen postieren.

Des weiteren sollte man beachten, daß manche Straßen für Wohnwagen nicht zugelassen oder nur für sehr geübte Fahrer empfehlenswert sind (s. S. 299, »Karten«).

Wichtig: Zwischen dem 15. April und dem 15. September ist es vielerorts verboten, Feuer im Freien zu entfachen.

Einkäufe und Souvenirs

Man kann sich in Norwegen nicht auf einheitliche Ladenschlußzeiten einstellen. Normalerweise halten sich die Geschäfte in größeren Orten aber an folgende Öffnungszeiten:

Montag–Mittwoch	9–16 bzw. 17 Uhr
Donnerstag–Freitag	9–19 bzw. 20 Uhr
Samstag	9–13 bzw. 15 Uhr

Weitere Einkaufsmöglichkeiten gibt es an den sogenannten *Narvesen*-Kiosken, die auch sonntags und abends bis 22 Uhr geöffnet haben. Geschäfte, die durch eine TAX-FREE-Plakette gekennzeichnet sind, stellen bei Käufen ab 300 NOK sogenannte TAX-FREE-Schecks aus. Das heißt, wenn die erworbenen Waren noch nicht in Gebrauch sind (sie werden zu diesem Zweck speziell versiegelt) und sie innerhalb von vier Wochen nach dem Erwerb außer Landes gebracht werden, wird bei der Ausreise die bezahlte Mehrwertsteuer (ca. 16%), vermindert um eine Bearbeitungsgebühr, erstattet. Voraussetzung dafür ist die Vorlage eines Ausweises. Die Mehrwertsteuer wird in jedem Fall in norwegischen Kronen und nicht in DM ausgezahlt.

In den meisten größeren Orten gibt es spezielle Geschäfte für Kunstgewerbe (norw. *husflid*) oder auch Töpfereien, Silberschmieden und ähnliche Werkstätten. Beliebte Mitbringsel aus Norwegen sind Stricksachen (»Norwegen-Muster«), aber auch Silberschmuck, Zinnwaren, handbemalte Holzgegenstände in der traditionellen Form der *rosemaleri* und schließlich Trolle in unterschiedlichsten Ausführungen.

Eisenbahn

Das sich von Oslo strahlenförmig ausbreitende Schienennetz wird von Norwegens Staatsbahnen (Norges Statsbaner; NSB) betrieben. Die wichtigsten Strecken sind:
Oslo – Kristiansand – Stavanger (Sörlandbahn),
Oslo – Bergen (Bergenbahn),
Oslo – Dombås – Trondheim (Dovrebahn),
Oslo – Röros – Trondheim (Rörosbahn),
Trondheim – Bodö (Nordlandbahn).

Zwei Abzweigungen verlaufen von der Dovrebahn, nämlich die sogenannte Raumastrecke nach Åndalsnes und die Valdresbahn nach Fagernes.

Zweifellos besitzen die Fernzüge der NSB einen hohen Standard. Neben den Normaltarifen gibt es eine Reihe von Ermäßigungen, so z. B. die Nordtourist-Karte (gültig auch in den benachbarten nordischen Staaten; drei Wochen für 377,– DM, 2. Klasse, Stand 1989) sowie bestimmte Gruppen- und Seniorenermäßigungen.

Entfernungen

Distanzen in Norwegen sind nicht mit denen Deutschlands, Österreichs oder der Schweiz zu vergleichen. Während unser enges Autobahnnetz ohne Geschwindigkeitsbegrenzung eine recht schnelle Distanzüberwindung ermöglicht, sorgen in Norwegen die zum Teil engen und kurvenreichen Straßen, Geschwindigkeitsbegrenzungen und Unterbrechungen durch Fährfahrten über Meerengen, Fjorde und Binnenseen für verminderte Durchschnitts-Reisegeschwindigkeiten. Man sollte sich also in Norwegen nie viel mehr als 300 km Tagesetappe vornehmen.

Essen und Trinken

Man kann nicht gerade behaupten, daß die norwegische Küche eine solche Vielzahl an kulinarischen Genüssen bietet wie die in vielen Teilen Kontinentaleuropas. Dennoch gibt es eine Reihe norwegischer Spezialitäten, die man in Restaurants und Hotels serviert bekommt. Dazu gehören in erster Linie verschiedenste Fischgerichte, aber auch Wild-

arten wie Schneehuhn oder Rentierbraten. Andere und preiswertere Spezialitäten des Landes sind z. B. *römmegröt* (eine Art Grütze aus saurer Sahne), Lammkoteletts oder die *lefse*, pfannkuchenförmige, süße Fladen aus Kartoffeln und Mehl, die zusammen mit Butter als Dessert oder Beilage gereicht werden.

Die häufigste Gastronomieart in Norwegen sind wohl die *Kafeterias*, zumindest teilweise auf Selbstbedienung ausgerichtete Restaurants, die warmes und kaltes Essen relativ preiswert anbieten. In Hotels und Pensionen wird morgens, meist zwischen 8 und 10 Uhr, ein reichhaltiges Frühstücksbüfett aufgebaut, das aus verschiedenen Brotsorten, Fischzubereitungen, Wurst, Käse, Marmelade usw. besteht. Neben Kaffee und Tee stehen auch mehrere Milchsorten zur Verfügung, von der relativ fettreichen Vollmilch *(helmelk oder H-melk)* bis zur Magermilch *(skummet melk)*. Die Hauptmahlzeit (norw. *middag*) wird in den meisten Hotels und Pensionen am späten Nachmittag bzw. frühen Abend eingenommen und besteht durchweg aus drei bis vier Gängen.

Meist unbeschränkte Schankrechte besitzen die Hotels in den größeren Städten sowie die Berghotels *(höyfjellhoteller)*. Spirituosen werden wochentags jedoch erst ab 15 Uhr serviert. Ansonsten kann man Weine und hochprozentige Alkoholika, so auch Aquavit, nur in größeren Orten und dort in staatlichen Läden *(Vinmonopolet)* kaufen. Die Preise sind enorm hoch (s. a. S. 303).

Feiertage

1. Januar
Gründonnerstag, Karfreitag und Ostermontag

Abstandstabelle in Kilometern

	Bergen	Bodö	Fagernes	Hamar	Hammerfest	Kirkenes	Kristiansand	Kristiansund	Lillehammer	Narvik	Nordkap	Oslo	Röros	Skien	Stavanger	Svinesund	Tromsö	Trondheim	Ålesund
Bergen	–	1420	368	476	2256	2685	398	513	440	1590	2306	484	656	442	149	598	1751	682	401
Bodö	1420	–	1132	1160	953	1389	1611	930	1098	296	1002	1277	892	1422	1557	1396	556	738	1166
Fagernes	368	1132	–	135	1966	2397	477	437	114	1302	2018	186	358	288	436	299	1563	394	422
Hamar	476	1160	135	–	1996	2425	451	465	62	1330	2044	123	278	262	563	236	1611	422	450
Hammerfest	2256	953	1966	1996	–	497	2447	1766	1934	666	164	2113	1728	2258	2393	2232	442	1574	2002
Kirkenes	2685	1389	2397	2425	497	–	2876	2195	2363	1093	501	2541	2157	2687	2822	2661	841	2003	2431
Kristiansand	398	1611	477	451	2447	2876	–	916	513	1781	2497	328	729	191	256	296	2042	873	901
Kristiansund	513	930	437	465	1766	2195	916	–	403	1100	1816	588	302	727	662	701	1361	192	134
Lillehammer	440	1098	114	62	1934	2363	513	403	–	1268	1983	185	261	324	542	298	1529	360	388
Narvik	1590	296	1302	1330	666	1093	1781	1100	1268	–	739	1447	1062	1592	1727	1566	261	908	1336
Nordkap	2306	1002	2018	2044	164	501	2497	1816	1983	739	–	2163	1778	2268	2443	2282	464	1624	2052
Oslo	484	1277	186	123	2113	2541	328	588	185	1447	2163	–	401	139	584	113	1708	539	573
Röros	656	892	358	278	1728	2157	729	302	261	1062	1778	401	–	540	804	514	1323	154	402
Skien	442	1422	288	262	2258	2687	191	727	324	1592	2268	139	540	–	447	144	1827	684	712
Stavanger	149	1557	436	563	2393	2822	256	662	542	1727	2443	584	804	447	–	565	1988	819	528
Svinesund	598	1396	299	236	2232	2661	296	701	298	1566	2282	113	514	144	565	–	1827	658	686
Tromsö	1751	556	1563	1611	442	841	2042	1361	1529	261	464	1708	1323	1827	1988	1827	–	1169	1587
Trondheim	682	738	394	422	1574	2003	873	192	360	908	1624	539	154	684	819	658	1169	–	428
Ålesund	401	1166	422	450	2002	2431	901	134	388	1336	2052	573	402	712	528	686	1587	428	–

(Quelle: »Norwegen. Das offizielle Reisebuch 1989«, S. 162)

1. Mai (Tag der Arbeit)
17. Mai (Der Nationalfeiertag erinnert an den
17.5.1814, als in Eidsvoll die norwegische Verfassung verabschiedet wurde)
Christi Himmelfahrt
Pfingstmontag
23. Juni (Mittsommertag)
Heiligabend, erster und zweiter Weihnachts-
tag
Silvester
Die norwegischen Sommerferien dauern etwa
zwei Monate und reichen von Mitte Juni bis
Mitte August.

Feste

Während der Sommerzeit mit ihren langen
Tagen finden mannigfaltige Veranstaltungen
und Feste statt. Die örtlichen Verkehrsämter
und Touristenbüros informieren darüber.
Hier eine kleine Auswahl an Veranstaltungen:

Mitte Mai	**Valdresflya/Beitostölen/ Heggnes** (Oppland): Gebirgstriathlon *Villmannen.*
Ende Mai	**Bergen:** Fußmarsch über die sieben Berge; **Porsgrunn** (Telemark): Skandinaviens größtes Kinderfest.
Ende Mai – Anfang Juni	**Ål** (Buskerud): Volksmusik- tage.
Anfang Juni – Ende August	**Os bei Bergen:** Sommerkon- zerte; **Oslo** (Konzerthaus): montags und donnerstags norwegische Volkstänze.
Mitte Juni	**Tönsberg** (Vestfold): Ola Autorennen; **Lillehammer** (Oppland): Lillehammertage; **Tönsberg** (Vestfold): Umzüge und Dar- stellungen des Mittelalters sowie Mittsommerlauf, Trabrennen.
Ende Juni	**Nötteröy, Nordbyen** (Vest- fold): Kajakwettbewerb; **Kalv- öya/Bærum** (Akershus): Pop/Rock-Festival.
Ende Juni/ Anfang Juli	**Oslo,** Summer Opera: Mozart-Festival.
Anfang Juli	**Nesbyen** (Buskerud): Hallingmarkt, Kunstgewerbe; **Seljord** (Telemark): Seljord- spiel; **Evje** (Aust-Agder): Mineralienmesse; **Tönsberg** (Vestfold): Damen-Radren- nen; **Kongsberg** (Buskerud): Jazzfestival.
Mitte Juli	**Gol** (Buskerud): Gol-Tage; **Kristiansand** (Vest-Agder): Sommerfest.
Ende Juli – Ende August	**Oslo** (Norsk Folkemuseum): Tanzvorführungen im nor- wegischen Freilichtmuseum; **Oslo:** Norway Cup (Fußball- turnier).
Anfang August	**Hol** (Buskerud): Traditionelle Hochzeit mit Hardanger- fiedel, Tanz und Umzügen, Hol-Tage; **Vinstra** (Oppland): Peer-Gynt-Fest; **Oslo:** Oslo Jazzfestival; **Horten** (Vest- fold): Ynglingmarsch, benannt nach Vorfahren des norwegischen Königs- geschlechts.
Mitte August	**Oslo:** Maridalen (historisches Freilufttheater); **Arnes** (Akershus): traditionelles Fest in Romerike (Gamle-Hvam-Tage).

Anfang September	**Bygdetunet/Tönsberg** (Vestfold): Wolle- und Leinentage mit Schafschur.
Mitte September	**Lillehammer** (Oppland): Jazzfestival.

Fjell

Norwegisch *fjell* heißt zunächst einmal ganz allgemein »Fels«, »Berg« oder »Gebirge«. Da die norwegischen bzw. nordeuropäischen Fjell- oder Gebirgslandschaften sich in Aufbau und Formenschatz in der Regel stark von den mitteleuropäischen Bergländern unterscheiden, hat man den Terminus *fjell* (schwedisch *fjäll*) ins Deutsche übernommen.

Im morphographisch-morphologischen Sinn unterscheidet man in Norwegen häufig drei Fjelltypen. Diese sind a) das allgemeine bzw. kolline Fjell mit meist abgerundeten, glazial überformten Zügen von mittlerer Höhe (ca. 500–800 m NN); b) das Plateaufjell mit großenteils welliger, überschaubarer Oberfläche mit Rumpfflächencharakter (z. B. das Dovrefjell, die Hardangervidda oder die Rörosvidda) in einer Höhenlage meist über 1000 m; c) das alpine Fjell als eigentliches Hochgebirge mit Graten (norw. *tinder*) und ähnlichen Gipfelformen (z. B. Jotunheimen, Lofoten).

Häufig gilt der Begriff Fjell auch als Bezeichnung für alles Land, das über der Grenze des produktiv nutzbaren Waldes, d. h. hauptsächlich des Nadelwaldes, liegt. Die Nadelwaldgrenzen variieren aber je nach Breitenlage und Küstenentfernung sehr stark. Sie verlaufen z. B. im mittleren Südnorwegen bei 900 bis 1000 m NN, in den Küstenregionen von Vestland bei 300 bis 400 m und in den größten

Teilen Nordnorwegens schon unter 150 m Höhenlage. Der sich über dem borealen Nadelwald höhen- und breitenmäßig anschließende Fjellbirkengürtel (meist nicht als Wald im üblichen Sinne ausgeprägt) wird mit zum Fjell gerechnet. Das sogenannte »Kahlfjell« (norw. *snaufjell*) oberhalb der Fjellbirkenstufe wird von waldlosen Heiden und Mooren bestimmt.

Flugverkehr

Norwegen verfügt heute über ein recht enges Flughafennetz, das inländisch von insgesamt vier Flughafengesellschaften bedient wird. Etwa 50 Flughäfen werden mehrmals täglich angeflogen. Für Gruppen, Kinder und Jugendliche gibt es Rabatte.

SAS Hauptbüro
Am Flughafen, Terminal Mitte
6000 Frankfurt/Main 45
℡ 0 69/69 45 31

Braathens SAFE Hauptbüro
Elveveien 75
P. O. Box 55
1324 Lysaker/Oslo
℡ 00 47/2/59 00 90

Wideröe
Postboks 82 Lilleaker
0216 Oslo 2
℡ 00 47/2/50 91 30

A/S Norving
9901 Kirkenes
℡ 00 47/85/9 16 94 oder 9 17 64

Geld

Die norwegische Währung ist die Krone und wird in 100 Öre unterteilt. 1 Krone entspricht (1990) ungefähr 0,28 DM, dementsprechend sind 100 DM mit ca. 360 Kronen umzurechnen.

Die Einfuhr ist unbeschränkt, die Ausfuhr aber auf 5000 NOK in Scheinen bis zu 100 NOK limitiert. Neben Bargeldeinfuhren kann auch Geld von deutschen Postsparbüchern (bis zu 300 DM täglich, höchstens 2000 DM in 30 Tagen, meist keine Bearbeitungsgebühr) abgehoben werden, allerdings nicht an allen Postämtern. Ein Verzeichnis der entsprechenden Postämter erhält man bei der Bundespost. Eine weitere Möglichkeit bieten Reiseschecks (1% Bearbeitungsgebühr) und Euroschecks (7,50 DM Bearbeitungsgebühr). Kreditkarten werden nur an ausgewählten Stellen anerkannt, z. B. an vielen Tankstellen.

Gletscherwandern

Es gibt zwei Möglichkeiten, Gletscher zu Fuß zu bewundern: Man kann an sie heranwandern oder man kann sie direkt begehen. Ersteres ist relativ gefahrlos, solange man nicht in die Gletschertore hineingeht. Diese können spontan, ohne Vorankündigung und sehr schnell in sich zusammenbrechen. Eine direkte Gletscherwanderung sollte nur unter Aufsicht eines Führers unternommen werden. Verborgene, schneebedeckte Spalten, in die man stürzen kann, sind für den Unkundigen ein hohes Risiko.

Über Gletscherwanderungen informieren die örtlichen Touristenbüros und Aushänge an Fähren, Läden und Campingplätzen.

Goldwaschen

Für Glückspilze oder solche, die es werden wollen, gibt es vor allem in Finnmark die Gelegenheit, Gold zu waschen. Während der Jahrhundertwende unterlag das Goldstaubwaschen in Karasjok kommerziellen Ambitionen, ohne jemals wirklich ertragreich zu werden. Heute können Touristen Goldwaschpfannen erwerben, um der Goldwäscherromantik nachzugehen. Das *feriesenter* in Karasjok und die *Fjellstue Levajokk* bieten Goldwaschtouren an.

Hotels

Die Übernachtung in Hotels ist relativ teuer, insbesondere wenn Messen oder andere geschäftliche Ereignisse stattfinden. Während der Sommerzeit bieten die Hotels oft Spezialpreise an, um die ausbleibenden geschäftlichen Übernachtungen durch touristische zu kompensieren. Der Standard ist im allgemeinen recht hoch, und Familien können mit Vergünstigungen rechnen. Im Konkurrenzkampf untereinander geben Hotelketten sogenannte Hotelcheques und Bonus-Pässe aus, die Preisermäßigungen in bestimmten angeschlossenen Hotels erwirken. Sie können auch im vorhinein in bestimmten Reisebüros erstanden werden.

Während der Semesterferien werden die zum Großteil leerstehenden Studentenwohnheime zu Hotels, sogenannten Sommerhotels, umfunktioniert. Diese liegen wie in Oslo oder Bergen in der Regel etwas außerhalb der Stadt, verfügen jedoch meist nicht über die gleichen Bequemlichkeiten wie Hütten (s. S. 313). Eine Küchenbenutzung ist beispielsweise nicht vorgesehen.

Hütten (Ferienhäuser)

Eine sehr angepaßte Art, in Norwegen während des Sommer- oder des Winterurlaubs unterzukommen, ist das Wohnen in Hütten. Viele Norweger besitzen selbst eine *feriehytte* an der Küste, im Fjell oder in den ausgedehnten Waldlandschaften. Hohe Ansprüche können bei dieser Art der Unterbringung normalerweise aber nicht erfüllt werden. Hütten ohne fließend Wasser und mit einfacher Einrichtung sind jedoch auch nicht ohne Reiz. Kaltes Bach- oder Flußwasser (mit Trinkwasserqualität) ist in Norwegen überall zu finden, und geheizt wird ganz rustikal mit Holz. Eine Kochgelegenheit ist dagegen obligatorisch. Der Mietpreis für Hütten ist relativ niedrig. Deswegen wird meist selbstverständlich erwartet, daß der Mieter u. a. die Reinigung der Hütten übernimmt. Nur so wird ein Mindestmaß an Komfort für den nachfolgenden Benutzer gewährleistet. Trotzdem ist es empfehlenswert, einige Töpfe, Besteck, Geschirr, Bettzeug, Kerzen und einen Wasserkanister im Gepäck zu führen. Meistens sind Hütten für mindestens vier Personen vorgesehen, was sie besonders familienfreundlich macht, aber auch etwas teurer für Einzelreisende oder Paare. Natürlich gibt es auch luxuriösere Hütten mit allen ›mitteleuropäischen‹ Annehmlichkeiten, wobei diese sich in der Urlaubskasse doch sehr bemerkbar machen.

Auf den Lofoten können ehemalige Fischerhütten, die ein wenig an Pfahlbauten erinnernden *rorbuer,* angemietet werden, was sich für Angler besonders empfiehlt.

Einige Reiseveranstalter bieten reine Hüttenvermietungen, ohne An- und Abfahrt, an. Diesbezüglich kann man sich direkt an folgende Adressen in Norwegen wenden:

Nordnorsk Hytteferie
Nordstrandveien 50
8000 Bodö

Norbo Ferie A/S
6410 Midsund

Fjordhytter
Kaigaten 10
5016 Bergen

Sörlandets Hytteleie A/S
Henrik Wergelandgate 41
4612 Kristiansand

Den Norske Hytteformidling
Postboks 3207 Sagene
0405 Oslo

Nordisk Hytteferie
Storgaten 8
2600 Lillehammer

Nordnorsk Hytteferie
Nordstrandveien 50
8000 Bodö

Spontanreisende, die durch das Land reisen möchten, müssen auf den ›Hüttenzauber‹ nicht verzichten. Campingplätze (s. S. 306) und private Vermieter bieten Hütten aller Kategorien an. An Straßenrändern machen Schilder mit der Aufschrift *ledige hytter* auf freie Hütten aufmerksam. Selbst ohne Norwegisch- bzw. Englischkenntnisse auf beiden Seiten stellt eine Einigung über die Konditionen in der Regel kein Problem dar.

Hurtigroute

Schon 1893 hat man diese bekannte Schnelldampferlinie von Süd- nach Nordnorwegen eingerichtet. Heute bildet die rund 2000 km lange Hurtigroute mit ihren täglichen Verbindungen zwischen Bergen und Kirkenes über Trondheim, Bodö, Hammerfest, Honningsvåg und Vardö das Rückgrat des Küstenverkehrs in Nordnorwegen. Eine andere Linie verläuft von Oslo nach Bergen. Auf der Strecke Bergen – Kirkenes – Bergen verkehren elf derartiger Schnellschiffe; drei von ihnen können sogar bis zu 40 PKW mitnehmen. Nähere Informationen gibt die Norwegische Schiffahrtsagentur (NSA), Kleine Johannisstiege 10, 2000 Hamburg 11, ✆ 0 40/37 69 30.

»Jedermannsrecht«

Dieses uralte, aber an keiner Stelle schriftlich festgehaltene Recht regelt die Nutzungsmöglichkeiten in freier Natur. Auch wenn sich in der Zeit des Massentourismus vieles geändert hat, so wird doch das Jedermannsrecht (norw. *allemannsretten*) in Norwegen heute noch großzügig gehandhabt. Man darf sich also überall auf nichtbewirtschaftetem Gebiet frei bewegen, auch wenn es sich um Privatbesitz handelt. Bestimmte Nutzungen, z. B. das Sammeln von Pilzen und Beeren, stehen allen offen. Auch das Zelten gehört (von gewissen Einschränkungen abgesehen, s. S. 306) dazu.

Jugendherbergen (Wandererheime)

Seit 1988 heißen diese nicht mehr *ungdomsherberge* (UH), sondern *vandrerhjem*. Die ehemaligen Jugendherbergen sind heute zugleich »Familienherbergen«, die auch Einzel-, Doppel- und Familienzimmer zur Verfügung stellen.

Die meisten Jugendherbergen bzw. Wandererheime sind zwischen Anfang/Mitte Juni bis Anfang/Mitte August geöffnet, es gibt aber auch zahlreiche Ausnahmen. Es ist nicht unbedingt notwendig, Mitglied des Jugendherbergsverbandes zu sein, aber immerhin ratsam. Die Preise pro Übernachtung schwanken zwischen 50 und 90 NOK, erhöhen sich für Nicht-Mitglieder aber um 20 NOK. Für ein Frühstück muß man 40–50 NOK bezahlen, für warme Mahlzeiten 60–85 NOK. Um sicherzugehen, zum angemessenen Zeitpunkt dort eine Übernachtungsmöglichkeit zu bekommen, sollte man sich vorher zumindest telefonisch anmelden. Insgesamt gibt es heute in Norwegen 82 Wandererheime, die über einen relativ hohen Standard mit Einzel-, Doppel- und Familienzimmern verfügen. Informationen erteilt: Norske Vandrerhjem, Dronningensgt. 26, 0154 Oslo 1.

Kanufahren

An vielen Orten vermieten Campingplätze oder andere Verleiher Kanus. Für längere Touren empfehlen sich Unternehmen, die ihre Kanus an vereinbarten Plätzen am Unterlauf des Flusses abholen. Man sollte nicht vergessen, daß Kanufahren gleichzeitig Kanutragen heißt. Schwer oder gar nicht passierbare Stellen der Flüsse müssen auf diese Weise überwunden werden.

Kinder

Für einen Urlaub mit Kindern bieten sich große Teile Norwegens geradezu an. Z. B. sind

Die norwegischen Wanderheime (VH)

Ort	Provinz	Betten	Öffnungszeiten
Å	Nordland	71	1. 5.–1. 10.
Alta	Finnmark	58	20. 6.–20. 8.
Alvdal	Hedmark	33	1. 6.–1. 9.
Åndalsnes (»Setnes«)	Möre-Romsdal	70	15. 5.–15. 9.
			*16. 9.–30. 4.
Balestrand	Sogn-Fjordane	73	15. 6.–19. 8.
Bardufoss (»Internatet«)	Troms	174	20. 6.–20. 8.
Bergen (»Montana«)	Hordaland	200	7. 5.–12. 10.
Bodö (»Flatfold«)	Nordland	163	20. 6.–16. 8.
Borlaug	Sogn-Fjordane	45	15. 4.–31. 10.
			15. 1.–14. 4.
Byrkjelo	Sogn-Fjordane	11	15. 5.–15. 9.
Bö	Nordland	12	15. 6.–1. 9.
Böverdalen	Oppland	38	15. 5.–1. 10.
Dombås	Oppland	92	20. 6.–12. 8.
			*15. 10.–28. 2.
Drammen	Buskerud	180	27. 6.–12. 8.
Fauske	Nordland	113	20. 6.–15. 8.
Folldal	Hedmark	14	15. 6.–15. 9.
Geilo	Buskerud	128	1. 6.–15. 9.
			1. 12.–30. 4.
Gjövik	Oppland	96	1. 1.–31. 12.
Graddis (s. Saltdal)			
Grungebu	Telemark	26	15. 6.–15. 8.
Hamar	Hedmark	100	1. 6.–1. 9.
Harstad	Troms	118	1. 6.–20. 8.
			*20. 8.–30. 5.
Haugesund (»Skeisvang«)	Rogaland	52	1. 6.–31. 8.
Hellesylt	Möre-Romsdal	48	1. 6.–1. 9.
Helligskogen	Troms	40	1. 6.–20. 8.
Hemsedal	Buskerud	114	1. 6.–15. 9.
Honningsvåg (s. Nordkapp)			
Hönefoss	Buskerud	60	1. 6.–31. 8.
Kalvatn	Möre-Romsdal	40	1. 5.–1. 10.
Karasjok	Finnmark	54	1. 6.–1. 9.
Karmöy	Rogaland	54	1. 6.–15. 8.
Kongsberg	Buskerud	102	ganzjährig

Ort	Provinz	Betten	Öffnungszeiten
Kongsvinger	Hedmark	52	23. 6.–12. 8.
Kragerö	Telemark	110	2. 1.–22. 12.
Kristiansand	Vest-Agder	68	1. 5.–1. 9.
			*2. 9.–30. 4.
Kristiansund	Möre-Romsdal	120	1. 6.–30. 8.
			*31. 8.–30. 5.
Kviteseid	Telemark	25	1. 5.–1. 9
Lærdal	Sogn-Fjordane	32	1. 5.–30. 9.
Lakselv (»Karalaks«)	Finnmark	56	1. 6.–1. 9.
Levanger	Nord-Tröndelag	44	1. 6.–15. 8.
Lillehammer (Birkebeiner'n)	Oppland	88	1. 6.–26. 8.
			*1. 2.–25. 3.
Mandal (»Hall Sommerpensjonat«)	Vest-Agder	45	2. 7.–5. 8.
Melbu	Nordland	100	1. 6.–30. 9.
			*20. 8.–1. 6.
Mjölfjell	Hordaland	100	1. 6.–30. 9.
			*10. 2.–30. 4.
Mo	Nordland	57	2. 5.–23. 9.
Molde	Möre-Romsdal	84	20. 6.–15. 8.
Moss (»Vannsjöheimen«)	Östfold	67	1. 6.–1. 9.
			*2. 9.–30. 5.
Narvik (»Nordkalotten«)	Nordland	100	15. 1.–1. 12.
Nesna	Nordland	50	1. 7.–15. 8.
Nordkapp	Finnmark	60	1. 6.–20. 8.
Notodden (»Teletunet«)	Telemark	56	1. 6.–31. 8
Odda	Hordaland	32	1. 6.–31. 8.
Oppland (»Turistheimen«)	Sör-Tröndelag	54	ganzjährig
Osen (Berget camping)	Hedmark	27	15. 6.–15. 8.
Oslo (»Haraldsheim«)		270	2. 1.–22. 12.
Oslo (PAN)		119	1. 6.–20. 8.
Rjukan	Telemark	77	2. 1.–22. 12.
Röros (»Idrettsheimen«)	Sör-Tröndelag	87	15. 5.–15. 9.
Röst (»Fiskarheimen«)	Nordland	46	1. 5.–1. 9.
Rövær	Rogaland	34	15. 6.–15. 8.
Saltdal (Graddis)	Nordland	28	1. 6.–15. 9.
Sand (»Gullingen«)	Rogaland	88	1. 5.–1. 9.
			*1. 9.–1. 5.
Sarpsborg (»Tuneheimen«)	Östfold	65	2. 1.–30. 12.

Ort	Provinz	Betten	Öffnungszeiten
Sjoa	Oppland	79	1. 6.–20. 9.
			*1. 10.–30. 4.
Skjolden	Sogn-Fjordane	35	15. 5.–15. 9.
Skjåk	Oppland	56	1. 6.–1. 9.
Snåsa	Nord-Tröndelag	44	1. 6.–1. 9.
Sogndal, Folkehögskolen	Sogn-Fjordane	78	20. 6.–20. 8.
Stamsund	Nordland	52	1. 5.–30. 10.
			*1. 11.–30. 4.
Stavanger (»Mosvangen«)	Rogaland	80	2. 1.–22. 12.
Stord (»Litlabö«)	Hordaland	102	15. 6.–31. 8.
Stryn	Sogn-Fjordane	60	1. 6.–31. 8.
Sunndalsöra	Möre-Romsdal	55	2. 1.–22. 12.
Svolvær (»Polar«)	Nordland	80	ganzjährig
Tönsberg	Vestfold	52	15. 6.–1. 9.
Tromsö (»Elverhöy«)	Troms	77	20. 6.–19. 8.
Trondheim (»Rosenborg«)	Sör-Tröndelag	200	5. 1.–22. 12.
Ulefoss Söve	Telemark	52	22. 6.–10. 8.
Uvdal	Buskerud	27	1. 6.–1. 9.
			*2. 9.–30. 5.
Valdresflya	Oppland	49	15. 6.–1. 9.
Valldal	Möre-Romsdal	38	1. 9.–1. 6.
Vangsnes	Sogn-Fjordane	16	1. 6.–23. 8.
Væröy (»Venes Rorbuer«)	Nordland	47	15. 5.–15. 9.
Voss	Hordaland	240	1. 5.–31. 10.
			27. 12.–30. 4.

* Voranmeldung notwendig

die Hütten mit meist vier bis fünf Betten ausgestattet, Straßenverkehr ist in Hüttennähe oft nicht vorhanden. Die insgesamt kinderfreundliche Atmosphäre macht sich bis hin zu den Ausstattungen von Hotels, Campingplätzen, Restaurants und Banken bemerkbar, die mit Wickelmöglichkeiten und Spielecken bestückt sind.

Kleidung

Die Klima- und Witterungsunterschiede innerhalb des Landes oder auch in einer Region machen eine vielfältige Ausrüstung erforderlich. Regenfeste Kleidung ist in jedem Fall obligatorisch; denn in Norwegen gilt der Slogan: »Es gibt kein schlechtes Wetter, nur unpassende Kleidung.« Bei einem Tagesspaziergang sollte deswegen in der Regel eine Regenjacke mitgenommen werden, egal wie erfolgversprechend das Wetter scheint. Gummistiefel, dicke Pullover und Socken gehören ebenso ins Gepäck wie leichte Kleidung und Badesachen.

Mitternachtssonne

Ursache für das Naturphänomen der Mitternachtssonne ist die leichte Neigung der Erdachse bei ihrer Bahn um die Sonne. Da in der sommerlichen Jahreszeit die Nordhalbkugel der Sonne zugewandt ist, ist sie nördlich des Polarkreises auch nachts zu sehen. Im Winter ist die Nordhalbkugel von der Sonne abgewandt, d. h. die Nordgebiete liegen im Erdschatten, und es wird regional unterschiedlich für bestimmte Zeit auch tagsüber nicht ganz hell. Der Norwegische Almanach 1988 gibt die Zeiten der Mitternachtssonne nördlich des Polarkreises wie folgt an:

	Breitengrad	Mitternachtssonne	Polarnacht
Nordkap	71°10′10″	13. 5.–29. 7.	18. 11.–24. 1.
Hammerfest	70°39′48″	15. 5.–26. 7.	20. 11.–22. 1.
Tromsö	69°39′10″	20. 5.–22. 7.	25. 11.–17. 1.
Bodö	67°17′15″	3. 6.– 7. 7.	14. 12.–28. 12.

(Die Daten können sich von Jahr zu Jahr um 24 Stunden verschieben.)

Nationalparks

Es existieren insgesamt 16 Nationalparks, die Größen zwischen 9 km² (Ormtjernkampen) und 3340 km² (Hardangervidda) aufweisen und in denen ein besonders natur- und umweltfreundliches Verhalten erwartet wird. Wanderungen sollen hier auf jeden Fall nur auf den markierten Wegen stattfinden, damit die Tier- und Pflanzenwelt möglichst wenig beeinträchtigt wird.
Anderdalen (ca. 79 km²) / Troms, Kiefern- und Birkenwälder mit vielfältiger Flora
Börgefjell (ca. 1100 km²) / Nord-Tröndelag / Nordland, alpines Hochfjell, tiefe Tal-schluchten mit mannigfaltiger Flora und Fauna
Dovrefjell (ca. 300 km²) / Oppland / Sör-Tröndelag, Lachsflüsse und reichhaltige Flora
Femundsmarka (ca. 400 km²) / Hedmark, Wechsel von Kiefernwäldern und Heide mit fischreichen Gewässern
Gutulia (ca. 20 km²) / Hedmark, Kiefern- und Fichtenwälder
Gressåmoen (ca. 180 km²) / Nord-Tröndelag, Wald- und Moorareale mit guten Angelmöglichkeiten

Nationalparks in Norwegen ▷

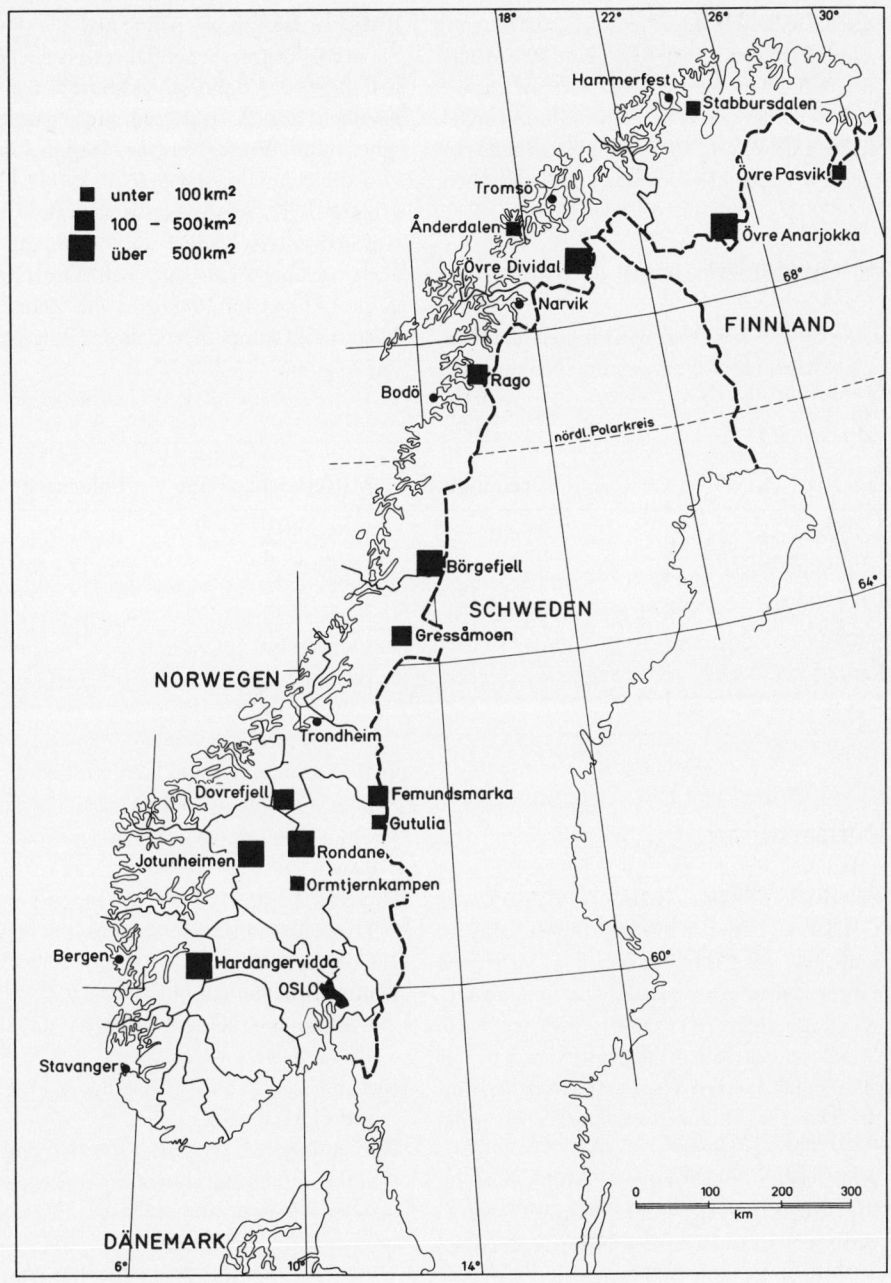

unter 100 km²
100 – 500 km²
über 500 km²

Hammerfest
Stabbursdalen
Övre Pasvik
Tromsö
Övre Anarjokka
Ånderdalen
Övre Dividal
Narvik
FINNLAND
Bodö
Rago
nördl. Polarkreis
Börgefjell
SCHWEDEN
Gressåmoen
NORWEGEN
Trondheim
Dovrefjell
Femundsmarka
Gutulia
Jotunheimen
Rondane
Ormtjernkampen
Bergen
Hardangervidda
OSLO
Stavanger
DÄNEMARK

18° 22° 26° 30°

68°

64°

60°

6° 10° 14°

0   100   200   300
km

Hardangervidda (ca. 3400 km²) / Buskerud / Telemark / Hordaland, Fjell- und Hochfjellgebiete, Rentiere und über 100 Vogelarten

Jotunheimen (ca. 1100 km²) / Oppland / Sogn og Fjordane, höchste Berge Norwegens, größte Gletscher, mit drei großen Binnenseen

Ormtjernkampen (ca. 9 km²) / Oppland, ein Waldgebiet in natürlichem Zustand, das nie gerodet oder anderweitig durch den Menschen genutzt wurde

Övre Anarjokka (ca. 1300 km²) / Finnmark, besonderer Faunabestand wie z. B. Raubvögel und Bären

Övre Dividalen (ca. 740 km²) / Troms, vielfältige Landschaft, im Sommer Rentierbeweidung

Övre Pasvik (ca. 60 km²) / Finnmark, sumpfiges Waldgebiet, die Flora steht hier an der Grenze zur asiatischen Tundrenflora

Rago (ca. 170 km²) / Nordland, Gletscher-, Seen- und Flußlandschaft

Reisa (ca. 800 km²), an der Grenze zwischen Finnmark und Finnland

Rondane (ca. 570 km²) / Oppland / Hedmark, auffällige Fauna wie Rentiere, Vielfraße und einige Moschusochsen

Stabbursdalen (ca. 100 km²) / Finnmark, der nördlichste Kiefernwald der Welt (70°10′), Weidegrund der Rentiere

Notfälle

Leider fehlt es in Norwegen an einem einheitlichen Polizei- oder Feuerwehrnotruf. Die Anschläge in den Telefonzellen geben Auskunft über die örtlich geltenden Notrufnummern.

Polarlicht

Das Polarlicht ist eine in der Atmosphäre höherer Breiten in Form von Bögen, Bändern oder Strahlenbündeln auftretende Lichterscheinung. Auf der Nordhalbkugel wird diese als Nordlicht, auf der Südhalbkugel als Südlicht bezeichnet. Eine Polarlichtforschung gibt es in Norwegen seit 1913; heute wird sie besonders vom Nordlysobservatorium in Tromsö betrieben. Allem Anschein nach hat das Polarlicht drei Ursachen, nämlich:

1) freie, elektrisch geladene Elektronen, die von der Sonne ausgeschleudert werden;
2) die Abneigung der Atome gegen Energieeinwirkung;
3) das Magnetfeld der Erde.

Die von der Sonne verursachte elektrische Strahlung wird durch das erdmagnetische Feld eingefangen, was gerade in den hohen Schichten der Atmosphäre zu Leuchtprozessen anregt. Weiterhin ist eine gewisse Periodizität, also eine Regelmäßigkeit des Polarlichtes hinsichtlich Häufigkeit und Stärke festzustellen. Die eine Periode, in der sich das Polarlicht besonders häufig zeigt, beträgt 27 Tage; sie entspricht damit der Zeitspanne, während der die Sonne – von der Erde aus gesehen – eine volle Drehung um ihre eigene Achse macht. Eine zweite Periode umfaßt etwa 11 Jahre und hängt wahrscheinlich mit dem Auftreten der Sonnenfleckentätigkeit zusammen.

Post

Bei einigen Postämtern, nicht bei allen, können Postsparer Geld abheben (Liste bei der Bundespost). Die Postämter haben montags bis freitags von 8.00 oder 8.30 Uhr bis 16.00 oder 17.00 Uhr, samstags von 8.00 bis 13.00 Uhr geöffnet.

Die Post ist **nicht** für den Telefondienst verantwortlich (siehe Stichwort »Telefonieren«, S. 323).

Radfahren

Viele Jahre galt Norwegen für Fahrradfahrer als sehr unattraktiv. Heute ist das Land auch in dieser Hinsicht zur Herausforderung für manchen »Aktiv-Urlauber« geworden. Spezielle Fahrradwege fehlen, die Hauptstraßen sind aber gut ausgebaut, nur stört hier der Kraftfahrzeugverkehr. Auf den nicht-asphaltierten Nebenstraßen nimmt der Verkehr rapide ab, der Fahrkomfort der Radfahrer allerdings auch. Wenig anstrengende Fahrten kann man entlang der Fjorde machen, deren Landschaftsbilder mit dem blaugrünem Wasser sich auf diese Weise besonders gut einprägen.

Längere Tunnels sollten auf jeden Fall umfahren werden (s. S. 324). Abgesehen davon, daß einige für Fahrradfahrer sowieso gesperrt sind, wirken sich Feuchtigkeit, Dunkelheit und insbesondere die Kohlenmonoxydbelastung innerhalb der Tunnels nur negativ aus. Die Umgehungen der Tunnels bestehen oft aus den alten Straßenverläufen, die den Blick auf die grandiose Landschaft ungehindert freigeben.

In norwegischen Zügen ist der Transport von Fahrrädern unkompliziert. Etwa 30 bis 60 Minuten vor Abfahrt müssen sie am Bahnhof aufgegeben werden, der Transportpreis liegt bei etwa 25 NOK und ist unabhängig von der angestrebten Distanz. Expreßzüge befördern keine Fahrräder.

In städtischen Regionen nehmen Busse keine Räder mit, in ländlichen Zonen hingegen besitzen sie dafür sogar spezielle Einrichtungen.

Rauchen

Seit Juli 1988 herrscht in allen öffentlichen Einrichtungen, z. B. Bahnhöfen, Rauchverbot. In Restaurants, Cafés und ähnlichen Einrichtungen werden Raucher in separate Räume verbannt.

Religion

Die evangelisch-lutherische Kirche ist nach Artikel 2 der Verfassung Norwegens Staatskirche, der weit über 90% der Bevölkerung angehören. Etwa 150 000 Personen sind Mitglieder anderer Religionsgemeinschaften. Das Land ist in zehn Bistümer eingeteilt, die wiederum in zahlreiche Propsteien, Kirchspiele und Kirchengemeinden gegliedert sind. Kennzeichnend für das Land ist auch die große Zahl an Missionsgesellschaften, die in verschiedensten Ländern tätig sind.

Schul- und Bildungswesen

Bereits 1739 wurde in Norwegen der obligatorische Besuch der Volksschule eingeführt. Heute ist die neunjährige Volksschule in eine sechsjährige Grundschule *(barneskole)* und eine dreijährige Jugendschule *(ungdomsskole)* gegliedert. Die ebenfalls dreijährige Höhere Schule mit dem Ziel der Reifeprüfung setzt den Besuch der Grundschule voraus. Daneben gibt es noch Berufsschulen, Sonderschulen und Volkshochschulen. Norwegen verfügt heute über vier Hochschulen mit Universitätsstatus, nämlich Oslo (seit 1811), Bergen (seit 1948), Trondheim (1910 als Technische Hochschule gegründet) sowie Tromsö (seit 1969). Weitere bedeutsame Hochschulen sind die 1897 gegründete Landwirtschaftliche Hochschule in Ås bei Oslo, die Norwegische Handelshochschule in Bergen und verschiedene Lehrerhochschulen. 1987 wurden insgesamt über 44 000 Studierende gezählt.

Segeln

Bei der Einreise per Segelschiff werden im Zollhafen Eigentumsverhältnisse, Nationalitäts- und Heimatnachweise kontrolliert. Bei einem gemieteten Schiff muß der Chartervertrag vorliegen. Es existieren ca. 120 Gästehäfen, deren Aufnahmekapazität allerdings oft sehr gering ist und sich auf nur wenige Plätze beschränkt.

Sehenswürdigkeiten

Wie in den anderen nordischen Staaten ist auch in Norwegen auf Wegweisern, Hinweisschildern, großmaßstäbigen Kartenwerken etc. das sogenannte »St.-Hans-Wappen« oder der »Ewigkeitsknoten« (⌘) angebracht. Dieses Symbol soll in erster Linie auf kulturhistorische Sehenswürdigkeiten (Grabhügel, Felszeichnungen, Baudenkmäler sakraler und profaner Art u. a. m.) hinweisen.

Ski

Das ganze Jahr über bietet Norwegen Möglichkeiten zum alpinen wie auch zum Langlaufski. Während des Sommers kann man auf Gletschern in leichter Sommerbekleidung Langlauf oder Abfahrtsski betreiben. Im Winter sind die Schneeverhältnisse in dem nordischen Land in der Regel sehr gut. Die meisten Skigebiete sind für Anhänger des alpinen Skilaufs nicht besonders gut ausgebaut und mit anderen europäischen Skigebieten nicht vergleichbar. Reizvoll ist Norwegen als Skigebiet für Langläufer und Skiwanderer. Das Loipennetz ist vielfältig und das Landschaftsbild abwechslungsreich.

Der große Nachteil für den ausländischen Skitourismus besteht in den kurzen Tagesphasen. Je nördlicher das Skigebiet, desto länger die Nächte.

Eine Art Hauptsaison hat der Skisport im norwegischen Hoch- bzw. Plateaufjell mit seinen umgebenden Talabschnitten zur Osterzeit, wenn die Tage wieder länger werden. Bekannte Wintersportplätze sind der Großraum Oslo (gut ausgebautes, z.T. beleuchtetes Loipennetz in der Nordmarka), Hedmark und Oppland (Umgebung des Mjösasees sowie Gudbrandsdal und Valdres), Buskerud (oberes Hallingdal mit Gol und Geilo), große Teile Telemarks sowie der Raum Voss im Vestland.

Liftkarten kosten zwischen 300 und 600 NOK pro Woche; die Preise für Loipenkarten sind recht unterschiedlich. Sie sind in Hotels oder Skicentern zu erwerben, wo man auch Skiausrüstungen leihen kann. Die Preise dafür liegen zwischen 200 und 400 NOK pro Woche.

Sommerkurse

Für ausländische Studenten bieten die Universitäten Oslo und Bergen Sprachkurse sowie

Vorlesungen z. B. über die Landeskultur an. Diese Kurse finden immer im Sommer statt. Die Anmeldefrist läuft normalerweise gegen Ende Februar/Anfang März des jeweiligen Jahres ab. Informationen bei:

International Summer School
University of Oslo
Postbox 3
Blindern
0313 Oslo 3
und:
Sommerkurs for utenlandske norsk-studerende
Nordisk institutt
HF-bygget
Sydnessplass 9
5007 Bergen

Sprachen

Die heutigen norwegischen Sprachen haben ihre Wurzeln im Altnorwegischen (ca. 1050–1370 n. Chr.), im Mittelnorwegischen (ca. 1370–1525) und im Neunorwegischen (nach 1525). Während der Unionszeit mit Dänemark vom 14. bis ins 19. Jahrhundert war das Norwegische einem starken Einfluß des Dänischen ausgesetzt, während der Hansezeit auch niederdeutschen Einflüssen. Dadurch entstand das sogenannte *riksmål* (später *bokmål*, »Buchsprache« genannt), dem dann um 1850 aus nationalen Beweggründen das aus ländlichen Dialekten gebildete *landsmål* (jetzt *nynorsk*, »Neunorwegisch«) entgegengesetzt wurde. Beide Sprachformen erhielten offiziellen Charakter auch im Schulwesen. Der lange Zeit heftige Sprachenstreit ist bis heute nicht ganz ausgefochten. Weiterhin werden in den einzelnen Landesteilen charakteristische Dialekte gesprochen. Insgesamt gesehen sind aber die skandinavischen Sprachen Dänisch, Norwegisch und Schwedisch so nah verwandt, daß man alle drei in etwa verstehen kann, wenn man eine halbwegs beherrscht. Will man Norwegen wirklich näher kennenlernen, dann erscheint ein Mindestmaß an norwegischen Sprachkenntnissen dringend vonnöten. Das *bokmål* wird, wenn man von Teilen der Vestlandküste absieht, durchweg als Hauptsprache praktiziert. Sehr viele Norweger (insbesondere die städtische Bevölkerung) sprechen auch Englisch.

In Nordnorwegen haben ca. 20 000 Samen ihre eigene Sprache bewahrt, die finnischugrischen Ursprungs ist. Eine andere Bevölkerungsminorität im nördlichen Landesteil, die Kvenen oder Quänen (frühere Einwanderer aus Finnland), spricht Finnisch.

Staatsform und Staatsverwaltung

Die Nationalversammlung in Eidsvoll gab dem Land am 17. 5. 1814 eine neue, mit Ausnahme einiger Änderungen heute noch gültige Verfassung, mit der Norwegen nach jahrhundertelanger Abhängigkeit wieder ein freies und unabhängiges Königreich wurde (konstitutionelle, erbliche Monarchie). Der 17. Mai ist daher der Nationalfeiertag des Landes. An der Spitze der Regierung auf parlamentarisch-demokratischer Basis steht der Staatsminister (= Ministerpräsident). Das Parlament *(Storting)* mit 155 Mitgliedern wird alle vier Jahre gewählt.

Telefonieren

Die Ausstattung mit öffentlichen Fernsprechern (Telefonzellen und in besonders gekennzeichneten Privathäusern) ist sehr gut. Von dort aus kann problemlos ins Ausland telefoniert werden. Des weiteren findet man Telefone in Telegrafenämtern, meist jedoch nicht unbedingt im Postamt!

Die Telefonzellen sind mit leicht verständlichen Bedienungsanleitungen auch in deutscher Sprache versehen und funktionieren entgegen hiesigen Erfahrungen (fast) immer.

Münzfernsprecher nehmen 1- und 5-Kronen-Stücke, viele auch 10-Kronen-Stücke entgegen. Man kann sich häufig am Münzfernsprecher zurückrufen lassen; die Rufnummer

ist auf dem jeweiligen Apparat verzeichnet. Ferngespräche vom Hotelzimmer aus sind im allgemeinen erheblich teurer als der offizielle Tarif.

Die Vorwahl für ausländische Gespräche lautet 0 95. Anschließend folgt die Vorwahl des jeweiligen Landes:

Bundesrepublik Deutschland 49
Österreich   43
Schweiz   41

Danach wählt man die Ortskennzahl ohne die erste Null und dann die Rufnummer des Teilnehmers.

Tunnels

Der längste Tunnel in ganz Nordeuropa soll spätestens 1992 mit einer Strecke von 11,4 km zwischen Gudvangen und Langhuso am inneren Sognefjord eröffnet werden, und in Nordland wird die Tunnelverbindung von der E 6 in Richtung Steigen (Länge 8,2 km) im Zeitraum 1990/91 fertiggestellt sein.

Die bislang längsten Tunnels in Norwegen sind folgende:

Reichsstr.	Tunnel	Eröffnungsjahr	Gesamtlänge
Rv 17	Svartistunnel (Glomfjord)	1986	7610 m
Rv 13	Höyangertunnel	1982	7522 m
Rv 7	Vallaviktunnel	1985	7511 m
Rv 625	Fjærlandstunnel	1985	6381 m
Rv 703	Tosentunnel	1987	5850 m
Rv 76	Haukelitunnel	1967	5688 m
Rv 668	Flenjatunnel (Flåm-Undredal)	1985	5024 m
Rv 14	Eikefettunnel (Nord-Hordaland)	1979	4910 m
Rv 76	Röldalstunnel	1967	4565 m

Reichsstr.	Tunnel	Eröffnungsjahr	Gesamtlänge
Rv 15	Oppljostunnel (Strynfjell)	1977	4500 m
Rv 658	Ellingsöya-Valderöy nach Ålesund (Seetunnel)	1987	4200 m

Kurzer norwegischer Sprachführer

Zahlen

1	en	17	sytten
2	to	18	åtten
3	tre	19	nitten
4	fire	20	tjue
5	fem	25	tjuefem
6	seks	30	tretti
7	syv	40	förti
8	åtte	50	femti
9	ni	60	seksti
10	ti	70	sytti
11	elleve	80	åtti
12	tolv	90	nitti
13	tretten	100	hundre
14	fjorten	150	hundre og femti
15	femten	200	to hundre
16	seksten	1000	tusen

Ordnungszahlen

erster	förste
zweiter	andre
dritter	tredje
vierter	fjerde
fünfter	femte
sechster	sjette
siebter	sjuende
achter	åttende
neunter	niende
zehnter	tiende
hundertster	hundrede
tausendster	tusende

Wochentage

Montag	mandag
Dienstag	tirsdag
Mittwoch	onsdag
Donnerstag	torsdag
Freitag	fredag .
Samstag	lördag
Sonntag	söndag

Jahreszeiten

Frühling	vår
Sommer	sommer
Herbst	höst
Winter	vinter

Wetter, Klima

bewölkt	skyet
Frost	frost
Gewitter	uvær, tordenvær
Hagel	hagl

Hitze	hete
Nebel	tåke
Regen	regn
Sonne	sol
Sonnenaufgang	soloppgang
Sturm	storm
Wetterbericht	værmelding
Wind	vind
Wolke	sky

Wichtige Wörter und Redewendungen

deutsch	tysk
Deutscher	tysker
Deutschland	Tyskland
Norwegen	Norge
norwegisch	norsk
Sprechen Sie Deutsch?	Snakker De tysk?
Ich verstehe nicht.	Jeg forstår ikke.
bitte	vaer så god/snill
danke	takk
Vielen Dank	mange takk
Entschuldigung	unnskyld
Guten Morgen	god morgen
Guten Tag	god dag
Guten Abend	god aften
Auf Wiedersehen	på gjensyn; farvel
rechts	til höyre
links	til venstre
geradeaus	like ut; rett fram
oben	oppe; ovenpå
unten	nede
alt	gammel
neu	ny
was kostet …?	hva koster?
teuer	dyr
heute	i dag
gestern	i går

Gaststätten, Hotels

essen	spise
trinken	drikke

Rechnung	regning
bezahlen	betale
Frühstück	frokost
Mittagessen	middagsmat
Abendessen	aftensmat
Übernachtung	overnatting
Zimmer	værelse; rom

Speisekarte

Speisekarte	spiseseddel
Suppe	suppe
Fleisch	kjött
gebraten	stekt
Kalb	kalv
Lamm	lam
Rentier	rein
Rind	okse
Schwein	svin
Wurst	pölse
Fisch	fisk
gebraten	stekt
gekocht	kokt
Dorsch bzw. Kabeljau	torsk bzw. skrei
Forelle	örret
Hering	sild
Lachs	laks
Hummer	hummer
Garnele	reke
Gemüse	grönnsaker
Bohne	bönne
Erbse	ert
Gurke	agurk
Kartoffel	potet
Kohl	kål
Kopfsalat	hodesalat
Tomate	tomat
Obst	frukt
Apfel	eple
Birne	pære
Erdbeere	jordbær

Heidelbeere	blåbær
Himbeere	bringebær
Preiselbeere	tyttebær
Getränk	drikk
Bier	öl
Kaffee	kaffe
Milch	melk; mjölk
Mineralwasser	mineralvann
Sahne	flöte
Wasser	vann
Brot	bröd
Weißbrot	hvetebröd
Graubrot	gråbröd
Brötchen	rundstykke
Kuchen	kake
Butter	smör
Honig	honning
Salz	salt
Zucker	sukker
Speiseöl	matolje
Ei	egg
Spiegelei	speilegg

Verkehrsvorschriften

Halt!	Stopp!
Zoll	toll
Langsam!	Sakte!
Langsam fahren	kjör sakte
verboten	forbudt
Parkverbot	parkering forbudt
geschlossen	stengt, lukket
geöffnet	åpen
Unbefestigte Banketten	svake veikanter
Ausfahrt	utkjörsel
Einfahrt	innkjörsel
Baustelle	veiarbeide

Autotechnische Ausdrücke

abschleppen	ta på slep
abschmieren	smöre vognen

Achse	aksel
Anlasser	selvstarter
Auto	bil
Batterie	batteri
Dichtung	pakning
Ersatzteil	reservedel
Führerschein	kjörekort,
	sertifikat
Kolben	stempel
Kühler	kjöler
Motorrad	motorsykkel
Ölwechsel	skifte olje
Rad	hjul
Reifen	dekk
Reifenpanne	punktering
Reparaturwerkstätte	bilverksted
Scheinwerfer	lyskaster
Schmieröl	smörolje
Tankstelle	bensinstasjon
Vergaser	forgasser
Zündkerze	tennplugg
Zündung	tenning

Post, Telefon

Brief	brev
Briefmarke	frimerke
Drucksache	trykksak
Einschreiben	rekommandert
	brev
Luftpost	luftpost
Ortsgespräch	lokalsamtale
Paket	pakete
Postamt	postkontor
Postanweisung	postanvisning
Telefonbuch	telefonkatalog
Telefonzelle	telefonkiosk
Telegramm	telegram
Telegrafenamt	telegrafstasjon
Verbindung	forbindelse
Vermittlung	sentral
Vorwahlnummer	retningsnummer

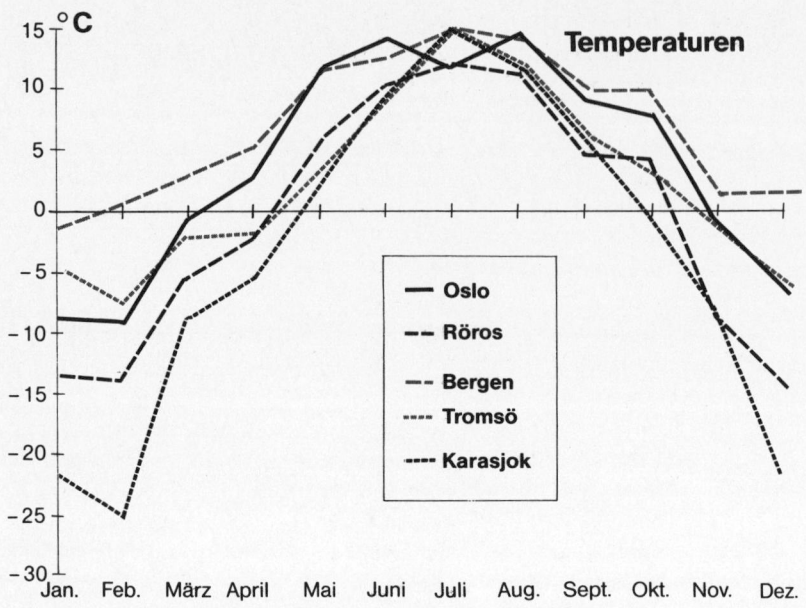

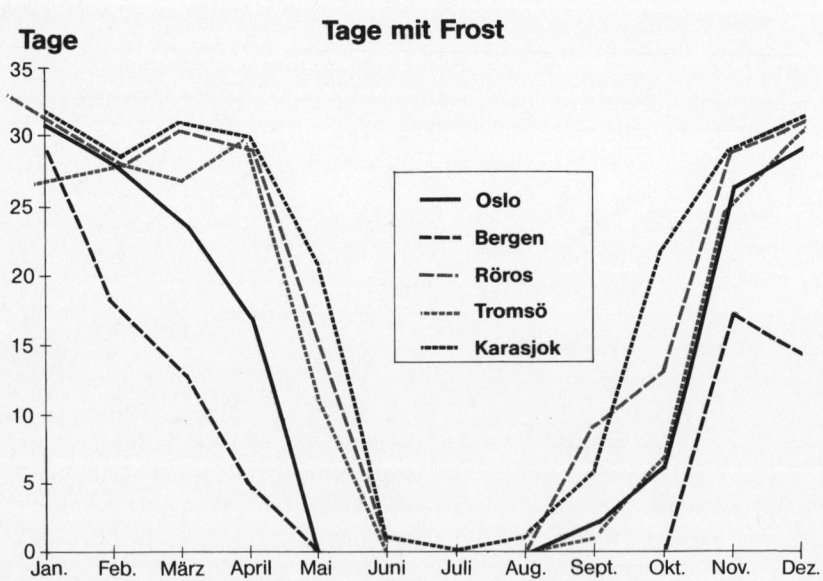

mm

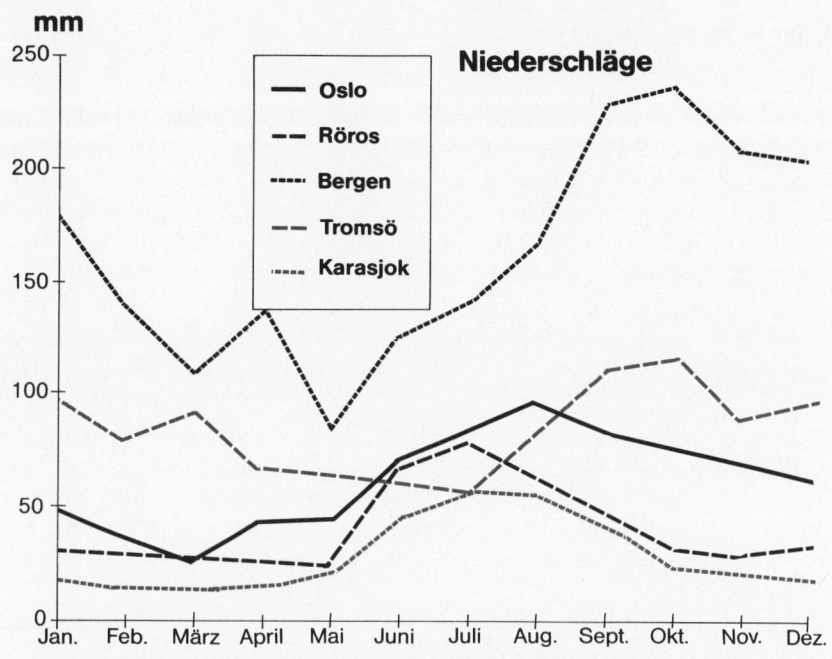

Niederschläge

Legend:
- **Oslo**
- **Röros**
- **Bergen**
- **Tromsö**
- **Karasjok**

(x-axis: Jan. Feb. März April Mai Juni Juli Aug. Sept. Okt. Nov. Dez.)

Tage

Tage mit Niederschlag

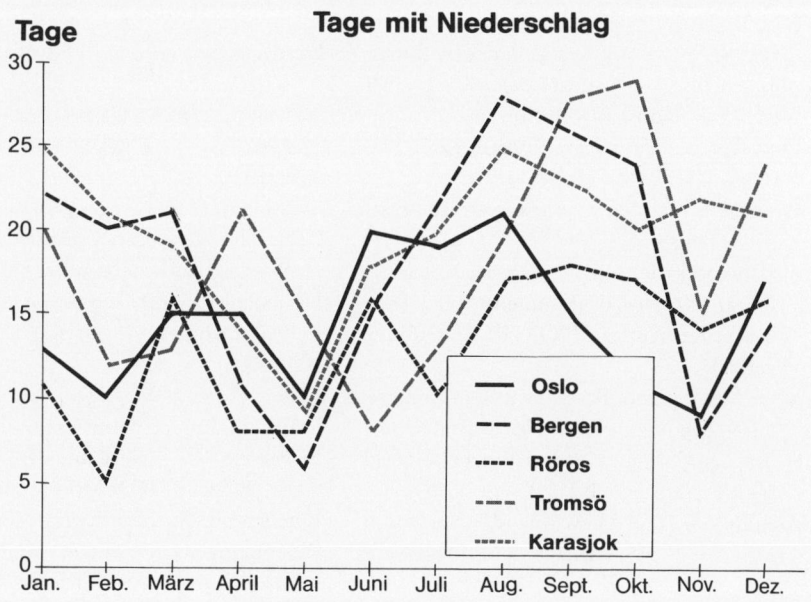

Legend:
- **Oslo**
- **Bergen**
- **Röros**
- **Tromsö**
- **Karasjok**

(x-axis: Jan. Feb. März April Mai Juni Juli Aug. Sept. Okt. Nov. Dez.)

Literaturauswahl

Es handelt sich hierbei verständlicherweise nur um eine sehr begrenzte Literaturauswahl. Auf die Nennung von Titeln in norwegischer Sprache ist – von Ausnahmen abgesehen – ganz verzichtet worden. Ausführlichere Literaturhinweise (z. B. Aktivführer zu Themen wie Gebirgswandern, Kanufahren oder Wintersport) sind in dem vom Norwegischen Fremdenverkehrsamt und NORTRA herausgegebenen »Offiziellen Reisehandbuch« für Norwegen enthalten (vgl. auch NORDIS-Katalog, Buchtitel und Landkarten, 1991).

Reiseführer

Baedekers Autoreiseführer: Skandinavien mit Finnland. Stuttgart 1987

Barüske, H.: Norwegen. Kunst- und Reiseführer mit Landeskunde. Stuttgart – Berlin – Köln – Mainz 1986 (Kohlhammer Kunst- und Reiseführer)

Burger, E.: Norwegische Stabkirchen. Geschichte – Bauweise – Schmuck. Köln 1978 (DuMont Taschenbücher, Bd. 69)

Dey, R.: Skandinavien. Dänemark – Norwegen – Schweden – Finnland (Kultur – Geschichte – Landschaft). Köln 1976 (DuMont Kunst-Reiseführer)

Dey, R. u. a.: Norwegen. 9. Aufl. Köln 1991 (DuMont, »Richtig reisen«)

Grieben Reiseführer: Norwegen. 10. Aufl. München 1989

Kreuzenbeck, U. und U. Groba: Autoreiseführer Norwegen. Monheim 1989 (neubearbeitete Auflage; NORDIS Reiseführerverlag)

May, J.: Lappland. Reise- und Wanderführer durch den Norden von Norwegen, Schweden und Finnland. Pforzheim 1975 (Goldstadt-Reiseführer, Bd. 29)

Mehling, M. und H. Wohlandt: Norwegen. München 1989 (Knaurs Kulturführer in Farbe)

Norges Automobil-Forbund (Herausgeber): NAF Veibok 1989. Oslo 1989

Nortra (Nortravel Marketing, Hrsg.): Mit dem Auto durch Norwegen. Hamburg 1989

Norwegisches Fremdenverkehrsamt und Nortra (Nortravel Marketing, Hrsg.): Norwegen. Das offizielle Reisehandbuch 1990. Hamburg 1990

Schroth-Jakobsen, A.: Norwegen. Preiswert reisen. 2. Aufl. Köln 1989

Länder- und Landschaftskunden

Austrup, G. und U. Quack: Norwegen. München 1989 (»Aktuelle Länderkunden« im Verlag C. H. Beck)

Gjessing, J. (ed.): Norges geografi. Oslo 1977

Gläßer, E.: Norwegen. Darmstadt 1978 (Reihe »Wissenschaftliche Länderkunden«, Bd. 14)

Holtedahl, O. (ed.): Geology of Norway. Oslo 1960 (Norges Geologiske Undersökelse, Nr. 208)

Imber, W. und W. Tietze: Norwegen. Bern 1980 (Kümmerly und Frey)

Ligges, W., G. Eckert und R. Dey: Norwegen. Köln 1977 (DuMont)

Lindemann, R.: Norwegen. Räumliche Entwicklungen in einem dünnbesiedelten Land. Stuttgart 1986 (Klett-Länderprofile)

Nasjonalatlas for Norge. Oslo 1983 ff.
Norge, Bd. I: Land og folk, Oslo 1963; Bd. II u. III: Geografisk leksikon, Oslo 1963; Bd. IV: Atlas-Register, Oslo 1963
Schützsack, A.: 4mal Skandinavien. München–Zürich 1977
Sömme, A. (Hrsg.): Die nordischen Länder. Braunschweig 1967
Tietze, W. (Hrsg.): Luftbildatlas Nordischer Länder. Neumünster 1981
Varjo, U. und W. Tietze (ed.): Norden – Man and Environment. Berlin – Stuttgart 1987
Vorren, Ö. und E. Manker: Die Lappen. Braunschweig 1967
Vonderbank, K.: Nordnorwegen. Genese und Struktur eines Entwicklungsgebietes am Rande der Ökumene. Eine wirtschaftsgeographische Regionalanalyse. Heilbronn 1974

Bücher und Aufsätze zu speziellen Themen

Bronny, H., I. Hemmer und N. T. Sokki: Samische Rentierwirtschaft. Reliktform oder Wachstumsbranche? In: Geographische Rundschau 37, 1985, S. 529–536
Gläßer, E.: Zur agrarwirtschaftlichen Problematik in Nordnorwegen. In: Zeitschrift für Agrargeographie, 6, 1988, S. 71–104
Gläßer, E. und J. Schwackenberg: Meeresbewirtschaftung und Aquakultur. Entwicklung der Fischwirtschaft in Nordeuropa. In: Geographische Rundschau, 37, 1985, S. 492–502
Gläßer, E. und H. Hovstad: Zur Bergbauernproblematik in Norwegen. Gezeigt an den Beispielen Fordal und Budal in Sör-Tröndelag. In: Erdkunde, Bd. 43, H. 1, 1989, S. 1–16
Gläßer, E., J. Schwackenberg und P. Rotter: Die norwegische Ölwirtschaft. Aktu-

elle Strukturen und Perspektiven. In: Praxis Geographie, Jg. 17, Heft 7/8, 1987, S. 46–51
Holm, O.: Die öl- und gaswirtschaftliche Entwicklung Norwegens und ihre Auswirkungen auf die sozio-ökonomische Struktur der westlichen Landesteile. Köln 1988 (Kölner Forschungen zur Wirtschafts- und Sozialgeographie, Bd. 34)
Lindemann, R.: Die Strandplatte an der norwegischen Westküste – ein kritischer Überblick über die Theorien zu ihrer Entstehung. In: Norden (Schriftenreihe des Arbeitskreises »Norden«), Heft 4, Bochum 1987, S. 93–115
Lindemann, R. und D. Soyez: Binnengewässer und Waldland. Bedrohte Ressourcen der Skandinavischen Halbinsel. In: Geographische Rundschau, 37, 1985, S. 504–511
Midgaard, J.: Eine kurze Geschichte Norwegens. Oslo 1963
Münzer, L.: Agrarpolitik und Agrarstruktur in Norwegen nach 1945 – das Beispiel Hedmark –. Marburg 1989 (Marburger Geographische Schriften, Heft 112)
Oslo Byleksikon, 3. Aufl. Oslo 1987
Schrenk, G.: Wald- und Holzwirtschaft im inneren Tröndelag (Norwegen). Ihre geoökologischen Voraussetzungen und heutige ökonomische Bedeutung. In: Norden (Schriftenreihe des Arbeitskreises »Norden«), Heft 4, Bochum 1987, S. 19–45
Schwackenberg, J.: Die Fischwirtschaft im norwegischen Vestland. Sozio-ökonomische Strukturen und Entwicklungen in einer traditionellen Fischereiregion. Köln 1985 (Kölner Forschungen zur Wirtschafts- und Sozialgeographie, Bd. 33, Universität zu Köln)
Schwackenberg, J.: Probleme der Bestandsbewirtschaftung in der norwegischen Fische-

rei. In: Norden (Schriftenreihe des Arbeitskreises »Norden«), Heft 4, Bochum 1987, S. 1–17

Thannheiser, D. und E. Treude: Masi (Nordnorwegen) – jüngere Strukturwandlungen in einem lappischen Dorf. In: Entwicklungen und Planungsprobleme in Nordeuropa, hrsg. von B. Butzin, 1981, S. 135–152 (Münstersche Geographische Arbeiten, Heft 12)

»Transport eines Bootes über Land«, Holzstich, 1555

Quellenverzeichnis für die Textabbildungen

S. 16, 91: Nach R. Hauglid, 1976

S. 19, 42, 83, 159, 205, 211, 223: Nach A. Berg, 1968

S. 22, 176, 319: Nach Norges Atlas for Skolen, Nasjonalatlas for Norge und Statistisk Årbok, versch. Jgg.

S. 24: Nach Faktaheftet 1986, hg. vom Olje- og Energidepartementet, Oslo

S. 30: Nach V. Lorenzen 1937, S. Steen 1948, G. Eimer 1961

S. 47, 49: Nach Oslo-Bylexikon, 1987

S. 54: Nach Norge, Bd. II, Geogr. Leksikon

S. 63, 127: Nach NAF Veibok 1982 und 1989

S. 93, 95: Nach P. Anker, 1970

S. 96: Nach C. Ahrens, 1982

S. 106, 109: Nach der Cappelen-Karte ›Jotunheimen/Rondane‹, 1:325 000, 1973

S. 110: Nach O. Holtedahl, 1960

S. 113: Nach einem Gemälde von H. Gude

S. 114: Nach Norge. Land og Folk, 1963

S. 116, 118: Nach P. Rotter, Köln

S. 121, 209, 222, 230/231: Nach einem Entwurf von E. Gläßer

S. 122: Nach J. Petersen, 1959

S. 123: Nach Harald Oglænd

S. 154: Nach einer Karte von M. Ibsen, Riksarkivet, Oslo

S. 160: Nach H. Holtedahl, 1967

S. 178: Nach Stadtplan Trondheim und Archiv des Autors

S. 203, 328/329: Nach Angaben in Statistisk Årbok

S. 214: Nach Röroskartet, Kommune- og turistkart

S. 216: Nach Om Kjerka på Röros, 1984

S. 263: Nach T. Solhaug, 1976

S. 269: Nach Tromsö Kommune Generalplan 1984–1990, 1984

S. 273: Nach Ökonomisk Kartverk 1:5000 (EZ 270-5-2/4)

S. 291: Nach NOU 1978: 18 A: Finnmarksvidda

S. 11, 14/15, 17, 90: Nach topographischen oder thematischen Karten aus dem Archiv des Autors

Register

Während im Norwegischen die Buchstaben æ, ö (ø) und å am Ende des Alphabets stehen, wurden sie hier – dem deutschen Sprachgebrauch entsprechend – in das Alphabet eingereiht, und zwar wurde æ wie ä und å wie a behandelt.

Orte und Landschaften
(Flüsse kursiv)

Personen- und Sachregister

Norwegen

Von Wulf Ligges. Text von Gerhard Eckert und Reinhold Dey. 184 Seiten mit 24 farbigen und 154 einfarbigen Abbildungen, 15 Textabbildungen und 3 Landkarten, Leinen mit Schutzumschlag

»Auf jahrelangen Reisen durch den westlichsten skandinavischen Staat entdeckte der Fotograf eine überraschende Vielfalt von Motiven, bekannte und verborgene Schönheiten, die nicht nur Norwegen-Schwärmer begeistern werden. In dem großzügig angelegten Band sprechen die Aufnahmen für sich; sie spiegeln eine außergewöhnliche Landschaft mit großartigen Gegensätzen. Oberflächliche Vorstellungen von Norwegen als dem Land der Fjorde und Fachwerkstädtchen werden eindrucksvoll korrigiert.«
Rheinische Post

»Bekanntes und Verborgenes, Typisches und Atypisches von Norwegen hat der besonders als Landschaftsfotograf hochgeschätzte Bildjournalist Wulf Ligges in einem prächtigen Bildband festgehalten. Texte von Gerhard Eckert und Reinhold Dey über Geschichte und Kultur des Landes, jeder eine – sachliche – Liebeserklärung an Norwegen, ergänzen das reiche optische Panorama.«
WAZ

»Richtig reisen«: Norwegen

Von Reinhold Dey. Mit Beiträgen von Alice de Bellmond, Hans Biedermann, Hans Däumling u. a.
400 Seiten mit 65 farbigen und 171 einfarbigen Abbildungen, 12 Karten und Plänen, 94 Seiten
praktischen Reisehinweisen, Register, kartoniert

»Mit diesem Buch haben Sie für alle Fragen, die auf einer Norwegenreise auftauchen könnten,
eine Antwort parat. Ob Sie an der Mitternachtssonne oder den Öffnungszeiten der Geschäfte
interessiert sind, an norwegischer Politik oder Geschichte oder einfach an Museumsadressen:
Das alles steckt in dem 400-Seiten-Buch übersichtlich verpackt drin. Leicht zu lesende Essays
über Land und Leute sowie viele gute Fotos ergänzen den Reiseführer.«
Wiener Zeitung

»Dem Autor ist es hier zusammen mit einer ganzen Reihe von Co-Autoren gelungen, ein recht
facettenreiches Bild des Landes zu entwerfen und – meist munter und gut lesbar geschrieben –
dem Leser einen Einblick in das Innenleben Norwegens und der Norweger zu geben.«
Frankfurter Allgemeine Zeitung

DuMont Kunst-Reiseführer

Alle Titel in dieser Reihe:

Alle Bände mit vielen, zum Teil farbigen Abbildungen; dazu Zeichnungen, Karten, Grundrisse, praktische Reisehinweise.

»Richtig reisen«